EMOTIONAL

THINKING AND LEADERSHIP

情绪思维与领导力

宋涛◎著

中国经济出版社
CHINA ECONOMIC PUBLISHING HOUSE
·北京·

图书在版编目（CIP）数据

情绪思维与领导力/宋涛著. --北京：中国经济出版社，2021.9

ISBN 978-7-5136-6609-1

Ⅰ.①情… Ⅱ.①宋… Ⅲ.①情绪-心理学 ②领导学 Ⅳ.①B842.6 ②C933

中国版本图书馆 CIP 数据核字（2021）第 177428 号

策划编辑 姜 静
责任编辑 陈 瑞
责任印制 马小宾
封面设计 任燕飞

出版发行 中国经济出版社
印 刷 者 北京科信印刷有限公司
经 销 者 各地新华书店
开 本 710mm×1000mm 1/16
印 张 21.75
字 数 354 千字
版 次 2021 年 9 月第 1 版
印 次 2021 年 9 月第 1 次
定 价 69.00 元
广告经营许可证 京西工商广字第 8179 号

中国经济出版社 网址 www.economyph.com 社址 北京市东城区安定门外大街 58 号 邮编 100011
本版图书如存在印装质量问题，请与本社销售中心联系调换（联系电话：010-57512564）

序
Preface

本书是有关情绪思维专业知识构成内容的一本书，对于情绪思维的概念内涵、构成体系及其影响，作者在已有专业研究的基础上，提出自己的见解。

读者看到本书后肯定有这样的疑问：情绪思维这个概念从来没有听说过，是什么？

人的思维内容是多样的，思维形式也是多样的。大家熟悉的，以知识内容为基础所进行的逻辑思维形式是我们后天接受的最多的一种智力训练。与此相对应，以情绪内容为基础所进行的情绪思维形式则是我们先天就具备的一种智力。

认知智力最重要的作用是帮助我们进行推理、判断和行为选择，逻辑思维能提供这个功能，情绪思维也同样具有这个功能，并且自古以来就显示出独特的影响与作用。

中国第一个完成中央集权帝国创立的是秦始皇。秦始皇在巡游天下的时候忽然患病去世后，秦始皇的小儿子胡亥在权臣赵高的帮助下，矫诏继位，成为秦二世皇帝。

胡亥当上皇帝后，放权赵高控制朝政。赵高为了检验大臣们对自己的服从程度，在朝政的时候，让人牵了一只鹿到庭上，告诉秦二世，这是一匹马。

秦二世是智力水平正常的人，对于鹿和马的区别还是清楚的。

逻辑思维的特征是求真，在概念、判断、推理的基础上对命题做类似“对与错”的客观分析。秦二世的逻辑思维推断的结果是：丞相的说法是错误的。在认知神经回路主导下产生的情绪是：这个事情是好笑的。秦二世望着身边的大臣们说：“丞相是不是糊涂了，这分明是一只鹿啊。”

秦二世的态度很明确，要大臣们表态。赵高的用意也很明确，要大臣们必须表态。

考验这些大臣的时候到了。

大臣们的逻辑思维方式和推断结果与秦二世一样清晰：这是一只鹿，绝不可能是一匹马。这就是“对与错”的判断结果。但是大臣们产生的情绪却与秦二世有所区别，除了好笑之外，更多的是奇怪的感觉。

我们的思维是一个在大脑多神经回路作用下，多种思维内容涌现与竞争的过程，哪一种思维内容占了上风，相对应的思维形式就会主导我们的思维判断和行为选择。

情绪思维的特征是感受，在感觉、联想、知觉的基础上对命题做类似“好与坏”的主观分析。大臣们在奇怪的感觉下，并没有简单地下结论，而是在信息涌现过程中经历着多轮神经回路的推断与思维形式竞争：

第一轮神经回路推断：大臣们与秦二世一样，看到赵高将一只鹿说成是一匹马，视觉、听觉得到的信息刺激产生了新的情绪——好笑并且奇怪。

还没等笑出来，情绪思维就迅速地为大臣们的奇怪感觉找到了关联记忆。关联记忆呈现的是赵高控制朝政、铲除异己的残忍手段。赵高为了控制权力，曾挑唆秦二世处死李斯等开国名臣，并将自己的兄弟姐妹添加谋逆罪名，屠戮殆尽。

第二轮神经回路推断：逻辑思维这时又重新工作——对奇怪之处作演绎推理，大臣们有足够的智力推测出事实真相：眼前的现象就是赵高有意在进行站队测验，如果测验通不过，可能要面临大祸临头的危险。

第三轮神经回路推断：大臣们在新的认知信息刺激下产生了新的情绪——恐惧。恐惧情绪压倒了好笑情绪，大脑这个时候在恐惧情绪主导下，迅速进行与“自我”有关系的“好坏”的选择判断。

思维过程的复杂性远超我们的想象。

当大臣们指鹿为马，选择了与赵高保持一致的决定时，他们的思维已经彻底否定了开始的基于知识追求“对与错”真相的逻辑思维形式，而转向了基于个人体验“好与坏”感觉的情绪思维形式，并且在情绪思维的带动下完成了人格分裂与转变。

这就是情绪思维与逻辑思维以交汇融合的形式作用于我们的思维判断，在社会活动和人际关系处理中起着积极或消极的作用。

情绪思维的影响自古至今。

刘邦和项羽曾经在鸿门对峙。刘邦手里有10万人马，面对即将来临的项羽40万大军的打击，刘邦逻辑思维判断的结果是这是一场灭顶之灾。

刘邦充分发挥自己情绪思维推断的优势，从感受项伯到解读项羽，成功化解了与项羽的关系冲突状态，引导项羽的英雄情绪不断膨胀，最终得以逃脱范增的无情打击，扭转了事情的发展方向。

高情绪思维能力有助于我们提升自我及人际关系管理能力，在修身、齐家、治国、平天下中从容进退。低情绪思维能力则起着相反的作用。

进入21世纪，知识、网络、智能成为社会进步的主要引导力量。如今，我们已经进入了知识社会，大家都承认知识的作用，但是很可惜，知识似乎也无法消除我们在认识上的分歧与争论。

我们的社会往往会围绕一些认识，陷入看似没有结局的争论之中，大的方面诸如宗教、民族、国家关系，小的方面诸如特殊事件、人物评价、生活经历等。这些争论造成了个体、族群，甚至国家之间相互理解的巨大鸿沟。

争论的存在并不是一件坏事，实际上在人类社会发展过程中，正是通过争论才得以明辨是非、去伪存真，获得人类进步的宝贵的知识积累，并在不断取得共识的基础上，提高人类认识自然与社会的台阶。可以说，适宜的争论是个体及人际群体健康发展所必需的，孔子所说的“君子和而不同、小人同而不和”就是这个道理。

与适宜的争论相对立，是不适宜的争论。不适宜的争论不仅不能使争论双方取得共识，而且还会加剧双方在认识上的分歧，直至产生鸿沟般的对立。将争论双方或群体置于撕裂状态，有可能将争论由笔墨上的隔空指责上升为行动上的对立攻伐，成为引发相互冲突的根源，造成难以估量的损害。

什么是不适宜的争论？在诸多影响因素中，从思维视角看，源自情绪思维的影响是一个往往容易被我们所忽略的，却又是一个非常重要的带有根本性影响的因素。当我们面对一个可以用事实真相说得清楚的命题，却用自己的好恶体验去解说辩解的时候，我们实际就将争论带入了不适宜的状态。情绪思维的消极作用不可忽视。

对于智力的研究已经公认，智力的构成是复杂而且多元的。传统观点认为人的智力主要有言语能力、计算能力、记忆能力等，现在情绪思维已被视为是一种情绪智力。与人的言语能力、计算能力等需要学习培养加以提升一样，人的情绪思维能力也只有通过学习培养途径才能有效地加以提升。因此，将情绪思维对领导力的影响与作用予以系统的专业认知，是一项智力升级的工作。

专业知识的解读，一定要有新意。

所以本书写作中思考和解决的第一个问题是：读者花时间阅读本书，如何能有所收获？

读者花时间阅读的结果，是一定要有收获。希望读者通过阅读本书，在思维意识及领导力专业知识上能有新的收获；如果本书还能够带动读者以历史与时代的视角去认识社会活动、反观自我，则意义更大。

对于专业知识的解读，一般都是以抽象、论述的方式展开，语言枯燥、语句晦涩往往是阅读的天敌。

本书写作中思考和解决的第二个问题是：读者花时间阅读本书，如何能坚持下来？

本书尝试新的专业知识解读方法。要让读者能坚持阅读下去，本书的内容就要有趣。将知识介绍与案例分析进行融合，是一种有趣的解读方法。

本书在写作中的思路，就是尽可能做到阅读与收获的有机融合。

为达到以上目的，本书在写作思路上构建了三个维度：以知识为根基，以人物为趣味，以历史为扩展。

以知识为根基，是强调对于情绪思维和领导力知识构成的分析与归纳，努力体现专业的严谨性。情绪思维内涵是在已有的情绪知识体系上的更深入的研究，对于已有的庞杂的情绪知识研究结果如何进行处理，如何将情绪思维新的知识以简洁易懂的方式展现出来，如何将情绪思维与领导力的关联性清晰地解读出来，是笔者花时间最多的地方。

在大量阅读、梳理结构的基础上，本书尽可能地将已有的知识进行精简提炼，对于情绪思维新的认识进行层次梳理，在与领导力关联的分析中构建清晰的维度，并努力探本溯源，为读者提供一个知识获取途径。

本书以人物为趣味，是在案例筛选过程中关注领导人物行为与知识内容的自然贴合，努力在自然有趣的阅读中加强对专业知识的理解。情绪思维不是一个抽象的知识归纳，而是时时刻刻存在于我们思维意识之中，对我们的人际关系判断及行为选择产生重要影响的构成因素。

领导者的主要任务就是与人打交道，情绪思维的影响一定会在每个领导者身上都有所体现，并且对领导结果产生影响。本书以每个情绪思维层面选取对应的领导者的方法，在相关学者已有人物研究的基础上，提炼出与本书知识相关的内容；以案例分析方法，将情绪思维与领导者实践活动予以结合，帮助读者更好地理解抽象的知识内容，并且能够以人为鉴。

以历史为扩展，是在分析视野中以中国历史进程为背景，努力做到在历史与当下的结合中对中国传统文化的影响有更深入的理解。情绪思维是我们基本的两种思维形式之一，传统文化作为一种“认知构成内容”，是中国社会发展的“基因”，也是主导中国人情绪思维生成与活动的内在心境内容。

本书所选取的领导者都生活在某一个历史时期，在其情绪思维活动中都可以找到传统文化的影响痕迹。笔者努力在相关学者对传统文化研究的基础上，搭建出传统文化与情绪思维的关联结构，帮助读者扩展思考范围，为中国传统文化的继承与摒弃提供新的视角。

本书的创新点在于：对情绪思维从概念内涵到内容特征进行了较为系统的理论总结，对情绪思维与领导力的关联性构建了清晰的分析维度，结合中国历史上的领导者进行了对应的个案分析，就中国传统文化对于中国人情绪思维的影响进行了归纳与分析。

本书在进行领导者个案分析时，对领导者不是作史学考证研究，而是主要借助学术界已有的研究成果，从情绪思维知识体系对领导者相关行为予以分析，因此，领导者行为一手资料研究的客观性及笔者的阅读范围等因素都会影响案例分析质量。笔者对所借鉴的研究成果向相关研究者致以诚挚感谢，也衷心希望相关学者对存在的问题予以指正，对新的研究成果予以指教。与此同时，笔者也对深圳大学管理学院以及中国经济出版社编辑老师们在本书出版中给予的支持致以衷心的感谢。

本书期望在知识的解释与传播上尝试新的方法，在写作中作者力图保持中立、客观的视角，从专业知识出发分析案例中的领导行为。囿于笔者的学识与能力，书中错误难免，恳切期望得到读者的指正。

宋 涛

2021年1月于深圳

目录

Contents

第一章　情绪思维的形成及影响 …… 001

一、情绪思维与逻辑思维 …… 006

1. 思维与意识、认识在广义上具有相似含义 …… 006

2. 思维活动内容存在多样性，有不同的表达形式 …… 008

3. 情绪提供思维活动本原内容，并形成独立的思维形式 …… 009

二、情绪思维形成的生理机理 …… 013

1. 情绪思维的发生机理 …… 014

2. 情绪思维的知觉机理 …… 022

3. 情绪思维的推理机理 …… 028

三、情绪思维的属性特征 …… 033

1. 情绪思维是情绪体验状态推动的感性思维活动 …… 033

2. 情绪思维开展简单快捷，容易形成思维习惯 …… 036

四、情绪思维与领导力创新内涵开发 …… 038

1. 情绪思维对领导力创新内涵开发的影响 …… 041

2. 领导力视角下情绪思维影响的分析维度构建 …… 051

第二章　情绪思维要素与领导者自我意识 …… 057

一、信仰追求对情绪思维与自我意识的影响 …… 065

1. 信仰带动情绪思维，将自我与异己简单明了地设为对立状态 …… 067

2. 信仰磨炼下的意志心境可以主导自我意识奉献一切 …… 070

3. 信仰变化带动的情感偏向变化，会重设个体的人际关系判断 …… 074

二、利益取向对情绪思维与自我意识的影响 …… 079

1. 天下利益追求会引导领导者在个人利益选择中从容自如 …… 080

2. 组织利益争夺会促使领导者在个人利益选择中环顾计较 ……… 081
3. 个人利益泛滥会推动领导者在个人利益选择中不择手段 ……… 083
三、领导风格对情绪思维与自我意识的影响 ……………………………… 085
1. 魅力型领导风格的自我认同与多疑型领导风格的自我干扰 …… 087
2. 多种领导风格的情绪偏向会对自我意识形成交汇影响 ………… 092
四、反省意识与领导者自我意识能力提升 ………………………………… 098
1. 领导者对于情绪思维知识的认识并不能够自然形成 ……………… 098
2. 俯视情绪容易导致自我反省意识的缺失 ………………………… 100
3. 自我反省意识构建途径与提升情绪思维觉察能力的基本要求 …… 101

第三章 情绪思维特性与领导者自我控制……………………………… 107

一、喜、怒、哀、惧下的情绪思维特点与活动反应趋向 ……………… 110
1. 快乐情绪思维会放大对“好结果”的想象 ………………………… 112
2. 愤怒情绪思维聚焦于报复行为 ……………………………………… 115
3. 悲哀情绪思维引导行为趋于停滞 …………………………………… 118
4. 恐惧情绪思维激发即时行为反应 …………………………………… 119
二、判断性情绪思维与动物性情绪思维的生成途径及影响 ……………… 121
1. 情绪生成的正常神经回路 ………………………………………… 122
2. 情绪生成的短路神经回路 ………………………………………… 125
3. 抑制动物性情绪思维生成，引导判断性情绪思维生成 ………… 129
三、独断型领导风格与变革型领导风格对自我控制能力的影响 ……… 132
1. 独断型领导风格 ……………………………………………………… 132
2. 变革型领导风格 ……………………………………………………… 136
四、工作情境对情绪思维控制的影响与反省意识构建 ………………… 138
1. 等级工作情境氛围影响领导者反省意识的养成 ………………… 139
2. 领导者需要格外关注与控制“自我”影响下的情绪思维倾向…… 141
3. 情绪思维变化节点信号与反省控制意识构建 …………………… 145

第四章 情境对象类别与领导者解读他人……………………………… 151

一、感受与解读他人是一种养成能力 …………………………………… 156
1. 同理心强弱受养成影响 ……………………………………………… 157
2. 情绪思维内在能力构建是养成的基础 …………………………… 159

3. 解读他人能力影响到人际关系判断的视角 …………………… 161
二、表情解读、心理解读与情绪思维调控 …………………… 163
1. 表情解读方式是基于情绪类型与行为反应的感知过程 ………… 165
2. 心理解读方式是基于自我意识与自我控制认知基础的推理过程…… 169
3. 他人情绪思维的引导与调控 ………………………………… 174
三、情境对象类别与情绪思维解读应对 …………………………… 182
1. 上级领导权威追求特点的解读应对 ………………………… 183
2. 同级领导竞争行为的解读应对 ……………………………… 187
3. 关键下属情绪思维的解读应对 ……………………………… 190
4. 关联对象情绪思维的感同身受 ……………………………… 197
四、领导风格自我调整与解读他人能力提升 ……………………… 199
1. 领导者的位置会成为感受他人的障碍 ……………………… 199
2. 领导者提升自己的感受与解读他人的能力 ………………… 200

第五章 人际规则内涵与领导者关系调控……………………………… 205

一、人情关系与情绪思维判断 ……………………………………… 211
1. 家长制规则 …………………………………………………… 213
2. 人情通道规则 ………………………………………………… 221
3. 圈内圈外规则 ………………………………………………… 228
二、上下关系与情绪思维判断 ……………………………………… 236
1. 大一统规则 …………………………………………………… 238
2. 尊卑有序规则 ………………………………………………… 242
3. 家国为先规则 ………………………………………………… 245
三、人礼关系与情绪思维判断 ……………………………………… 249
1. 理先欲后规则 ………………………………………………… 252
2. 对号入座规则 ………………………………………………… 256
3. 身体力行规则 ………………………………………………… 260

第六章 传统文化与情绪思维 ………………………………………… 269

一、礼的合理性认同渊源与两种思维判断形式的融合 …………… 276
1. “礼”正式确立于周朝，周公制礼 ………………………… 276
2. 周礼至春秋已经处于废弛状态，孔子穷其一生意欲复兴周礼 …… 280

3. 西汉初期，礼在官家支持下获得正统地位 …………………… 282
4. 魏晋至隋唐，思想多元对儒学独尊局面产生冲击 ……………… 284
5. 宋明理学兴起，礼上升到了至高无上的“天理”地位 ……… 285
二、自省兼爱与情绪思维中言行活动的两面性 ………………… 289
1. 孔子推崇“复礼”的目的，是使社会恢复到等级秩序状态 …… 289
2. 孔子倡导“克己”的核心内涵，是为“复礼”奠定认知基础 … 292
3. “克己”修行存在言行分离的两面性 ………………………… 295
三、尊卑有序与情绪思维中人格独立意识的分裂 ……………… 300
1. 农业社会情境与个体主宰依附意识的形成 …………………… 301
2. 血缘宗法传统与尊卑等级意识的发展 ………………………… 304
3. 一家之言与人格不平等意识的固化 …………………………… 312
四、专制情境与情绪思维中的变化人格 ………………………… 317
1. 权力尊卑与变化人格 …………………………………………… 318
2. 媚上蔑下与正负人格 …………………………………………… 322
3. 利益得失与变化心态 …………………………………………… 325

第一章

情绪思维的形成及影响

在人类社会活动中，思维居于先发的、主导地位，因此，人类对于思维奥秘的探索从来就没有停止过。自20世纪90年代以来，随着情绪研究的深化，情绪对思维的影响以及情绪思维的存在已经获得了越来越多验证，从思维形式视角来看待情绪思维的生成机理及影响，为我们认识人的思维形式多样化提供了新的内容，也为我们重新认识个体，特别是领导者的思考判断和行为选择的复杂性提供了新的视角。

思维形式是指思维内容的表现形式。传统观点认为，在我们日常生活工作中，以概念、判断、推理所进行的逻辑思维形式是我们进行思考、决策的主要形式。① 现在有关情绪思维研究的结果证实，情绪思维也会加入思维活动的交汇融合与意识涌现竞争之中，形成另一种思维形式，并且情绪思维形式可以主导思维活动结果。

与逻辑思维形式可以简称为逻辑思维一样，情绪思维形式也可以简称为情绪思维。逻辑思维与情绪思维都会对个体的思考判断及行为选择产生重要影响，其中，情绪思维更多地是以生理本能的反应影响着我们的思考判断，由于情绪研究的复杂性，使得我们对其知之甚少。

在历史长河中，情绪思维影响领导者思考判断及行为选择，并进而影响历史进程的事例比比皆是。

从中国的东北进入华北，有一条狭长的陆上平地通道，称为辽西走廊。辽西走廊从北端的锦州至南端的山海关约四百里，山海关就像一把铁锁，牢牢地锁住了这条通往华北平原的通道口。明朝在建国后所建立的山海关城，以及围绕山海关的军事拱卫城堡宁远城等，成为明末清朝在东北建立后，欲

① 逻辑思维："指人在认识过程中借助于概念、判断、推理反映现实的思维方式。它以抽象性为特征，撇开具体形象，揭示事物的本质属性，也叫抽象思维。"——中国社会科学院语言研究所词典编辑室．现代汉语词典［M］．北京：商务印书馆，2002：836．（注：以下对本词典的引用，不再注明编辑者）形象思维形式是另外一种常见的思维形式，主要是借助于形象，运用典型化和想象的方法，塑造新的形象去反映生活，常常用于文艺创作。鉴于其特殊性，形象思维形式的活动内涵特征不在本研究范围。

南下染指大明江山的一道险关。

1644年3月19日，李自成的农民军攻陷北京城，崇祯皇帝自缢，大明王朝崩塌。

驻守山海关的总兵吴三桂陷入焦灼彷徨、思绪万千的境地。

北边，是虎视眈眈，打了几十年仗，随时寻机南侵的清军；南边，是势如破竹，刚刚颠覆了大明，号称有百万之众的农民军；东边是大海，西边是高山。山海关在这种情况下不可能孤立自守。

何去何从，吴三桂必须做出决策。①

是时，吴三桂33岁，手中握有被称为“关宁铁骑”的4万精兵，3月6日刚被崇祯皇帝封为“平西伯”，旨意要求吴三桂即刻带兵进京“勤王”。

吴三桂也没有料到京城防守如此不堪一击，在做好人马回撤山海关和防守部署工作，带兵直奔京城的路上，“勤王”的任务及目标突然凭空消失了。

驻马长思。权衡形势与条件，从维护自身利益出发，吴三桂主要有三条路可走：

第一条出路是投降清朝。自吴三桂驻守宁远之后，与清军交战多年，清朝曾多次对吴三桂抛出招降条件，均被吴三桂拒绝。② 现在吴三桂如果献关投降，自是立下大功，清朝必定予以加官晋爵，吴三桂个人锦绣前程无忧。

虽然降清之路可走，但是以吴三桂一直以来所接受的“汉夷”观念与忠孝之义分辨，吴三桂并没有将其作为当然选择。

第二条出路是投降李自成。大明顷刻崩溃，已经说明沉疴难愈。李自成入京，说不定就是改朝换代的天意。此外，吴三桂的父母等亲人三十余口尚在北京，爱妾陈圆圆也在北京，都落入了李自成之手。虽然投降李自成也有违对大明的忠诚，但是，符合吴三桂一贯所强调的孝，可以作为改朝换代后的一条出路。

第三条出路是观望复明。崇祯皇帝虽然已死，北京失陷，但皇族子嗣尚存，大明还有半壁江山可撑，吴三桂暂时可以静观待变，以助明朝余力复明。

第三条出路可选，但是，吴三桂很清楚，以山海关的位置及重要性，无

---

① 吴三桂（1612—1678），辽东中后所（辽宁绥中）人，祖籍江苏高邮。参见：李治亭．吴三桂大传［M］．南京：江苏教育出版社，2005：626-634.

② 在这之前，吴三桂的舅舅、原明朝辽东总兵祖大寿等已经降清，清朝予以厚待，并多次让他们写信劝降吴三桂。清太宗曾两次亲自致信吴三桂进行劝降。参见：孟庆来．吴三桂降清问题新探——吴三桂与祖大寿往来书信档案解读［J］．兰台世界，2016（23）：19-22.

论是清朝，还是李自成，都不会给他太多的观望时间，他随时可能面临来自任何一方的攻击。而离开山海关，这支以辽东人为主的军队无论转向何处、如何生存，都充满凶险，前途未卜。

摆在吴三桂面前的三条出路，是以客观条件、形势、利益等各种因素进行判断推理的结果，也就是建立在逻辑思维基础上的理性分析结果。

逻辑思维形式是人的思维能力构成的主要途径，是个体在后天的认知过程中进行培养及训练的主要内容，当个体在面临问题思考及判断选择时，逻辑思维能力会直接影响判断选择的质量。

逻辑思维能力的高低，表现在对各种变量进行的内涵分析及推理选择之中，以知识为基础进行的这种意识过程也被视为是理性分析。

在大明朝崩塌的时刻，远在山海关的吴三桂，在奉诏进京“勤王”的路上对各种方案思虑良久，选择了第三条出路。

吴三桂拨转马头，回师山海关，静观形势变化。

就在吴三桂在山海关向北京遥望沉思的时候，刚入北京城的李自成也想到了吴三桂。

李自成进入北京城后，就想到了山海关的重要性，也就意识到了吴三桂的价值。

取吴三桂，有武力夺取与招降安抚两种方式可选，而且是刻不容缓。

面对客观形势与条件，李自成仔细权衡。根据逻辑思维分析的结果，李自成选择了最有利的和平解决方式。

李自成劝降的方法是多管齐下：

1644 年 3 月 21 日，也就是李自成入京的第三天，李自成就吩咐与吴三桂熟悉的明朝降将发书吴三桂，帮助劝降；3 月底，李自成派明朝降将、原来防守居庸关的总兵唐通，携犒师银四万两，赏赐山海关辽兵；对吴三桂本人封侯，赏白银万两、黄金千两；要求吴三桂的父亲写信，劝吴三桂归降。[①]

由于此时远在沈阳的清朝廷还不清楚北京的变化，因而对吴三桂也没有任何接触。李自成的劝降方法与安抚条件起到了效果。

吴三桂决定归降李自成。4 月初，吴三桂将山海关交由唐通守御，自己率

① 李自成劝降的时间与条件，依据李治亭的相关研究结果。参见：李治亭．吴三桂大传［M］．南京：江苏教育出版社，2005：82-83.

部进京谒见李自成。

以思维形式来看，在吴三桂进京谒见李自成之前，无论是吴三桂还是李自成，对于形势变化及未来的判断决策，基本是基于逻辑思维形式所做出的判断决定及行为选择。如果双方都这样遵循理性决定行事，中国后面的历史也许就会呈现另外的进程。

但是，在这个关键时刻，情绪思维形式表现出了对于领导者思维意识的重要影响作用，又通过领导者的行为选择，对中国历史进程产生了重大影响。

1644 年 4 月 4 日，吴三桂率部进京谒见李自成途中，在永平遇到了从京城逃出来的家人。吴三桂获得的信息有两个：父亲被李自成手下大将刘宗敏“刑拷逼银”；爱妾陈圆圆被刘宗敏掳走。①

这两个信息无疑对吴三桂都具有强烈的刺激性。

吴三桂是一个讲究孝道之人，在归降李自成的途中，突然得到父亲受拷打的信息，对于他来说，这个信息对吴三桂来说无疑是一次强烈的打击。

陈圆圆曾为苏州名妓，色艺俱佳，曾有“声甲天下之声，色甲天下之色”之誉。1643 年 5 月，吴三桂因抗清有功，赴京城受皇帝接见赏赐，与陈圆圆在国舅田弘家相遇，吴三桂此时正当壮年，对陈圆圆是一见钟情。②

吴三桂得到陈圆圆之后，只与陈圆圆相处了几日，即返回山海关，将陈圆圆留在北京父亲家中。陈圆圆倾城之色、擅长歌舞，无疑会给吴三桂留下深刻印象。现在心爱之人被掳受辱，对吴三桂来说又是一次强烈的刺激。

强烈的刺激信息，产生的是强烈的情绪。在强烈情绪主导下的意识涌现会快速地占据思维通道，情绪思维形式这个时候就会发挥其主导思考判断的作用。

在雪耻报仇的情绪思维判断主导下，吴三桂再次拨转马头，率部夺回山海关，开始筹划如何对李自成予以报复。

1644 年 3 月下旬至 4 月初，吴三桂在十几天的时间内，经历了由逻辑思维主导决策到情绪思维主导决策的两次重大判断选择，显示情绪思维形式与

① 李自成进入北京后，在城内捕捉明朝各级官吏，拷掠追银，被拷打至死者不计其数。到后来，刑拷追银扩大化，缙绅富商、文职小吏，甚至连一般富裕人家也不能免，引起城内百姓恐慌，纷纷外逃。李自成刑拷追银的决策更多体现了情绪思维对于他的影响，与招降吴三桂的决策放在一起，显示逻辑思维与情绪思维可以在同一个人身上出现，在不同情境下分别主导领导者的判断决定。

② 陈圆圆原由国舅田弘所得，田弘本准备将陈圆圆送给崇祯皇帝，以弥补养女田贵妃病逝后的失势，但此时崇祯已经焦虑于国事，无心收纳，田弘为拉拢吴三桂，转而将陈圆圆让与吴三桂。

逻辑思维形式一样，都会对我们的决策判断及行为选择产生重要影响。

在对于思维形式的认识中，相对于我们熟悉的逻辑思维，情绪思维的生成及工作机理有哪些构成内容及特点？情绪思维对于个体，特别是领导者的思考判断会产生什么影响？情绪思维的活动过程又受哪些因素影响？这些问题及内容是一个我们比较陌生的知识构成领域，对于其还处于开发探索之中，并且这个领域的知识内容也比较复杂难懂。

虽然对这个领域的知识探索会比较艰辛，但是这也是认识自我的一个有趣的过程，同时，基于情绪思维的重要作用，与此相关的问题及内容也值得我们进行探索，有关情绪思维的知识是个体在认知及思维能力提升中必须予以弥补的新的内容。①

一、情绪思维与逻辑思维

人的大脑有两种主要思考判断形式。我们对于人的思考判断形式的理解一般只是指向逻辑思维，这是因为思维的构成较为复杂，对于思维的解释往往与意识融合在一起，但是哲学、心理学等专业对这些概念内涵有不同的解释，同时又涉及广义与狭义之分，因而我们只是选择简单的方式去理解思维形式，而忽略了人的思考判断形式除了我们所熟悉的逻辑思维之外，还存在情绪思维的作用。

认识情绪思维，首先必须厘清思维、意识、认识、情绪之间的关联关系及表达形式，并在此基础上从生理和心理的本能活动中寻找答案。

1. 思维与意识、认识在广义上具有相似含义

从一般广义上理解，也就是在我们常用的词典中，意识是指人的所有主观活动过程，认识在一般意义上与意识同义。在人的意识或认识活动过程中，思维也可以被视为是对于意识、认识活动的另一种概念表述。②

由此可见，一般广义上所指的人的意识活动、思维活动和认识活动具有

---

① 理论体系内容的构成，涉及溯源、举证等学术细节探究，其过程难免有晦涩之处，需要伴随着平静与兴趣融汇的情绪心境才能够持续完成。对于还未进入此状态的探究者，建议对本章以下内容先进行概览，在完成对第 2 章等后续内容阅读后，再重返此处对情绪思维的体系内容进行细致探究。

② 认识："指人的头脑对客观世界的反映：感性认识，理性认识。"——现代汉语词典［M］. 北京：商务印书馆，2002：1067. 思维："在表象、概念的基础上进行分析、综合、判断、推理等认识活动的过程。"——现代汉语词典［M］. 北京：商务印书馆，2002：1194.

相似的含义。

对于意识的认识，是一个充满期待，也随时会遇到困惑的过程，“意识研究是一个新的多学科的话题。这会使生活变得复杂，因为认知科学家、心理学家和哲学家有时会在完全不同的方面用同一个术语。”① 由于意识构成内容复杂，有不同视角的解读，因此，与意识相对应的思维便也有了不同的解读。中国科学院院士唐孝威曾与相关领域的学者，从脑科学、心理学、认知科学、哲学、语言学等学科领域对思维若干问题进行了较为综合的评述和研究。唐孝威认为，“思维是非常复杂的现象，人们对于思维有各种不同的认识，因而思维有许多不同的定义”。②

基于思维理解的复杂性，在不同的专业研究中，上述概念的内涵又有其差异和区别。

从传统哲学的视角，对于思维的理解有广义与狭义之分。广义的思维概念可以与意识同义，指人的全部意识活动，包括感性认识与理性认识。

从狭义的哲学视角看，意识涉及主体与客体的关系，是哲学探讨的永恒主题，而思维只是其中一个构成内容，“意识也作为思维的同义词，但意识的范围较广，包括认识的感性和理性阶段，而思维则仅指认识的理性阶段。”③ 哲学狭义的思维概念只是指理性认识，理性认识往往又被理解为人类的认知活动，由学习和记忆等过程所构成。

心理学上所理解的“意识”或“思维”，与语言表达联系在一起，是指人类特有的心理（思维）现象，即借助于语言对客观现实世界的反映。

本书是从广义上理解思维的含义，④ 在这个意义上，思维的含义更多地与意识同义，这也与相关学者在对意识的诸多定义进行归纳后所总结出的意识的共识含义相似：“①意识是一种主观体验；②意识是感觉、知觉、感情、动

---

① ［英］布莱克摩尔．人的意识［M］．耿海燕，李奇等译．北京：中国轻工业出版社，2008：绪论 2.

② 唐孝威，何洁等编著．思维研究［M］．杭州：浙江大学出版社，2014：前言．

③ 汪云九，杨玉芳等．意识与大脑——多学科研究及其意义［M］．北京：人民出版社，2003：32.

④ 思维的广义含义，可以从唐孝威等人的解释中予以理解。“神经科学、心理学和哲学对思维的定义不尽相同。从名词上解释，思维是人脑对于客观事物共同的、本质的属性和事物间内在的、必然联系的间接概括的反映。人通过思维对客观事物提供的信息进行分析、转换和综合，从而认识客观事物。因此可以简单地说：思维就是人脑对客观现实的反映。相对于感性认识，思维属于理性认识；相对于客观，思维属于主观；相对于存在，思维是意识、精神。”——唐孝威，何洁等编著．思维研究［M］．杭州：浙江大学出版社，2014：2.

机、注意等精神因素的总和。”① 为了实现理解的一致性，本书在此将思维与意识、认识做相似含义理解，也就是说，思维是包含了情绪活动的过程。

2. 思维活动内容存在多样性，有不同的表达形式

对于思维内容的理解，源于研究者对于意识的深化研究。

古代的哲学家、逻辑学家就试图对思维或者意识构成进行系统的解释，由于意识与大脑的研究紧密关联，受研究方法与研究工具的限制，传统对于思维或意识的认识主要体现在笼统的主观体验范畴。

现代思维科学加入了心理学、脑科学、教育学等研究视角，在人类对于思维的认识方面有了许多新的发现。随着研究仪器与研究手段的发展和多学科研究共同努力，20 世纪 90 年代以后，意识问题研究逐步得到了推动与发展。

对于意识认识的深化，首先体现在对意识结构构成的认识上。对多学科的知识进行综合理解后，唐孝威等认为意识内部结构有四个要素：意识觉醒、意识内容、意识指向和意识感情。

意识内容是人的大脑活动主要构成物，它既是感知、学习过程中所涉及的信息内容，又是大脑储存这些信息，并通过加工等复杂形式，最后输出的某种信息内容。

如果将思维与意识做相似含义的理解，意识内容及其活动过程，就是我们所理解的思维内容及其活动过程。思维活动即意识活动又与其他意识要素都有联系，这其中情绪在思维活动中起着重要的影响作用，“这种在情绪和情感方面的主观体验构成意识的重要组成部分，它是普遍存在的，因而是意识的要素之一。这个要素称为意识感情要素”。②

在对于思维活动形式的研究中，一般认为思维形式与思维内容是关联在一起的，是思维内容在表达过程中产生的表达途径及相应的工具。

思维形式的一个重要特征，是思维形式并不是单一的，而是存在多样性。“思维的类型是多样的，每一种思维类型在思维形式上都具有各自的特殊性，因此，思维形式也是多样的。”③

目前在有关思维的专业词典中，对于思维形式的界定已经体现出类型表

---

① 汪云九，杨玉芳等．意识与大脑——多学科研究及其意义［M］．北京：人民出版社，2003：4.
② 唐孝威，何洁，等，编著．思维研究［M］．杭州：浙江大学出版社，2014：303-304.
③ 李淮春，等．现代思维方式与领导活动［M］．北京：求实出版社，1987：72.

达的含义，“人类思维分为抽象思维、形象思维、灵感思维，思维的类型不同，思维形式的表现也不同”。[①] 由此可见，当情绪构成了一种独立的思维内容之后，与此相对应的思维形式也就应运而生。

3. 情绪提供思维活动本原内容，并形成独立的思维形式

在思维或意识研究中，意识从何而来是一个永恒的话题。到 21 世纪初期，神经科学的学科研究结果已经初步论证了这个命题，即意识来源于人的大脑皮层，“意识是脑的机能和属性。现代神经生理学、脑科学、心理学等学科对此已做了大量的有力的科学证明”。[②]

（1）心理学、脑科学等研究证实，情绪是大脑的生理性产物，构成了意识内容的最初来源。

在一些哲学家看来，情绪与思维形式的关联已经进入其视野，思维的基本形式在于感受与表达的融合，在感受材料构成中，情绪是一个基本的来源。“在整个身体内，各种不同的情感类型有一种复杂的协调。身体的组织使得感受的统一体（作为一种有知觉能力的存在的动物）从这些身体活动中取得了它的复杂多样的经验。”[③]

随着脑科学研究的发展，哲学研究者也认识到思维内容与方式和大脑的神经回路关联密切，由于大脑有上千亿个神经元，“一个人在用大脑思维时，总是以一定的方式规范思维的对象、组织主体的思维活动，不同神经回路的构成方式是产生不同思维方式的内在生理根据”[④]。

随着对情绪研究的深入，情绪对于思考判断的影响显现出了愈来愈多的证据，一些哲学研究者提出了情感思维的概念。[⑤]

认知哲学一些研究者已经扭转了以往将情感与思维相对立的观点，提出

---

① 田运，主编．思维辞典［M］．杭州：浙江教育出版社，1996：408．与思维形式概念相关的还有思维方式概念。传统从哲学或逻辑学视角所理解的思维方式，一般与抽象思维联系在一起，更多地具有抽象思维过程与方法的含义。思维形式与思维方式在概念内涵的理解上有相似之处，都可以指通过某种途径与工具，将思维内容予以表达。从广义思维含义理解，思维形式是在类型特征上对人的思维内容多种表达途径的概括，思维方式是在具体方法上对人的思维内容多种表达方法的概括。

② 汪云九，杨玉芳，等．意识与大脑——多学科研究及其意义［M］．北京：人民出版社，2003：148.

③ ［英］怀特海．思维方式［M］．刘放桐，译．北京：商务印书馆，2010：25.

④ 倪健民．思维文明：维度与建构［M］．杭州：浙江人民出版社，2004：96.

⑤ “我们只是把在情感因素支配下的思维活动过程称作情感思维；而把思维主体能自觉控制和调节情感因素的影响，力求遵循客观规律和合乎思维逻辑而进行的思维活动，称为理智思维。”——梁作民，主编．当代思维哲学［M］．北京：人民出版社，2003：162.

"认知是情感化的"的观点，认为"情感认知是一种被情感因素，诸如特殊情感、情绪或动机所影响的思维形式"①。情感思维以带有感情色彩的情绪信息作为认知对象，是一种基于主观体验的直接认知。②

相对于逻辑思维来说，情感思维被视为一种新的思维类型或思维形式，情感思维的提出，可以被视为是将情绪与思维内容和形式予以关联的初步探讨。

相比较哲学对于情感思维的初步探讨，心理学等学科对于情绪对思维的影响研究，一直以来都在实验手段的进步和多学科研究成果的推动下不断深入，从生理和心理本能揭示情绪思维的存在及影响。

对于情绪与大脑的关联研究，使得心理学在20世纪70年代已经形成了一种理论观点，认为情绪是一个独立的过程，虽然对这个过程的工作状况是如何的有不同的看法，但是，在这种理论影响下，对情绪由产生到对人的思维及行为产生影响开始有了系统的研究。

心理学研究认为，情绪是意识内容的最初来源，"情绪是一种主观体验，为意识提供最初的来源。人类婴儿有机体内部器官的正常和异常活动所引起的感受变化就是最初的意识"③。与此同时，情绪又是以一种状态存在的，可以作为一种本原的意识存在影响人的思维活动。

传统心理学将情绪视为与理性相对立的一种影响意识的存在物，因而情绪常常被视为是一种无组织的紊乱或瓦解存在状态，并不参与思维活动，尤其是思考判断过程。现代心理学研究发现，情绪的真实情况与瓦解的概念并不相符，"从情绪所包含的体内外变化来看，情绪活动在整体上是处于一种有组织的状态而非瓦解状态"。④

从进化取向进行研究的心理学家，认为情绪对意识或思维的影响不是任意的，不是无方向或无选择的，而是旨在服务于有机体，使之更适宜地生活，更方便于完成某种活动，更有利于认识外界和采取应答反应。

---

① ［加］保罗·萨伽德．热思维：情感认知的机制与应用［M］．魏屹东，王敬，译．北京：科学出版社，2019. 209. 3.

② "情感思维通过不同的情绪体验来组成情感资源，再把包括身体资源、智力资源、心理资源和社会资源等在内的不同信息和情感资源加以整合，以此来建构每个人不同的认知方式与内容。""情感思维，指人在加工和处理传入信息的同时运用情感来统合信息并做出反应或决定的思维方式与能力。"——周振华．思维的认知哲学研究［M］．北京：科学出版社，2018：65. 134.

③ 郭德俊，刘海燕，王振宏，编著．情绪心理学［M］．北京：开明出版社，2012：13-14.

④ 乔建中．情绪研究理论与方法［M］．南京：南京师范大学出版社，2003：114.

以前对于思维的认识认为，思维主要由理性认识所引导，情绪在其中只是起着干扰的作用。现代对于思维的认识随着脑科学和情绪研究的不断深化，越来越清晰地揭示了情绪在思维过程中所起到的独立引导作用。

（2）大脑意识涌现与信息竞争理论认为，人的思维是一个不同神经回路信息竞争与控制的过程。

人的思维是一个信息加工过程，[①] 也是一个各种信息竞争的过程。总体来看，人的思维是一个有意识的过程，也被视为意识涌现现象。意识涌现指的是通过多个脑区的激活和它们之间的相互作用，大脑皮层给定脑区的信息加工从无意识转变为有意识的动态过程。

思维和意识涌现是人的大脑里面多个脑区信息加工的竞争过程，在这个竞争过程中，进入有意识活动的信息即成为当时影响思考判断的主导因素。“在某一时刻，大脑皮层的一个脑区在输入信号的作用下激活。在同一时间内，大脑皮层还有许多激活的脑区，这些脑区之间竞争注意资源。一旦大脑皮层某个脑区的激活进入意识，就会对其他脑区的激活起抑制作用，从而保证在同一时间进入意识的只有一个事件。”[②]

1644 年 4 月 4 日，吴三桂在进京归降李自成途中，大脑里面占据主导的信息是归降后如何适应李自成的领导，为自己及手下的人马获得更好的生存与发展机会。

当吴三桂在途中得知自己的父亲和爱妾陈圆圆遭受屈辱经历后，在强烈的情绪刺激下，情绪思维主导下的信息开始参与大脑皮层脑区的激活活动。

吴三桂产生的情绪免不了愤怒与耻辱，为李自成出尔反尔伤害家人的行为感到愤怒，为爱妾被掳感到耻辱。

吴三桂在强烈的愤恨情绪主导下进行了新的思考判断：个人忠孝不保，名节已失；李自成只是一介草寇，不值得投靠参与；由李自成所带来的侵害刻骨铭心，此仇必报。

在吴三桂新的思考判断中，很显然，由情绪主导的报仇判断信息在与前期逻辑主导的归降判断信息竞争中获得了优势，吴三桂自此在报仇信息主导

---

① “思维（thinking）是人类重要的心智活动。长期以来许多学者讨论过思维问题。最早只有哲学家的探讨，后来心理学家对思维进行过多方面的实验和理论研究。认知科学兴起后，思维被看作信息加工的过程，人工智能科学家还进行计算机模拟思维的活动。”——唐孝威，何洁，等，编著．思维研究［M］．杭州：浙江大学出版社，2014：前言．

② 唐孝威，何洁，等，编著．思维研究［M］．杭州：浙江大学出版社，2014：306.

下开始了新的行为选择。

大脑的意识过程是不同区域神经回路共同工作的结果，有的意识内容通过逻辑思维形式予以表达，有的意识内容通过其他思维形式予以表达，而随着对情绪研究的深入，研究者发现情绪有其独立的意识内容，那么情绪内容的表达方式也就有可能有其独立特征，研究者虽然还没有使用情绪思维这个概念，但情绪思维作为一种独立的思维形式开始逐渐进入研究者的视野。

（3）情绪智力理论证明，情绪及其带动的思维过程是一种独立的智力形式。

20 世纪 90 年代兴起的情绪智力研究虽然没有采用情绪思维的概念，但是情绪智力的内涵与思维形式密切相关，情绪智力努力要证明的就是情绪对思维的影响是一种独立的“智力”形式。

21 世纪以来，随着情绪智力作为一种独立思维形式越来越多地受到其他领域的关注，有关情绪智力与管理、教育、文化等领域的相互影响研究更加深入，对于情绪智力作为一种独立认识能力如何予以理解、其本身的影响维度构成如何的命题研究愈加深入。

这些研究的深入，使得情绪智力作为一种指导人际关系如何进行的思维维度也愈加清晰，这也就为情绪思维对于人际活动的影响是如何体现的命题相应地构建了认识维度。

（4）大脑双加工理论认为，大脑存在先天感受和逻辑推理两套不同的认知加工系统。

21 世纪以来，认知心理学、社会心理学和认知神经科学领域的许多学者研究认为，人的大脑的运作可分为两种不同的认知过程，提出了大脑双加工理论。

双加工理论认为，“人类有两套不同的认知加工系统，而且有相应的神经大脑机制，分别是系统Ⅰ加工和系统Ⅱ加工”。[①]

大脑系统Ⅰ加工的特征是思维快速、平行自动的加工过程，“主要包括一些先天获得的反应模式和基于个体已有的知识经验而快速启动的激活。这种加工是一个无意识的过程”。[②]

大脑系统Ⅱ加工的特征是思维缓慢、系列、需要工作记忆参与和控制的加工过程，主要涉及一些抽象的逻辑推理规则。

---

①② 周丽清．后形式思维发展机制［M］．杭州：浙江大学出版社，2017：24.

双加工理论认为，个体在进行问题解决或推理的思维过程时，两个加工系统可以同时被激活，它们相互竞争，产生抑制，从而决定个体的行为反应。

无论是大脑信息涌现竞争现象解释、情绪智力理论，还是大脑认知过程的双加工系统理论，多学科的研究成果都越来越清晰地论证了情绪思维作为一种独立思维形式而存在，并且从生理本能来看，情绪思维的发生往往先于逻辑思维，对人的思考判断会产生先天的影响作用。

从大脑的生理功能构成来看，人的思维既受理性的影响，也受情绪的影响，思维形式既可以由知识认知内涵（学习、记忆中所储存的概念、原理等知识内容）所主导，形成逻辑思维形式，也可以由情绪认知内涵（心境意识、语义记忆等情绪内容）所主导，形成情绪思维形式，两者都可以以一种独立的思维形式影响判断与决策。

感性认识过程的基础形式是直接感觉，在感觉之上还有联想、知觉。① 人的情绪作为生理本能的产物，主要在感性认识中发挥其影响作用。

理性认识过程的基础形式是抽象概念，在概念之上还有判断、推理。人的认知作为后天学习积累的产物，主要在理性认识中发挥其影响作用。理性认识的重要形式之一就是我们熟悉的逻辑思维形式。

传统观点认为，人的认识活动主要由以逻辑思维为代表的理性认识所主导，所以通常我们所理解的思考判断形式指的就是理性思维或逻辑思维形式。

现代研究已经证实，情绪在人的认识活动过程中，也会形成独立的思考判断形式，对人的认识过程起着重要的引导作用，为了有别于逻辑思维形式，以情绪活动过程为主要构成内容的思维形式可以称为情绪思维形式。

情绪思维作为人的另一种思维形式，其构成状况是一个令人感兴趣，也值得探讨的话题。情绪思维的生理机理形成内容如何？对人的思考判断会产生什么影响？这些问题与内容的构成，就是情绪思维研究要表现的基本内涵。

二、情绪思维形成的生理机理

机理是指构成系统中的要素及其相互联系关系，对于人来说，机理反映

---

① 知觉：“反映客观事物的整体形象和表面联系的心理过程。知觉是在感觉的基础上形成的，比感觉复杂、完整。”——现代汉语词典［M］. 北京：商务印书馆，2002：1612.

“有机体的构造、功能和相互关系”[①]，作为一种独立的思维形式，人的情绪思维必然有其生理机理特征。综合有关情绪思维的研究，从生理机理上看，情绪思维有其自身的内涵及特点，主要表现在发生机理、知觉机理和推理机理三个重要的环节。

1. 情绪思维的发生机理

人的大脑存在不同思维形式，其本源在于大脑的生理构造。

从脊椎动物进化的视角，“三重脑”模型解释了由爬行动物（脑干）、哺乳动物（边缘皮层）到灵长类动物（新皮层）的大脑进化发展过程。[②]

按照情绪智力理论研究者戈尔曼（Daniel Goleman）简洁的陈述，对于大脑皮层的研究结果揭示，人的大脑皮层由两个部分皮层构成：“边缘皮层”与“新皮层”。[③]

大脑边缘皮层主导对信息刺激的接受，产生情绪，形成情绪反应。人与动物在这方面相同，这是生物进化的结果。

情绪一旦生成，就会对思维意识产生影响，并且有可能在意识涌现中形成情绪思维形式，占据思考判断主导地位，指导个体做出各种行为选择决定。情绪思维能够迅速开展，是人类在万物竞争中进行“自我”保护的至关重要的本能。例如在各种突发的危险信号感受过程中，人类往往凭借这种动物本能的情绪思考判断快速地做出避险决定，通过相应的行为选择保护自己免受伤害。

大脑新皮层主导对知识与经验的记忆与储存，产生关联推断，形成逻辑反应。人与动物的区别主要体现在这个方面，人的大脑新皮层较为发达，而动物之中，只有如灵长类动物，其大脑才有少量的新皮层神经构造，有一些简单的关联推断能力。

在生理基础上拥有逻辑思维能力，是人类在万物竞争中取胜的根本原因。但是，也千万不要忘了情绪思维所拥有的动物本能的影响作用。

对于人类来说，情绪思维与逻辑思维都不可或缺。与此同时，在生理基础上开展的这两种思维形式，又是导致个体思维呈现复杂性的根本性影响因素。

---

① 现代汉语词典［M］. 北京：商务印书馆，2002：582.

② “保罗·麦克莱恩（Paul MacLean）在1990年引入了‘三重脑’模型，它用于描述哺乳动物大脑的功能分层。该模型已经被广泛应用于解释大脑的整体功能组织方式。”——伯纳德·J. 巴斯，尼科尔·M. 盖奇，主编. 认知，大脑和意识——认知神经科学引论［M］. 王兆新，库逸轩，等，译. 上海：上海人民出版社，2015：433.

③ ［美］丹尼尔·戈尔曼. 情商［M］. 杨春晓，译. 北京：中信出版社，2010：11-13.

戈尔曼的解释简洁易懂，但是，从专业研究的视角，情绪产生的生理机理却非常复杂。

从生物性来看，情绪是人对信息刺激（投射）产生的生理、心理反应，表现为一种意识或思维存在状态。①

心理学最早涉足情绪研究领域，但由于情绪研究的复杂性，心理学研究者在对情绪的研究中存在多种观点，不仅学说林立，往往还是争论多于定论，分歧多于共识，这使得从心理学角度去理解情绪变成了一件复杂的事情。②

从心理学研究的一般观点看，情绪是人的情感表现，它既有生理的变化，又有心理的变化，并关系到人的身体状态变化以及思考判断和行为选择。

虽然对情绪概念的界定存在不同的看法，但是，研究者们在情绪是人类最基本的生物性产物上却已达成共识，“大量证据表明，基本情绪具有演化的神经生物学基础和至少部分专用的神经系统，它们在个体发育的早期就已经形成”。③

对于情绪生成机理和作用的认识，从传统到现代，其内涵呈现出明显的反差。

（1）传统观点认为情绪生成于内脏，对逻辑思维起着瓦解作用。

自古以来，人们对于情绪生成、运行及影响，就有浓厚的探究兴趣。

在古代，对于情绪的最初认识，大多是从动物学的视角来看待其变化特征。人类对于情绪的认识，是将其作为一种动物的本能意识予以关注。

人的情绪与其他动物一样，是一种自然生成而又不易控制之物，它在我们的生活中不可或缺，但往往又是一匹难以驯服的野马，超越我们的理性认知判断，容易使人的行为动物化。因而情绪长期被看作是一种容易产生负面

---

① 对于情绪，有一些基本的概念界定。情绪：“人从事某种活动时产生的兴奋心理状态；指不愉快的情感。”——现代汉语词典［M］. 商务印书馆，2002：1036.“关于情绪的成分，大部分心理学家都认为情绪是人们对外界刺激的复杂反应，是一个多成分的复合过程，它是由独特的主观体验、外部表现和生理唤醒三个成分组成的。”——郭德俊，刘海燕，王振宏，编著. 情绪心理学［M］. 北京：开明出版社，2012：3.“情绪一词的含义在于，情绪是情感，是与身体各部位的变化有关的身体状态，是明显的或细微的行为，它发生在特定的情境之中。”——［美］K. T. 斯托曼. 情绪心理学［M］. 张燕云，译. 沈阳：辽宁人民出版社，1986：2.

② 这种状况与心理学对于情绪的研究存在不同的研究取向和研究方法有关。“什么是情绪？这个问题从一开始就支配着心理学研究，但是到目前为止，有关这个问题的答案仍然难以捉摸，因为不同的理论方法对情绪结构的定义和概念化有很大的不同。”——Jens Lange，Jonas Dalege，Denny Borsboom，Gerben A. van Kleef，Agneta H. Fischer. Toward an Integrative Psychometric Model of Emotions［J］. Perspectives on Psychological Science，2020，15（2）：444.

③ Carroll E. Izard. Basic Emotions，Natural Kinds，Emotion Schemas，and a New Paradigm［J］. Perspectives on Psychological Science，2007，2（3）：262.

影响的心理构成物，对其也缺乏深入的研究与分析。

在中国古代，情绪指人处于的一种心境状态，常与男女恋爱时的缠绵情意联系在一起，用于描述恋人分离的时候相思相念的心境。①

中国古代对于情绪与行为之间的关系，已经有了一些较为深入的关注。在儒家经典著作《中庸》的开篇，即认为人的基本情绪有喜、怒、哀、乐四种。“喜怒哀乐之未发，谓之中，中也者，天下之大本也。”② 在此，所谓的“中”与“本”即是万物拥有的本性，儒家认为一个人有情绪，是人的天性本能，是一个自然的现象，个体的修养就是领会如何控制情绪的发作。

在古希腊，情绪被视为是一种动物本能的主观物，其难以控制的特性会对人的心理和谐产生威胁，理性与激情交替控制灵魂的举动，就如在人的内心常常发生的战争，情绪会给个体带来生机，但也会产生危害。

早期哲学家对人类情绪与理性的关系有过许多论述，以柏拉图的思想为代表，强调理性对情绪的调整和控制。柏拉图将灵魂划分为三个部分：一是理性，位于人的头部，是灵魂的主宰。二是激情，位于胸部，关系到一个人的精神状态。三是欲望，位于腹部，是一个人动物本能的需求构成。

在柏拉图看来，理性、激情和欲望是灵魂的共同组成部分，理性处于支配地位，激情和欲望处于附属地位，只有三者和谐才会使人处于最佳心理状态。但是，激情却反复无常，试图挣脱理性控制。

对于情绪产生的生理机理，心理学家们逐渐由身体至大脑，寻找着确切的答案。

到了 19 世纪末期，随着心理学的发展，情绪的变化与行为之间的关联性得到重视与研究，作为意识机能构成的主要内容即知、情、意之一的情绪，开始在心理学中得到了深入的研究与分析。詹姆斯（William James）与兰格（C. G. Lange）提出了情绪是大脑植物性神经活动产物的观点，即情绪刺激引起身体的生理反应，而生理反应进一步导致情绪体验的产生，从人的生理、

① “情绪，指缠绵的情意，有如思绪。南朝梁江淹江文通集一泣赋：‘寞寂以思，情绪留连。’后转指心境。唐韩偓香奁集，春闺诗之一：‘醒来情绪恶，帘外正黄昏。’”——商务印书馆编辑部．辞源［M］．北京：商务印书馆，1983：1132.

② 李鋆，等．大学中庸高级读解［M］．台湾正中书局股份有限公司授权，福州：海峡文艺出版社，2009：54.

机理方面开始对情绪的产生变化进行研究。①

在詹姆斯和兰格之后，由于情绪的生成变化与大脑构成紧密关联，而对大脑的研究必须借助于高精密分析仪器与实验手段，因而在计算机分析仪器出现之前，情绪研究一直处于初期的借助于直观观察与分析的研究水平。

（2）现代研究揭示情绪产生于情绪脑，具有独立工作机理。

当摆脱了情绪由内脏产生的认识之后，人们对情绪与大脑之间的联系给予了新的关注。

20 世纪 20 年代，生理心理学家坎龙（Cannon，W. B.）认为情绪不是由内脏所引发的，而是由大脑皮层的下部位，特别是丘脑所引发的，所有的情绪都依赖于同样的活动链条。坎龙的研究，揭示了情绪的大脑皮层工作机理。

情绪思维的工作机理涉及大脑中复杂的神经组织结构及其运行系统，这为相关的研究及理解都带来了难度，人们开始用“情绪脑”这个概念来简化情绪的生成机理及过程。

随着科学实验手段的提升和多学科交叉研究的发展，人类对于情绪脑的独立工作机理的认识进入新的阶段，对于情绪思维反应的神经回路有了新的认识。②

情绪作为一个独立过程的研究及结果，使得情绪的生成机理以及对人的思考判断、行为选择的影响有了较为清晰的认识路径，这从吴三桂的思维活动过程中就有明显的体现。

吴三桂在归降李自成的途中遭受重大信息刺激，推翻归降决定，重回山海关后，在强烈的复仇情绪影响下，吴三桂的情绪思维决定又推翻了先前的逻辑思考判断中的静观其变的决定。

吴三桂自知军力有限，要想向李自成报仇，必须借助其他力量，这个时候近在身边的清朝就是一个可以选择的对象。吴三桂此时还没有考虑归降清朝，而是决定向清朝借兵，对李自成的大顺军给予报复性打击。

---

① 美国心理学家詹姆斯和丹麦生理学家兰格分别于 1884 年和 1885 年不约而同地提出了同一种关于情绪的生理机制的观点。他们强调情绪的产生是植物性神经活动的产物，后人称它为情绪的外周理论。“这个理论认为，所有情绪都是生理对特定事件做出反应的结果。”——［美］保罗·克雷曼．心理学经典读本［M］．苗华建，译．北京：当代中国出版社，2014：168.

② 认知神经学方法是目前比较常见的对人类情绪脑机制研究方法。“已经出现了很多功能脑成像研究，包括人们在体验或想象某些情绪时的研究，以及观看他人体验某些情绪时的研究。这些研究在根本意义上增进了我们对脑神经生理机制的认识。”——［美］约翰·比奈尔．生物心理学［M］．杨莉，等，译．北京：机械工业出版社，2017：369.

吴三桂向清朝借兵，看起来是一个逻辑推理的结果，但是实际上是一个在情绪思维主导下的判断决定，因为在情绪思维的干扰下，吴三桂缺乏对借兵的债主——清朝欲望的细致的推理分析。

吴三桂向清朝借兵，对于借兵条件的考虑，是以北京沦陷、皇帝自杀之前的清朝的行为方式为参考对象的，以为事成后以金银财帛，至多是部分疆土作为回报即可满足清朝的需求，岂料到此时的清朝思维意识已变，行为选择也随之改变。

清朝以前对待明朝的政策是以蚕食土地、掳掠财物为主，就是人家的东西，我能多抢夺一点就多抢一点。所以吴三桂自以为用财物、土地作为回报条件，就可以满足清朝的欲望。

但是大明崩塌对于清朝来说，也是一个强烈的刺激信号。① 1644 年 3 月末，在收到李自成攻陷北京、崇祯自杀的消息后，清廷群情振奋，一个垂涎已久的锦绣江山似乎已经无主待摘，怎不让人思绪万千、兴奋难抑。

在兴奋进取之余，对于如何图谋大明江山，清廷却进行了详细推演，认为需要改变以往掳掠方式，从全局征伐的视角步步为营，才能把握图谋大明江山的时机。②

吴三桂军弱，清朝军强，以弱兵引入强军之后，如何“送神”？清军得入山海关，即会反客为主，一旦违背借兵条件，如何应对？对这些问题，在情绪思维主导下，急于复仇的吴三桂缺乏细致分析。

情绪在大脑中的独立活动作用及影响在吴三桂身上体现的淋漓尽致。

对大脑与情绪关联的研究为情绪研究找到了新的路径，出现了大量的新的解释理论，使人们对于情绪的构成内容有了更为清晰的认识；与此同时，对大脑介入的研究，由于脑科学本身的复杂性及对于实验仪器和多学科介入的更高要求，也增加了情绪研究的难度。

情绪研究涉及多学科，依赖先进的实验分析仪器和研究方法，一方面呈现出研究的复杂性，另一方面随着实验仪器的不断进步和跨学科的协调推进，情绪研究所发现的新现象不断出现，研究者往往只能侧重于某个方面进行探索，使得研究结果争论较多、分歧较大，这对于一般人来说，更增加了对情

---

① 1636 年，皇太极改国号为大清，在对明朝进攻的同时，西伐蒙古，东征朝鲜，已经拥有了较强的国力。

② 参见：李治亭．吴三桂大传［M］．南京：江苏教育出版社，2005：102-103.

绪理解的难度。①

虽然对于情绪的解释和理解非常复杂，一些学者还是试图通过简单易懂的方式，帮助非专业的读者们了解情绪机理的基本特点。在这方面，戈尔曼做出了较大的贡献，他通过简洁的陈述，对情绪生理机理的一些基本特点及内涵做了普及性的介绍。

（3）从生物进化过程来看，情绪思维对人的影响早于逻辑思维。

对于情绪生成过程中的生理现象是如何构成的问题，相关学者进行了大量的、多学科的研究。由于涉及的学科较多，相关的研究结果也显得较为分散，到20世纪90年代，戈尔曼对各方面的研究结果进行了综合，给出了较为系统的答案。

从人的大脑进化过程看，围绕情绪生成的“硬件”主要由三个器件构成：

第一个是脑干，脑干是情绪中枢的起源。大脑最原始的部分是处于脊髓顶端的脑干，脑干主导呼吸、人体其他器官的新陈代谢等生命基本功能，同时控制刻板反应和动作，是情绪产生及运行控制的起源。

脑干是爬行类动物大脑具有的基本器官，“脑干没有思考或学习的功能，它只是一个预先设定程序的自动调节器，旨在维持身体的正常运转，并做出确保生存的反应”②。

第二个是边缘皮层，边缘皮层接受信息刺激，主导情绪产生。在随后的进化中，在人的脑干周围形成边缘皮层细胞、神经组织，开始主导情绪反应。③

从人的原始本能来看，情绪生成的目的是对应产生相关的生理变化，释

① 在基本情绪理论方面，一直存在不同的观点。就试图统一观点的努力来看，“无论诸种现有的情绪‘科学’研究想要付出什么代价，目前尚没有任何理智上切实可行的替代方案。”——［英］露丝·雷斯．情感的演化——20世纪情绪心理学简史［M］．李贯峰，译．武汉：华中科技大学出版社，2020：453. 有学者在情绪研究归纳的基础上，认为情绪研究大概分为五种取向：一是生理取向，这是最早研究情绪的介入视角；二是认知取向，相关学者们坚信认知在人类情绪中亦起着相应的核心作用；三是行为取向，这类学者注重情绪研究的客观性；四是动机取向，这类研究注重情绪本身具有的作用及功能；五是进化取向，这类研究将情绪置于种族发生和个体发展这一广博深远的进化领域予以观察。（参见乔建中．情绪研究理论与方法［M］．南京：南京师范大学出版社，2003：2-7.）

② ［美］丹尼尔·戈尔曼．情商［M］．杨春晓，译．北京：中信出版社，2010：11.

③ “最早的哺乳动物出现之后，情绪脑新的关键神经元层也形成了。情绪脑的新神经元层包围着脑干，看起来就像是被人咬了一口的面包圈，脑干正好安放在中空的底部。由于这部分大脑环绕并包裹着脑干，因此又被称为‘边缘’（limbic）系统，‘边缘’一词来源于拉丁语‘limbus’，意为‘衣领’。这一新的神经区域为大脑的指令系统添加了恰当的情绪。”——［美］丹尼尔·戈尔曼．情商［M］．杨春晓，译．北京：中信出版社，2010：12.

放相应的激素，再引发相应的行为方式选择及行动。“情绪进程理论认为各种情绪是在进化过程中，在重要的情境中由特定的刺激因素所触发的，并在神经系统中留下了信号标记。当一个神经系统被信号触发，这个情绪进程会自动引出相关的运动组件，产生各种功能性的反应。”①

情绪的动物性反应机理在许多情绪的实验研究中已经获得了证实，例如，生理学研究发现，当恐惧情绪产生后，“逃跑本能产生的兴奋会发送一个神经电流到肾上腺（小腺体聚集在肾脏附近），然后肾上腺会分泌一种复杂的物质（肾上腺素）到血液中，这种物质直接作用于各种器官组织，刺激它们持续地实现那些通过与其相连的神经传导的初始刺激所激发的活动。”②

在生理激素释放的作用下，个体可以表现出一系列诸如呼吸急促、瞳孔放大等生理与表情特征，这些特征通常在表象上被视为是恐惧的症状，但在本质上是边缘皮层受到信号刺激、情绪生成后所连带的生理本能反应。

情绪生成是一种动物性生理现象，在本质上不受控制。直白地说，你不能控制情绪的产生，它想出现就会出现。

第三个是新皮层，新皮层辨别信息刺激属性，影响情绪产生。在边缘皮层细胞形成之后，人又在进化中形成了学习思考的新皮层细胞、神经组织。“大约在1亿年前，哺乳动物的大脑发生了生长突增。在原先薄薄两层皮层——这部分的功能是计划、理解感受、协调行动——的顶部，出现了几层新的大脑细胞，从而形成了大脑的新皮层。”③

新皮层主导人的学习、记忆与思考，使人具备了逻辑分析能力，与此同时，新皮层会对接收到的信息刺激属性进行辨别，影响情绪产生。

新皮层与边缘皮层交互影响，使得情绪生成及构成复杂化。在喜、怒、哀、惧等基本情绪的基础上，形成了爱、恨这样的复合情绪。

基本情绪的生成是一种生物本能，是进化的产物，人与动物都具有。此外，人处于社会活动中，从社会与文化体验中可以产生更加丰富的情绪体验，生成爱、恨等内涵更加复杂的复合情绪。从情绪心理学的研究结果看，情绪类型大致有50多种，每种情绪的生成都有对应的生理变化的痕迹。

---

① Jens Lange, Jonas Dalege, Denny Borsboom, Gerben A. van Kleef, Agneta H. Fischer. Toward an Integrative Psychometric Model of Emotions [J]. Perspectives on Psychological Science, 2020, 15 (2): 445.

② [美] 威廉·麦独孤. 心理学大纲 [M]. 查抒佚，蒋柯，译. 北京：商务印书馆，2015：386-387.

③ [美] 丹尼尔·戈尔曼. 情商 [M]. 杨春晓译. 北京：中信出版社，2010：12.

既然情绪生成是一种无法避免的生理现象，那么，情绪思维也就无法避免。引发情绪生成的既有外在的信息刺激，也有内在的回忆与思考，这些影响因素随时处于动态的变化之中，也会由此引发情绪类型的变化，并进而影响情绪思维内容的变化。由此可见，受生理变化的影响，情绪思维的构成内容时常处于动态变化之中，也就使得情绪思维时常处于复杂的状态之中。

（4）对刺激信息的感觉直接促使情绪生成。

有关情绪生成的生理机理内涵，前面的专业研究已经给出了较为详细的解释。化繁为简的理解就是：情绪是人的大脑接收到信息刺激后，由感觉器官所引发的一种动物性反应生成物。

情绪最初由感觉生成，后天也可由人的回忆、思考刺激生成，只要感觉器官感受到刺激信息，就会生成相应的情绪，因此，情绪的生成是一种生理现象，具有不可控制性。

心理学家宾德拉（Bindra D.）对情绪的生成过程进行了划分，使情绪从感觉到生成的特征更易于被一般人所理解。这个过程包括四个阶段：

情绪唤醒，由外界刺激引起的人体内脏、机体或神经机能的变化过程。

情绪行为，由情绪影响所形成的明显的反应模式和显著的行为特征。

情绪刺激，自然和社会环境中引起人生成情绪的刺激信息特征。

情绪体验，人的主观报告的情绪表现或对他人及动物所推测出的情绪表现。①

人的大脑接受外界信息刺激从而产生情绪的过程，以音乐对人的刺激效应最为直观明显，音乐作为声音的一种，被人的听觉器官感受后，传递到大脑情绪皮层处理系统，当相关神经系统被唤醒时，就会立即产生相应的情绪。这种现象在音乐、电影等艺术形式直接作用于人的过程中最为明显。

1644 年 4 月 22 日，吴三桂联合清军，在山海关与李自成大顺军进行了一场惨烈的决战。李自成大败，被迫退出北京城。② 而吴三桂在强军面前别无选

① 参见：［美］K. T. 斯托曼．情绪心理学［M］．张燕云，译．沈阳：辽宁人民出版社，1986：6.

② 据学者研究，山海关之战，吴三桂兵力有 4 万人，清朝出兵大约有 10 万人，李自成出师山海关的兵力大约有 10 万人。参见：王兴亚．明清之际山海关战役中大顺军兵数辨析［J］．许昌学院学报，1982（1）：63；李治亭．吴三桂大传［M］．南京：江苏教育出版社，2005：104. 有学者研究，引起农民军兵力减少的一个重要原因，是在李自成入城期间，北京周边鼠疫蔓延，造成明朝军队与李自成农民军兵力与战斗力相继大减。参见：朱宇航．一场鼠疫与三个王朝［J］．文史博览，2008（4）：56.

择，只得向清朝称臣。清军长驱直入，北京城垂手而得。

中国历史在清朝的统治下进入了新的发展进程。而这一切变化，都与情绪思维对领导者的影响有关。

对于人类来说，情绪独立生成最大的影响，就是它会作用于我们的思维，“许多心理学家断言，快乐、悲伤、愤怒和恐惧等离散的情绪会影响思维、决策和行动”①。

对于情绪思维的作用，崇祯年间的进士吴伟业在其创作的叙事诗《圆圆曲》中有过精彩评述：

鼎湖当日弃人间，破敌收京下玉关。

恸哭六军俱缟素，冲冠一怒为红颜。②

冲冠一怒不一定仅仅是为红颜，但是，愤恨之下的情绪思维打乱了吴三桂先前的逻辑思维确是事实。由此可见，人的思维意识构成的复杂性，远远超过我们自我的感觉。

2. 情绪思维的知觉机理

个体对于外界事物的体验起源于感觉，感觉给了我们认识事物的初步体验，但感觉要经过知觉的综合才能形成有效的判断。知觉是对感觉的综合，知觉可以把各个感觉联系起来，形成一个整体的事物形象。“知觉已经包含了某些概括的因素。”③

情绪生成之后，会处于一种存在状态，停留在人的大脑中的时间可长可短，并且人可以有意识地在主观上体验到这种情绪存在，这种现象显示当情绪生成后，人会处于一种情绪意识状态之中。

情绪意识是指人在主观上感受到、知觉到或意识到的情绪状态。情绪意识可以将感受到的情绪进行综合，进而影响人的思考判断，使得人处于一种情绪思维意识影响之中。④

① Carroll E. Izard. Basic Emotions, Natural Kinds, Emotion Schemas, and a New Paradigm [J]. Perspectives on Psychological Science, 2007, 2 (3): 260.

② 明清易代之初，当时的士人普遍将其视为“亡天下”之耻，吴伟业念明厌清，在诗文中将吴三桂降清的原因归为“红颜”，以堵其“为君父报仇”的堂皇理由。相关研究者揭示，《圆圆曲》一出，吴三桂颇为忌讳，曾试图以重金求毁版，为吴伟业所拒绝。参见：潘定武．《圆圆曲》主题之争及思考 [J]. 学术界, 2011 (5): 133.

③ 梁作民，主编．当代思维哲学 [M]. 北京：人民出版社，2003：124.

④ “情感思维不仅以概念命题来进行内部表征，多数情况下是通过人体诸多感官的信息综合来产生作用的。”——周振华．思维的认知哲学研究 [M]. 北京：科学出版社，2018：139.

（1）情绪心境可以关联及综合人的情绪体验。

情绪意识会以其相应的内容，作用于人的思维活动，对人的思考判断产生影响。这种作用在人的情绪心境对人的行为影响中能够得到一般性的体现。

当某种情绪在人的大脑中处于长时间停留状态时，人就处于相对应的情绪意识之中，这种情绪意识状态也可被视为是某种情绪心境。① 情绪心境中的情绪所包含的种类属性特点，会对人产生明显的影响。

现代心理学研究发现，情绪心境对人所产生的影响，主要表现为每种情绪生成之后，会有相对应的行为取向。

情绪心境会对各种情绪进行类似知觉综合后形成一致性内容，这种生理本能会以自觉或不自觉的方式对人的思考判断产生影响，这个时候人的思考判断就会处于某种情绪思维意识影响之中。“心境是一种重要的情绪状态，它能够通过在注意、理解和记忆过程中的心境一致性偏向影响个体思维的效价。”②

例如音乐刺激除了可以让人产生某种情绪之外，还可以唤醒个体对于某个记忆的回忆，进而产生由记忆内容所形成的新的刺激效应，生成新的情绪，在情绪知觉作用下，会形成一致性的情绪心境。

情绪心境的活动及影响，可以从大脑的新的研究发现中寻找答案。21 世纪以来，认知神经科学的研究揭示，人脑中存在着一组“默认网络”神经组织系统，在日常生活的许多空闲时间里增加大脑的活动。③

人的类似于“默认网络”的生理构造为人的内心活动，有可能包括情绪心境活动提供了生理基础，“人的认识不是简单地局限于眼前。人的大脑有一种独特的能力，能够摆脱外部世界，把我们的思想转向内心，转向我们个人

---

① “心境（mood），是人在一个相当的时期之内持续存在的某种情绪状态。它持续而微弱，稳定而弥散，使整个人都处在这种情绪状态中。它似乎在人的心理上形成了一种淡薄而弥漫的背景，使人的一切行动和体验都带有它的色彩和痕迹。心境作为情感，具有对其他心理活动和行为的监视作用和控制效果。但人们往往不觉察某种心境产生的原因和它的作用。工作的顺逆、事业的成败、人际关系、生活环境或自然景色，甚至身体健康状况，都可以成为引起某种心境的原因。”——［美］K. T. 斯托曼. 情绪心理学［M］. 张燕云，译. 沈阳：辽宁人民出版社，1986：405.

② 张阔，汪新建. 抑郁性沉思——研究进展与前瞻［J］. 南开学报（哲学社会科学版），2015（3）：110.

③ “‘内在心理活动’是指人类每天自发和有意识地进行的内省和适应性的心理活动。默认网络是一组相互作用的中枢和子系统，在‘内在心理活动’中起着重要作用。”——Jessica R. Andrews-Hanna. The Brain's Default Network and Its Adaptive Role in Internal Mentation［J］. The Neuroscientist, 2011, 18（3）：251.

认为有意义的东西。”①

情绪意识对思考判断的影响，还在于情绪在其活动过程中，也会储存情绪知识。现代神经心理学和神经脑成像的研究结果显示，“侧面前额皮层和皮层联合区也加工和存储情绪知识。情绪知识是语义记忆的一部分，是以有组织的形式储存的”②。

相关的学术研究表明，词语不仅能够表达概念信息，也能承载情绪信息。③

一些情绪词同时存在概念信息和情绪信息，比如蛇，既传达了概念信息（如一种爬行动物，长条形的），也承载了情绪意义（如高唤醒度的、负性的）。情绪词语在个体对语句信息的感知中会首先产生情绪信息的刺激作用，然后才产生语义理解作用。

像个体拥有的认知内容存在差异一样，个体拥有的情绪知识也可能存在着差异，这些差异会使个体在情绪思维能力方面同样存在着区别。

从心理学的视角看，情绪心境中的难以察觉的情绪意识活动现象与无意识活动过程较为相似。

人的意识活动在心理学和认知科学上又被视为是一种心智活动，包括有意识活动和无意识活动过程。“现在有大量证据表明，尽管我们对周围世界的感知过程产生的结果是有意识的，但是感知很大一部分却是无意识感知。”④

有意识活动与思维紧密关联，无意识活动虽然与思维活动没有直接的联系，但是，它对于思维活动又能起到潜移默化的作用。“思维是心智的一种成分，无意识的思维称为内隐思维。”⑤ 内隐思维的活动过程显然与情绪心境中的难以察觉的情绪意识活动过程较为相似，也就是说，情绪意识可以被视为是思维活动的一种形式。

---

① Jessica R. Andrews-Hanna. The Brain's Default Network and Its Adaptive Role in Internal Mentation [J]. The Neuroscientist，2011，18（3）：264.

② 许远理．情绪智力三维结构理论［M］．北京：中国社会科学出版社，2008：43.

③ “研究语言中蕴含的情绪信息加工，对情感神经科学和语言理解的研究都具有重要意义。行为学、脑电和磁共振成像的研究表明，在不同加工阶段，情绪词中情绪信息的加工既表现出自动化加工，又表现出控制性加工；情绪词语加工具有优先性和优势性，词汇加工的网络受到了情绪加工网络的影响。”——曹阳，王琳．书面语言中情绪信息的加工［J］．科学通报，2018（2）：148.

④ 伯纳德·J. 巴斯，尼科尔·M. 盖奇，主编．认知，大脑和意识——认知神经科学引论［M］．王兆新，库逸轩，等，译．上海：上海人民出版社，2015：28.

⑤ 唐孝威，何洁，等，编著．思维研究［M］．杭州：浙江大学出版社，2014：306.

（2）情绪意识是一种独立的“智力形式”，可以影响人的思考判断。

20 世纪 90 年代以来，心理学家认为，对于情绪构成内容以及运用该内容指导个体适应社会活动发展的认识，也是一种智力能力，可以将其称为情绪智力。

情绪智力的提出和研究，被学者们视为是智力和情绪学科之间联系的纽带，“自从情绪智力作为一种心理存在物被提出以来，情绪智力（Emotional Intelligence，EI）的概念一直被认为是在人类情绪体验和认知能力之间架起理论桥梁的一种尝试”①。

1990 年，美国新罕布什大学心理学研究者约翰·梅耶（John Mayer）、耶鲁大学心理学研究者彼得·萨洛维（Peter Salovery）发表学术文章，他们在文章中第一次系统地提出并研究了“情绪智力”的概念及内涵。② 梅耶与萨洛维的贡献在于从学术研究途径，将情绪认识活动视为人的智力构成内容，研究了情绪智力的概念及内涵。

1995 年，美国哈佛大学心理系教授、纽约时报专栏作家戈尔曼出版了《情绪智力》一书，戈尔曼的主要贡献在于将情绪智力的内容用较为通俗的语言向公众做了解释，并将情绪智力内容应用到了对工作及领导力的分析之中。

在情绪智力研究中，最初是围绕情绪活动是否是“智力”这个命题展开探索，这是情绪智力研究的早期阶段，其研究结果是提供了情绪活动作为一种独立认识形式的存在证据。

智力是作为高等生物的人类所拥有的一种特殊能力，最终表现为思维或意识活动对于生物体活动的影响程度，在人类发展中至关重要。对于智力构成内涵的认识，传统观点认为人的智力主要有言语能力、推理能力、记忆能力等，现代对于智力的研究已经公认，智力的构成是复杂而且多元的。

20 世纪后期，随着对于情绪大脑生理机理认识的加深，神经科学研究开始定位情绪脑与认知脑的区域，认同情绪与认知不仅具有独立的工作机制，而且在加工过程中还彼此交互，它们的神经机制还存在功能整合，影响思考判断与行为选择。

---

① José M. Mestre，Carolyn MacCann，Rocío Guil，Richard D. Roberts. Models of Cognitive Ability and Emotion Can Better Inform Contemporary Emotional Intelligence Frameworks [J]. Emotion Review，2016，8(4)：322.

② 参见：[美] 丹尼尔·戈尔曼. 情商 [M]. 杨春晓，译. 北京：中信出版社，2010：序.

20 世纪 90 年代以来，心理学家认为，对于情绪构成内容以及运用该内容指导个体适应社会活动发展的认识，也是一种智力能力，可以将其称为情绪智力。情绪智力的提出，拓展了对人的智力构成内涵的认识，也为情绪思维的存在提供了认知基础。

在情绪智力概念提出以后，研究者首先要找出情绪智力作为一种“智力”存在的证据。

梅耶和萨洛维等提出了情绪智力作为一种“智力”必须满足的三个标准，分别为：操作性（operational），情绪智力应该有一个操作性的定义，作为一个能力度量。相关性（correlational），情绪智力应与其他智力结构呈正相关。发展性（developmental），情绪智力应该能够证明其发展与进步。①

围绕上述标准，2016 年，梅耶和萨洛维等发表了《情绪智力能力模型：原则与更新》一文，重新修正了有关情绪智力能力模型的 7 个指导原则内容，其中特别强调情绪智力是一种心智能力（mental ability），也是一种新的智力存在，其智力特征是以人的心智能力予以衡量。②

在情绪独立智力之后，研究内容围绕情绪智力如何体现这个命题开展，以心理学者为主体的研究者将注意力放在了对如何构建一个对情绪智力进行测量的方法与体系的探索中，其量表构成虽然还不完全成熟，但是从智力构成视角，为情绪智力的存在与衡量提供了基本依据，也相应地为情绪思维存在提供了支持以及分析的维度。

在情绪智力或情商的研究过程中，产生了许多分析模型。有学者研究归纳认为，③ 其中有代表性的模型主要有四种：

情绪智力能力模型（ability model），智力能力模型由梅耶等提出，他们将情绪智力能力分为四个分支，心智能力和情绪信息处理能力是这个模型的核

---

① Mayer J. D., Caruso D. R., Salovey P. Emotional Intelligence Meets Traditional Standards for an Intelligence [J]. Intelligence, 1999, 27 (4): 267-298.

② 有关情绪智力能力模型的 7 个指导原则分别为：情绪智力是一种心智能力（mental ability）；情绪智力最好以能力予以衡量；智力问题的解决与智力行为并不相同；必须明确规定测试所涉及的待解决问题内容有前提条件——用于衡量人的心智能力；有效的测试有明确的主题，能引出相关的人类心智能力；情绪智力是一种广义智力（broad Intelligence）；情绪智力是关注热点信息处理的广义智力中的一种。参见：John D. Mayer, David R. Caruso, Peter Salovey. The Ability Model of Emotional Intelligence: Principles and Updates [J]. Emotion Review, 2016, 8 (4): 290-292.

③ Jenell L. S. Wittmer1, Margaret M. Hopkins1. Exploring the Relationship Between Diversity Intelligence, Emotional Intelligence, and Executive Coaching to Enhance Leader Development Practices [J]. Advances in Developing Human Resources, 2018, 20 (3): 288-289.

心内容。

情绪智力混合模型（mixed model），混合模型的提出是基于巴昂（Bar-on，R.）的研究，巴昂认为在社会活动中，我们必须在情绪智力的基础上学会理解和表达自己，理解如何与他人相处，以应对日常的需求、压力和挑战，巴昂的研究兴趣在于确定人们适应社会和情绪的特征与技能。

情绪智力素质模型（competency model），素质模型的提出是基于戈尔曼和博亚特兹（Boyatzis R. E.）的研究，他们将研究重点放在工作场所，尤其是商业领域，通过对情绪的自我意识、自我控制和对于他人情绪的有效感知，来促进人际关系管理能力的发展，素质模型旨在表达与工作场所出色表现相关的社会和情绪因素。

情绪智力特质模型（trait model），特质模型由佩特里迪斯（Petrides，K. V.）等研究提出，特质模型以人格特质为中心，而不是以能力为中心，由幸福感、社交能力、自制力和情感4个部分15个方面组成，特质模型意在包括与情绪影响特别相关的所有人格方面的因素。

自情绪智力理论及测量量表提出以后，中国学者也相继推出了一些测量量表和方法，并得到了应用，这显示情绪智力研究在中国也得到了较快的发展。①

情绪智力测量量表的发展，为情绪思维形式提供了定量认识的途径。② 进一步区分了情绪智力与传统的认知智力，揭示了情绪智力对思维形式的影响。

研究情绪智力的意义在于为人的思维活动构成提供新的认识，也为情绪思维的存在进一步提供根据，有利于个体在此基础上充分了解情绪思维特点，反观自身的思维活动和行为选择。

吴三桂在山海关决定向清朝借兵，报复李自成对自己的羞辱，此时的吴三桂还不想投降清朝，因为吴三桂还有另一条出路，明朝虽然都城沦陷，但是北京以南的半壁江山仍在，皇室子嗣尚存，只要剿灭了李自成，大明仍然

---

① 王晓钧等在对情绪智力研究中，用实证研究方法，对情绪智力与智力、人格的关系进行测量。“元分析结果表明，情绪智力有可能是独立于智力而存在的一种心理变量。”——王晓钧，张玮．情绪智力——中国理论发展及应用研究［M］．北京：高等教育出版社，2016：82.

② 在一项有关情绪智力和思维形式之间关系的研究中，研究者通过对参与者进行不同量表测量的实验方法，以获得思维方式量表和情绪智力量表之间的关联性结果。“研究结果表明，思维方式（thinking style）是情绪智力的显著的预测物，具有高情绪智力的受试者更多地拥有复杂和创造性的思维方式。”——A. Murphy，H. C. Janeke. The Relationship between Thinking Styles and Emotional Intelligence：An Exploratory Study［J］. South African Journal of Psychology，2009，39（3）：357.

可以卷土重来。

吴三桂自身兵力有限，但是如果联合清军，则有可能与李自成一战。这一战如果成功，大明重建，吴三桂就是盖世功臣。

想到这一点，吴三桂应该是怦然心动。

可惜，吴三桂向清朝借兵，是一个在情绪思维影响下的一厢情愿的判断决定，而此时的清朝根本不愿通过借兵获得有限的收益，而是欲图大明江山，所以吴三桂的交换条件不能让清廷动心。

1644 年 4 月 21 日，李自成领兵到山海关，劝降吴三桂不成，两军开战，辽兵拼死抵抗。清朝摄政王多尔衮此时也挥军至山海关。

吴三桂苦战之下，难以抵挡李自成的进攻，派人向多尔衮求援。

多尔衮正是希望吴三桂与李自成两败俱伤。面对吴三桂多次发兵救援的请求，多尔衮按兵不动。

4 月 22 日，辽兵已是强弩之末，吴三桂被迫至清军大营中拜见多尔衮，实际已成归降之势。多尔衮终于答应出兵，联合吴三桂在山海关与李自成的大顺军进行了一场惨烈的决战。

李自成兵败溃逃，吴三桂也是势单力孤，险关已失，只得降清。

吴三桂降清，是有受诈被迫的成分。清廷在与吴三桂合作中，一开始就图谋大局，将自动走入局中的吴三桂一步一步诱入万劫不复的陷阱之中，使得吴三桂难脱历史骂名。

降清之后的吴三桂一想到此，恐怕也是情绪思维难抑，情绪心境的长期作用，可能也是推动日后吴三桂反清的重要原因。

3. 情绪思维的推理机理

情绪意识不仅是思维活动的一种形式，而且在其活动过程中还体现出了推理作用。

情绪对行为起着引导作用，其本质在于情绪在感受到刺激信息产生之后，为人的思考判断提供最初的来源与成分，并可以通过体内生理变化，释放相应的激素，为思考判断后面的行为选择提供生理准备或能量支持。

（1）情绪与推理存在关联关系。

无论情绪思维对人的思维活动产生正面或负面的影响，情绪思维是一种独立的思维形式已经成为越来越多研究者的共识，学术界新的研究正在探索情绪是如何介入思维过程中，对人的思考判断产生影响的。在这个探索中的一项重要发现，是对于情绪推理的认识剖析。

对于情绪推理的研究从 20 世纪 50 年代就已经在美国开始，研究者最初提出这个概念，是将情绪推理理解为一种新的思考判断形式。

1954 年，一位读者在《美国护理杂志》上提出，该刊在批评护士思维形式中所提出的情绪推理（emotional reasoning）这个概念令人感兴趣，认为“这种思维是一些护士主管的典型思维形式”，当这些护士主管在写工作报告的时候，受情绪推理的影响，“大多数人都看不到森林中的树木，她们只对一个人的弱点、错误或缺点感兴趣”。在此，情绪推理被理解为是一种以个人主观偏好的方式进行的思考判断形式。①

在现代医学临床案例研究的基础上，情绪推理被视为一种心理推理过程，能够帮助个体对他人的情绪体验有更深入、更准确的了解。“情绪推理旨在纠正和使一个人对另一个人的情绪体验的理解更加具体。这种情绪体检是个体情绪化的内容，它包括个体自我的情感，也可以被另一个人的处境所引起。”情绪推理可以由个体和对象之间的共振产生的“直觉”开始，也可以通过感觉开始，“情绪推理可以从紧张的情绪中开始，也可以从倾听别人的情绪体验开始，并被别人的故事所感动”②。

围绕推理作为一种独立认知形式的假设，研究者通过心理学实验，验证情绪是否与推理之间存在关联关系。一项研究通过实验者阅读情绪材料和中性材料后所产生的不同反应，证明情绪与推理之间存在关联关系，并在其中影响了人的思考判断。“在有关推理的两个实验中，情绪影响了参与者的推理反应。”③

在后续的研究中，情绪推理逐渐被假设为一种不同于理性认知的新的认知形式。“情绪推理是一种综合性的融合了诸多认知模式并超越这些认知模式的另一种模式，它是一种基于情绪性的连贯的认知形式。”④

（2）情绪推理可以调节认知判断。

在情绪思维过程中，情绪和情绪意识对理性认识不仅起着干扰作用，还

---

① Sikkemad. Emotional Reasoning [J]. The American Journal of Nursing, 1954, 54 (7): 790.

② Maria Merritt. Review: Emotional Reasoning [J]. The Hastings Center Report, 2002, 32 (5): 45.

③ Isabelle Blanchette, Anne Richards. Reasoning about Emotional and Neutral Materials: Is Logic Affected by Emotion? [J]. Psychological Science, 2004, 15 (11): 745.

④ 施贵菊，杜尚荣．情绪推理——一种独立于理性推理的推理形式 [J]. 贵州师范大学学报（自然科学版），2015 (4): 48.

以其自身的推理功能对认知予以调节。“情绪的功能是以启发式的方式配置认知系统，使其准备好与已经计划好的行为不同的动作。”① 情绪的这种推理作用在基本情绪中就有反映，当我们产生恐惧情绪的时候，我们会暂时停止或放慢已有的行为，使认知系统的注意力转移到新的方向，并会为可能发生的新的危害性事件做好避险动作准备。

安东尼奥·达马西奥（Antonio Damasio）通过丰富的临床案例，论证情绪在人类决策中具有重要影响作用，并且认为人类的理性决策离不开对身体情绪状态的感受。“推理过程并不像人们普遍认为的或希望的那样纯粹，情绪和感受根本不是推理过程中的干扰因素，无论情绪或感受的作用是好是坏，二者都交织在推理的网络中。如果没有生物调节机制的引导，人类推理策略无论在演化层面还是在个体层面，都无法发展起来，而与这种调节机制最相关的便是情绪感受的表达。”②

根据已有的对情绪构成内容及影响的研究结果，可以确认情绪对人的思维影响，是从大脑边缘皮层生理活动展开的，这正如大脑的新皮层利用所储存的知识开展逻辑思维形式一样，边缘皮层作为情绪产生的生理原点，也相应地形成自己的神经回路，开展情绪思维形式。③

有学者在对有关情绪推理研究结果进行归纳的基础上，认为情绪推理有多个方面的意义，其中，最重要的是情绪推理具有独立性。“情绪推理具有独立性，它是一种有别于理性推理的推理形式，它主要是基于人的情绪体验而对当前情境做出的一种具有个体意义的主观性判断。因此，情绪推理的判断标准不是指事物是否具有逻辑意义，而是当前事物所引起的对个体而言的主观意义。”④

在对情绪推理进行归纳分析的基础上，研究者发现情绪推理更多的是依据在情绪意识影响下的主观感受开展思考判断。“情绪推理实质上就是指基于个体的情绪体验而做出的主观性评估、预测和判断，其推理依据不是根据是

---

① Keith Oatley, Philip N. Johnson-Laird. Basic Emotions in Social Relationships, Reasoning, and Psychological Illnesses [J]. Emotion Review, 2011, 3 (4): 425.

② [美] 安东尼奥·达马西奥. 笛卡尔的错误情绪、推理和大脑 [M]. 殷云露，译. 北京：北京联合出版公司，2018：2.

③ [美] 安东尼奥·达马西奥. 笛卡尔的错误情绪、推理和大脑 [M]. 殷云露，译. 北京：北京联合出版公司，2018：5-6.

④ 施贵菊，杜尚荣. 情绪推理——一种独立于理性推理的推理形式 [J]. 贵州师范大学学报(自然科学版)，2015 (4)：48.

否有逻辑关系，而是根据事物对个体是否有意义，这种意义反映在个体的情绪体验中。”③以情绪意识影响下的主观感受作为思考判断的基本依据，是情绪推理的主要特征，也同时构成了情绪思维的主要特征。

相对于逻辑思维来看，情绪思维与逻辑思维的本质区别，在于双方在判断推理中依据的信息属性不同。逻辑推理是根据客观性事实，以所掌握的信息资料多少和事物的逻辑结构进行分析判断；情绪推理是根据个人在情绪意识中获得的主观体验，以个体的意义感觉为基础进行分析判断。

研究者通过各种实验发现，情绪推理所涉及的内容更多地与情绪范畴有关。“当个人推理一种情绪的起因时，这种情绪似乎会促使他推理更多的可能性。无论是由实验引起的情绪，还是由相关事件引起的情绪，或者由心理障碍引起的情绪，情绪都会引导个体在推理中更多地构建与情绪来源相关的分析模式而不是其他内容。”① 在随后的情绪智力研究中，情绪推理的功能及作用得到了进一步的挖掘。

研究情绪推理的意义在于为人的思维活动构成提供新的认识，也为情绪思维的存在进一步提供根据，有利于个体在此基础上充分了解情绪思维特点，反观自身的思维活动和行为选择。因此，从思维内容与形式上看，情绪思维是一种独立的思维形式。

（3）情绪智力是一种新的思维形式。

在有关情绪智力属性特征的解释中，梅耶等认为，情绪的智力特征以人的心智能力予以衡量，其是与那些处理相对客观知识的智力，如语言命题智力、数学能力智力和视觉空间智力等“冷智力”不同的另一种“热智力”。②

对于情绪智力的“智力”属性特征的研究还在持续进行，有学者认为，情绪智力与我们通常所理解的一般智力中的理性认知能力不同，“一般智力（general intelligence）是用抽象概念进行正确推理和解决问题的一般能力。情绪智力可以被概括为是能够用情绪抽象概念（emotional abstractions；emotional

① Keith Oatley，Philip N. Johnson-Laird. Basic Emotions in Social Relationships，Reasoning，and Psychological Illnesses ［J］. Emotion Review，2011，3（4）：430.

② “情绪智力属于热智力范畴，因为情绪是涉及身体变化的有组织的反应，情绪智力所感觉到的经验、认知和行动计划，都具有强烈的主观刺激成分。”——John D. Mayer，David R. Caruso，Peter Salovey. The Ability Model of Emotional Intelligence：Principles and Updates ［J］. Emotion Review，2016，8（4）：293.

concepts）正确地把握、推理和解决情绪问题的能力”①。

虽然研究者对于情绪智力的属性特征还有不同的看法，但是研究者在情绪智力是一种独立“智力”的观点上形成了越来越多的共识，尤其是将情绪智力与传统的逻辑思维智力做了明确的区分。“情绪智力和认知智力是两种不同的智力结构，它们通过各自独立的内容体系，代表着一般智力中的专门智力。”②

梅耶等在提出情绪智力理论的时候，将其视为是一种能力，而这种能力与思维形式有密切的关联，2004 年，在对情绪智力概念进行界定时，梅耶等特别突出了情绪智力对思维形式的影响作用。“情绪智力是对情绪进行推理（reason about emotions）、运用以增强思维（thinking）的能力。它包括准确地感知情绪、接近和产生情绪的能力，以帮助思考（thought）；理解情绪和情绪知识，并进行反思调节情绪的能力，以促进情绪和智力的发展。”③

有关情绪对思维影响的认识及其运用，是一种个体的能力。梅耶等认为提出这个新的概念并呼吁人们予以关注，是因为“存在着一种更广泛的、以往被忽视的东西，它就是有关情绪推理的能力（capacity to reason about emotions）：情绪智力”④。在此，梅耶和萨洛维等明确了情绪智力就是有关情绪推理的内容构成及其对思维形式的影响。

情绪智力自提出以后，在其突破性的研究进程与内容中，与情绪思维存在诸多的关联，为深化对情绪思维的认识提供了新的支持，在梅耶和萨洛维提出的“情绪智力”概念界定以及理论结构中，都将其视为产生思维、引导思维的能力，虽然他们没有使用“情绪思维”这个概念，但是从他们提出的内容来看，如果从思维形式上予以总结，已经显示了情绪智力就是一种独立的情绪思维形式，即人类在情绪生理本能基础上所形成的一种在情绪推理引导下的思考判断形式。

---

① Stéphane Côté, Christopher T. H. Miners. Emotional Intelligence, Cognitive Intelligence, and Job Performance [J]. Administrative Science Quarterly, 2006, 51 (1): 3.

② Stéphane Côté, Christopher T. H. Miners. Emotional Intelligence, Cognitive Intelligence, and Job Performance [J]. Administrative Science Quarterly, 2006, 51 (1): 5.

③ Mayer J. D., Salovey P., Caruso D. R. Emotional Intelligence: Theory, Findings, and Implications [J]. Psychological Inquiry, 2004 (15): 197.

④ John D. Mayer, David R. Caruso, Peter Salovey. The Ability Model of Emotional Intelligence: Principles and Updates [J]. Emotion Review, 2016, 8 (4): 290.

三、情绪思维的属性特征

思维内容在其运行过程中，尤其是在推理过程中有不同的形式。其中，抽象思维形式和形象思维形式是我们比较熟悉的思维形式。

当情绪生成、情绪知觉和情绪推理被证明独立存在并能以一种独立智力形式对人的思维产生影响的时候，情绪对人的思维影响或者说人的情绪思维活动即可以被视为一种单独的思维形式，即情绪思维形式。

1. 情绪思维是情绪体验状态推动的感性思维活动

在思维过程中，不同类型信息的意识涌现伴随着不同思维形式，当一种类型信息涌现即思维形式占据大脑思维加工过程后，这种思维形式在当时会处于某种垄断或控制状态，左右大脑的思维加工。在通常情况下，一个人思维意识与判断决定的形成，主要是个体的逻辑思维与情绪思维所代表的不同信息竞争与交汇融合的结果。在意识涌现竞争过程中，有的时候是逻辑思维形式占主导地位，有的时候是情绪思维形式占主导地位。

逻辑思维形式是一个人在已有知识构成基础上，从概念、判断、推理形式出发进行的思维活动，逻辑思维活动的结果是努力寻求符合逻辑原则要求的理性决定，并以此指导人的行为选择。

逻辑思维偏向于对事物事实状况的探究，是从求真的角度，对研究命题做类似“对与错”的推理分析。[①] 逻辑思维的活动虽然并不一定能导致理性结果，但是遵守逻辑思维原则要求的活动方向是向着理性结果努力。

这就像吴三桂在得知大明崩塌的时候，在山海关对未来出路所做的推理分析，是基于民族、忠孝、皇权、利益等概念出发，进行形势变化的客观判断，在众多的判断中，形成新的推理，归纳出三条可选的出路，最后在即时的情境下做出“对与错”的行为选择。

情绪思维形式是一个人在情绪生成基础上，在情绪体验意义状态中，从

---

① “抽象思维又称为逻辑思维。因此，从形象提取抽象结果（符号）是一个抽象过程，属于形象思维范畴。而在这个形式符号上的抽象转换构成抽象思维。抽象思维通常通过概念、判断和推理来完成。因此，抽象思维的任务是在形式上对命题进行真伪判别，也就是说，逻辑的对象是关于‘真’‘伪’的问题。”——唐孝威，何洁，等，编著．思维研究［M］．杭州：浙江大学出版社，2014：102-103.

感觉、联想、知觉形式出发进行的思维活动，情绪思维活动的结果是产生符合个体情绪体验的感性决定，并以此指导人的行为选择。

个体处于情绪体验过程，在感觉上容易形成“好与坏”的感受，并以此为基础，推动联想、知觉等分析过程，努力将个体的各种感受和联想予以归纳。因此，情绪思维偏向于对事物感受状况的探究，是从自我感受的角度，对研究命题做类似“好与坏”的知觉分析。

这就像吴三桂在得知家人受刑、爱妾被辱的时刻，在进京路上所产生的感受，愤怒与耻辱的情绪瞬间爆发，联想到农民军的草寇行为，知觉到李自成不可靠及对个人所造成的侵害，从“好与坏”的感受中，做出“感受好”的复仇决定及行为选择。

情绪思维的主观感受反应快速的特点，有利于我们在生物进化过程中对各种危险信号及时做出避险判断及行为选择，获得更多的生存机会，但是，当我们将这种思维习惯带入对命题的探讨的时候，个体在情绪思维主导下所做出的判断决定，可能获得的是对于自己“好”的感受，但并不一定是“对”的推理分析结果。

逻辑思维与情绪思维两种思维形式所主导的认识过程及结果，在我们的日常生活、工作中广泛地存在。

简单地说，比如对于苹果的作用的认识，是一个求真的过程，这看起来是一个很简单的问题，但是其中就有逻辑思维与情绪思维的推理分析形式的区别。

对于苹果的作用认识的逻辑思维的形式，可以大致体现在以下几个方面：

从概念认识出发：苹果是一种水果，它的营养成分构成中富含多种微量元素、维生素等物质。

从判断认识出发：人的身体健康成长与保健，需要微量元素、维生素等因素。

从推理认识出发：苹果包含的成分有利于人体健康。

最后得到的思考判断：一个人为了要保持健康，要多吃苹果。

如果一个群体对苹果的作用和是否需要多吃苹果存在争论，从逻辑思维形式来看，如果这个群体的知识构成没有出错的话，这些人以营养构成、身体健康的概念与判断为基础，在“对与错”的争论状态中，较为容易达成的是一致或相似的一种判断结果：苹果有益健康，为了健康，要多吃苹果。

对于苹果的作用认识的情绪思维的形式，可以大致体现在以下几个方面：

从感觉认识出发：苹果是一种水果，外观红润，触手圆滑，闻着有清香味道，吃起来肉质脆嫩或绵软，口感甜中带酸。

从联想认识出发：苹果可以与其他个体已知的水果，比如香蕉、橘子进行比较，也可以从自己现有的健康知识储备中做联想分析，喜欢与不喜欢苹果外观、口味和健康成分与个体的主观体验偏好及认识水平现状有关。

从知觉认识出发：苹果可以被个体视为好的东西，多接纳；也可以被个体视为不喜欢（不好）的东西，少接纳。

最后得到的思考判断：根据个体的喜好，苹果可以多吃，也可以少吃。

对于苹果思考判断的情绪思维形式，是以个体的主观感觉为基础，从对自己“好与坏”的体验感受做知觉分析。如果在一个群体中，在情绪思维主导下围绕苹果的作用和是否需要多吃苹果展开争论，由于每个人对苹果“好与坏”的体验感受可能不尽相同，与逻辑思维形式相比，争论可能就很难达成共识。例如，有人对于苹果从感觉认识开始就不喜欢，认为苹果肉质不好、甜酸度不适宜等，在联想比较中也认为不如其他水果，对苹果的营养成分缺乏认知，导致最后的思考判断是少吃或不吃苹果，并对其他人相反的观点难以接受。

一个人对于苹果的认识，还可能受其他因素的影响，但主要是受上述两种思维形式的影响。这两种思维形式在我们判断决定过程中一般处于交汇融合状态，但是较难达到平衡，往往是某种思维形式在思考判断过程中占据主导地位。

思维的复杂性还在于在逻辑思维与情绪思维两种思维形式交汇融合状态中，“好”与“对”以及“坏”与“错”还会在交汇中发生相互影响，使个体在认识过程中将“好”与“对”混为一个概念，将“坏”与“错”视为同一回事，个人对两种思维形式没有清晰认知时，容易将个人感受与事实状态混淆为一体。

例如，当一个人通过逻辑思维分析过程将吃苹果视为“对”的事情的时候，也会影响情绪思维对苹果产生“好”的判断；与此相对应，当一个人在情绪思维影响下将吃苹果视为“不好（坏）”的事情的时候，这种判断结果也会影响后续的逻辑思维判断。由此可见，明晰逻辑思维与情绪思维各自的属性特征，尤其是我们知之较少的情绪思维属性特征，对于我们思维能力的提升具有重要意义。

情绪思维中的感觉、联想、知觉过程是一个从部分到整体的综合分析活动，在情绪知觉过程中，包含着情绪推理的活动，可能还与情绪记忆活动有关。①

抽象思维形式已经被明确地界定为是以概念、判断、推理基本形式所进行的思维活动过程。形象思维形式主要是借助于形象，运用典型化和想象的方法，塑造新的形象去反映生活。虽然对于情绪思维的研究还刚刚起步，情绪思维作为一种单独的思维形式，还是可以归纳出其基本的概念内涵。相比较抽象思维形式和形象思维形式，情绪思维形式是个体在情绪生成基础上，在个体情绪体验意义状态中，从感觉、联想、知觉等基本形式出发进行的思维活动过程。

情绪思维以情绪作为基本的思维内容材料，通常表现为通过感觉获得的具体的情绪内涵或情绪心境中的情绪意识，情绪思维的联想、知觉过程表现为情绪推理。情绪思维在思维过程中以自我的感受为中心，在情绪体验意义中做类似“好与坏”的推理分析。

情绪思维的活动过程或情绪思维形式大致包括以下内容：

（1）人的大脑接受刺激信息之后，经过认知评价处理或者直接由生理本能反应，生成某种情绪。

（2）情绪生成之后带动相应的生理激素释放，使人的意识与身体生理出现相应的变化，情绪意识开始参与大脑思维过程的信息竞争活动。

（3）当前情绪意识通过大脑信息竞争获得主导个体思维活动开展的状态，并有可能引起个体对情绪记忆或其他记忆内容的联想。

（4）个体通过对多种情绪内涵的信息进行综合推理后得出一个具体的判断内容。

人的思维活动往往是以多种思维形式交汇融合的方式进行的，信息涌现与竞争活动的结果最后是以一种思维形式起主要决定作用。

2. 情绪思维开展简单快捷，容易形成思维习惯

思维意识的形成与判断决定的质量构成受多种因素影响，其中，主要有

---

① “感觉是人脑对外部事物刺激的直接反应。知觉是脑对外部事物整体的综合反应。记忆在这里主要指记忆与保持，刺激后像是感觉所产生的一组刺激值。知觉映象是知觉对多种刺激综合所得出的一个具体结构。”——唐孝威，何洁，等，编著．思维研究［M］．杭州：浙江大学出版社，2014：107.

两个方面。

(1) 受个体思维形式习惯的影响，主要是指习惯以逻辑思维为主，还是以情绪思维为主。一般来说，一个人知识水平构成较高时，以逻辑思维为主所产生的判断决定，质量会高于以情绪思维为主的判断决定。

在实践中，逻辑思维形式的开展较为麻烦、复杂。逻辑思维需要细致的事实资料、论据做铺垫，一些资料还需要严谨的处理方法予以整理，才能得出结论，同时，在推理过程中还强调要符合逻辑要求，得出判断决定的过程与时间较长。

情绪思维形式的进行较为简单、快捷。只要情绪生成，就会带动情绪思维的开展，情绪思维将感受、直觉判断、联想判断糅合在一起，能够迅速地进行知觉分析，得出判断决定。

例如，当我们在吃东西的时候，情绪思维对于是否接受某一种食物判断更快捷：

(1) 情绪思维下的感觉影响促使我们更倾向于接受可口的食物。

(2) 奶油蛋糕很可口。

(3) 我们可以吃奶油蛋糕。

逻辑思维下的知识影响使我们知道食物具有不同的营养成分，在某个阶段会对我们的健康产生不同的影响，如果我们在某个阶段将健康放在首位，那么一些可口但不利于我们健康的食物我们就不能吃，而一些不可口但有利于健康的食物我们就要吃。

当我们把健康放在首位的时候，从逻辑思维出发，对于某一种食物能否接受的判断过程就与上述的情绪思维判断过程具有明显的区别：

(1) 逻辑思维下的知识影响促使我们更倾向于接受有利于我们健康的食物。

(2) 奶油蛋糕虽然很可口，但是奶油蛋糕的成分是否有利于我们现在的健康需要通过分析才能得出。

(3) 我们必须在获得对奶油蛋糕的成分分析结论后，才能判断出是否可以吃或者吃多少奶油蛋糕。

从上述两种判断过程我们可以看到，逻辑思维显然比情绪思维的开展要麻烦，因此，在日常工作生活中，虽然我们更重视逻辑思维，但是情绪思维也是我们生活中主要的思维形式，容易成为我们的思维习惯。

（2）受个体对于逻辑思维与情绪思维自身特点认识的影响，主要是指个体能否在意识到逻辑思维与情绪思维构成特点的基础上，反过来再次影响自己的这两种思维形式，对其中可能存在的错误予以更正。

要做到审视自己的思维形式，就好比进行自我透视，这点更难，需要在理解逻辑思维，尤其是我们了解较少的情绪思维构成特点的基础上，进行有意识的训练才能达成。

传统观点认为人的思维活动主要由抽象思维和形象思维交汇融合而成，在情绪思维形式得到越来越多的证实以后，我们可以更清楚地确认情绪思维也会加入思维活动的交汇融合，并且情绪思维可以在信息涌现和竞争中主导思维活动结果。这也进一步证明了思维活动的复杂性远远超出了我们的想象。

四、情绪思维与领导力创新内涵开发

领导力是管理学的构成内容，领导力与管理学一样，对于情绪功能对管理或领导的影响，是经历了由排斥到容纳的发展过程，大致经历了三个阶段。

第一阶段，管理对情绪的排斥阶段。

管理学的发展，以泰罗的科学管理原理、韦伯的科层制原理、法约尔的一般管理原理为起点，这三个理论体系，是推动管理学发展的基础，也是自20世纪以后，管理学内容在实践中进行传播与应用的经典理论。这三个理论从内容构成与强调的管理原则看，都是与情绪相对立的。

科学管理原理是以分工为基础形成工作流程结构，在最佳操作方法上制订标准化操作方法，并且强调要将标准化操作方法以制度、纪律的形式固定下来，要求每个员工必须遵守。因而，在生产过程中是绝对排斥情绪化行为的，管理就是以制度、纪律为原则的执行过程，不能受个体的情绪变化的影响。

科层制原理是以分工为基础形成工作等级结构，强调以文件、制度与纪律为基础，自上而下进行垂直管理、层级负责，管理以理性的制度为原则，不能将个人的情感带入管理之中。

一般管理原理是以分工为基础形成工作制度化结构，14条基本原则总体是强调在统一指挥下以制度、秩序、服从为基础的管理过程，个体情绪内容不是管理考虑的范畴。

在上述三个管理理论思想中，组织被视为一个理性的实体，因此，情绪被排除在外。组织中的员工必须始终保持理性与客观，不能感情用事。

虽然此后的霍桑实验使人们开始重视员工的社会需求对员工工作效能产生的影响，但是情绪在组织行为中的作用依然被人们所忽视或排斥，也不是管理的研究内容。

第二阶段，情绪与行业管理关系的研究阶段。

在20世纪80年代，随着服务业的发展，在新的服务领域，人的工作关系处理开始从人与机器之间为主向人与人之间为主转变。在服务领域，顾客满意度成为管理追求的重要目标，“情绪服务”或“情绪劳动”成为工作构成的因素，情绪对满意度的影响开始受到关注，它涉及两个群体的情绪分析，顾客情绪变化对满意度的影响、服务者情绪变化对工作的影响。

在情绪智力研究出现之前，管理学已经开始关注情绪在管理中的影响，只不过早期的研究只是从情绪外显特征出发，对与情绪联系较为紧密的一些行业中的情绪活动及行为特征予以分析，试图通过对情绪与行为之间关系的解释，在管理中对一些行业管理方法予以调整。

服务业是一个人与人打交道的行业，一线服务从业者在工作过程中会与顾客密切接触，服务精神要求从业者对顾客保持良好的态度，在面对顾客不当行为时，以忍受为主要应对方式。在这种情境下，服务从业者会面临负面情绪的困扰，其情绪状态既会影响服务效果，也会对自身从业选择产生不利影响。

在这方面，将情绪管理引入管理领域成为重要的构成内容，管理学研究者开始介入这个领域，进行新的内容探索。管理学对组织中的情绪的研究表明，情绪会对服务者产生明显的影响，“组织成员的情绪影响其自身的决策、判断和行为”①。近年来，中国的学者也从服务型企业一线员工的实证研究中得出了相似的结论。②

第三阶段，情绪智力与领导过程关系的研究阶段。

在情绪智力研究兴起之后，情绪智力对人的影响作用首先受到关注，各方面研究结果显示，“情绪智力（EI）已被证明对健康、人际关系、工作及学

---

① Stéphane Côté，Ivona Hideg. The Ability to Influence Others Via Emotion Displays：A New Dimension Ofemotional Intelligence［J］. Organizational Psychology Review，2011，1（1）：54.

② “研究结果显示，顾客不当行为三个维度（言语侵犯、无理要求、违规行为）对于员工情绪失调影响显著，从而导致员工产生报复倾向和离职倾向，卷入程度在其中具有一定的调节作用。”——谢凤华．顾客不当行为对服务型企业员工的影响研究［J］．科研管理，2018（12）：152.

习绩效有重要的影响作用"①。随着情绪智力研究的发展，许多学科都试图从其研究内容中寻找相关联的部分，从跨学科的角度促进自身的发展，通过跨学科的交叉研究，从新的视角对相关社会活动予以新的解释。在这个过程中，情绪智力理论得到了将人际关系管理与绩效联系在一起的管理学的重视，使管理学中对于情绪的研究跃上了一个新的台阶。②

在管理学介入过程中，情绪智力作为一种影响人的认识活动的构成内容，也自然受到了领导力更多的关注。领导力开始基于对人和人际关系的研究视角，从认识对于行为的影响角度，将情绪智力内容引入管理过程，通过情绪对人际关系影响、对管理过程和绩效的影响，进而对决策的影响，开始从整个领导过程去看待情绪这个变量在其中的作用。

领导力是对情绪智力内容给予关注较多的学科，这一方面是因为随着服务业发展和知识社会的到来，领导力越来越多地意识到了情绪在管理中的作用；另一方面是因为领导力研究中一个重要的内容，就是要回答影响人际关系的构成因素和协调处理人际关系的适宜方法。情绪智力研究的发展，使得情绪活动与认识活动的关联关系呈现出来，因而成为领导力以此对人和人际关系进行深入研究的新的知识来源。

由此可见，情绪内容被引入管理学和领导力的研究，大致经历了情绪与管理学关联关系构建的基础研究过程和情绪智力与领导力关系紧密联系的高度关注研究过程。这两个过程各自有其研究的重点内容，但是相互之间又有显著的关联。情绪与管理学的研究奠定了这个交叉学科研究的基础，并为将情绪引入领导力研究提供了支持；情绪智力与领导力关系研究带动了这个交叉学科的快速发展，提升了情绪内容在管理学中的地位。

人的能力取决于两个方面：一方面是思维机能所能达到的认识与判断水平；另一方面是行动机能所能达到的行为与操作水平。

人的情绪是思维活动的重要动力之一，情绪带动情绪思维，情绪思维会影响个体自身判断及所从事的一切活动。当情绪智力研究兴起不久，情绪智

① I. Kotsou, M. Mikolajczak, A. Heeren, J. Grégoire, C. Leys. Improving Emotional Intelligence: A Systematic Review of Existing Work and Future Challenges [J]. Emotion Review, 2019, 11 (2): 151.

② "情绪智力的概念对管理实践产生了异常重要的影响。一些组织已经把情绪智力融入他们的员工发展计划中去了。一些商学院在课程中增加了情绪能力的训练课程。情绪智力的吸引力可能反映了这样一种观点，即成功不仅取决于众所周知的认知能力，如语言和数量能力，而且还取决于与情绪有关的能力。"——Stéphane Côté, Christopher T. H. Miners. Emotional Intelligence, Cognitive Intelligence, and Job Performance [J]. Administrative Science Quarterly, 2006, 51 (1): 1.

力是一种思维能力已经成为研究者的共识，[①] 并且这种新的思维能力显然与人际互动有关，因此，情绪智力作为一种能力构成，自然受到了以人际关系管理为重要研究内容的领导力的重视，开始成为领导力开发的一个新的研究视角，"涉及领导力发展中的理论、研究和实践多个方面"[②]。

围绕情绪、情绪智力及情绪思维研究内容的突破，其对领导力创新内涵开发产生了深刻的影响，其中，重点是在情绪思维的功能及影响方面，因为情绪思维与领导者的主要职能——决策与人际管理有着密切的关联关系。

1. 情绪思维对领导力创新内涵开发的影响

情绪思维对领导力创新内涵开发的影响主要体现在以下几个方面。

（1）情绪活动是"独立智力"形式的研究突破，拓展了领导力人际管理开发。

戈尔曼在将情商概念引入工作场所研究后，重点是关注它对领导力的影响。"领导者所面临的情感工作是第一位的，这一点体现在以下两个方面：它是领导力的原始行为，同时也是领导力中最重要的行为。"[③]

在情商这个易于被接受的概念推动下，领导力开始基于对人和人际关系的研究视角，从认识对于行为的影响角度，将情绪智力内容引入领导过程。"领导力和组织绩效研究领域对于情绪智力给予了高度关注，这是因为情绪智力已经显示出在提高领导力和组织绩效方面发挥着积极的角色作用。"[④]

情绪智力之所以受到领导力开发的重视，一个非常重要的原因是其与领导者在21世纪所面临的新的管理问题与变革压力直接相关。

一方面，21世纪初，随着知识经济的发展，一个庞大的、以知识为生产要素的群体逐渐形成，高科技研发创新、团队工作形式、复杂资本金融工具运用，带来了领导者如何管理知识工作者的新问题。知识工作者的工作方式、对组织的依赖、潜在价值的实现及知识工作者之间合作形式都发生了根本性的变化，对知识工作者的管理，是以前单纯依靠等级、制度、纪律作为管理

---

① "情绪智力（EI）可以定义为识别、表达、理解、管理和使用情绪的能力。"——I. Kotsou, M. Mikolajczak, A. Heeren, J. Grégoire, C. Leys. Improving Emotional Intelligence: A Systematic Review of Existing Work and Future Challenges [J]. Emotion Review, 2019, 11 (2): 151.

② Golnaz Sadri. Emotional Intelligence and Leadership Development [J]. Public Personnel Management, 2012, 41 (3): 544.

③ [美] 丹尼尔·戈尔曼，理查德·博雅特兹，安妮·麦基. 情商4：决定你人生高度的领导情商 [M]. 任彦贺，覃文艳，李瑶译. 北京：中信出版社，2014：5.

④ I. Kotsou, M. Mikolajczak, A. Heeren, J. Grégoire, C. Leys. Improving Emotional Intelligence: A Systematic Review of Existing Work and Future Challenges [J]. Emotion Review, 2019, 11 (2): 152.

内容所无法胜任的，关系处理成为做好知识工作者管理的重要内容，情绪对人际关系的影响得到更加广泛的重视。

另一方面，变革与创新是知识社会对领导者提出的基本要求，领导者在面对组织内部和复杂的外部环境时，如何在变革中处理各种由情绪所引发的矛盾也是一个新的问题。变革不仅仅是一项技术工作，在组织内部，领导者在变革过程中面临的更多的阻碍是来自人的因素。“变革的过程牵涉情绪，因为没有人愿意放弃与现状相关的舒适感，或者放弃他们所珍视的东西。例如，当变革触及那些受影响的人的内心深处的问题时，他们很可能会因焦虑或对未知的恐惧而产生情绪反应。”①

在领导者管理知识工作者及实施变革过程中，必须要重新考虑对于人的认识问题，这个问题既涉及别人，也关系到自我，当以往的知识和理论无法提供对现实更好解释的时候，以情绪对自我和他人影响为内容的情绪智力理论的出现，自然受到了领导者的欢迎和领导力研究的重视。

在将情绪智力引入领导力研究之后，研究者通过大量的实证研究发现，情绪智力确实显示出与领导力开发的关联关系，组织变革并不总是带来积极的、乐观的情绪，有时也可能带来消极的，甚至是破坏性的情绪。“一个情绪智力高的领导者能够识别和理解自身的情绪以及下属的情绪，然后管理这些情绪并将其转化为积极的变革能量。”②

领导力领域的大量研究证明，情绪智力对于个人、团队和组织的绩效提升都具有十分重要的意义，相关的研究结论主要体现在以下几个方面：

第一，情绪智力与领导力效能之间存在关联。

该方面的研究从相关的变量及指标入手，对两者之间的关联进行论证，相关的研究显示，领导者的层级越高，情绪智力对领导效能的影响就越明显。③

---

① Mohammed Issah. Change Leadership：The Role of Emotional Intelligence［J］. SAGE Open，2018，8（3）：1.

② Mohammed Issah. Change Leadership：The Role of Emotional Intelligence［J］. SAGE Open，2018，8（3）：4.

③ 有学者采用元分析方法，根据情绪智力和领导力效能指标变量、实证研究结果、样本之间保持独立等指标，利用相关的中英文数据库，对2000年1月到2017年1月相关文献进行检索，共获得110项独立样本，在对样本变量进行定量分析的基础上，获得了情绪智力与领导力效能之间关联的实证研究结果。结果表明，“组织情境因素的调节作用检验发现，高层领导者的情绪智力对领导力效能的影响明显高于中层和基层领导者，非营利性组织中的领导者情绪智力对领导力效能的影响比营利组织中的影响更强，东方文化背景下的领导者情绪智力对领导力效能的影响比西方文化背景下更强。”——吕鸿江，韩承轩，等. 领导者情绪智力对领导力效能影响的元分析［J］. 心理科学进展，2018（2）：204.

在关于情绪智力对领导力影响研究中，鉴于两者关联性紧密，有学者将情绪智力与领导力结合，提出“情绪领导力”概念，认为情绪领导力有三个基本内涵：“第一，情绪领导力是以领导者自身的情绪能力为基础。第二，情绪领导力强调领导者对组织成员情绪的影响与管理，包括自动化的情绪传染和恰当的策略运用，以营造应景的组织情绪氛围。第三，研究关注点在于激发组织成员的正性情绪及其带来的正性效价。”①

对情绪智力与领导力效能之间关联的研究意义，是推动领导力领域开始积极接受情绪智力内容，领导力研究者开始从领导力构成的视角，将领导者对于情绪智力相关内容的学习、理解和运用，视为领导力构成的新的内容。

第二，情绪智力对团队合作与团队绩效提升具有显著影响。

情绪智力可以转化为团队成员的认知，相关研究显示，在等级控制弱化，强调知识共享与合作的团队中，情绪智力较高的团队成员在促进团队合作和发挥非正式领导作用方面，比那些情绪智力低的成员有更好的表现。②

在知识、技术型项目工作管理中，由于项目涉及多个知识领域，技术复杂，需要项目团队成员齐心合力，贡献自己的知识、技术内容，实现知识、技术的共享，才能有效地实现项目预期目标。

由于知识、技术具有由个体拥有的属性特征，尤其是在知识、技术的创新内容方面更具有个体知识产权内涵，拥有知识、技术的人在人际行为中往往拥有较多的个性化色彩，因此，在相关的项目团队中如何实现团队成员之间的沟通信任，提升知识、技术共享程度，就成为管理中一个复杂的现实

① 彭坚，刘毅，等．情绪领导力——概念、测量、发展与模型建构［J］．心理科学进展，2014（11）：1758.

② 有学者以美国 102 个自我管理团队中的 599 人为研究对象，采用多水平的数据分析方法，考察了情绪智力与团队成员绩效之间的关系，重点研究了团队合作和领导绩效的维度。研究结果显示，“情绪智力较高的团队成员在促进团队合作和发挥非正式领导作用方面，比那些情绪智力低的成员有更好的表现。情绪智力的正向效果在多样性更强、规模更大、成员平均情绪智力较低的团队中更为明显，研究表明，自我管理团队的管理者在选择、培训和评价体系时应强调情绪智力内容。”——Yonjeong Paik，Myeong-Gu Seo，Sirkwoo Jin. Affective Information Processing in Self-Managing Teams：The Role of Emotional Intelligence［J］. The Journal of Applied Behavioral Science，2019，55（2）：235. 中国也有学者以 137 个团队和 796 位员工为研究对象，采用多项式回归和响应面分析手段，从二元视角探讨“员工认知方式”和“团队认知方式”一致性对员工组织公民行为的影响。“研究结论表明：相比员工和团队认知方式的不一致，一致的认知方式更容易提高员工的组织公民行为，情绪智力调节了员工和团队认知方式一致性与组织公民行为之间的关系。所以，团队和员工的认知方式一致性以及高情绪智力有助于提升员工的组织公民行为。”——綦萌，宋萌．员工、团队认知方式一致性对员工组织公民行为的影响——情绪智力的调节作用［J］．商业研究，2018（12）：125.

问题。

情绪智力对团队及知识组织成员的认知及合作意识具有显著影响，这要求领导者在相关的领导活动过程中必须重视情绪智力内容的引入，探索提高团队及组织绩效的新的情绪智力提升途径。

第三，情绪智力有助于提升领导者对集体情绪发展的引导作用。

由于情绪具有传染作用，在组织这个层面，会基于个体情绪的影响形成一定的集体情绪氛围。领导者如何识别及引导组织集体情绪的变化是这方面研究的重点。

在领导活动过程中，现在越来越关注积极情绪的引导。“集体情绪通常是通过个体对团队的认同感得以激发的，集体情绪一旦形成，又会发挥其功能性作用，帮助团队实现其目标。”① 而在集体情绪识别过程中，领导者无疑起着重要的引导作用。因此，领导者对于情绪知识的学习，以及在此基础上提升个人的情绪智力能力，在组织中能够及时识别集体情绪特征，克服消极情绪，构建积极情绪，并在这个过程中发挥自身的引导作用，就成为领导力的新的内涵构成。

情绪研究的复杂性，也构成了相关的领导力内涵必须适应情绪智力新的研究内容进行调整，例如对有关集体情绪的一些内涵还在进行深入的研究，研究者试图从管理的视角找到集体情绪变化的关键节点。“一些理论上的解释已经指出，当群体通过某个特定的集体情绪阈值，就会导致行动跟随，但是如何弄清楚这些情绪阈值的具体表现，就是研究中的难点问题。”② 显然，如果集体情绪变化的关键节点研究获得突破，领导力内涵必然又会增加新的内容。

随着研究的深入开展，情绪智力相关的突破性研究成果作为一种新的内涵在领导力开发中得到重视与广泛的应用。“领导能力发展是组织内人力资源实践者面临的最紧迫问题之一。近年来，提高情商（EQ）的辅导已成为人力资源和领导力发展的一个焦点领域，情商的概念得到了充分的研究

① Amit Goldenberg, David Garcia, Eran Halperin, James J. Gross. Collective Emotions [J]. Current Directions in Psychological Science, 2020, 29 (2): 156.

② Amit Goldenberg, David Garcia, Eran Halperin, James J. Gross. Collective Emotions [J]. Current Directions in Psychological Science, 2020, 29 (2): 159.

和实践支持，一些观点认为它比技术技能或认知能力更能决定领导者的成功。”①

（2）情绪思维是思维能力构成的扩展研究，重构了领导力思维决策开发。

从本质上看，情绪智力是个体认识情绪、控制情绪、调控人际关系的能力。

根据心理学研究的结论，情绪是与生理与心理变化相关的感觉，这些变化会影响我们的思考和行为方式。有关情绪的理论可以分为以下三个主要类型："神经学意义上的情绪：它的理念是，大脑活动会引起感情反应；生理学意义上的情绪：它的理念是，身体反应生成感情；认知意义上的情绪：它的理念是，思维和心理活动是感情的来源。”②

情绪作为生理与心理相互交融的产物，能够作用于人的思维意识，对人的思考判断产生重要影响，形成情绪思维形式。

从认识能力研究来看，更深入的探究在于揭示情绪作用于人的具体形式。从人的思维意识构成出发，情绪作用于人的直接影响是形成了人的情绪思维形式，与人的逻辑思维形式相比，情绪思维形式更具有生理本能影响，因此，对于情绪思维构成内涵的研究就是在情绪智力基础上进行的新的探索，对于人的认识能力构成进行更深入的分析。

情绪思维的形成受其他因素的影响，情绪思维的运行又有自身的特性。因此，有关影响情绪思维形成的要素、情绪思维运行的自身特性、不同类别群体对于个体情绪思维判断识别的影响、与传统文化紧密联系的人际关系规则对于个体情绪思维的影响等内容，就成为研究情绪思维内涵必须要回答的问题。这些内容又与领导力的构成紧密关联，进而扩展为情绪思维与领导力的关联研究内容。

领导力的基本内涵，就是一名称职的领导者应该具备的能力。领导者所应具备的能力，是与其职位工作要求相关联的。

领导者是管理者中的一员，按照经典的管理者层级划分理论，管理者被划分三个层级，每个层级必须具备其基本的职位技能。

第一个层级叫作基层管理者，是一个部门中单一工作单元的负责人，其

---

① Jenell L. S. Wittmer, Margaret M. Hopkins. Exploring the Relationship Between Diversity Intelligence, Emotional Intelligence, and Executive Coaching to Enhance Leader Development Practices [J]. Advances in Developing Human Resources, 2018, 20 (3): 285.

② ［美］保罗·克雷曼．心理学经典读本［M］．苗华建，译．北京：当代中国出版社，2014：168.

主要工作任务是执行工作流程，指挥一个单一工作单元的工作人员，保证一项具体工作任务的完成。①

第二个层级叫作中层管理者，是一个部门的负责人，其主要工作任务是指挥协调多个单一工作单元合作运转，对基层管理者提出工作计划及要求。②

第三个层级叫作高层管理者，是一个独立组织的负责人，其主要工作任务是决策，指挥协调中层管理者将决策内容予以落实。

高层管理者基本不需要亲自上阵干活，除了决策外，其主要任务就是管人，特别是管好干部。高层管理者实施管理的一个途径是通过奖惩措施调整，管理好组织全体人员的情绪调动及绩效，另一个途径是通过人际协调技能，管理好干部的忠诚度与执行力。高层管理者所应具备的基本技能是决策与管理干部的技能。

高层管理者对于整个组织的管理，一方面要做好决策，另一方面要做好干部队伍建设。这两项任务都不好做，但又特别重要，所以，高层管理者被冠以另外一个称谓以显得其更加重要，这个称谓就是领导者。③

从领导活动涉及的前提、主体、结构、手段与目标五个环节来看，领导就是在社会群体共同活动中，具有影响力的个人或集体，在一定的组织结构中，通过示范、说服、命令、激励等途径，动员下属实现群体目标的过程。④

---

① 基层管理者所应具备的基本技能是技术技能，就是说作为一个单一工作单元的管理者，必须熟悉这个单元工作任务中的技术性能、工作流程及规章制度要求，能够熟练地进行工作分配、技术指导和落实规章制度要求。需要的时候能够亲自上阵干活。基层管理者对于员工的管理，主要依据规章制度与奖惩措施。

② 中层管理者所应具备的基本技能是业务与人际技能，主要指的是在熟悉业务的基础上，指挥、协调基层管理者的能力。在工作中，中层管理者大多数时候并不需要亲自上阵干活，而是通过指挥协调，推动多个单一工作单元的联动以完成工作任务。中层管理者对于基层管理者的管理，除了规章制度、奖惩措施外，还要关注人际关系的管理内容。中层管理者就是一个组织中的干部。

③ 中文语境中的“领导”，可以对应英文中的两个词“lead”和“leader”。当“领导”作为动词时，对应于英文中的“lead”。当“领导”作为名词时，表示的是“领导人、领导者”，则对应于英文中的“leader”。在领导学相关研究的英文文献中的“leadership”，更多地是体现领导者在实施领导过程中必须具备的领导能力（ability to lead 或者 the qualities necessary in a leader）。

④ 对于领导的定义，学者们从不同的视角给出了多种多样的解释，尽管这些解释不尽相同，但是却包含了一些共同的要素。“在过去60年里，出现了65种分类体系来定义领导的维度。”“尽管定义领导的方法多种多样，但是下面这些因素被认为是领导中非常重要的：a. 领导是一个过程；b. 领导需要有影响力；c. 领导在团队中发生；d. 领导需要有共同目标。”——［美］彼得·G. 诺斯豪斯. 领导学：理论与实践［M］. 吴爱明，等，译. 北京：中国人民大学出版社，2012：2.

如同对领导者概念存在多种解释一样，对领导力概念也存在多种解释，这些解释从不同视角关注领导者在其领导活动中所应该具备的能力因素，以及这些能力因素对于领导者实现领导目标所能起到的作用。

领导力通常被理解为领导能力，这个能力实际是一个素质构成范畴，具有多样性特点。“领导力的素质内涵（Leadership Competencies）旨在使领导者具备有效引导人们实现组织目标所需的知识、技能、能力和其他特征。”①

在早期对领导力的研究中，领导者是研究的中心，研究者从领导者的特质、行为、风格等要素中探索总结领导者影响力的来源，而领导对象则被视为被动的接受者。

现代对于领导力的研究发现，仅仅对领导者予以关注还不够，领导者活动过程中所涉及的对象及人员，与领导者之间会产生相互影响，领导者自身所具备的影响力在与不同的成员接触沟通过程中，因为各种内外因素的影响，会产生差异性的效果，因此，领导者的领导活动所涉及的成员及其关系形态，开始同时被引入领导力的研究范畴。

领导活动的主要内容是认识活动，并且与人紧密关联，因此，当情绪、情绪智力内容被引入管理研究后，很快就受到了重视，研究者开始从领导力构成的视角，将与情绪、情绪智力相关内容的学习、理解和运用，视为领导力构成的新内容，并通过对领导活动中这种能力影响的持续研究，来证实情绪、情绪智力与领导力之间的关联关系构成。

在领导力的素质能力构成中，情绪思维能力是一个新引入的内容，从领导力构成来看，就是领导者必须具备理解和运用情绪思维的能力，因为这关系到领导者决策及人际管理的效果。

理解人性，特别是理解管理者人性，并在此基础上能够处理好彼此之间的关系，是领导者必须具备的技能。

对于领导者来说，无论是决策，还是管理干部，要想做好，都必须拥有良好的认识与判断能力。

领导者的逻辑思维能力取决于知识构成、经验积累，以及对逻辑思维特点的认识。

领导者的情绪思维能力则取决于对情绪思维特点的认识，以及在此基础

---

① Susan Fowler. Toward a New Curriculum of Leadership Competencies: Advances in Motivation Science Call for Rethinking Leadership Development [J]. Advances in Developing Human Resources, 2018, 20 (2): 182.

上，有意识地培养好的情绪思维习惯，避免不良情绪思维习惯的干扰及影响，有效地协调情绪思维与逻辑思维的融合。而这些内容，就是领导力有待开发的新的内涵。

在领导力发展过程中，由于戈尔曼研究的内容指向工作场所特别是领导力，一些研究者更倾向于接受戈尔曼的情绪智力模型，这也显示出领导力发展迫切希望能够得到理论对于实践的指导。①

由于领导者的主要工作是决策及与人打交道，决策中所接触到的各种信息，人际中所感触到的各种情绪，都会经常带来刺激效应，使自身的情绪思维常常处于波动状态，因此，对于领导者来说，在了解情绪构成及影响的基础上，认清情绪思维的构成及特点，并以此提高自身的认识与判断能力，就显得特别重要。

从角色行为来看，领导者情绪思维能力构成内涵有其自身的特性。领导者的情绪思维能力，是以领会情绪思维影响下的自我意识与自我控制内涵为基础，通过理解情境对象、人际关系规则、传统文化等相关要素对情绪思维的影响作用，提高思考判断与决策效果，达成良好的决策与管理人际关系的能力。

（3）情绪思维偏重“好坏”判断，领导力深受影响。

新皮层主导逻辑思维开展，在已有的知识储存记忆中，从概念分析出发，对一个事物、现象进行仔细的甄别，以判断、推理等方式，努力在已有的知识储存中得出“求真”的结论。由新皮层主导的逻辑思维，是在做一种类似“对错”判断的推理过程。

边缘皮层主导情绪思维开展，在接受信息刺激后，在情绪体验状态下，从情绪类型关联反应出发，对一个事物、现象产生感受，再通过与其他因素的联想与知觉分析，形成对自我“有利”或“不利”以及“喜欢”或“不喜欢”等感受性结论。由边缘皮层主导的情绪思维，是在做一种类似“好坏”判断的知觉过程。

在我们的恋爱、婚姻过程中，由生理主导的这两种思维形式的影响较为

---

① “为了帮助那些希望确定如何将情绪智力纳入当前领导力发展计划的人，本文将研究情绪智力的方向如何适应现有的领导力发展实践，以及哪些策略可以最有效地发展情绪智力能力。虽然上面提到的两个情绪智力模型都很重要，但在对领导力的研究中，本文还是将重点放在戈尔曼的模型上，因为这个模型和围绕它的文献更侧重于实践者。”——Golnaz Sadri. Emotional Intelligence and Leadership Development [J]. Public Personnel Management，2012，41（3）：541.

常见。

一个相貌平凡、家境一般、只有高中学历的男孩，最近工作的办公室新来了一位相貌美丽的女孩，女孩家境优越，贤淑识理，是个还没有恋爱的刚毕业的研究生，在工作中还需要男孩的帮助，两人相处融洽。在接触一段时间后，男孩对女孩是爱意难抑。

以相貌、家境、学历等基本事实条件判断为基础，男孩的逻辑思维告诉他，选择女孩作为恋爱对象，是一个几乎没有可能的、错的决定，但是，对女孩的喜欢及接触中的感觉可以使男孩进入情绪思维境地：这个女孩不像是那种嫌贫爱富的人，对我有好感。拥有了这个女孩，我的一生就是幸福的。我的为人、能力是不是符合她的要求？我要不要向她表白？

“情感往往伴随着选择反应，并且在决策过程中往往起到一种偏好性的倾向作用。”① 男孩陷入了逻辑思维与情绪思考判断决定相互冲突的旋涡中。

在这个时候，如果男孩的逻辑思维占据了主导地位，旁观者以逻辑思维结论与其沟通，就很容易达成共识；如果男孩的情绪思维占据了主导地位，旁观者以逻辑思维结论与其沟通，就很容易产生冲突。

不同的思维形式导致我们自身、与他人都会产生认识冲突。从对大脑的充斥与驻留时间来说，情绪思维产生的弥漫性影响要更强，它可能在一段时间内强烈地充斥在我们的大脑中，挥之不去，或者在很长的时间内时隐时现地挑动着我们的神经。

以上述恋爱情境来看，即使男孩选择了放弃表白或者表白遭到婉拒，情绪思维所生成的对女孩的爱恋仍会在男孩的大脑中萦绕很长时间。

相对恋爱与婚姻生活，在工作、社会关系活动中，情绪思维的产生及影响更加复杂，尤其是在人际关系与决策环境变化多端的领导活动中，领导者随时会受到各种信息的刺激，形成情绪思维。

在领导活动中，参与者有的时候是出于自身感受的偏差，有的时候是出于自身利益保护的需要或其他因素影响，无意或有意地用情绪思维形式代替了逻辑思维形式。

1644 年正月初八，李自成大军从西安出发，东渡黄河，一路出山西，一路出河南，分两路大军向北京逼近。崇祯皇帝实实在在感受到了政权将被颠

① 周振华．思维的认知哲学研究［M］．北京：科学出版社，2018：65.

覆的危险，北京城急需要有能力的大将、有战斗力的军队进行护卫，放眼天下，吴三桂与其手下的“关宁铁骑”是唯一的选择。①

当时吴三桂驻守在宁远城。宁远在山海关与锦州之间，距离山海关有200多里，是拱卫山海关的前卫防线，本来在宁远与山海关之间还有三个卫所城堡，以做宁远与山海关之间的呼应，但是，在1643年9月，这三个卫所城堡已经被清朝济尔哈朗率军绕道攻破，宁远已经成为一座孤城。

吴三桂想撤回山海关，避免孤城被围的危险。但是，明朝律法严明，将帅擅离职守，依律当斩。

崇祯皇帝急需将吴三桂撤回山海关，带兵回京护卫京城。但是，放弃宁远，就意味着将山海关以外的大明国土全部主动放弃，不仅在祖宗面前无法交代，更会受到大臣们的指责。

崇祯是一个勤奋的皇帝，也是一个想有所作为的皇帝，但是，崇祯多疑，而且不愿意承担责任。

崇祯的逻辑思维思考结果告诉他，放弃宁远，调吴三桂回京防卫，是一个“对”的决策；崇祯的情绪思维思考结果告诉他，放弃宁远，丢失祖宗土地，个人会背负历史骂名，是一个“坏”的决策。

崇祯的逻辑思维与情绪思维交织运作的结果，是习惯性的情绪思维占了上风：将这个提议交由大臣们决定，自己得到“对”的决策执行结果，避免“坏”的责任承担结果。

崇祯没有想到，自己的领导风格与心思已经被手下的大臣们揣摩透了。大臣们的逻辑思维与情绪思维交织运作的结果与崇祯一样：谁都知道调回吴三桂的重要性，但是，谁也不想承担开口提出放弃国土的“坏”的责任。于是，一场皇帝与大臣之间的决策“游戏”较量就此展开。

正月十九，崇祯皇帝在朝上向大臣们提出这个议题，征询意见。哪知大臣们洞晓君心，一起唱高调，以“一寸山河一寸金”，寸土不能丢失的表态，将皮球踢回给了崇祯。

崇祯没有办法，只得将这个皮球再踢给别人。

在以后的20多天里，这个议题皮球竟然滚到了在外各督抚的脚下，此时李自成已经攻下太原，而内阁久议不决。3月初，农民军已经距京师五六百

---

① 是时，明廷拥有的兵力主要分布在三地，由吴三桂掌控的辽东精锐，离京城最近；在湖北的左良玉部，号称人数众多，但既畏敌避战，又跋扈难用；在陕西的孙传庭部，是明朝围剿李自成的主力，但刚被李自成所灭。参见：刘凤云．一代枭雄吴三桂［M］．北京：东方出版社，2008：53-54.

里，形势急速恶化。

在长达40多天的时间里，一个事关大明存亡的“对”的判断提议，由于君臣之间相互推诿责任的情绪思维影响，而如皮球般被传来传去，迟迟没有定论。

崇祯终于忍无可忍。①

3月6日，崇祯下令放弃宁远，征召吴三桂入京“勤王”，可惜为时已晚。

在这场思考判断决定较量中，从皇帝到大臣的逻辑思维都很清楚，吴三桂是护卫京城的不二人选，但是大家的情绪思维都意识到，提出放弃宁远调回吴三桂的主张，对国家来说，是一个“对”的决定，但对自己来说，是一个“坏”的决定。

在这场决策“游戏”中，崇祯是一个关键决策者。可惜，崇祯的逻辑思维如果再“看”得远一些、准一些，“看”到吴三桂能否及时回防京城，是关系到大明江山能否存在的必要条件，这场由情绪思维主导的责任承担“游戏”可能就会尽早结束。有了吴三桂的回防，北京城的外围要塞不至于一个接一个地丢失，起码会为崇祯争取到逃出北京的时机。

在这场“游戏”的后期，崇祯自己也感觉到了不对劲。但是，他克服不了情绪思维的影响，因为，情绪思维的生成是一种生理本能，并且在长期的思维形式选择中，会变为思维习惯。

2. 领导力视角下情绪思维影响的分析维度构建

在情绪智力研究中，其深入的领域是围绕情绪智力与人的认识活动之间的关联构建分析维度。

在使用量表对情绪智力进行测量的过程中，相关的研究倾向于认为情绪智力是一种独立的认知能力构成形式。“总之，如果使用更多的绩效评估来衡量，就有足够的相关证据来认为情绪智力是认知能力（cognitive ability）的一种形式。”②

---

① 在亡国之即，崇祯曾为此斥责群臣：“朕非亡国之君，诸臣尽亡国之臣耳。”还在辨别责任谁担的问题。参见：李治亭. 吴三桂大传［M］. 南京：江苏教育出版社，2005：77.

② José M. Mestre，Carolyn MacCann，Rocío Guil，Richard D. Roberts. Models of Cognitive Ability and Emotion Can Better Inform Contemporary Emotional Intelligence Frameworks［J］. Emotion Review，2016，8（4）：326.

与以往的情绪研究相比，情绪智力从整体上理解情绪活动特点，并且从思维形式上指导个体如何予以认识并引导自己的思维与实践。例如，在情绪研究中，情绪调节（emotion regulation）早于情绪智力，但是，单纯的情绪调节研究内容与情绪智力知识体系中的情绪调节内容有着明显差别，在情绪智力视角下，情绪调节实际包含两个方面的内容："①谁管理情绪（这里是从带有个体差异的情绪智力视角予以分析）；②如何管理情绪（这里是从情绪调节的视角予以分析）。"②

情绪调节是人类社会生活和人际交往中不可缺少的一个重要环节，因此，对于情绪思维的认识，以及对情绪思维的控制与调节能力是个体适应社会、促进人际关系处理和人际交往的一种重要能力。

梅耶和萨洛维提出情绪智力概念后，把情绪智力看作个体准确、有效地加工情绪信息的能力，它与人的社会活动中的思维和行为有关。从情绪智力出发，研究者开始将情绪从单纯的个体研究引入社会活动范畴，对于情绪的认识与调控能力的培养也开始进入了人际关系管理范畴。

梅耶等在2016年的文章中重新确认了情绪智力的四个表现："①准确地感知情绪；②利用情绪准确地促进思考；③理解情绪和情绪含义；④管理自己和他人的情绪。"① 一个人在这四个方面所能达到的水平，就是一个人情绪智力所体现的能力。这四个方面，既体现了自我的内容，也涉及他人的内容。

1995年，戈尔曼发表《情绪智力》一书，对情绪智力构成内容及在生活中的表现以情商（Emotional Quotient，EQ）概念予以描述，引起广泛关注，产生极大影响。②

戈尔曼以通俗语言撰写方式，推广了情绪智力的知识普及，并且将情绪智力与工作场所中的人际关系，与管理中的领导力构成进行了关联分析。戈

① John D. Mayer，David R. Caruso，Peter Salovey. The Ability Model of Emotional Intelligence：Principles and Updates［J］. Emotion Review，2016，8（4）：291.

② 1995年，戈尔曼出版了《情绪智力》（*Emotional Intelligence*：*Why It Mean Matter More Than IQ*）一书，把这种自我认识与控制情绪的能力称为情绪智力商数（Emotional Quotient），简称情商（EQ）。并且指出情商是一个人能否实现满意人生的主要因素，智商是一个人工作的"门槛"能力，情商则是决定走向成功的能力。戈尔曼用神经科学对于人脑情绪变化生理机能新的科学研究成果，论证了情绪作为一种生理机能存在的可能性与变化特征。戈尔曼的贡献在于从专业的视角将有关情绪的学术研究成果进行了系统归纳，提出情商概念及归纳了其内涵，并且以报纸专栏作家的通俗语言，在专著中将情商内容在公众中进行了有效的普及推广。戈尔曼的《情绪智力》被译成中文版时，书名直接被译为《情商》，迅速获得了中文读者的认同，其随后的书也相继被译为中文出版，扩大了情商知识在中文读者中的普及范围。

尔曼认为："相对于智商或技术能力，情商往往是一种'鉴别性'的竞争力，它能很好地预测在一群非常聪明的人当中，谁最有领导能力。看看全球各家机构列出的明星领导人竞争力的单项决定因素，你会发现职位越高，智商和技术能力指标的重要性就越低。"①

戈尔曼将情绪智力概括为五个方面的能力：认识自己的情绪能力；妥善管理自己的情绪能力；自我激励能力；认知他人的情绪能力；人际交往的管理能力。

在后期有关情绪智力与领导力关系的研究中，戈尔曼将情绪智力重新概括为四个方面："原来的情商五大方面被简化为现在的四大方面，即自我意识、自我管理、社交意识和人际关系管理；"② 戈尔曼认为这四个方面都会对领导力建设产生影响，这四个方面是紧密交织在一起的，它们之间存在一种动态的关系。

有关情绪智力能力的体现，许多学者也提出了自己的观点，③ 从情绪思维关注于思维活动与行为选择的关系，以及思维对于人际关系影响的视角，还是梅耶和戈尔曼的结构更有指导意义，为相关的研究提供了可以借鉴的维度。

从 20 世纪 90 年代兴起的情绪智力研究虽然没有采用情绪思维的概念，但是情绪智力的内涵与情绪思维基本相同。情绪智力努力要证明的是情绪对思维的影响是一种独立的"智力"形式，主要是对人的认识活动产生作用，个体把握情绪对思维的影响是一种智力能力，这实际上就是在情绪发生、情绪知觉、情绪推理机理的基础上继续论证了情绪思维形式的独立存在及作用。情绪智力在有关自我与他人的认识能力路径分析中，也为情绪思维面向自我与他人的认识提供了分析维度。

情绪思维既然作为一种独立的思维形式存在，就必然会对个体自我认识、个体对他人的认识以及在此基础上的人际关系处理产生影响，从不同的学科

---

① ［美］丹尼尔·戈尔曼．情商［M］．杨春晓，译．北京：中信出版社，2010：序．

② ［美］丹尼尔·戈尔曼，理查德·博雅特兹，安妮·麦基．情商 4：决定你人生高度的领导情商［M］．任彦贺，覃文艳，李瑶，译．北京：中信出版社，2014：42.

③ 例如，有学者提出情绪智力的情绪成分方法（Componential Emotion Approach），将情绪智力定义为对与目标相关的情境所引发的情绪过程的处理能力，包括评价、行动倾向、身体反应、表达和感觉五个成分之间的相互作用。在这五个成分中，涉及情绪处理能力有三个环节："一是根据这五个成分中的一个或多个所包含的信息来辨别情绪。二是根据这五个成分中的一个或多个成分来理解情绪。三是知道如何通过修改这五个情绪成分中的一个或多个来调节情绪。"——Johnny R. J. Fontaine. Comment：Redefining Emotional Intelligence Based on the Componential Emotion Approach［J］. Emotion Review，2016，8（4）：332.

如心理学、教育学出发，对其与情绪思维之间存在的影响关系，有不同的分析视角。从学科视角出发，在对这种影响予以分析时，首要的任务是构建合适的分析维度。

就情绪思维与领导力关系研究来看，情绪智力有关对自我、他人和人际关系影响的分析维度研究结果，为情绪思维与领导力关系研究的分析维度构建提供了借鉴。

从领导力视角关注的情绪内容，与心理学等关注的情绪内容是有区别的。前者的重点是一些关键性问题的结论及其影响，其内容主要有：

（1）情绪是否是一种动物本能的生成物？心理学、脑科学等学科对此已经提供了肯定的答案。我们至少已经知道了情绪是在以大脑边缘皮层为主的神经组织参与下对刺激信息做出的生理反应的产物，至于情绪脑的构成状况究竟如何、是否还有躯体的参与等问题则是心理学、脑科学等学科继续探究的内容，这并不妨碍领导力在此结论上开展相关的研究。

（2）情绪是否是一种独立的思维或意识内容？心理学、脑科学等学科对此也提供了肯定的答案。情绪不仅能以突然爆发的形式充斥我们的思维内容，还能以情绪意识状态构成我们的情绪心境，在较长时间内成为思维内容活动的组成部分。

（3）情绪能否独立进行推理分析？心理学、脑科学等学科对此继续提供了肯定的答案。情绪推理、情绪智力的研究已经肯定了情绪是一种独立思维形式，虽然相关的生理机理构成状况还非常复杂，有待心理学、脑科学等学科进一步的探究，但这并不妨碍领导力在此结论上开展相关的研究。

领导力之所以要对上述三个问题的研究结果予以关注，是因为它们构成了情绪思维形式，而独立存在的情绪思维必然会对以决策和人际管理为主的领导活动产生重要影响，因此，领导力研究必须要关注情绪思维与领导力的关系。

领导力研究对于情绪思维与领导力关系的探究，主要表现为三个层次的问题：①情绪思维对领导活动的作用或影响究竟体现在哪里？②哪些因素会导致领导者出现情绪思维状态？③领导者如何以自我修养调节方法反作用于情绪思维？

这三个问题实际就是情绪思维与领导力关系存在的三个层次，这里面不仅有简单的情绪思维影响领导力的内容，也包含领导力调节或反作用于情绪思维的内容，这也是研究者关注情绪思维，最终提升领导者相关能力的实质所在。

上述三个层次中的第三个问题如果能够得到较好的解决，也就是领导者对于情绪思维认识和驾驭能力的体现，当然，其前提是前面两个问题已经得到了较好的解决。

对于第一个层次问题的研究，其分析维度的构建，可以借鉴梅耶、戈尔曼等的研究结论。

在梅耶和戈尔曼的情绪智力结构中，自我、控制、他人是三个关键词，是两个结构同时强调的内容，为情绪思维在关注自我与他人的过程中提供了分析维度及相关内容借鉴。与此同时，梅耶的结构更多关注智力能力的构成，戈尔曼的结构倾向于对工作场所人际关系的关注，因此，从领导活动内涵构成出发，可以将人际关系调控视为情绪思维影响的另外一个分析维度。

对于第二个层次问题的研究，其分析时面临的因素比较多。

在领导活动中，容易促使领导者产生情绪思维的因素非常多，在这种情况下，从研究方法的可行性考虑，我们一般可以选择要素分析方法，也就是从已知的对领导活动能够产生重要影响的关键因素入手，做对应性的分析。信仰、利益、风格等都是会对领导活动产生重要影响的要素，因此，信仰等要素就是第二个层次问题分析开展的思路。

对第二个层次问题的研究如果有显著性结果，也就是信仰等要素容易促使领导者产生情绪思维，实际上也证实了前面第一个问题以及要素选择假设的成立。

对第三个层次问题的研究，其分析维度的构建除了领导力自身内涵外，鉴于在传统文化影响下的人际关系具有地域的特殊性，可以将传统文化对于情绪思维的影响以及再反作用于人的情绪思维作为另一个维度。

上述三个层次的问题涉及五个维度的内涵及相关的要素，自我意识、自我控制、解读他人、关系调控、文化反思五个分析维度的构建，为情绪思维与领导力关系研究提供了分析路径。关于情绪思维内容及影响的认识，个体在实践中所获得的体检是较为肤浅的，要依靠对大脑的科学研究方法及仪器的进步，以及对多个学科研究内容的汇总才能达成，有些内容我们现在已经认识到了，有些内容我们现在还不清楚，需要进一步的科学研究探索。

因此，情绪思维内容及影响的认识能力，并不能先天获得，而是需要对现有的相关知识构成进行认真学习，在“习得”的基础上，结合实践过程进行有意识的体验、训练才能得到。一般人是如此，领导者也是如此。

在各种学术观点中，领导力被视为一种能力及影响力，涉及对领导者的特质、行为、风格、权变、魅力、变革、愿景、团队等各种要素内涵的理解及实践运用。领导能力要素的构成会给我们纷繁复杂、难以辨别的感觉，其实如果从总体上把握，在这些领导能力构成要素组合的根本目的都在于领导者最重要的两个任务目标的良好实现，即决策与用人效果。而上述五个维度的内容都会对领导者的决策与用人产生至关重要的影响与作用。

决策是领导者为组织指定前进的方向与奋斗目标，用人是领导者为实现组织目标必须完成的执行内容。因此，有关情绪思维对领导者的自我意识、自我控制、解读他人、关系调控、文化反思等方面的影响及相互作用究竟是如何发生的，以及进而对领导者决策与用人的效果会发生什么影响等内容，需要领导力开发做进一步的探究。

第二章

情绪思维要素与领导者自我意识

在领导活动中，情绪思维首先影响的是领导者的自我意识。

自我意识讲的是一个人对自己的认识，在对自己各方面进行评估的基础上，得出自己在社会活动中，尤其是各种关系中处于某种状态的判断。①

自己认识自己，并不是一件容易的事情，有可能高估自己，也有可能低估自己；有可能今天是一个结果，明天是另外一个结果。这是因为在自我意识形成过程中，会受许多动态性的内在与外在因素的影响，这些因素影响到我们的意识过程和评估方法，也就会影响到自我意识内容与结果。

一个人能否正确地认识自己，是一种能力，这种能力可以称为自我意识能力。从社会活动视角看，自我意识能力，是指一个人在学习、工作和人际交往等社会活动和具体情境中，通过有意识地自我分析和反省等思维活动，形成对于自我状态、位置的正确判断能力。这种能力决定了一个人能否在人际活动中起步适宜，举止得当，做出正确的行为选择。

自我意识能力与自我意识构成不断适应调整，对应的行为结果有成功，也会有失败，这本身并不奇怪。对于一个领导者来说，好的结局是先失败，后成功；坏的结局是先成功，后失败。

明朝的崇祯皇帝，其自我意识构成所体现出的特点，就是一个反面例证。②

崇祯登基于乱世。在崇祯之前，大明王朝已经延续了260多年，这期间，不乏天下太平、民富国强的时期。但是，到了崇祯继位时，大明王朝已经陷

---

① 约翰·梅耶把自我意识概括为“同时意识到自身的情绪以及自身对该情绪的想法”。参见：[美] 丹尼尔·戈尔曼．情商 [M]．杨春晓，译．北京：中信出版社，2010：55. 戈尔曼认为，自我意识指的是对自身的情绪、优势、劣势、需求和动机有着深切的理解。参见：[美] 丹尼尔·戈尔曼．情商：实践版 [M]．杨春晓，译．北京：中信出版社，2012：26.

② “崇祯皇帝（1610—1644）名朱由检，1627—1644年在位，年号崇祯，故后人习称他为崇祯帝。当李自成农民军进入北京后，他吊死煤山（今北京景山）。南明福王政权追谥他为烈皇帝，庙号思宗，后以‘思’字不吉利，又改为毅宗。清入关后，以帝礼改葬崇祯帝，上谥怀宗，乾隆时改谥为庄烈愍皇帝。因此，在史书中对崇祯帝有好几种不同的称谓。”——晁中辰．崇祯大传 [M]．北京：九州出版社，2006：前言1.

入了内外交困、乱象四起的局面。

崇祯面对的是一个摇摇欲坠的烂摊子。

从内部来看，崇祯的哥哥、天启皇帝传给他的是一个宦官专权、朝纲败坏的朝堂，宦党首领魏忠贤以九千岁之尊凌驾于朝臣之上，大权独揽，结党营私，为所欲为。与此同时，大明国力这个时候已经到了入不敷出、竭泽而渔的境地，各地灾荒不断，百姓不仅得不到抚恤，反而面临不断增加、强行摊派的赋税，官逼民反，各地狼烟四起，叛乱不断。

从外部来看，明朝后期在东北兴起的满族，以狩猎民族的强弓快马、勇猛能战而迅速崛起。1616 年，努尔哈赤建立后金，辅以兵民合一的八旗制度，在东北进行兼并，攻占了明朝辽东大部分城镇，并定都沈阳，对山海关内大明的锦绣江山虎视眈眈，使得明朝的辽东局势岌岌可危，危险随时都可能发生。

崇祯几乎是在毫无思想准备的情况下，被 23 岁的天启皇帝临终前选中，继承皇位。1627 年的大明，乱得让人无法下手。

17 岁的崇祯曾经是一个以自我意识调整迎接政治情境挑战的成功者。崇祯继位之后，迅速地从一个锦衣玉食、不问朝政的皇族子嗣转变为一个坚定的王朝中兴领导者。崇祯以坚定的信念和缜密的思维一举击败魏忠贤，重拾皇权，进而以雷霆手段清除宦党、整顿朝纲，起用抗击后金的名将袁崇焕经略辽东防线，大明王朝内外气象一新，崇祯被朝野上下视为是中兴大明的不二人选。

手握大权后的崇祯又是一个面对政治情境变化而进行自我意识调整的失败者。在错综复杂的政治环境中，急欲变革的崇祯屡屡举止失措，在朝政变革中走马灯似地更换大臣，不仅没有起到震慑人心的作用，反而让群臣在一个疑心重重、出尔反尔的皇帝面前小心自保、裹足不前。猜疑与担责的失衡不仅让崇祯错斩袁崇焕、自毁长城，更是让他最后错失吴三桂的援助，在兵临城下自缢之前，还念念不忘地要与群臣辩解清楚到底是谁毁掉了大明。当年那个奋发有为、让人可亲可敬的中兴皇帝最后变成了一个彷徨自顾、让天下人可惜可叹的亡国之君。

自清朝以来的大多数研究者都认为，以崇祯的勤勉与自律，本不应该是一个亡国之君。明朝之所以灭亡在崇祯手里，前期的吏治腐败与持续灾荒是重要的原因。①

崇祯在位期间，北方几乎是连年大旱，农作物歉收、食物短缺，造成流民持续增加、农民起义此起彼伏。② 明朝后期，朝臣党争、官员贪腐已经是病入膏肓、积重难返，崇祯在变革图新过程中阻力重重，难以突破。满族兴起之后，接连有努尔哈赤、皇太极、多尔衮这样有抱负、有见识的领导者，推动整个群体不断走向兴旺发达。

崇祯在这样一个乱世继承皇位，实在也是运气太差。

但是，崇祯毕竟在位 17 年，而且是大权在握、掌控天下的 17 年。这么长的执政时间，一个勤勉自律的领导者应该可以做出一番有为的事业。

实际上崇祯是有中兴大明的机会的，至少也不会让大明江山葬送在自己的手里，但是崇祯没有抓住历史机遇。

研究者认为，崇祯的失败，根本在于其领导能力的不足，主要表现为决策失误与用人不当，这是崇祯领导能力缺失、成为亡国之君的主要原因。③

那么，导致崇祯决策失误与用人不当的原因又是什么呢？

情绪思维与自我意识能力之间的关系可能会给我们提供一个新的分析视

---

① 相关学者研究认为，“至崇祯时，则经万历之败坏，天启之椓丧，不得挽回风气之君，士大夫无由露头角矣。思宗而在万历以前，非亡国之君也；在天启之后，则必亡而已矣”。参见：孟森．明史讲义［M］．北京：北京理工大学出版社，2016：278．“乾隆年间编纂完成的《明史》带有官修史书的四平八稳特征，然而对于思宗的评价似乎同情多于谴责。”——樊树志．晚明史 1573—1644 年下［M］．上海：复旦大学出版社，2003：1133．李自成在讨伐明朝的檄文中，也是将矛头指向明朝的官员而非崇祯：“君非甚暗，孤立而炀蔽恒多；臣尽行私，比党而公忠绝少。”说明即使在敌对者眼中，崇祯也并非一个昏君。——晁中辰．崇祯大传［M］．北京：九州出版社，2006：270．“崇祯，这是一个很特殊，又很有争议性的皇帝，他不同于一般的暴君、昏君，是另一类型的亡国之君，也是中国历史上唯一自杀的皇帝。”——赵云声．崇祯皇帝上［M］．北京：当代世界出版社，2012：序 1.

② 据相关学者根据历史资料研究，“崇祯年间（公元 1628—1644 年），王土北方地区出现了以连年大旱为主的气候灾害。黄河流域和海河流域的大部分地区在多个年份旱灾严重，东北地区多种气候灾害连年发生，整个北方地区的食物资源遭受了严重的破坏。”——温震军，赵景波．崇祯大旱与北方地区的食物等资源的争夺［J］．学术界，2017（8）：210.

③ “熹宗，亡国之君也，而不遽亡，祖泽犹未尽也；思宗，自以为非亡国之君也，及其将亡，乃曰有君无臣。”——孟森．明史讲义［M］．北京：北京理工大学出版社，2016：278．对于崇祯在亡国中的个人责任，“清代的历史学家们已经在进行认真的讨论。胡智修在《居业堂集》卷二十中说是‘烈皇所以被诬者四：曰自用，曰愎戾，曰吝，曰用宦官’。所谓的（诬）其实就是时人为崇祯帝总结的主要弱点。距离明亡时间较远因而也能持比较客观态度的全祖望更明确地指出：‘庄烈自言：朕非亡国之君。夫其忧勤明察，固不可谓为亡国之君，然性愎自用，怙前直往，自亦不能辞于亡国之咎。大抵庄烈召祸，内则退宦官而不终，外则吝于和议。……’（《鲒琦亭集》卷二十九）从政策的角度来讲，全氏认为崇祯帝主要有任用宦官和不能同清朝和谈两大失误，这方面值得进一步探讨；而在个性或者说政治作风方面，‘性愎自用，怙前直往’和清初人们普遍评价的‘自用’‘愎戾’则完全是一致的。”——苗棣．大明亡国史：崇祯皇帝传［M］．沈阳：辽宁人民出版社，2016：6.

角。一个励精图治、勤奋进取的崇祯，与一个多疑愎戾、不愿担责的崇祯，呈现出巨大的反差。到底是什么因素影响着崇祯的情绪思维、自我意识与行为选择？

领导者的情绪思维与自我意识能力之间有丰富的关联，也形成了自我意识能力构成的复杂性。

首先，领导者的行为选择受自我意识影响，而自我意识受自我意识能力影响。

领导者的自我意识能力，决定了领导者自我意识内容的构成，也就决定了领导者从自我意识出发，迈向领导活动的第一步。对于领导者来说，自我意识是根植于领导者意识深处的内容，缓慢而弥久地释放着其影响力，主导着领导者起步姿态，左右着领导者行为选择。

领导者处于组织之中，涉及的关系、交往、利益等活动内容极为复杂，自我意识能力是领导者能否正确认识自己，并由此出发开展领导活动、实现良好领导效果的基础。

自我意识是一个领导者思考与决断的基本影响因素。领导者自我意识能力不足，就会导致自我意识出错。领导者的自我意识一旦出错，祸延的往往是其领导活动的始终，勤谋而难得善果。

其次，对情绪思维活动特性的认识与掌控，是自我意识能力的重要内容。

自我意识变化，受个体自我意识能力的影响；自我意识能力的提升，又与个体对情绪思维的认识有关，也就是与情绪思维能力有关。这本身是一个具有关联性的知识构成体系，需要渐进地予以认识之后，才能结合实践有意识地进行体验与训练，以实现能力的提升。①

我们对于自己的认识，也是基于逻辑思维形式与情绪思维形式两种认识路径。

对于他人的认识，我们有可能会基于复杂的逻辑条件予以判断，对于自己的认识，又有几人能做到这点？

大部分人对于自己的认识，还是习惯凭借感知的方式，也就是在情绪思维主导下认识自我。因此，情绪思维会对自我意识能力及自我意识内容的构

① 戈尔曼认为，自我意识很强烈的人，能充分认识到自己的感受对自身、别人以及工作表现的影响；清楚自己行动的方向和原因；可以准确和公开地表达自己的情绪以及情绪对工作的影响；知道并能自如地描述自己的局限和优势，经常渴望建设性的批评意见。参见：［美］丹尼尔·戈尔曼．情商：实践版［M］．杨春晓，译．北京：中信出版社，2012：27-28.

成产生至关重要的影响。

也就是说，在某种程度上，对于情绪思维及其影响构成的了解，是提升自我意识能力的基础，也是形成正确的自我认识的前提。

最后，认识影响情绪思维的构成要素，是提升自我意识能力的主要途径。

情绪思维影响人的思考判断，而领导者的情绪思维更为复杂，因此，领导者的情绪思维对自我意识能力构建与自我意识构成的影响也就更为突出。

对于这种影响关系，从情绪思维视角下的自我意识能力构建过程看，实际上包含两个需要明晰的问题：情绪思维受哪些主要因素的影响以及其构成特点如何？这些内容一旦充斥在情绪思维之中，又会对领导者的自我意识构成产生什么影响？明晰了这两个问题，就能把握情绪思维对自我意识判断的影响究竟是如何发生的以及重点内容，在提升情绪思维能力的同时提升自我意识能力，有利于形成正确的自我意识判断。

天启皇帝突然去世，崇祯仓促之间继位，对于魏忠贤与崇祯来说，都是一个急剧变化的新的情境，需要进行新的判断选择。

面对信王朱由检继承皇位，到底是接受，还是谋划变局，魏忠贤也处于犹豫不定之中：皆因为天启皇帝去世事发突然，没有对后面的权力安排进行精心谋划。

按照明朝宗法制度，皇位承继按照严格的父子相承要求执行，在明朝两百多年中，只有嘉靖皇帝是以正德皇帝的堂弟身份正常继承皇位。天启皇帝有生育能力，只是生育过的儿女没有养大就夭折了，但是天启皇帝才 20 多岁，完全可以再生育子嗣或者过继子嗣作为自己的继承人，所以当时根本没有为皇位的继承人问题做过安排。

魏忠贤陷入思绪纷乱的处境。

我们所接受的任何信息，只要有刺激信号投射于大脑皮层，就会生成情绪，带动情绪思维的运行。在这个过程中，有的情绪生成是短暂的，带动的情绪思维也是暂时的；有的情绪生成则具有长期性，也就是在某种信息长期影响下，相似的情绪持续地沉淀在我们的脑海中，转化成某种较为稳定的情绪思维内容，对我们的思维意识起着潜移默化的作用。

这种长期存在的情绪思维运行状态，就是我们所说的情绪心境或情绪意识。情绪心境首先影响的就是对自我的判断。

由此可见，每个人在情绪生成及情绪思维形成过程中，受到先天因素的影响差别都不大。自我意识能力以及对情绪思维的识别与调控，主要是经过后天训练或经验反思后才会体现出差别。

与魏忠贤一样，崇祯接手大明的皇位，对他来说也是事出突然。

因为天启皇帝是在生病之中突然病情加剧，出现了医治无望的情况，天启皇帝这个时候又没有尚存的子嗣，而且崇祯是天启的亲弟弟，这些条件组合到一起，使得天启皇帝在临终前决定将皇位传给自己的弟弟。

如果不是乱世事情杂多，按照大明祖制，已经 17 岁的崇祯，本来是要以信王的身份被外放到封地，过着不问朝政的王公贵族生活的。

大明礼制健全，尤其是对维护皇权专制进行了精心的设计。

明朝严禁宗室王公干政，亲王一旦成年就要迁移到远离京城的封地，过着如同平民百姓一样的日常生活，不得随意离开自己的封地，更不能对朝廷和地方政务进行干涉。

崇祯本来对自己今后的人生轨迹清楚无疑，并且魏忠贤专权以后，东厂和锦衣卫的特务们监视着王公大臣们的一举一动，言行稍有不慎，就会遭到灭顶之灾，在这样危机四伏的环境下，崇祯为了不引起别人的猜疑，刻意保持低调，心里面应该是想早日离开京城这个是非之地。

现在情况突变，而且是巨变，对于崇祯来说，也是思绪万千，情难自控。

魏忠贤与崇祯同时都有了难以抑制的情绪并受到情绪思维的影响。

情绪思维运行有其自身构成内涵。影响情绪思维运行的除了刺激信息自身特点之外，还有情绪思维存在的状态。

情绪思维状态会以平静的情绪心境、波动的情绪变化、激动的情绪亢奋等不同方式存在，使我们的自我觉察意识面临较大的挑战。

如果说短暂的情绪波动，我们容易通过自身的生理变化察觉，那么由于情绪心境处于一种稳定的状态，我们对由其影响所产生的生理变化、意识倾向可能已经熟视无睹，身处其中而不易觉察。

情绪心境难以进行自我觉察，情绪心境带动的情绪思维又会对我们的判断决定产生持续性的影响。①

情绪思维主要来源于外部感觉、内部回忆（包括从自身身体健康状况、

---

① 戈尔曼认为，自我调节属于情商的要素之一，这个过程类似于持续进行的内心对话，避免我们受到情绪的支配。参见：［美］丹尼尔·戈尔曼．情商：实践版［M］．杨春晓，译．北京：中信出版社，2012：29.

梦境等感受到的信息）与情绪心境三种生理途径，其本质都是受到了某种信息的“刺激”。这些信息源构成广泛，一般很难穷尽辨别，对于领导者来说，主要是把握那些能够产生“刺激”作用，特别是容易促成情绪心境生成并对领导活动产生影响的要素。

虽然心理学对情绪认识有不同的理论，并且在研究中有不同的取向，这造成了对情绪属性特征统一理解的分割，但是，不同的理论对于情绪属性特征的理解也有共识。①

喜怒哀惧，爱恨情仇，任何一种情绪都可能引发即时的情绪思维对我们的思考判断产生影响，与此同时，只要其产生的信息长期驻留在我们大脑中，引我们不断地关注与回想，其就会转化为某种情绪心境，需要我们有意识地予以觉察。

相对于喜、怒、哀、惧等基本动物性情绪所形成的情绪心境，从领导者角色特点来看，领导者身上常见的信念等较为稳定的意识产物和风格等行动倾向所形成的情绪心境更难以觉察，对其情绪思维的影响也更大。

自我意识是一个持续、缓慢的判断认定过程，过程中既受情绪思维的影响，也受逻辑思维的影响。领导者在自我意识形成过程中，容易处于情绪思维状态，对领导者自我意识产生影响的是领导活动中的一些主要因素，信仰追求、利益取向、领导风格、反省意识等就是具有代表性的要素。它们的存在与变化状态，都会对领导者以情绪思维形式对自我意识的判断产生重要影响，并进而推动领导者的行为选择。

在领导活动过程中，领导者对信仰追求、利益取向所形成的既有认识，既是领导者进行逻辑思考判断的基础内容，也是领导者日常情绪心境的构成内容。信仰、利益认知一旦形成，就会在意识深处以难以觉察的方式缓慢、持久地活动在领导者思维意识之中，而信仰追求、利益取向的认知一旦发生重大改变，就会对领导者产生“刺激”作用，推动领导者进入情绪思维波动或激动状态。这些情绪心境活动特点，都会成为领导者在对情境进行“对错”判断之外，对

---

① “研究情绪的不同理论有其共识，关于情绪可以被定义为一系列的组成部分；也就是说，情绪构成可以表现为主观感觉（如唤醒）、认知（如信念）、行动倾向（如目标）、表达能力的变化行为（如面部表情）和生理（如荷尔蒙变化）。此外，各种理论同意情绪与先兆事件有关（例如与一个人的目标相关）并指向一个对象（例如另一个人）。”——Jens Lange，Jonas Dalege，Denny Borsboom，Gerben A. van Kleef，Agneta H. Fischer. Toward an Integrative Psychometric Model of Emotions［J］. Perspectives on Psychological Science，2020，15（2）：445.

自我进行“好坏”判断的基础内容，并进而对自我意识判断产生影响。

领导风格、反省意识是一种思维导向的习惯性存在方式，它们以既有的“驻存”内容，在一定的情绪心境下习惯性地推动情绪思维活动开展，对自我意识及行为产生影响。领导风格、反省意识发生改变，也会影响领导者情绪思维活动，并进而对自我意识判断产生影响。

情绪思维活动是一种动物本能，但并不代表情绪思维活动不能把握。

信仰追求、个人利益、领导风格、反省意识等能够对情绪思维活动产生重要影响的因素，可以简称为情绪思维要素。从要素构成途径，把握其对情绪思维的影响，进而把握其对自我意识构成的影响并予以反省，既是情绪思维能力，也是自我意识能力的构成内涵。

情绪思维自我意识能力指的是，当个体接收到刺激信息之后，个体能够及时感知自己情绪及情绪思维的生成变化过程，并对影响自己情绪思维生成的要素进行辨别，通过自我辨析与反省，对于自己在社会关系和情境中的状态、位置进行正确的判断。

个体对于情绪思维活动的认识能力，是自我意识能力的构成内容：认识能力强的人，能够对引发情绪思维产生的要素有较好的理解，在情绪思维活动时能够反推其影响源头，在自我意识形成过程中进行反省判断；认识能力弱的人，对情绪思维活动缺少感知，对其形成原因不加推断，缺乏反省意识，任由情绪思维推动自我意识的形成。

从情绪思维与自我意识关联的要素出发，领导者的自我意识能力构成，可以从四个方面有意识地加以提升：对于信仰追求影响下的情绪思维与自我意识关系的内视能力、对于利益取向影响下的情绪思维与自我意识关系的觉察能力、对于领导风格影响下的情绪思维与自我意识关系的认知能力、对于反省意识影响下的情绪思维与自我意识关系的构建能力。

在社会活动中拥有良好的建立在情绪思维认识基础上的自我意识能力，是衡量一个人情绪思维能力高低的第一个层级。

一、信仰追求对情绪思维与自我意识的影响

情绪具有强弱变化过程，可能在某个时间段表现出某种特定的情绪状态。根据情绪发生的强烈程度和持续时间，情绪一般分为三种状态：持续性

平静（心境）、间断性波动（波动）、短时间亢奋（激动）。

持续性平静就是我们日常所处的一种情绪状态，由我们所熟悉的环境等信号刺激而生成，某种情绪（一般是满意）主导了我们生活、工作时的长时间停留的情绪状态，也就是我们常说的人的心境或心情状态。持续性平静情绪是一种比较微弱、持久而且具有感染性的情绪状态，具有稳定性，会长时间弥漫在思维过程中，使人以同样的态度体验对待一切事物。①

间断性波动是我们经受某个新的信号刺激后所处的情绪状态，使人的某种情绪保持在较为强烈、深刻、间断性重复出现的状态。比如由好的信息刺激所产生的热情情绪，由不好的信息刺激所产生的愤怒情绪，都是一种强而有力、较为持久和深刻的情绪状态。②

短时间亢奋是我们经受某个强烈信号刺激后所处的情绪状态，使人的某种情绪在短时间内达到情绪强度的顶端，处于为时短促、表现剧烈、爆发式的情绪状态。短时间亢奋情绪一般是由某个事件或原因引起的当场发作，情绪表现猛烈，自我卷入程度很深，比较容易身心失衡，自我控制能力减弱，甚至失控。③

崇祯在生活轨迹已定的情况下，命运突然出现了转折，而且是巨大的转折。一个帝国的统治权力即将交到自己的手上，自己将要成为受天下臣民膜拜的至高无上的君主，这对于17岁的崇祯来说，肯定是一个强烈的刺激信号。

强烈的刺激信号一定会产生强烈的情绪思维反应，崇祯入宫觐见天启皇帝，得到传位信息后，内心一定是掀起了滔天巨浪。

但是，继承皇位，进入皇宫后的崇祯情绪很平静，并没有亢奋，甚至是波动的表现。荣登帝位的崇祯表现出了与他的年龄不相称的平静，以至于魏忠贤也揣测不透这位新皇帝到底有没有想法。

---

① 这种情绪状态是一个人适应环境的表现。心境的好坏，常常是由某个具体而直接的原因造成的，它所带来的愉快或不愉快会保持一个较长的时段，并且把这种情绪带入工作、学习和生活中，影响人的感知、思维和记忆。愉快的心境让人精神抖擞，感知敏锐，思维活跃，待人宽容。在一般情况下，重大事件引起的心境持续时间较长，如失去亲人往往使人产生较长时间的悲伤、郁闷心境。

② 这种情绪状态是一个人态度、兴趣的表现。它没有心境的弥散那么广泛，但比心境更强有力且更深刻；没有激情那么猛烈，但比激情更持久和稳定。比如能以热情投身于学习、工作、生活和事业的人，生活充实而有意义，更容易获得成就。

③ 这种情绪状态是一个人投入的表现。比如受到强烈喜爱信号刺激所产生的狂喜，由强烈挑衅信号刺激所产生的狂怒，都会使我们短时间内情难自控，出现过激的言语或行为表现。

崇祯有想法，而且不是一般的想法。从接到继承皇位的信息，到踏入皇宫的短短几天时间内，崇祯已经迅速地完成了自己今后人生轨迹的重新定位。影响崇祯进行新的自我意识抉择的最重要的因素，就是他的信仰追求。

崇祯决定自己入宫不是去享受荣华富贵，而是完成上天交付给自己的任务，就是利用这天降的机会，一扫国家颓势，重新振兴大明。做一个中兴皇帝，这应该就是崇祯对自我的设定。

中兴大明，是崇祯踏入皇宫的时候就已经构建的信仰追求。这个信仰追求使他豪情万丈，与此同时，崇祯也对自己所处的情境及风险有清醒的认识。崇祯从长远的全局着眼，压抑住了情绪波动，在外表的“冷静”中寻找有可能带来时局变化的机会。

在个体的认知构成内容中，信仰一旦形成，就会以持久而且具有感染性的情绪状态存在于意识深处，主导相应的情绪思维活动，而当信仰追求转变为坚定信念的时候，可以压倒一切畏惧或诱惑，主导自我意识抛弃一切去追求。

信仰，是人在“自我”之外所构建或所接受的崇敬物，由主张、主义、宗教，具体或抽象的人、物所构成。

信仰追求是情绪思维的“稳定剂”。信仰所包含的内容，能够产生有强烈刺激作用的信息作用于接受者，使接受者弥生赞赏、热情的情绪，长期处于拥戴、追求的心境之中，并可转化为情绪思维联想的基本内容作用于接受者的自我意识，影响接受者在“好与坏”的选择中的判断决定。

1. 信仰带动情绪思维，将自我与异己简单明了地设为对立状态

信仰涉及人生的根基，是人生在物质追求之外精神家园的落脚点。有了信仰，即意味着个体意识构成中有了最根本的构成物，并在个体思维判断中以公开引导或潜移默化的方式发挥着其影响作用。

作为个体意识构成根基的意识内容，信仰虽然给个体的思维判断提供了清晰明确的判断标准，但是个体在接受信仰作为“对与错”的判断标准同时，也会因为赞赏、热情等情绪影响，形成相应的情绪意识心境，使得个体容易在情绪思维偏好的影响下，将信仰同时作为“好与坏”的判断标准，形成简单思维习惯。

信仰接受者容易简单地以信仰内容作为判断“好与坏”的标准，将符合信仰内容的事物视为“好”的，予以接受，将不符合信仰内容的事物视为

“坏”的，予以反对。

崇祯继承皇位，立志中兴大明，在他心中，与这个志向发生冲突的一切阻挡物都是“坏”的东西，必须予以铲除。

崇祯首先遇到的目标物就是擅权乱政，几欲取代皇帝权威的魏忠贤。魏忠贤属于与中兴大明的目标相背离的“首恶”，是首先要予以解决的问题。

就在崇祯思虑如何对付魏忠贤的同时，魏忠贤也在谋划如何应对崇祯。

魏忠贤是一个文盲，在他的意识构成中，如果说还有信仰追求的话，治国理政、变革图新只是一个虚无缥缈的东西，更实际的就是如何使得个人利益最大化。

信王朱由检已经正式继位，取得继承的合法性。如果要阻止朱由检登位掌权，只能采用非常手段：可杀不可废。

杀，对于魏忠贤来说有多种手段可用，不是一个难事。

但是，杀了朱由检，谁来继承皇位却是一个难题。

如果魏忠贤继承皇位，首先就会面临合法性的质疑。魏忠贤虽然权倾天下，但是皇权的正统还是朱家，在讲究“天理”道统的大明王朝，弑君夺位被视为大逆不道、天诛地灭的罪行，各地王公贵族、督抚将军和朝中大臣，只要有不怕死的站出来质疑，就有可能形成推倒之势，风险太大。况且，以魏忠贤的太监之身，即使做了皇帝也无后人传位，没有未来收益。

在皇族子嗣里面选找幼童继位，魏忠贤控制摄政，是一个好的方案。但是宗法制度下，皇位继承人的排序选择也有严格规定，并不能任意妄为，如果挑到了不中意的，更是白忙一场，而且还必须冒着谋杀皇帝的绝大风险。

对于魏忠贤来说，逻辑思维推导出的最好的结果是新皇帝继续维持以前的朝政格局，不理或少理朝政，自己大权独揽，代替皇帝行使权力。这样的话，既不用冒弑君换人的各种风险，也会使自己的利益得以保持。

谁是自己利益的阻挡者，谁就是自己的对立者，这是魏忠贤的情绪思维判断标准。那么，年轻的崇祯皇帝到底对自己、对朝政是一个什么态度？魏忠贤看不出来。

魏忠贤的判断结果是先看一看，然后再视情况定夺。

从魏忠贤所处的情境看，这个判断选择还是理性成分居多，在情绪思维的波澜干扰下能做出如此抉择，相当难得。

但是魏忠贤的理性分析之中还是忽略了一个因素，一个可能对魏忠贤维持现状的愿望产生颠覆性影响的因素。

这个因素就是崇祯这个人的人格特点。

一个人的人格内涵形成过程及构成特点会对其信仰追求产生重要影响，并进而影响其自我意识的构成和思维判断的开展。

在崇祯之前的三个皇帝，除了崇祯的父亲光宗皇帝继位只一个月就去世可以忽略不计外，其他两个皇帝都是不理朝政，主动将大权交给宦官与朝臣。

崇祯的祖父万历皇帝因为废长立幼之事与朝臣闹翻，不得已立了自己不喜欢的儿子——崇祯父亲为太子，心里郁忿难平，近二十年不临朝，不见大臣，以报复朝臣的"恃理夺人"。

崇祯的哥哥天启皇帝继位以后对朝政毫无兴趣，在皇宫大内醉心于木工手艺，将朝政处理视为负担，放手让魏忠贤处理，还对魏忠贤替主分忧赞赏有加。

万历皇帝与天启皇帝的为政特点似乎为后面的皇帝也画好了轨迹，很容易让人产生先入为主的想象。

魏忠贤也许就是受到这种情绪思维的干扰，而没有仔细去揣测崇祯的人格特点。

年幼的崇祯在皇宫里面与其他皇帝子嗣一样过着按部就班的生活，因为幼年丧母，年幼的崇祯在生活中更多的表现是沉静少语、默默无闻。如果不是天启皇帝意外去世，按照大明祖制，崇祯不久就会被外放到自己的封地，过着与宫廷朝政毫不相干的平常生活。

崇祯太平常，以至于魏忠贤根本没有意识到他有什么特点。

其实崇祯还是有自己的特点的。与他的哥哥喜欢做木工活不一样，崇祯自幼喜欢读书，喜好读书就是崇祯的特点，而且这个特点对他的人格内涵产生了潜移默化的影响。

在深宫大院里没有其他事情好做，崇祯只能看书，而且也没有限定之外的书看。崇祯反复看的除了"四书五经"之外，就是记载了历朝历代波澜起伏过程的历史典籍。

崇祯看多了历史典籍，对当下的朝堂就会有自己的想法。17岁的年龄，正是思维活跃、信仰渐成、热情迸发的时候，只要有了机会，就会忍不住想一展身手。

信仰的对象可以由客观事实所形成，但更多的是主观意识的产物。当我们所信仰的东西不一定符合客观实际，也就是说不一定“对”的时候，我们的情绪思维却接受它是“好”的东西，并且在强大的“好”的情绪思维影响下，罔顾了其“错”的成分，或者对其“错”的成分采取宽容、忽略的态度，在这种思维状态下，我们与信仰的异己者水火难容。

情绪一旦生成并在大脑中长期驻留，会带动情绪思维形成。情绪思维运行的结果，会干扰逻辑思维的判断。

在信仰支持下，我们对信仰的对立者会产生“恶”的情绪，在不需要或者忽略对立者是否有“对”的成分或者“错”的证据时，我们可以简单、快捷地将对立者视为“坏”人，坚决地予以反对。

面对朝纲紊乱、败象渐现的大明，崇祯有意力挽狂澜。拥有中兴大明的信仰追求，崇祯绝对不能接受大权旁落于别人，魏忠贤就是他要解决的“坏”人，崇祯与魏忠贤之间绝无回转余地。

魏忠贤没有深想，万历皇帝不理朝政，是因为他自己不愿理；天启皇帝不理朝政，是因为他不想理。崇祯却是一个既愿意理政，又愿意为此做出努力的皇帝。

魏忠贤“读错”了崇祯。

魏忠贤的这个看一看的判断选择，为崇祯提供了难得的转圜机会。

1627 年 8 月，踏入皇宫的崇祯虽然外表未变，但自我意识设定已经与之前的自己判若两人。

由此可见，“刺激性”信息对情绪思维生成具有本能的影响，信仰的变化以及新的追求目标在自我意识中的固化，会推动个体新的自我设定，并可以在极大程度上改变个体的思维形式及行为选择。

2. 信仰磨炼下的意志心境可以主导自我意识奉献一切

与信仰的后天形成相似，意志主要也是在后天中形成，对人的情绪心境具有潜移默化的作用，并进而对人的意识思维产生重要影响。

意志，在个体、团体、组织、国家所倡导的目标追求的影响下形成，表现为人在追求目标过程中克服困难、忍受挫折、奉献牺牲的自觉程度。

坚定的信仰与目标追求，有利于个体坚强意志的培养，以内在的情绪思维心境作为主导的个体能够承受外在的千难万苦，甚至奉献自己的一切。这也是情绪思维在个体思维及行为活动中发挥积极作用的重要体现。

崇祯本性文静，与人相处时，予人与世无争之感。

如果没有继承皇权的突发的机会，崇祯应该与其他王公贵族一样，在自己的封地锦衣玉食，安逸生活，终生与朝政也没有什么关联。

但是在踏入皇宫之后，中兴大明的坚定目标，让崇祯有了极大的热情，也锻造出了他坚强的意志。

在魏忠贤一手遮天的权势下，迎接崇祯的不一定是锦绣前程，而可能是步步惊心的死局。这个谁都能想到。

满怀中兴大明理想进入皇宫的崇祯这个时候非常冷静，因为他也意识到自己孤立无援，踏入的是一个危机重重的险境，稍有疏忽，就可能死无葬身之地。①

因为魏忠贤实在是太强大了，不仅强大，还心狠手辣。

天启皇帝智力并没有问题，而且在某些方面，比如木工工艺制作中还表现出了超越常人的思考布局能力，但是很可惜，天启皇帝对治国理政没有兴趣，将其视为费神耗力的负担，巴不得魏忠贤能够把政事承担下来，为自己分忧。

魏忠贤专权，也曾引起朝中大臣，特别是东林党人的强烈反对。

在天启皇帝许可下，魏忠贤毫无顾忌地总揽朝政，对东林党人施以残酷迫害，在朝廷上下公开培植自己的亲信人马，排除异己，在精心经营下，已经形成了一个以魏忠贤为首领的集团，这个集团被视为“宦党”。②

魏忠贤集团的成员遍布国家机器的要害部门，内阁中枢、中央六部、东厂与锦衣卫，包括大部分地方政府，都被宦党成员所控制。魏忠贤名义上只在天启皇帝一人之下，被称为九千岁，实际上却是大明王朝的真正掌权者。

崇祯在进入皇宫之后，除了有壮怀激烈、一展抱负的心境外，应该还有忧愁、怯弱、恐惧等各种情绪交替产生。

情绪思维构成是活跃复杂的，情绪一旦生成，就可能会影响到情绪心境，你不可能视而不见。这些情绪的存在，如果处理不当，就可能会对思维判断产生影响。

---

① 有史料记载，崇祯入宫之时，天启皇帝的皇后曾告诫他“勿食宫中食”，崇祯只得自带食物入宫食用。参见：樊树志．晚明史1573—1644年下［M］．上海：复旦大学出版社，2003：713.

② 历史上一般将魏忠贤集团称为“阉党”。从现代文明来看，“阉党”这个词带有人格侮辱含义。太监也是人，而且是在非常情况下遭受人身及人格伤残的受害者，对其不必予以人格上的侮辱。本书统一以“宦党”予以替代。

面对一个全新的凶险四布、不可预测的险恶环境，如果没有强大的意志力作为支撑，崇祯很可能未战先怯，在双方的较量中败下阵来。

信仰是情绪思维的“稳定剂”。崇祯以天降大任于己的自我意识对自己重新进行了定位。在坚定意志支持下，崇祯一心在思虑如何谋篇布局，斗赢这个强大的对手，压制了胆怯等情绪的影响。

这个时候，崇祯饱览的历代史书中的宫廷权谋手段为他提供了方法借鉴。

崇祯经历过权力争夺的历史经验与教训的学习，懂得沉稳的重要性。崇祯不仅要求自己要“静”，还要能够“演”，在麻痹对手的过程中寻找出手的机会。

崇祯虽然有心杀贼，但是没有受按捺不住等情绪思维的干扰，崇祯也选择了看一看，视情况而定夺。

魏忠贤与崇祯不约而同地选择了看一看，因而双方相处之初相安无事。

崇祯初入皇宫，四顾无援，采取了守势。崇祯采取的应对之策，客观上有助于一个有利条件的发挥，这个对于崇祯有利的条件，就是礼制。

明朝礼制健全，自明太祖开始就对维护皇权稳定进行了精心的制度设计，只要用好制度，就能有效防止篡权夺位之事发生。

魏忠贤毕竟是一个文盲，即使位尊权重，也难以理解意识与制度的作用。大明王朝在细微之处都有精心设计的制度，一旦发挥作用，会对巩固皇权起到不可估量的作用。

表面上看，新皇帝与先帝一样不理朝政，对以魏忠贤为首的宦党理政给予了充分信任。魏忠贤按照惯例提出辞呈，崇祯进行了热情挽留，并且对魏忠贤表示了充分尊重之意。

崇祯在宫中唯一忙的事情就是按照礼制要求，将皇室中各种册封事宜一一落实。

除此之外，崇祯还根据礼制要求，对一些偏离规则的举止予以纠正。崇祯将天启皇帝的乳母、与魏忠贤沆瀣一气的客氏送出了皇宫，断了魏忠贤在宫中的重要内援。与此同时，崇祯将宫中的一些宦官换成了自己信王府的太监。

在对魏忠贤敬重有加的过程中，崇祯只在一件与魏忠贤有关的事情上表达了保留的态度。

这件事情就是各地有关为魏忠贤建立生祠的奏本。崇祯对这些奏本不置可否，没有任何处置的意见。

在等待多日之后，魏忠贤终于表态，上疏请求不要再为自己建造生祠。

崇祯立即对魏忠贤的上疏做出回复：同意魏忠贤的个人意见。

在朝野上下都在观察新皇帝态度的时候，崇祯发出了一个微妙的信号。

明朝后期，党争意识已经在朝臣中深入人心。魏忠贤执政，虽然压抑住了党争，但是也无法完全排除朝臣们思维中的党争意识。一些人在揣测新皇帝的意图，试图紧跟上皇帝的步调。

崇祯终于等到了机会。魏忠贤手中最为重要的干将，兵部尚书崔呈秀遭遇了弹劾，与此同时，崔呈秀刚刚丧父。

明朝标榜以孝治天下，官员父母去世，必须遵守“丁忧”制度，离职回家为父母守丧3年。

崇祯没有犹豫，批复崔呈秀离职回乡为父亲守丧。崔呈秀刚回到家没几天，崇祯就以弹劾内容为依据，将崔呈秀削职为民。

口子一旦打开，积蓄许久的怨愤就喷薄而出。朝廷内外对于魏忠贤的弹劾不断增加，数列的罪状也越来越具体，崇祯将这些弹劾奏疏让魏忠贤看，魏忠贤提出辞职的请求。

崇祯没有再挽留，同意魏忠贤的辞呈，同时根据他本人的请求，取消了魏家所拥有的公、侯、伯三个爵位，将东厂与锦衣卫的首领做了更换。几天之后，崇祯发布上谕，罗列魏忠贤的罪状，魏忠贤论罪该死，但崇祯将其发往凤阳看守祖陵。

崇祯只用了两个多月的时间，就铲除了魏忠贤这个最大的障碍。

一个年轻的皇帝，面对陌生的政治环境如何施展自己的抱负？这可能是崇祯坐上皇位后思考得最多的问题。崇祯的决定是要培养自己刚毅果断的形象，要立威。

崇祯选择的立威对象，就是刚刚倒下去的、曾经不可一世的魏忠贤。

百足之虫，死而不僵，魏忠贤虽然已经倒下，但影响仍在。而魏忠贤的自我意识设定，还无法从以往高高在上的自我位置感觉向现在落魄的现实进行迅速转化。

魏忠贤离京的时候，曾有大批官员前去送行，跟随他南下的仆从也数量可观，这可以被视为没有忏悔之心，而有谋反之意。

崇祯果断动手，在魏忠贤离开京城三天之后，命令锦衣卫在路途中将魏忠贤缉拿归案，所有随从一并缉捕。魏忠贤听闻这个消息，便知大限将至，在客栈中自缢身亡。

17 岁的崇祯凭借 己之力打了继位以后的第一场胜仪，战果丰硕，轰动天下。

中兴大明的信仰，给了崇祯新的自我设定，锻造了他坚定追求的意志与奉献自我的投入，同时也使他意识到要做大事，就必须立威。

奉献与立威的情绪思维推动崇祯迅速果断地将魏忠贤置于死地，作为一个孤立无援的年轻的皇帝，这种情绪思维内容也是影响他后来处理与朝臣关系的一个重要因素。追求目标的正确性与奉献自我的付出感，使得崇祯不愿意去判定立威手段的对与错，以至于在出现负面结果的时候，他不愿深究原因及自己的责任，动辄更换朝臣，对下台者往往采取严酷的处罚手段。

3. 信仰变化带动的情感偏向变化，会重设个体的人际关系判断

信仰一旦发生变化，会对人产生新的重要信息刺激，形成的情绪思维状态不仅会影响领导者对自我的重新判断，也会形成对他人情感的重新设定，并进而影响相互关系。

信仰追求的变化会带动情感偏向的变化，二者交融在一起，会对个体情绪思维的倾向产生影响。

情感偏向是我们在接触到人和事物时，由感觉所触发，产生的好（喜欢）与坏（厌恶）的情绪思维倾向。儿童的情感偏向会比较直白地表现出来，而成年人在理性思维影响下，会对情感偏向的表现进行克制，并对情感偏向的合理性予以分析。

情感偏向具有个性化色彩，不同的人会因为其感觉、经历等方面的区别，对同样的人或物产生不同的情感偏向，进而对人际关系判断产生影响。

领导者在待人接物中也会产生情感偏向，只不过因为工作的需要，将感性的情感偏向予以压抑，努力以客观理性的视角来看待一切。但是，领导者的压抑，并不能断绝情感偏向的影响，情感偏向犹如蛰伏的思绪，时常会显现出来，对领导者的情绪思维产生影响。这就如国家之间的关系形成一样，国家利益等因素是影响国家关系的主要因素，但是领导者之间的情感偏向也会起到微妙的导向作用，通过领导者之间的关系，对国家关系发展起到不可忽视的推进或阻碍的作用。

领导者在构建坚定的信仰追求后，不仅会将信仰异己者视为对手，也会在被信仰所充斥的情绪思维中，对阻碍信仰目标实现的其他人，包括自己团

队中的成员产生厌恶的情感偏向，这种偏向会潜移默化地影响到领导者的用人选择。

崇祯继承皇位后立志要中兴大明，在铲除最大的拦路虎魏忠贤后，将宫内、朝廷与地方与魏忠贤有关联的人都视为“恶”人，果断地进行了一场铲除宦党余孽的大清洗。

崇祯先是从皇宫内院着手，清除宦官专权以及对朝政的影响。

崇祯颁布旨意，严格限制宦官行动，宦官没有受命，不得离开京城一步，撤销了外派太监到边防监督军政官员活动的做法。禁止内侍与朝官交接，限制宦官干政弄权。

在整肃内部的同时，崇祯在外部开始拨乱反正，在朝廷排查清除宦党成员。

在朝中，崇祯设置了一个清查小组，以“逆案”之名，从上到下对宦党余孽进行摸排。

在历经一年多的清查之后，“逆案”查出了250多人，成员涉及面广，有京官、有外官，有文臣、有武将，其中官居一品的就有35人。这些人的罪状分八类，罪名由皇帝钦定，分别受到死刑、坐监到流放的惩处。①

限制宦官干政，查处“逆案”等举措，将明朝后期宦官专权、宦官与朝官内外勾结的污浊局面得以彻底扭转，赢得朝野一片喝彩。崇祯也在其中构建了自信，树立了权威，进而开始对官僚队伍进行整顿，以推进宏图大业的顺利实施。

基于对宦党的“恶”，崇祯将中兴大业的实施希望，寄托在了组建一支具有良好执行力的官僚队伍身上。崇祯亲自主持，期望从最重要的内阁成员重新选任开始，推动官僚队伍重新构建工作的开展。

崇祯没有想到，明朝后期的官僚队伍已经沉疴太重，虽然是自己亲自主持，但内阁改组工作出师不利。

---

① “‘逆案’是在崇祯二年（1629年）三月十九日正式确定的，案中共开列魏忠贤等255人，分为8大类。魏忠贤、客氏为首逆，凌迟处死。‘首逆同谋’6人，除崔呈秀外，魏良卿、侯国兴是客、魏亲属，李朝钦等3人均为魏忠贤的亲随太监，斩决不待时。‘交结近侍’19人，主要有‘五虎’‘五彪’等，斩秋后处决。以上判处死刑的共27人。‘交结近侍次等’11人，都判处充军，均为阉党骨干。第五类‘逆孽军犯’28人，全是已经充军的客、魏家属和贴身亲随。第六类‘交结近侍又次等’129人，判处徒刑3年，‘输赎为民’，即可以交钱赎罪，这部分全是文臣。第七类‘谄附拥戴’16人，全是太监，革去冠带为民。第八类‘照考察不谨例，冠带闲住’，就是虽然革职，但保留着原来的品级荣誉，共44人。”——苗棣．大明亡国史：崇祯皇帝传［M］．沈阳：辽宁人民出版社，2016：69.

内阁制度由明朝开始实施。在明朝之前，中国历代中央集权王朝大致采用的是宰相制度或丞相制度，皇帝虽然集权于一身，但朝政繁复，由宰相或丞相帮助皇帝理政。宰相或丞相实际处于一人之下、万人之上的位置，如果专权强势，会对皇权威严构成严重威胁。

明朝开国皇帝朱元璋为了保证皇帝专权，废除了宰相与丞相制度，此后明成祖朱棣在文武百官之上设置了一个内阁，内阁成员一般有数人，只是扮演皇帝决策参谋的角色，并不兼任政府部门的实职。对朝廷内外各种奏章的决策回复，先由内阁讨论提出处理意见，也就是票拟，然后由皇帝参考后定出决策意见，再由宦官组成的司礼监行文形成旨意颁发，由政府部门及各级官员执行。①

在明朝巩固皇权的设计中，决策权力分为参谋、定夺、颁布三个环节，其中最为重要的定夺权力牢牢地掌握在皇帝手中，这样就可以保证皇权不会旁落于人，而参谋与颁布环节分置，既可以为皇帝决策提供意见参考，又可以起到相互牵制的作用。②

这样的设计对于巩固皇权权威确实有其好处，但是，还是避免不了一个因素的影响，就是这个设计的基础，在于皇帝要勤政并且具有决策选择的判断能力。③

在明朝后期，皇帝并不勤政，甚至是懒政，对于朝政的处理基本上是依赖内阁提出的意见，这样内阁成员实际上就扮演了决策者替代的角色，内阁首辅也就起着类似丞相的作用，内阁作用及内阁成员地位已经超越了政府部门及文武百官之上，官员们也将入阁视为是“拜相”，作为仕途升迁的最高层级。

崇祯继位以后，有感于内阁成员暮气沉沉，决定更换内阁成员，由于不了解朝臣的能力与表现，便依照惯例，由各部门主要负责人推举候选人。经过推举，大臣们一共推举出10位候选人，崇祯没有按照惯例从排序中选择内

① 明朝在有了内阁与司礼监之后，“政治议事程序则如此，奏章自通政司入司礼监，司礼监发下内阁票旨，内阁票旨后返还司礼监，司礼监呈御览批红后，经六科发部院执行”。参见：任文利．明专制政体下儒家士大夫的宪政理念与行宪努力——从刘宗周之末世谏诤看［J］．天府新论，2013（4）：32.

② “内阁制代替丞相制，是君权对相权的胜利，标志着封建君主独裁专制的进一步发展。”——汤纲，南炳文．明史下［M］．上海：上海人民出版社，1985：564.

③ 明朝内阁的基本作用是“止备顾问”，内阁阁臣权力的大小，主要是看皇帝的信任态度和皇帝对于政务过问的程度。参见：汤纲，南炳文．明史下［M］．上海：上海人民出版社，1985：563.

阁成员，而是别出心裁，采用抽签方法，抽出了6人担任内阁成员。

在工作一段时间后，崇祯对于抽签选出来的内阁成员相当失望，这些人老滑有余，干练不足，在召对的时候往往是唯唯诺诺，提不出什么新的见解。为了尽快制定出“新政”，一年之后，崇祯决定再举行一次推举内阁成员的活动。

在第二次推举阁臣的时候，宦党成员已经得到了清除。在清除宦党过程中，受到魏忠贤残酷迫害的东林党人得到了平反昭雪，东林党人也开始重新入朝，以维持王朝正统的受害者身份开始发挥影响。

第二次会推结果，尽显东林党人的影响力。在推出的11个候选人中，以礼部侍郎钱谦益为代表的东林党人及其同友占据了多数。东林党人的重新崛起，引起了其他朝臣的不满，有心入阁、与东林党和魏忠贤都没有牵扯的礼部尚书温体仁和礼部侍郎周延儒联合起来，利用旧案中的疑点，对钱谦益进行抨击，接着又引起了东林党人的反击，一时间朝廷内外纷争不断。

崇祯基于对宦党的“恶”感，对在魏忠贤掌权时候受到残酷迫害的东林党人给予了同情，并促成了对他们的平反与复职。但随着东林党人在朝中影响日盛，崇祯对东林党人团聚争利、执拗清议的作风也充满戒心。

朝臣们都知道崇祯厌恶党争，但是为了各自的利益，又自觉或不自觉地聚集成形形色色的团伙，寻找各种冠冕堂皇的理由，相互之间进行攻击。

个体思维判断受认知构成内容的影响，而认知构成内容一旦固化，又会影响到个体的情绪思维偏向。

在明朝国家意识形态领域，理学占据了正统地位。“明朝特重科举，科举考试又只重八股文，引导大批士子终身读经制艺，头脑中除了程朱理学的一套性情义理的教条之外空空如也。这就造成明代各级官僚和士人只会空谈天理，极少政治、经济和军事才能。”① 官员务虚离实，是明朝整个国家管理能力走向虚弱的一个重要原因，也是明朝官员们在思维判断中出现相应的情绪思维偏向的根源。

崇祯要干实事，树立个人权威，对动辄就据理力争的朝臣在情感偏向上就予以排斥。在会推人选引发朝臣纷争的情况下，崇祯一怒之下宣布推举结果作废。

---

① 苗棣．大明亡国史：崇祯皇帝传［M］．沈阳：辽宁人民出版社，2016：151.

崇祯作废推举结果的决定，使得朝臣与皇帝之间开始有了隔阂对立的情绪。一方面，朝臣认为皇帝缺乏主见，独断妄为，举措失当。另一方面，崇祯对官僚队伍充满期望的情感偏向开始向负面转移，失望情绪逐渐生成。在推举候选人作废之后，崇祯任命周延儒为内阁首辅、温体仁为次辅，这两个人也热衷于相互争权夺利，对政务国事却缺乏见解，这就更加剧了皇帝与朝臣之间的相互不满。

随着对于朝臣在自保、党争、清议、腐败等方面表现的失望，在失去信心和树立自己刚毅果断的领导权威情绪思维影响下，崇祯对群臣的管控逐渐偏激，这就导致崇祯执政期间，在用人中表现出的两个突出现象，一个是频繁地更换官员，另一个是对失职官员进行严厉惩处。

崇祯在其统治期间，无论是对内阁成员，还是政府各部门官员的更换人数，都创下了历朝历代的纪录。大规模频繁地更换官员，不仅没有为崇祯带来一支干练的官僚队伍，反而使官员人人自危，在工作中将如何自保放在首位。①

崇祯在继承皇位之后，中兴大明一直是其坚持追求的信仰，如果说在后期崇祯的这个信仰有所动摇的话，动摇的其实不是信仰本身，而是对于实现这个信仰的主要依靠力量——大明官僚队伍的能力失去了信心。

面对官僚队伍令人失望的表现，崇祯的应对方法就是频繁地更换官员与严厉地处罚官员，在最后对朝臣极度失望之后，崇祯将情感偏向重新落到了宦官队伍身上，将宦官队伍视为自己最可靠的力量。

崇祯不得不重新大量使用宦官，以指望身边人能够更好地贯彻自己的决策意图。

在继位四年之后，崇祯重新起用宦官。崇祯大规模地扩充宦官队伍，允许宦官干政，依靠东厂、锦衣卫对官员进行监视，并且重新恢复已经废除的

---

① “被崇祯帝处分的大臣，自内阁大学士至尚书、侍郎、都御史，总共有数百人之多。崇祯帝轻于用人，也轻于治人，在他17年的统治中，先后任用过整整50位内阁大学士，人称‘崇祯五十相’，这不论在明代还是历朝历代，都创下了最高纪录。六部、都察院的首长更换也同样频繁，在整个崇祯时期，共任用过吏部尚书13人，户部尚书8人，礼部尚书11人，兵部尚书17人，刑部尚书16人，工部尚书13人，都察院左都御史13人，七卿的平均在任时间只有一年零两个半月。在崇祯的17个年头中，朝廷中最重要的大臣像走马灯似地你来我往，交替更换。崇祯帝好像是想在这频繁的更换中最终物色到自己中意的贤臣，但最后还是都不满意。”——苗棣．大明亡国史：崇祯皇帝传［M］．沈阳：辽宁人民出版社，2016：155.

外派太监监军的制度。到崇祯朝后期，宦官的人数不仅超过了前几代，而且影响日盛，在军情紧急的时候，崇祯甚至直接任命太监充当统军首领。

这些文化水平低下、没有军政经验的太监干政督军，引起了文武大臣的普遍不满。崇祯遇到反对意见，往往是以情绪化的语言予以反驳：就是因为你们这些大臣们不争气，才逼得我不得不使用宦官。

崇祯的回复，对官员们尽显轻视挖苦之意。皇帝不信任朝臣，朝臣们也懒得为时政操心费力，在遇到政务工作时也是以诺诺或清议为应对之策，这使崇祯与朝臣之间的对立更甚，以至于到最后李自成大军兵临城下之时，朝臣都不愿意为皇帝分担决策责任，崇祯在临死前说出“天下文臣人人可杀”之言，可见其腹怨之深。

崇祯在用人决策和革新官僚队伍的过程中，缺乏对明朝官僚队伍实际状况的全面了解，也没有针对官僚队伍弊端进行对应的釜底抽薪式改革的全局思考，而是任由自己的思维判断在情感偏向的影响下，由期望走向失望，甚至是在充满怨恨的心境下，以频繁更换和严厉处罚官员的方式予以应对。

崇祯的做法实际上是在发泄自己情绪上的不满，对于官僚队伍的革新建设没有任何益处，反而加速了大明王朝走向覆亡。

二、利益取向对情绪思维与自我意识的影响

利益，由人的生存与发展所需要的物质、精神需求所形成，是由财富、收益、权势、名誉等内容构成的。

相比较信仰，利益对个体的影响更具有现实性，如果说信仰追求是情绪思维的“稳定剂”，利益取向就是情绪思维的“驱动剂”。

个体利益的争取与维护，是动物本能，也是每个人在社会活动中不可避免地带有自我倾向的考虑内容。领导者的个体利益包含多个方面，涉及对于正常利益追求所形成的理性判断过程，以及在某个阶段对某种利益的特别关注与追求所形成的情绪思维判断过程，情绪思维一旦主导思维判断过程，就会影响到领导者对政治情境的判断。

利益取向的变化会随时带动领导者进入情绪思维状态，影响领导者在人际关系中自我位置的摆放与生活方式的选择。领导者主要面对天下利益、组织利益、个体利益三重选择，这三重利益有相容的地方，也有冲突的地方，

带动领导者利益取向变化。

在领导者利益取向中，天下、组织、个体二重利益达到平衡是最理想的状态，但是，个体利益最大化取向的“经济人”本能，往往会使不是“纯粹人”的领导者面临个体利益与其他两种利益取向的冲突。

个体利益取向变化，很容易使领导者进入“好坏”判断的情绪思维形式，忽略了或有意规避了决策选择对组织或天下利益“对错”的判断，从而影响到领导者自我位置摆放、生活方式选择中的行为倾向。

利益取向对个体情绪思维的影响主要体现在以下三个方面。

1. 天下利益追求会引导领导者在个人利益选择中从容自如

这里所谓的“天下利益”，就是以国家和社会为考虑范畴，着眼于国家和社会的进步这个总体利益所做的判断。

领导者如果能够在领导活动中真正以天下利益的实现为根本取向，将个人利益置于天下利益之下，在情绪心境中就容易达到“无我”的境界，这种情绪思维内容又会影响自我意识，使领导者往往在个人位置、生活方式选择中从容自如、进退有据。

作为一个专制集权体制的掌权者，崇祯追求重振朝纲、中兴大明，也就是追求皇权的巩固，同时，在其个人意识中，又是将上述目标与天下利益设定在一起的。在巩固皇权的同时，以天下利益为取向，效法尧舜先贤，这是崇祯在个人工作与生活中兢兢业业、远离享乐的精神动力，因而崇祯能够在工作与生活中将勤恳清廉的作风从容自如地坚持下去。

崇祯试图将天下、组织与个人利益予以融合，但是在现实中还是避免不了三者之间的冲突。

冲突首先在个人利益与天下利益中产生。

崇祯以为他的个人利益只有生活与工作的需求，其实，这些只是他浮于表面的个人利益，而内里则是他无可选择的维护皇权统治及其所包含的利益内涵。

大明王朝交到崇祯手里，最让崇祯感到头痛的问题是财政缺钱。庞大的国家机器运转要钱，各地灾荒不断赈灾要钱，边境应对敌情的大量驻军要钱，镇压起义造反的流民要钱，对招安投降的农民军进行再安置也要钱。

明朝在中后期，皇帝大多追求奢侈淫欲的生活享受，各种礼制活动以及越来越庞大的皇家子嗣供养都需要巨额开支。“正德元年，武宗登基前后进行了一系列的典礼。……一年之内，典礼耗费约400万两白银。”[①] 明朝规定宗室人员不得干政，但是对宗室人员给予封地和岁贡的优厚待遇，宗室人员数量增加显著，“洪武只有几十人，明中期以后现存者二万到八万人”[②]。这么庞大的皇亲宗室人员享乐开支都需要国家负担，给国家财政以巨大的压力。

崇祯的祖父万历皇帝在张居正去世亲政后肆意挥霍，派宦官到各地监督丝织布匹和瓷器制造，在江西命烧造瓷器“十五万九千，继而复增八万”，丝织布匹费用“二三年间，费至百万”[③]。

万历年间，财政状况已经难堪重负，而这时候，国家又兵患四起，财政紧张，不得不增加税收。崇祯执政后，为了应对时局，没有其他更好的方法，只得再度增加税收。“‘明末三饷’指明末加派的辽饷、剿饷和练饷三项赋税的合称，始征于万历四十六年（1618年），一直延续到明朝灭亡，前后近三十年。据《明史·杨嗣昌传》称，三饷加派总额为1679万两。”[④]

没有钱，任何事情都无法运转。国家要保证开支，似乎唯一的途径就是增加赋税。但是增加百姓的赋税，又会导致流民的增加，引发更多的农民起义，需要更多的军队进行镇压，又需要更多的财力，又只能再增加赋税，再引起……这似乎是一个看不到任何出路的死循环。

崇祯不是不知道除了增税以外，还有节流的渠道，但是当崇祯在节流上面对皇亲国戚这个庞大的自我利益群体时，却失去了从容自如，无法对皇亲国戚们开刀。

“三饷”加派，加上官吏腐败，致使“民穷盗起”，是导致明亡的重要原因之一。

2. 组织利益争夺会促使领导者在个人利益选择中环顾计较

组织利益体现的是团体利益，相对于天下目标的抽象性与宽泛性，团体利益一般较为具体，涉及物质与精神各个方面，与团体成员的个人利益有紧密的联系。

组织活动的目标是实现组织整体利益，在这个过程中，还存在着对诸如

---

① 赵克生．明代国家礼制与社会生活［M］．北京：中华书局，2012：72.

② 汤纲，南炳文．明史下［M］．上海：上海人民出版社，1985：585.

③ 汤纲，南炳文．明史下［M］．上海：上海人民出版社，1985：574.

④ 赵克生．明代国家礼制与社会生活［M］．北京：中华书局，2012：78.

权力、职位等组织利益的分配，这些内容会引发团体成员，尤其是领导群体成员之间利益获得的相互比较，反过来又会对领导者的情绪思维及自我意识产生具体的影响。

在组织情境中，围绕领导者还存在一个领导群体，领导者与其他领导成员之间需要分工负责、各司其职，对于组织利益的实现，领导者与领导成员之间也存在各自的能力大小、付出多少与奉献意识程度等各方面的差别。如果领导者将自我放在这些差别上，落入比较上下差别付出的情绪思维陷阱，往往就会因为自己的额外付出而耿耿于怀，对于自己在组织中的位置及生活待遇格外关注，在比较中受到情绪思维的影响。

崇祯的个人利益也与组织利益在比较中产生了冲突。崇祯自认为在工作中付出太多，实际情况也的确如此。

崇祯中兴大明的理想追求和自身勤奋努力，与朝臣的表现形成了巨大的反差。

崇祯执政之后，在个体做出积极奉献的时候，眼光所及，看到的朝臣不是庸庸碌碌、无所作为，就是热衷于清议与党争，整个官僚系统所存在的自保与腐败现象已经是司空见惯，大家都等着大明中兴，但是似乎没有人愿意为此来做不懈的努力与奉献。

不要说治国理政能力，就是与自己的勤勉努力与严格自律相比，大明王朝的官员们都没有一个人能够让崇祯满意。这既令崇祯大为失望，也令其在与群臣相处之中总是受到忿忿不平的情绪思维影响，认为与群臣的消极表现相比，自己的勤勉努力是“吃亏”了。

崇祯落入了一个无法自拔的领导者上下付出差别比较思维循环中，在持续的比较中，对朝臣们的越来越多的不满充斥在崇祯的情绪思维之中，使得崇祯满怀怨忿。

领导者上下付出差别比较思维循环，可以被视为一种情绪思维的陷阱，就是领导者以自我的工作投入表现与手下的管理者们的“平庸”行为相比较，越比较，就越不满意，也就会对管理者们逐渐生成厌恶排斥的情感偏向。

在追求组织目标的过程中，领导者对自我要求与他人要求往往会存在一个误解，就是认为所有人都应该像领导者一样，甚至超过领导者，为实现组织目标付出努力。领导者在这方面的情绪思维表现，比较常见的就是挂在嘴边的一句话：我都能做到，你为什么做不到？

领导者通常没有意识到，领导者在组织目标达成后所能获得的收益与手下人所能获得的收益是存在差异的，这种差异越大，领导者就越难以要求别人做出与自己一样的付出和努力。

大明中兴，人人都拥护这个目标。对于崇祯来说，这个目标一定要在自己手上实现，而且越快越好，自己要努力成为一个青史留名的一代明君。对于朝臣们来说，这个目标只是一个遥远的理想，如何在眼下内外交困、人人自保的情境中争取自己的利益，是一个更为现实的追求。

大多数人追求现实利益，崇祯没有能力将组织目标与现实利益进行有机的结合，以鼓舞人心。崇祯的自我付出与努力越大，对朝臣们的表现，他的失望也就越大，崇祯在执政过程中无论是频繁地更换官员，还是严厉地惩处官员，应该都是受了这方面情绪思维的影响。

3. 个人利益泛滥会推动领导者在个人利益选择中不择手段

个人利益对个体的影响最为直接、具体。个人利益涉及物质与精神各方面的广泛内容，在自我意识之中，只要对个人利益的认识缺乏正确判断，个人利益就会很容易超越天下、组织利益，形成对个体思考判断的直接影响。

崇祯工作勤勉，生活简朴，自以为为天下、为朝廷做出了无私的奉献，不仅历朝历代的帝王难以比肩，即使与远古先贤的三皇五帝相比，也毫不逊色。

崇祯以中兴大明为己任，将天下利益视为自己的利益，不贪图生活享受，不念女色，从抑制私利方面来看，崇祯是历史帝王中少见的有德之君。

如果说崇祯还有私利的话，这个私利就是崇祯不愿担责，尤其是在重大抉择面前不愿担责，甚至诿过臣下。

1642 年 4 月，明清之间历时两年的“松锦之战”结束，明军惨败，主帅洪承畴被俘，明军主力被歼灭，明朝在山海关外的城池悉数丢失，只剩下宁远一座孤城。

关外决战失败，关内西北地区农民军势力已经坐大，主动出击攻城略地。崇祯在重重危机面前，为了摆脱内外同时开战的困境，萌生了与清朝议和的念头。

实际上“松锦之战”时期，清朝曾经主动求和。1641 年 11 月，因为大雪阻断补给运输，清军欲解除对独守松山的洪承畴的围困，但是又怕明军乘机尾随攻击，便通过蒙古人发出了求和信息。①

重新考虑议和的崇祯深知议和就意味着承认清朝对东北占有的合法性，会背负对不起祖宗的骂名，朝廷内外那些坚持正统“天理”的人一旦获得消息，立即就会用舆论正义将议和者“骂死”。

崇祯将与清议和这件事情交与兵部尚书陈新甲秘密办理，在没有基本结果之前绝对不能外泄。

陈新甲领命后积极落实，与清朝接触谈判工作也有了初步结果。但是陈新甲百密一疏，将清朝传递来的议和条件信件放在书桌上，被书童当作兵书战报分发了出去。消息外泄，举朝哗然，朝臣纷纷上书弹劾陈新甲意欲通敌卖国。

个人利益的争取与维护，是动物本能，也是每个人在社会活动中不可避免地带有自我倾向的考虑内容，这本是一个正常现象，但是，当一个人在组织中将个人利益置于至高无上地位，对个人利益实现陷入狂热或极端焦虑状态时，就容易为情绪思维所控制，在思考判断与行为选择上更容易接受偏激的取向。

领导者常常处于与关系对象作斗争的环境中，这种压力与极端关注个人利益的结合，容易推动领导者对个人利益追求的泛滥，而领导者又拥有采取极端手段的便利性，因此，这种状态会提升领导者在自我意识中对“不择手段”的认可与接纳程度。

崇祯见议和事情外泄，朝臣慷慨陈词，便将自己与此事撇开，认定是陈新甲自作主张，与清朝谈判议和。

大臣们明知此事可能有崇祯之意，但仍依据正统思想，不依不饶，以跟“虏”谈和为耻，大谈夷夏之别的重要性。

崇祯为了推卸责任，驳回陈新甲的申诉，最后竟以“陈新甲主和辱国”的罪名将其处死。

在陈新甲之后，虽然形势一再恶化，一些对局势清醒的人也知道议和是一条摆脱危机的可取之途，但朝臣中再也无人敢提出“议和”之词，崇祯不愿担责的情绪思维心境，也让他无法做出理性的决断。

---

① “辽东宁前道副使石凤台把这一动向上报朝廷，崇祯帝原本抱着‘灭寇雪耻’的愿望，对和议毫无思想准备，便以封疆大吏私自与敌方洽和有辱国威，把石凤台逮捕入狱。”——樊树志．崇祯：攘外与安内的两难选择［J］．学术月刊，1996（7）：93.

领导者往往面临复杂的关系环境，包括在组织内部和外部的斗争。在与各种关系对象的斗争中，当个人利益主导情绪思维的时候，会让领导者在斗争中超越组织规则选择行为方式与手段。而在这个过程中，如果再添加情感偏向的影响，特别是从情感上就对关系对象抱有厌恶或怨恨的情绪意识，则会进一步强化领导者对于“不择手段”的认可与接受程度，在强烈情绪思维主导下选择极端的行为方式。

三、领导风格对情绪思维与自我意识的影响

领导风格是指领导者在生活、工作中所养成的思维、行为习惯以及个性，形成了较为既定的模式主导领导活动开展，并对领导效果产生影响。

相比较信仰追求、利益取向对情绪思维形成的影响，领导风格更类似情绪思维运行变化中的一味“调节剂”。

领导风格一旦形成，就类似于性格特征，[①] 能够带动领导者在领导活动中按照某种较为典型的思维形式和行为方式行事。

领导风格存在多种类型，这是因为形成领导风格的多种因素会形成不同的组合。[②]

在领导学领域，对领导风格有大量的研究。领导风格之所以受到重视，是因为领导风格对领导效果的影响，既可以有正面的作用，也可以有负面的作用。

领导者的主要任务是判断决策，对下属施加影响，协调处理各种关系。领导者与管理者的区别之一，是没有严格的程序规章，要求领导者必须按照整齐划一的要求去完成上述工作。

在实际工作中，对同样的工作任务，不同的领导者会以不同的决策方式、协调方式予以实施，这就是领导风格差别的影响结果。

领导风格在本质上意味着每一位领导者都会以自己独特的思维形式、协

---

① “能力代表了一个人在特定情况下可以做什么——在条件有利的情况下。相比之下，性格特征代表了一个人在不同情况下和不同时期的典型行为。”——Stéphane Côté，Christopher T. H. Miners. Emotional Intelligence，Cognitive Intelligence，and Job Performance［J］. Administrative Science Quarterly，2006，51（1）：4.

② 领导风格类型的划分，存在不同的维度：从权力运行方式维度看，存在专制型风格、民主型风格、放任型风格等。从工作目标取向维度看，存在政治型风格、事务型风格、变革型风格等。从战略管理方向维度看，存在开拓型风格、守成型风格、谨慎型风格等。

调方式去推动工作任务的实施，因此，对待同样的工作任务，不同的领导风格不同，实施的结果也会存在差别。

个体的领导风格在长期的生活、学习、工作环境中形成，具有习惯性。同时，对于领导者来说，并不是一种单一的风格在起作用，而是多种风格交汇融合在一起，其中的一种或两种风格起主要作用。

领导风格会因这种形成特点，对领导者产生长期侵蚀性的影响，慢慢地成为领导者的思维、行为习惯，其中一些领导风格与情绪思维具有更紧密的联系，例如像魅力型风格就容易带动领导者情绪思维的开展，并以此影响领导者的自我意识判断和行为选择。

从情绪思维的视角看，领导风格在形成过程中也会受到情绪思维的影响，表现为领导者能否从情绪思维能力出发去认识领导风格的构成特点，并且在自我意识指导下完成自我的选择。① 因此，领导者的情绪思维能力影响其领导风格形成，领导风格形成后，一些类型的风格又会反过来作用于领导者的情绪思维及相应的自我意识判断，并进而影响其领导效果。

领导者对自己的领导风格缺乏认知意识，而领导风格又会对领导效果产生重要影响，为此，领导者有意识地从认知的视角感知自己的领导风格，比较其对工作效果的影响，必要的时候根据领导情境予以调整，重新培养新的更适宜的领导风格，就显得十分重要。

对于自身的领导风格有意识地进行认知反思，并进行有意识地培养，是领导者自我意识能力的构成内容，也是领导者情绪思维能力的构成内容。

领导者对自身领导风格的认识特点，在实践中表现为两个方面：一是对领导风格的感知，集中在较为容易感知的一些风格上，比如魅力型风格、外

① 戈尔曼将情商的内涵应用到领导力研究上，探讨情商是如何影响一个人的领导风格的，并且能产生什么领导效果。戈尔曼认为，一共存在六种领导风格，每一种领导风格都以情商的不同组成部分为基础。分别是：愿景式风格，领导者通过激励和自信、自我意识、同理心三种情感能力的结合，可以设定一个既切实可行又符合员工共同价值观的目标，使他们对这一愿景深信不疑，坚定地引导大家为之奋斗。辅导式风格，领导者与员工进行非短期问题的深入谈话，并了解员工的生活，包括他们的梦想、生活目标以及职业期望。亲和式风格，领导者往往非常重视个人和员工的情感和感受，他们不会一味强调需要实现的任务和目标，而是更多地关注员工的情感需求。民主式风格，领导者建立在三项情感能力的基础上，即团队协作精神、冲突管理以及影响力，倾听是民主式领导者的关键优势。标杆式风格，领导者期待卓越的表现，并以身作则为员工树立榜样。命令式风格，领导者的座右铭是“按我说的做”，他们需要的是员工顺从命令，而不解释命令背后的原因。参见：［美］丹尼尔·戈尔曼，理查德·博雅特兹，安妮·麦基．情商4：决定你人生高度的领导情商［M］．任彦贺，覃文艳，李瑶，译．北京：中信出版社，2014：67-87.

向型风格等，而对一些不易感觉的风格，比如事务型风格、多疑型风格等，则感知度较弱。二是领导者往往是凭借先天条件及后天机会而形成领导风格，而不是从认知出发进行有意识的养成，并进行反思，避免其负面影响。

领导者对领导风格的上述认识特点，可以从多种领导风格的形成及影响中窥见。

1. 魅力型领导风格的自我认同与多疑型领导风格的自我干扰

魅力型领导风格是自我感知度较强的一种领导风格，也与情绪思维具有较为紧密的联系。

魅力型领导能够对领导对象施加情绪化的影响，使领导对象因领导者的个人魅力受到感染，加强彼此情感上的联系，并进而认可与拥护领导者的行为。①

在领导者强大的感召力下，领导对象对魅力型领导往往以英雄、偶像视之，在热爱的情绪充斥下，领导对象容易陷入情绪思维之中，对魅力型领导的言行放弃了“对错”分析，而是简单地以服从、拥护对待。

魅力型风格的形成，不仅会极大地增加领导权威的影响力，也会使领导者获得领导对象的情感拥护，甚至是赢得超越工作关系的忠实信徒。

崇祯饱览史书，心思缜密，继位之始，面对险恶的政治环境，崇祯从容应对，一举剪除了魏忠贤这个大恶，继而整顿朝纲，清除宦党，取得了天下人的敬仰。

崇祯还是一位精力充沛、自律甚严的君主。自成为皇帝以后，崇祯在朝政处理上亲力亲为，在生活中拒绝奢侈，是一位难得的有德之君。

崇祯一进入政治舞台，就以良好的政治施为结果，为其赢得了个人魅力效应。

魅力型风格为崇祯治理朝政提供了良好的开端，使得他能够迅速建立威望，大刀阔斧地推行朝政改革。

领导者能从魅力型风格中获得对领导对象的完全、有效的控制效果。所

① 魅力型领导来源于马克斯·韦伯对于传统社会领导权威形成的总结。韦伯首先使用“超凡魅力”这个概念来描述世俗领导者，韦伯认为，超凡魅力型的领导者是领导人中的“超级明星”。魅力型领导将自身对于领导对象的影响根植于领导者与领导对象深厚的情感联系上，通过个人突出能力、所倡导的终极价值以及富有感染力的决策及行为方式感召领导对象，赢得领导对象的认可与拥护。参见：［德］马克斯·韦伯．经济与社会（上）［M］．林荣远，译．北京：商务印书馆，1997：269-283.

以，大部分领导者都希望自己拥有个人魅力，能够在领导活动中通过魅力型风格施加影响。但是，真正能从认知视角对魅力型领导风格进行反思并予以培养的领导者可能并不多见。

对于领导风格的认识，逻辑思维与情绪思维的区别在于理性与感性的分析方法。理性要求从构成条件出发，进行细致的推理分析；感性是从自我感觉出发，感受好坏的效果。感性虽然有直接的效果体验，对领导者具有即时的引导作用，但是，往往会忽略其中的条件或难以感觉的其他影响，造成对领导者的错误引导。

从认知的视角看，魅力型风格的形成，有其必须具备的基本条件。

(1) 在某个方面具备超越常人的才能，是魅力型风格形成必须具备的基本条件之一。

领导者处于组织团体之中，领导职位所包含的权力内涵，赋予了领导者开展活动的领导权威。权力是一种强制性的驱使力量，被强制驱使的下属可能是口服心不服，这种状态肯定会影响到领导效果，因此，领导者还需要借助其他因素来“服众”，个人魅力的施展就是其中之一。

才能是领导者服众最有说服力的内容。在组织团体中，领导者如果能显示出超越常人的才能，会赢得其他人的认可与佩服，获得话语权威。因此，在专业性较强的领域，领导者往往必须拥有超强的专业才能，才能赢得众人的信服。

领导者的才能显示内容多样，视工作情境而异，除了与工作领域有关联的专业才能外，其他任何一种能够超越常人的才能，诸如文韬武略、天文地理、诗词歌赋、琴棋书画，都可以为魅力加分。

(2) 在众人心目中树立可以带来良好收益的形象，是魅力型风格形成必须具备的基本条件之二。

个人形象，是领导者留给领导对象的印象。领导者良好的形象，会给人以愉悦、美好的感觉，缩短与领导对象之间的距离，增加领导对象对领导者的亲近感与拥戴的力度。

在一个群体之中，领导者不断获得有利于组织的收益，是形成良好形象、增添个人魅力的主要方式。对于组织成员来说，良好的收益是组织具有吸引力的关键所在，同时，良好的收益也是一个可以令人信服的领导者个体能力与魅力存在的证据。各种收益故事还可以通过传言、宣传等方式扩大比拟与想象的空间，增加领导对象对领导者的崇拜程度。

在获得良好收益之外，领导者魅力形象的形成，还受个体言谈举止、仪容仪表等方面因素的影响，但这些只能起到辅助作用。

(3) 品格修养能够获得社会价值观的认同，是魅力型风格形成必须具备的基本条件之三。

品格修养，反映一个人在社会活动中的道德表现和自我约束状态。一个人的品格修养越高，在群体中就越能为他人着想，在群体活动中所产生的危害性也就可能越少。

在社会活动中，人们总是倾向于与品格修养高尚的人共事。良好的品格与修养，是领导者赢得领导对象信任、获得其尊重的内在条件。

魅力型领导与领导对象之间的情感联系将组织活动置于浓厚的情绪氛围之中，有利于群体的团结与行动的一致性，能够产生强大的影响力。魅力型领导加上具有吸引力的追求目标，会使领导对象甘于做出自我奉献的行为选择。

崇祯有文化、勤思考、肯付出。年轻的崇祯手握大权之后应该是充满自信，对自己治国理政的才能和由此递升的个人魅力深信不疑的。

崇祯虽然关注自身的魅力影响，但是对于魅力形成的内涵，却没有知识体系基础上的系统认识，只是从感觉上获得魅力型风格的有益影响，而无法从认知上了解魅力型风格的内涵及不利影响，从而在日后的政治活动中又反受其制。

魅力型风格的领导虽然拥有感召众人的优势，但是，在长期的魅力光环效应下，如果不注意自我反思，领导者也会在对英雄化的认可下进行自我归因，将自己视作英雄，放大自己的能力，以浪漫的英雄主义视野看待眼前及未来，使领导活动容易脱离现实而遭遇挫折。

崇祯的个人魅力形成条件中缺乏反思的主要内容，就是他没有意识到，在内外情境不断恶化、朝政复杂的形势下，他并没有突出的治国理政的才能。

17 岁的崇祯在走上政坛之前为了守拙，不敢参与任何政治活动，他对于政务的理解，只是来自书本，这些书本知识帮助他取得了灭除宦党的成功，但是与处理复杂政务所需要的领导能力的要求还相去甚远。

铲除魏忠贤及宦党虽然为崇祯提供了魅力影响的良好开端，但是，真正考验其魅力才能的是在复杂局面下的战略判断能力。从施政过程来看，崇祯自身缺乏对战略与大局的把握能力，在关外与西北烽烟四起的时刻，往往把握不住全局及重点，只能采取“头痛医头、脚痛医脚”的对策，以至于没有什么明显的效果。①

领导者如果自身缺乏战略判断能力，就是一个致命的能力缺失，但是这个缺失并非没有弥补的机会。领导者麾下人才广布，领导者如果能意识到自己的能力不足，用对手下相应的人才，并且能够从善如流，也可以对自己的能力缺失做出有效的补偿。

很可惜，崇祯身上除具有魅力型领导风格外，其身上还有多疑型领导风格，而多疑型领导风格通过情绪思维的作用，对崇祯的用人施政造成了重大的负面影响。

多疑型风格的基本特点是个体容易对别人的行为动机进行负面的猜疑，在进入多疑的情绪思维状态之后，倾向于用自己所找到的“事实”来证实自己所提出的负面判断，并因此采用报复手段对待对方。

多疑型风格的形成，一方面来自工作情境的复杂与上下级沟通之间存在的障碍；另一方面也是来自领导者自身自信不足，对于下属任何触及自己权威的举止都非常敏感。

领导风格的多重性以及变化性，使得领导风格对领导活动的影响极为复杂，也增添了领导者自我认知的难度。

尤其是如性格、心境影响下形成的领导风格，其本身具有内在性，影响持续且平静，是领导者难以察觉的领导风格，但又时常会对其他领导风格产生干扰，在领导者的思维判断过程事产生影响。

性格由人的生物性因素与后天经历积累形成，由活泼、安静，坚强、柔弱，果断、犹豫等个人属性内容构成，并以此影响情绪思维判断。

性格的先天性特征，也体现出其影响的平静与持续性。

在缺乏信任与安全的环境中成长，容易形成多疑的性格取向。

---

① “明思宗虽然锐意求治，却缺乏治国理政的才干，没有认识到明末深刻的社会危机的根源所在，找到解救危局的办法。除了在《即位诏》中提出‘吏治民艰，将求宜于通变’这个笼统抽象的治政构想之外，他始终没能提出一个明确具体的治国方略。”——陈梧桐．明思宗为何成为亡国之君［J］．江南大学学报（社会科学版），2014（2）：49．“从崇祯帝以后的表现中可以看出，每当遇到猝不及防的重大危机的时候，他很少能想出什么沉着机敏的对应方案。能做的大体是两类事情：一是临时任命专责大臣，实际上是把重担往别人身上推；二是严厉惩罚引发危机或是同危机有关的失误者，以此来推卸自己的责任并且发泄自己的刻毒怨愤。”——苗棣．大明亡国史：崇祯皇帝传［M］．沈阳：辽宁人民出版社，2016：102．

崇祯出身经历与其父亲比较相似，虽然生于皇室，但因为生母是偏房，不受宠，连带儿子从小就要行为谨慎，说话小心。

崇祯的父亲朱常洛（光宗皇帝）继位过程就充满坎坷。万历皇帝虽然有8个儿子，但是没有一个是皇后所生，按照宗法制“有嫡立嫡，无嫡立长”的要求，皇长子朱常洛理应被立为太子。朱常洛虽然是长子，但是其生母是万历皇帝母亲李太后身边的一个宫女，万历皇帝偶然临幸，没想到宫女竟然怀孕为自己生了一个儿子。

万历皇帝对这个长子没有什么好感，反而喜欢郑贵妃所生的皇三子朱常洵，一直想立皇三子为太子，后因违背宗法而遭到群臣反对才作罢。

朱常洛虽然被立为太子，但皇储地位并不稳定，在担心与焦虑之中接过皇位后，只在位1个月就驾鹤西去。

光宗死后，他的长子朱由校继位登上了皇帝的宝座，就是明熹宗天启皇帝。

崇祯的生母刘氏是朱常洛为太子时的一个小妾，崇祯出生时排行第五，刘氏并没有因子而贵，在朱常洛的冷淡之中郁郁寡欢，在崇祯3岁多的时候就因病死去。朱常洛因为不受万历皇帝的喜欢，饱受太子之位废立的困扰，一直生活在惶恐之中，对崇祯也根本没有放在心上，导致崇祯从小就缺乏对自己至亲的依赖与信任。

在自己的哥哥当上皇帝以后，按照明朝的制度，崇祯必须远离皇权与朝政，在魏忠贤宦党权倾天下的时候，崇祯为了自己的安全，不得不小心谨慎，刻意保持低调。这些经历，都养成了崇祯多疑的个性。

崇祯继位以后，面对的是一个完全陌生、复杂多变的环境，多疑的个性慢慢就会渗透形成其领导风格。

在充满怀疑的情绪思维影响下，领导者在领导过程中会不由自主地做出一些倾向性的判断选择。一方面，多疑型风格领导会通过各种手段加强对下属的监视，发现证据，以此来为自己怀疑的合理性寻找理由；另一方面，多疑型风格领导会对确认了的怀疑对象进行严厉的处罚，以维护自己的领导权威，对其他潜在的怀疑对象起到震慑作用。

崇祯年少继位，急需要维护自己的领导魅力与权威，对于任何轻视自己的言论自然都十分敏感，而这种多疑型风格又会加剧崇祯对臣子们是否轻视自己的猜疑。

刘鸿训是崇祯采用抽签方式组成内阁的成员之一，年纪较轻，工作积极，敢于陈述自己对政务的见解，是崇祯第一次更换内阁时比较赏识的人。

1628年7月，驻守山海关外宁远的守军发生哗变，绑架驻军首领，要求朝廷发放拖了几个月的军饷，消息传到京城，崇祯大为震惊。崇祯斥问户部，户部表示国库已经枯竭，实在是没有钱及时发饷，崇祯立即想到要问罪户部以立威。

刘鸿训知道实际情况，国家连年灾荒，国库空虚，军费开支不断增加，户部确实有其难处，问罪户部也解决不了问题。刘鸿训建议皇帝拿出自己的"内帑"30万两银子用于救急，并以此显示皇恩。此建议被崇祯否定，刘鸿训回到家里与家人谈到此事时，说了一句皇帝还是太年轻的话，没想到这句话被监视的人员听到，并汇报给了崇祯。

崇祯对刘鸿训的赏识与重用从此荡然无存，刘鸿训不久就牵连到一件案子中，被崇祯问罪发配到边防戍所，崇祯对第一次组阁的效果也更加失望。

2. 多种领导风格的情绪偏向会对自我意识形成交汇影响

对于领导者来说，先天性格、后天丰富的经历与体验等因素，往往会在其身上形成多种领导风格。在领导过程中，是多种风格交汇融合在一起，其中的一种或两种风格起主要影响作用，而随着时间的推移，起主要作用的领导风格也可能发生变化。

如果说魅力型风格会使领导者在决策中过度自信的话，那么多疑型风格又会使领导者在决策中缺乏自信。过度自信会使领导者忽略客观条件的限制或问题的复杂性，轻率地做出决策，缺乏自信又会使领导者在重大决策选择面前犹豫不定，最终丧失机会。

魅力型风格与多疑型风格的负面作用如果同时存在，就会导致领导者在决策选择中反复无常，领导效果必然会受到损害性影响。

很不幸，崇祯身上就同时具有这两种领导风格，而且在其领导行为中往往起着主要的影响作用，多疑型风格会加重领导者对于魅力型权威的追求，魅力型风格又会使领导者对怀疑的背叛者无法容忍，决策时的刚愎自用与用人时的多疑刻薄，是崇祯领导活动最后走向失败的关键。

崇祯从小在缺乏母爱与信任的环境中成长，这种生活经历使他养成了多疑的性格取向并成为其情绪心境的构成内容，所以，在崇祯的思维习惯中也会逐渐形成多疑的情绪思维偏向，这种思维习惯在他掌权理政之后，逐渐演变成了多疑型领导风格，使得崇祯在决策和用人之时饱受多疑的情绪思维的困扰，其中最具有代表性的就是他与袁崇焕的关系转换。

魅力型风格让刚刚继位的崇祯对自己的选人眼光充满自信，特别体现在对袁崇焕的任用上。多疑型风格又让崇祯对袁崇焕的一些异常行为疑虑重重，逐渐消融了对他的信任，甚至让怀疑占据了上风。

崇祯曾经对袁崇焕极度信任。

崇祯掌权之后，深感人才的重要性，在亲自选人过程中，发现了一个值得托付重任的人才，就是袁崇焕。

袁崇焕进士出身，具有军事指挥才能，在辽东抗击后金军队的过程中曾经取得突出的战绩，后来因为魏忠贤排挤而辞官回乡。

崇祯执政后，迫于辽东防线的压力，大胆起用了袁崇焕，任命其为兵部尚书，督师辽东军务，并赐予尚方宝剑，要求各部门大力支持袁崇焕开展工作。

袁崇焕手握大权，经略辽东防线，成绩显著。但是，袁崇焕在这期间做了一件既有越权嫌疑，又效果不好的事情，就是杀了平辽总兵毛文龙。

辽东被满族兴起攻占后，毛文龙收拢明军残部，在满人的后方建立了一个东江根据地，对满人的活动起到了一定的牵制作用，毛文龙为此受到天启皇帝嘉奖，赐尚方宝剑。

虽然朝中大臣指责毛文龙冒领军饷，不听调度，但崇祯还是看到了毛文龙的特殊作用，“而主张对远在海外孤军奋战的毛文龙采取特殊政策，不妨在军饷上稍微宽松一点，以激励其奋勇报国之心。”①

毛文龙恃功自傲，骄横跋扈，不听朝廷节度。袁崇焕经略辽东事务后，为了保证领导权威，趁乘与毛文龙见面的机会，将毛文龙斩杀。②

按照毛文龙的职位，只能由朝廷对其问罪处罚。袁崇焕虽然手握尚方宝剑，但擅杀朝廷重臣，仍引起崇祯的一些猜想，③ 并且袁崇焕在杀掉毛文龙

---

① 樊树志．晚明史 1573—1644 年下［M］．上海：复旦大学出版社，2003：786.

② 有学者依据新材料与新证据，特别是朝鲜王朝历史文献，证明“毛文龙确实存在勾结阉党、虚兵冒饷、侵没军饷、欺罔冒功的不法行为”。参见：王荣湟．毛文龙研究献疑三题［J］．清史研究，2016（2）：40.

③ 当袁崇焕将斩杀毛文龙的信息上报崇祯时，“上骤闻意殊骇，既念文龙已死，方任崇焕，乃优旨褒答”。参见：孟森．明史讲义［M］．北京：北京理工大学出版社，2016：306.

后，对于东江明军没有很好的整合方案，导致东江明军势力逐渐衰弱，最后被满人所灭。在此期间，袁崇焕与满人接触谈判的消息又不断通过东厂特务传入崇祯耳朵里，崇祯虽然表面上对袁崇焕信任如初，但是内心的疑虑却不住地上涌。

以情绪心境影响下的主观感受作为思考判断的基本依据，是情绪思维的主要特征。当多疑成为领导者一种情绪心境内容之后，就会在情绪思维主导下的思考判断中发挥其作用，对领导者决策产生潜移默化的影响。

多疑型风格领导勤于思考，面对一件事情会想到各种可能性，特别是失败的各种结果及责任承担问题。多虑，可以提高领导者对决策选择的慎重性，但是，如果领导者对自己的这种风格缺乏自我意识，对多疑型风格的负面影响缺乏认知与反思，这种风格对领导活动的开展更容易体现出其负面效果。

多疑型风格领导在决策和执行过程中容易动摇与犹豫，将简单事情复杂化，对下级缺乏信任，疑心重重，时刻防止下属对于自己的背叛行为发生。①

1629年11月，皇太极领兵绕过山海关，从北方攻入明朝内部，并且威胁京城。袁崇焕领兵从山海关赶来救援，但一直没有对后金军队进行阻击，使皇太极得以轻易地围攻北京城。

在皇太极引兵入关、围攻京城的过程中，袁崇焕的表现让崇祯极度失望。

极度信任之后的极度失望，就是爱与恨之间的情绪思维转换。

正在崇祯情绪转变过程中，一则身边人从敌方阵营带来的信息让崇祯再也无法按压住疑心。

在皇太极领兵围攻京城时，一位被捕的太监在敌营中“无意”之中听到了一个很重要的消息，就是这次皇太极引兵入关，是与袁崇焕约定好的计划。听到这个消息的太监又找到“机会”乘乱逃了出来，回到皇宫后，立即将这个重要消息禀报了崇祯。

---

① “多疑型领导风格的特点是不信任别人、过度敏感、极度警惕、神秘、爱嫉妒和对别人充满敌意。多疑型行政人员总是做好准备，迎战任何他们所看到的威胁。他们动不动就会觉得别人在挑衅，然后他们就会用愤怒来回应。不可告人和别有用心的动机整天萦绕在他们的心头，因而他们动不动就会误解和扭曲别人的行为，夸大鸡毛蒜皮的小事。多疑型行政人员认为到处都是欺骗和欺诈，因此他们总是能够找到‘事实’来证实自己最坏的预料。他们的注意广度强烈、狭隘，因此总是给人留下冷漠、理性和毫无感情的印象。”——［英］曼弗雷德·凯茨·德弗里斯．领导的奥秘：揭秘组织中的领导行为［M］．官照丽，译．北京：东方出版社，2009：115.

袁崇焕与皇太极密约，欺骗崇祯，置皇权与国家安危于不顾的消息，对崇祯又产生了新的强烈刺激，崇祯本来压抑的不满迅速转换成恨意。

自尊受到侮辱，信任收获的是伤害，处于强烈情绪冲击下的崇祯这个时候的思维已经完全为恨意所包围，以至于对袁崇焕为什么要谋反、能不能谋反这个简单的问题也不愿意进行思考。

人的情绪变化及情绪思维影响之丰富多彩，由此可见一斑。

如果崇祯这个时候能够恢复理性，逻辑思维下的第一个问题应该是：袁崇焕谋反能得到什么好处？

袁崇焕已经获得了一个帝国皇帝的极度信任，位尊权重，并没有遭受重大打击而走投无路，袁崇焕只要建立功业就可以获得锦绣前程，荫及子孙，受万民敬仰。在这种情况下，投靠一个刚刚兴起的邦国，袁崇焕能得到比这更好的收益？

崇祯在逻辑思维下的第二个问题应该是：袁崇焕谋反能不能得到手下将士们的响应？

袁崇焕要想谋反，首先要找到合适的“理由”。崇祯不仅不是一个昏君，而且立志要中兴大明，继位以来除宦党、图变革都甚得人心，因此，移昏君、清君侧这个口号叫不响。另外，袁崇焕以儒家道统自律，在将士中一直以来提倡的是忠君爱国，现在突然要反叛大明，手下将士一时之间可能也难以接受。袁崇焕要想谋反，并不是一件容易的事情。

崇祯只要将这些简单的问题想清楚，就不会在并没有证据的情况下确定袁崇焕要谋反。

袁崇焕有问题，也可能只是指挥决策与行为不当，或者是妄自尊大，心目中没有天子的地位。这些问题与眼前急需要解除的危机比较起来，应该都是可以忍一忍的问题。

爱与恨的情绪充斥，最容易使人陷入情绪思维而难以自拔。崇祯在恨意左右下已经无暇去推理其中的逻辑内容，而且极度信任所带来的极度失望让恨意无法抑制，只望宣泄而出。

多疑型风格领导对下属的怀疑如果得到多次印证，领导者对下属采用的惩罚措施就会渐次加强，最后甚至能达到迫害的程度。领导者只追求情绪思维中对于“恶”的严惩所得到的快感，而不管所使用的手段的“对与错”。

在围城之困还没有解除的情况下，崇祯就将袁崇焕逮捕入狱，最后凌迟处死。

袁崇焕虽然有其自身的领导能力缺陷，但经略辽东多年，熟悉情况，善于用兵，是一位不可多得的人才。如果崇祯不是受怨毒的情绪思维影响太深，在证据不足的情况下，即使惩处袁崇焕，也可以将其革职贬谪，或者是判刑入狱，日后边情紧急的时候，也有重新起用袁崇焕的机会。

崇祯以最狠毒的刑法处置袁崇焕，在自己的疑心与立威的情绪思维要求得到满足的同时，也让他失去了经略辽东的一个重要支柱，自毁了大明辽东的屏障。

面对魅力型风格领导，下属往往也会受到感染，在魅力型风格领导的充分信任中也会过高地估计自己的能力与影响力。袁崇焕深受崇祯宠信、手握大权后的行为可能就有这方面的影响，而此时袁崇焕还没有充分意识到崇祯身上的多疑型领导风格的负面效果。

面对多疑型风格领导，下属一般会选择谨小慎微，在工作中一般不会提出自己的意见，而是多请示、多汇报，尽可能不去做让领导不放心的事情，以打消领导的疑虑。同时，多疑型风格领导刻薄寡恩的严厉处罚和带有迫害性的情绪倾向也具有示范效应，会使下属在工作中首先从自我保护出发，对任何涉及责任承担的事情，都会采取回避推诿的处理方式。①

多疑的情绪成为一种情绪心境内容，再通过情绪思维影响领导者的思考判断，在崇祯的身上展现得极为明显，“崇祯帝对边关将领更是疑心重重。他派出宦官前去充任监军、监视。他担心这些监军、监视欺蒙，就又暗中派出‘视监视’，即层层监视，明监视再加暗监视。文武大臣们都处于被监视的状态，整日提心吊胆，勇于任事的人自然就极少了。”② 多疑带来的失望，又会促使领导者选择报复手段对待对方。

在多疑型领导风格影响下，崇祯常常以刻薄狠毒的手段严惩“无能”“失职”的官员。据学者研究统计，崇祯在位 17 年，计“诛总督七人”“巡抚被

---

① “崇祯帝对臣下往往该赏不赏，不该罚却滥罚，臣下常因小过或无过糊里糊涂丢了脑袋。这在对将领的处置上表现得尤为明显，‘败一方即戮一将，隳一城即杀一吏’，而不细究到底该不该杀。于是，将领们大都不求有功，但求无过，唯恐因小过而被杀。更常见的现象则是互相推诿，百般掩饰败绩，把小胜说成大胜。崇祯帝对此种现象有所了解后更加气恼，越发滥罚滥杀。”——晁中辰．崇祯帝“君非甚暗”透析［J］．文史哲，2001（5）：100.

② 晁中辰．崇祯帝“君非甚暗”透析［J］．文史哲，2001（5）：101.

戮者十有一人（河南巡抚李仙风被逮自缢，尚不计在内）”。就连“贵极人臣”的内阁辅臣也有两人被杀。①

崇祯对自己的魅力型风格有充分的感知与认同，但崇祯没有意识到自己身上又具有多疑型领导风格特征，更不可能在对领导风格内涵认知的基础上进行自我意识的反思。他知道人才可贵，要善加利用，但是在使用过程中又不愿意放手信任，对任何可能威胁自己领导权威的行为他都要反复思量，多疑善变，从人性恶的一面去揣测朝臣，以毒辣的惩罚手段惩处“逆臣”，使得群臣不愿进取、守旧自保，最终在大明灭顶之灾来临的时候无人援手，成为孤家寡人，从中兴之主变成了亡国之君。

领导风格与情绪思维、自我意识之间存在相互的影响，在领导活动中既可能起到正面的作用，也可能起到负面的作用，如果领导者缺乏对这方面内容的认知，就会影响到领导效果的实现。

崇祯初登政坛的光环不仅炫惑了别人，也炫惑了他自己，使他不肯轻易地对自己的能力进行怀疑，也不肯接受魅力光环的逐渐消退。

魅力型领导在光环效应感染下的一个特点，就是难以接受观众膜拜热情的消退。魅力型领导在习惯享受光环效应后，一旦观众的拥戴开始减少，就会进入情绪焦灼状态，其心理就像舞台上的明星一样，当看到昨日的光环开始消退、拥护者越来越少的时候，内心的痛心、不甘会反复涌现。与此同时，魅力型领导会对导致其光环消退的外在因素尤为忌恨。

崇祯以魅力影响走上领导舞台，在内外交困的政局中却无法迅速取得引人注目的成效，内心本就焦虑，大臣们动辄以“天理”与其争执，更是增加了其魅力消减的痛失感，助长了多疑思虑。在情绪心境作用下，崇祯将怨气发泄在大臣们身上，尤其是对于在工作中“出错”的大臣，崇祯必给予严厉惩处，以塑造自己乾纲独断的形象。

领导风格一旦形成，容易成为一种行为习惯，以情绪心境或情绪意识作用于自身，影响自我意识内容的构成，对这种行为习惯进行认真反思，避免其不良影响，或者选择其他领导风格养成，以适应情境需要，不是一件简单的事情，而是属于高情绪思维能力认识下的领导行为选择。

从情绪思维能力的视角看，领导风格既可以受长期的习惯行为影响自然形成，也可以因情绪思维管理而改变。对于自身的领导风格有意识地进行认

① 陈梧桐．明思宗为何成为亡国之君［J］．江南大学学报（社会科学版），2014（2）：52.

知反思，辨别它与情绪思维的相互影响，进行有意识的调整和培养，是领导者自我意识能力的构成，只有在认知与训练的基础上才能形成。

四、反省意识与领导者自我意识能力提升

自我意识能力在本质上是一种自我反省能力，在以往的反省内容之外，增加对它与情绪思维相互影响内容的认识，会进一步有利于领导者自我反省意识的培养与构建。①

自我反省意识，是指一个人能够经常有意识地对自己所存在的问题及错误进行辨析反思，并予以改正。反省意识本身是一种情绪心境的构成内容，也是情绪思维具有积极作用的体现，反省意识相当于情绪思维的“清洁剂”，在自我认识中不断清除杂质，维护自我意识内容的良好构成与品质。

我们每个人都承认自我反省的重要性，领导者也会时常教导下属要建立自我反省意识，但是，当我们在进行自我反省的时候，却很难进入实质状态。

为什么个体很难进行实质性的自我反省？一个重要的原因是反省意识与情绪思维之间存在相互影响。如果个体对情绪思维的认知能力较弱，情绪思维就会对个体进行自我反省形成阻碍，并会进一步影响个体对后续的情绪思维活动的辨别与调控；反之则反是。

就领导者来说，首先要解决的也是正确认识情绪思维与反省意识相互影响的关系内涵，然后才能有意识地运用反省意识去调控自己的情绪思维活动，用正确的自我意识判断指导自己的领导活动。

1. 领导者对于情绪思维知识的认识并不能够自然形成

情绪思维知识具有专业性，无法通过个人的体验获得系统性的理解，只有在知识学习基础上才能掌握。

对于情绪思维生成及作用的认识掌握，是一个人构建自我意识能力的基

① “内省（introspection）是指个人对自己的认识或体验所进行的自我观察。内省的概念起源于中世纪天主教派所主张的心理是主观自生的内部体验，别人无法直接认识，只有通过本人的内省和自我报告才能被人所了解。在心理学中，以自我观察和自我陈述的方法进行心理的研究称为内省法。因此，内省法是一种主观的方法，尽管它可以客观地表达个人本身的认识和体验。但就其主观性和客观性难以鉴别的意义上，内省法常常只作为心理研究其他客观方法（如实验法）的辅助手段来使用。尽管如此，对情感体验来说，内省法所表现出来的自我陈述的价值是不言自喻的。”——［美］K. T. 斯托曼．情绪心理学［M］．张燕云，译．沈阳：辽宁人民出版社，1986：398.

础。它不仅适用于常人，对于领导者也同样适用。而且从领导者活动特点来看，领导者在这方面能力的培养与提升，相较于常人难度更大。

（1）领导者更容易处于情绪思维影响之中。

领导者因工作关系，接触的人员多，涉及的信息量大，在各种信息中既包含着难点与挑战，也有成功与业绩；竞争对手与问题下属既让人难以安心，但他们的奉承赞誉也会随处可闻。

领导者处于信息汇聚的中心，各种信息很容易形成对领导者的刺激作用，并因此而生成多种情绪。因此，领导者如果对情绪及情绪思维生成的相关知识缺乏了解，就容易陷入情绪思维的影响之中难以自觉。

（2）领导者更容易忽略情绪思维的影响。

领导者能够获得现有的职位，一般是经历过层层磨炼，对自己的能力有较高的自信，即使是那些依靠承继而获得职位的人，也会倾向于相信自己的能力高于常人。

领导者在自我评估较高的情况下，会自认为自己可以很好地控制情绪，从而忽略了情绪及情绪思维能产生难以估量的影响。

（3）个体拥有较高的逻辑思维能力，并不意味着就会自然排除情绪思维的影响。

情绪生成的特点已经揭示，情绪及情绪思维的产生是一种动物本能，任何人，包括领导者在这方面所受的影响都是相同的。领导者并不会因为处于管理高层，学历较高，或者拥有较高的逻辑思维能力，就会自然地处于高意识能力状态，对于情绪、情绪思维的影响具有别人没有的“免疫力”。

综上所述，领导者只有比常人更加关注情绪思维生成的相关知识，才能将受信息刺激多的不利因素变为有利因素，将情绪识别转化为有意识的训练，特别是构建良好的自我反省意识，在繁杂的信息刺激面前保持情绪思维的稳定。

崇祯继承皇位以后，就扮演起了领导者角色。在崇祯身上，我们可以看到个体所受到的情绪思维影响的复杂性。

崇祯天资聪颖，受过良好教育，自身也注重学习与反省，但是，在错综复杂的现实面前，信仰追求、利益取舍、领导风格习惯等因素交织形成了强烈的情绪心境，使他陷入情绪思维状态而难以自觉，在自我设置中做了一系列错误判定，导致领导行为与领导效果最后走向失败。

由此可见，领导者如果缺乏对情绪思维知识的认识以及在此基础上的反思，其自我意识能力的提升及领导活动的开展就难以避免重重阻碍的不利影响。

2. 俯视情绪容易导致自我反省意识的缺失

从生理构造看，自我意识发生在大脑的额叶前部区域，大脑的这个部分的神经回路倾向于愉悦感觉，也就是更容易接受能给人带来愉悦感受的信息。[①]

领导者所处的是一种居高临下的位置，习惯于俯视别人，这种位置状态会给领导者带来心理的愉悦感与优越感。在位置优越感的长期侵蚀下，领导者在与领导对象接触的过程中，会不自觉地形成一种俯视情绪心境。

俯视情绪是指个体在能力、身份等高于别人的时候，由别人仰视、服从获得的心理愉悦所构成的情绪状态，在关系认识上，表现为对自己优越感的认同。俯视情绪除了存在于等级结构的组织中，如政府、企业、军队等，还广泛存在于有明显地位差别的对象之间，比如在家庭、学校等场合，家长、教师、教练都是位置居上之人，容易对子女、学生等产生俯视情绪。

俯视情绪，使得领导者对赞同的信息容易接纳，对“挑衅”的信息容易排斥。同时，俯视情绪加强了领导者中较为普遍存在的威权型领导风格，即领导权威在任何时候都不允许受到挑战。在俯视情绪影响下，领导者不仅会降低对反面意见的认同度，也会降低自我反省的敏感性。

第一，领导者日常所接收的赞同、顺从、恭维信号太多，在俯视情绪影响下，会认为自己真的就是“成功”居多，能力超过别人，在对自己较为满意的乐观情绪主导下，减少了对自身问题与错误的反省。

第二，领导者的职位包含了文化认同内涵，在对外交流中领导权威不容挑战，已经成为默认的规则，比如下属在与领导交流时“就应该”态度谦恭，下属的话语“不应该”轻视领导权威等，这些默认的规则已经作为“不容挑衅”的内容储存在领导者意识之中。

当下属的不同意见或外来的批评意见违反了“就应该”或“不应该”默认规则时，则容易直接被大脑情绪皮层视为“挑衅”信号，触动领导者的反感情绪，敌视其包含的内容，忽视其合理成分，从而减少领导者的自我反省。

其实从家庭来看，我们每个人都会经历这种循环体验。父母往往是以“领导者”自居，受俯视情绪的影响，子女的行为更多是处于“就应该”或

---

① ［美］丹尼尔·戈尔曼，理查德·博雅特兹，安妮·麦基．情商4：决定你人生高度的领导情商［M］．任彦贺，覃文艳，李瑶，译．北京：中信出版社，2014：45-47.

“不应该”的状态，子女对父母的批评意见，很难让父母进入自我反省状态。当子女成长，变为父母时，该情境便循环出现。

我们普通人都很难摆脱俯视情绪的影响，领导者受俯视情绪影响而缺乏自我反省意识就不难理解了。

“罪己诏”是中国古代皇帝公开向臣民进行自我反省的最深刻、最严厉的形式。崇祯继位之后，先后有6次公开“罪己”，仅从形式上说，不得不承认崇祯是一位勇于进行自我批评的有德之君。但从内容上看，崇祯皇帝每一次在“罪己”的同时，都忘不了强调臣子们的失责，最为典型的是临死之前的最后一次“罪己”，强调国之灭亡是因为“诸臣负朕”。

崇祯虽然具有自我反省意识，但他同样摆脱不了皇帝职位所赋予的俯视情绪的影响，在进行自我反省的同时，内心深处实质上是在做自我辩解，替无能的臣子们进行反省。

3. 自我反省意识构建途径与提升情绪思维觉察能力的基本要求

领导者在职业经历中，一般会形成较为稳定的信仰、利益等认知判断，也会因为信仰、利益等认知判断的长期影响所形成的情绪心境，为情绪思维所影响。

在信仰、利益等主导的情绪思维中，领导者往往会先入为主地认定自己判断的正确性，以自我为中心，陷入情绪心境的弥散之中，而对别人的规劝、批评缺乏进行逻辑分析的意识，导致自我反省意识的缺失。

情绪心境形成以后，再对情绪心境构成内容的合理性或对与错进行反省，是一个自我“手术”的过程。这一过程更加困难，也更为重要。

领导者自我反省意识的构建，与情绪思维存在相互影响的关系，也是情绪思维能够发挥其积极作用的基础。如果按照弗洛伊德观点将意识活动分为意识、前意识、潜意识三个阶段，情绪思维就好比是意识阶段，而反省意识就是前意识阶段，这个前意识内容的构建受意识的影响，但是一旦形成以后，又能够对后续的意识活动产生积极的影响，并随时对潜意识的情绪心境内容保持警觉。因此，领导者首先要从知识学习视角，对情绪思维内涵有较为全面的了解、掌握，对自己所处的俯视情绪及情绪心境状态有较好的内视意识，在此基础上，从心境养成出发，在意识深处培养自我反省的自觉意识，并以此为“工具”，再反观并调控自己的情绪思维活动及自我意识的构建。[1]

领导者自我反省意识的构建在领导活动过程中影响甚大，无论是对于自我，还是对于组织，都至关重要。

领导者构建自我反省意识，可以为后续的情绪思维管理提供有利的条件，主要有三点：一是为判断思考提供客观视角，使决策有更大的正确概率；二是为情绪生成提供认知判断，帮助完成合适的情绪生成引导与后续的控制；三是帮助自己意识到自身的领导风格与所处的情境是否匹配，并据此做好后续的领导风格调整。

与此同时，领导者养成自我反省习惯，还有利于使直觉决策有更大的正确概率。

逻辑思维的基础是知识与数据的储存。大脑的额叶前部区域是注意力集中的地方，也是自我意识形成的神经基础所在之处，当领导者做决策时，这部分的神经回路反复运行，从大脑储存的各种“软件”中寻找适宜的信息资料，试图进行逻辑分析。

但是，当遇到信息资料浩繁复杂的时候，领导者会凭直觉来做决策。直觉类似于我们常说的灵感，直觉不是凭空而来的，而是从大脑已有的信息资料库中产生。

领导者的自我反省意识如果长期地、有意识地工作，会对大脑储存的信息资料库进行除错清洗，在领导者进行直觉决策时，使直觉判断有更大的正确概率。而不习惯自我反省的领导者，其直觉判断结果则可能正好相反。

有意识地觉察某种情绪驻留在自己的大脑之中，辨别其对情绪思维活动的影响，是类似于自己对自己进行内视的过程，是一种较难进行的工作。因为当我们进入情绪状态后，往往会被情绪思维所俘获，自觉地成为情绪思维的奴隶，而非主人。

崇祯具有自我反省意识，但是，在崇祯内心深处，在进行“罪己”反省的时候，其实是充满委屈、无奈和怨恨的，这种情绪心境导致崇祯反省的往往不是自己，而是将过错推到下属的身上。

---

① 戈尔曼认为，“自我意识意味着深刻理解一个人的情感、优缺点、个人价值观和动机目的”。领导者自我意识构建包括：情感方面的自我意识：了解自己的情绪，并且认识它们的影响，运用“内部感觉”来指导自己的决定；正确的自我评估：了解自己的长处和短处；自信：对于自我价值和能力拥有一个合理的感觉。参见：［美］丹尼尔·戈尔曼，理查德·博雅特兹，安妮·麦基．情商4：决定你人生高度的领导情商［M］．任彦贺，覃文艳，李瑶，译．北京：中信出版社，2014：45.

崇祯委屈的是自己的辛勤付出，无奈的是天不与我，怨恨的是群臣碌碌无为。

在对天对己无法发泄情绪的时候，崇祯只得将怨恨之气倾泻到朝臣身上，对失职的臣子施以刻毒的惩罚。

当对过错进行自我反省变成自我“辩护”之后，崇祯在用人与决策上的过错便会周而复始地重复发生。

对情绪思维的自我觉察，有利于个体正确地认识自己，理解他人。能够做到这一点，则意味着一个人的自我意识能力达到了较高的水平，为下个层次的情绪思维意识内容掌握奠定了基础。

领导者与常人一样，要想提升自己内视情绪思维的能力，必须先有情绪思维知识的储备，然后进行有意识的训练。

第一，要对情绪思维生成的生理特点有一定了解，知晓信息刺激与情绪思维生成的关联。①

情绪思维内容是一个知识体系，以学习的态度进行系统研习，才能够分辨情绪类型、运行状态，知晓情绪及情绪思维下的作用力会对我们的思维及行为产生难以想象的影响。②

第二，要能掌握内视自我情绪变化的方法途径，知晓相关要素对情绪心境及情绪思维的影响。③

在内视过程中，发现影响情绪思维生成的要素在自我意识中的作用，寻找其问题所在，形成自我反省的必然理由。“见善，修然必以自存也；见不

---

① 情绪生成是人接受刺激信号投射后产生的一种动物本能，由此，情绪思维也是一种动物本能。生成情绪的刺激信号，主要来源于人对三个方面信息的辨别，即来自外部环境的信息，来自大脑回忆、联想所产生的信息，来自情绪心境的信息。人对于情绪心境的有意识的感受是有限的，在情绪生成阶段，我们基本处于无意识状态，即本能地运用已有的知识及生理机能去对信息的刺激性进行属性判断，并由此产生情绪。

② 情绪有先天具有的、我们无可摆脱的基本情绪，如喜怒哀惧，也有后天在社会活动感受中发展出来的复合情绪，如爱恨情仇。情绪生成有强弱程度，情绪强度越大，对人的意识思维影响也就越大，情绪思维主导判断决定的概率也就越大。情绪在运行过程中，可以呈现出持续性平静（心境）、间断性波动（激动）、短时间亢奋（激情）三种状态。亢奋与波动的情绪状态比较容易觉察，情绪心境则较难觉察。

③ 个体对于情绪生成及变化，可以通过自己的生理反应，比如血压、心跳、汗液的非常规变化觉察，也可以通过自己的面部器官、语音语调、四肢举止的非常规变化感知。一旦觉察到变化激烈，就要意识到情绪强烈，对情绪思维的运行保持警觉。从意识机能看，信仰、意志都会对意识过程产生持续性的影响，也会形成情绪心境，成为情绪思维的关联内容，主导情绪思维的运行。

善，愀然必以自省也。”①

对于领导者来说，要在自我意识中构建自我反省的习惯，在领导活动中时常提醒自己进行反省，以“吾日三省吾身”的标准要求自己。②

第三，个体对于情绪思维与自我意识能力的提升，除了认知能力以外，还必须在此基础上进行有意识的训练，进行积累提升。

所谓有意识的训练，就是在情绪生成之后，努力使自己处于旁观者的角度，观察自己情绪萦绕时的想法、判断的内容及“好与坏”决定形成的特点，在同一时刻冷静下来，用“对与错”的逻辑思维形式进行审核，比较其中的差别，得出结论。

情绪思维能力下的自我意识构建，就是能够在情绪思维与逻辑思维交汇影响下，客观地对自己进行评估，了解自己的长处和短处。所谓“知人者智，自知者明”③。在自己的不足之中，找到反省的必要理由，通过自我反省，收到正视问题、诚服人心的效果，“行有不得者皆反求诸己，其身正而天下归之”④。

由此可见，情绪思维与自我意识能力的构成，是一步一个台阶的提升，领导者也不例外。

在对情绪思维要素对情绪思维产生的影响，以及情绪思维与领导者自我意识构建的关联有了全面的认识后，再回头去看一个勤奋进取的崇祯为什么会变成一个亡国之君这个问题，我们可能就会对复杂的谜题有了较为清楚的分析线条，信仰追求、个人利益、领导风格、反省意识等因素，都会导致领导者在情境判断中受情绪思维的影响，而在自我意识能力较弱的情况下，领导者会忽视其影响，导致这些因素交汇融合，误导领导者对情境的正确判断。

崇祯在攘外与安内、议和与敌对、南迁与固守、弃城与勤王等重大事项的关键决策时刻，为个人名誉、责任承担的情绪心境所困扰，对战略决策选择犹豫不决，以致错失良机，最终招致毁灭性结果。

崇祯在选人用人的整个过程，受个人领导风格交汇起伏所形成的情绪思维干扰，魅力型风格自我感觉让他纠结于个人权威的得失，多疑型风格潜在

---

① 荀子．荀子［M］．安继民注译．郑州：中州古籍出版社，2006：10.

② “吾日三省吾身：为人谋而不忠乎？与朋友交而不信乎？传不习乎？”——（春秋）孔丘．论语［M］．杨伯峻，杨逢彬，注译．长沙：岳麓书社，2000：2.

③ （春秋）李聃．老子［M］．合肥：黄山书社，2005：79.

④ （战国）孟轲．孟子［M］．杨伯峻，杨逢彬，注译．长沙：岳麓书社，2000：119.

意识让他习惯于从阴暗面揣测别人，导致他的用人总是在信任与疑虑之间摇摆不定，对赏识者可以充分信任，对失望者予以残酷处罚。面对崇祯在情绪思维左右下的行为习惯和频繁的人事更迭，朝臣们以圆滑世故、诺诺无为予以应对，导致崇祯最后死于“诸臣误我”的忿忿不平之中。

领导活动的复杂性，情绪思维与自我意识构成内容，自我意识能力的重要性，在崇祯身上表现得淋漓尽致，为我们提供了一个极好的学习理解的参照物。

由此可见，影响情绪思维生成的要素、情绪思维、自我意识所构成的内容及相互影响关系，是提升领导者自我意识能力需掌握的基本内容，也是衡量领导者情绪思维能力高低的第一个层次内容，它本身是一个知识构成体系，需要在认知的基础上在实践中反复体验及训练才能理解掌握。

第三章

情绪思维特性与领导者自我控制

情绪生成是一种生理现象。一个人只要受到了信息的刺激，就一定会生成某种情绪，并同时会带动情绪思维在意识中发挥作用，这在本质上是一种动物本能的生理反应。

情绪生成的这个特点，为情绪思维的控制带来了难度。环顾周围，在社会活动过程中，人的情绪思维失控现象随时可见，无论是喜怒哀惧，还是爱恨情仇，都可以爆发出强大的作用力，让人深陷其中，行为不能自制。

领导者对情绪的生成及影响并没有先天的“免疫力”，所以领导者在情绪思维控制上也面临着困难。

领导者是一个组织、团体的“灵魂”，领导者情绪思维失控，对个人、组织往往都会带来灾难性的后果。中国历史上，因为情绪思维失控而导致领导活动失败的案例比比皆是。

明朝的崇祯皇帝，是汉民族拥有皇权的最后一人。而带领汉民族一统天下，建立皇帝集权统治国家的领导者，则是远离崇祯1800多年前的中国第一个皇帝秦始皇。①

历史上对秦始皇的争议从来没有停止过，有人将其视为“千古一帝”，认为他对于中国历史进程的贡献无人能及；有人将其视为“暴虐之君”，认为他统一中国只是为了满足个人征杀掠夺的私欲。②

无论是褒扬者还是贬低者，大家都公认，秦始皇因武力得天下，最后是因为暴力而失天下，充满暴力情绪思维意识的秦始皇及其承继者，让一个庞

---

① 秦始皇（公元前260—前210）“是子楚的嫡长子。他生于邯郸，出生时间是秦昭襄王四十八年正月（大约在公元前260年10月至12月之间。许多史书记为公元前259年）”。参见：张分田．秦始皇传［M］．北京：人民出版社，2003：75.

② 有学者研究认为，对秦始皇的评价在其死后就已经开始，西汉的陆贾、贾谊、董仲舒等，将秦始皇视为暴君。“汉代儒者对于秦始皇的评价往往是同总结秦王朝二世而亡的历史教训联系在一起的。汉代儒者在评价秦始皇时，首先看到的是他所推行的‘暴政’，认为他是一名暴君。”明代思想家李贽、王夫之，清代著名学者恽敬从郡县制度的中央集权制建立出发，对秦始皇予以肯定。明代的李贽“称秦始皇是‘千古一帝’，充分肯定秦始皇对中国历史发展所起到的重大作用和所做出的重大贡献”。参见：黄中业．重评秦始皇帝［J］．社会科学战线，2001（5）：159-161.

大的帝国只维持了14年便分崩离析。[①]

暴力情绪思维的蔓延与宣泄，实际上就是情绪思维失控的表现。

在秦始皇及其承继者身上，可见领导者情绪思维失控对领导活动效果的影响。

千百年来对秦始皇的功过是非争议不断，争议的根源，是因为评议者从各自的视角看到的是两个不同的秦始皇：一个是变革进取、孜孜追求统一大业的秦王嬴政；另一个是天下一统、以暴驭政的秦始皇帝。

实现统一大业的秦王嬴政，与以暴力驾驭天下的秦始皇帝，在领导过程中有着迥异的思维判断路径选择，表现为两个不同风格与不同领导行为选择的领导者，并由此影响评议者的判断视角。

孜孜追求一统天下理想的秦王嬴政，更多的时候是以理性思维作为自己的决策选择。在变革型领导风格影响下，秦王嬴政在用人与决策上，常常能以判断性情绪思维压倒动物性情绪思维，这种思维路径选择最终帮助他登上了“千古一帝”的事业巅峰。

成为君临天下的皇帝以后，秦始皇的情绪思维自我控制意识开始逐渐消失，到最后任凭独断型领导风格自由发泄，将动物性情绪思维的暴力性发挥到极致，最终为帝国的覆亡埋下了伏笔。

秦王嬴政曾经有过良好的自我意识与自我控制能力，但成为秦始皇帝后，却因为情绪思维的失控使千秋功业毁于一旦。这其中的变化缘由不得不令人深思。

领导者情绪思维能力的发展，就是要能够在自我意识能力构建基础上，实现情绪思维的自我控制。

情绪思维自我控制能力指的是，在刺激信息被个体意识感知之后，个体能够根据对情绪生成途径和类型的已有认识，并结合其他知识，对情绪思维的生成发展或情绪思维转化有意识地进行引导与调控，以避免不利因素的影响。

---

① 有学者研究认为，总的来看，汉人对秦始皇的批评主要集中在如下三个方面：第一，法繁刑酷。早在楚汉战争之际，刘邦为争取民心，曾召来各县的父老豪杰，向他们历数秦始皇苛法严刑之罪。汉初的陆贾指责秦始皇“以刑罚为巢”“用刑太极”。因为秦王朝“二世而亡”的一个重要原因就是治法太严而用刑太重。第二，“赋敛无度”，徭役无已。贾谊反复批评秦始皇“赋敛无度，天下多事，吏弗能纪，百姓困穷而主弗收恤”。第三，“穷兵”好战。汉武帝时的主父偃、严安和伍被都对秦始皇穷兵黩武给社会经济和人民生活带来的痛苦大加挞伐。参见：梁向明．浅析秦人和汉人对秦始皇的评价［J］．固原师专学报，1992（1）：42-43.

在自我意识能力基础上，能够对自己情绪思维生成与变化进行有意识的引导与调控，则意味着一个人的情绪思维能力进入了第二个层级。

领导者处于组织之中，随时会面临情绪生成的影响，因此，情绪思维自我控制能力是领导者能否正确处理好自我意识，并由此出发开展领导活动、实现良好领导效果的重要影响因素。

情绪思维的生成与运动过程有自己的特性。这些特性既是引发我们情绪思维波动的原因，也是我们对情绪思维进行控制的抓手，其主要有三个方面：

一是情绪生成类型，表现为喜乐哀惧等情绪各自有其生成的原因、产生的生理反应与情绪思维趋向。要求情绪思维控制必须有针对性。

二是情绪生成途径，表现为由动物本能情绪反应引发的情绪思维和由认知判断引发的情绪思维之间的联系与区别。两者的相同之处：都是受到“刺激”信息触发，产生情绪状态与情绪思维活动；两者的不同之处：表现为对情绪思维控制的影响，判断性情绪思维易于控制，动物性情绪思维难以控制。要求情绪思维控制要从抑制动物性情绪思维产生入手。

三是情绪思维突发变化，表现为情绪思维状态容易受到逻辑思维、判断性情绪思维、动物性情绪思维的交替影响，其中，动物性情绪思维的强烈影响容易引发情绪思维失控。要求情绪思维控制必须找到关键节点。

由此可见，情绪思维活动有三个特性：情绪类型关联情绪思维活动趋向；动物性与判断性情绪生成途径影响情绪思维控制；情绪思维交汇及宣泄会引发突变与失控。它们是情绪思维活动变化的三条可寻之路，也是领导者从自我认识出发，对自身情绪思维变化进行控制、提升情绪思维能力的有效途径。

从情绪生成与情绪思维活动特性以及关联行为的内容出发，领导者的情绪思维自我控制能力构成主要表现在四个方面：对于情绪思维类型与关联行为的识别能力、对于情绪思维生成途径的认识能力、对于领导风格与情绪思维控制关系的反思能力、对于工作情境影响情绪思维变化的自我反省能力。

一、喜、怒、哀、惧下的情绪思维特点与活动反应趋向

情绪有多种类型，按一般的划分方法，情绪可以分为基本情绪与复合情

绪两大类。[①]

基本情绪是指那些天生的，非从个人、社会或文化经验中掌握的，对所有人而言都是同样的情绪。

一般认为，基本情绪是动物进化的结果，往往是在进化中为适应个体的生存演化而来，每种具体的情绪具有不同的功能。“基本情绪是在群居哺乳动物中进化而来的，它们构成认知系统，使认知系统为相对较少的类属事件中的每一个事件做好应对准备。”[②]

基本情绪在人的活动中发挥着动物本能的作用，“当一种情绪发生时，人们不知道任何心理过程，只知道它的结果的次序”[③]。例如，当你听到一段音乐的时候，你可能很快就会产生某种情绪，从心智上说，你可能并不清楚信息的刺激作用及情绪产生的生理机理，但是情绪会自然而生，并会随着音乐的变化而变化。

一般认为人类的基本情绪中具有代表性的有四种，快乐、愤怒、悲伤和恐惧，即我们通常所说的喜、怒、哀、惧。[④]

复合情绪在人的社会化过程中形成，是在基本情绪基础上，在社会情境中经过人的自我认知评价而派生出来的。

爱与恨是具有代表性的复合情绪。人的爱与恨的情绪既包括动物性本能的生理反应，也有社会体验内涵融会在其情绪心境之中。

不同的情绪生成有生理反应的差别，每种情绪在表达上具有独特性，可以相互区别，会激发相互区别的生理反应模式。

一个具有刺激性的信息一旦作用于我们的大脑皮层，我们立刻就会生成某种情绪，并在情绪的作用下进入情绪思维状态，对信息的含义做出判断，形成潜在的或即刻的行为反应。

情绪类型与行为反应之间的关联，是动物在生存竞争中进化的结果，比

---

① 根据情绪分类的相关文献，情绪主要存在两种不同的分类方法：一是根据定向观的不同，可以将情绪分为基本情绪与复合情绪；二是根据情绪效果的不同，可以将情绪分为积极情绪与消极情绪，或称为正性情绪与负性情绪，如高兴、喜悦、敬慕等属于肯定的情绪；烦恼、忧愁、憎恨等属于否定的情绪。除了上述这两种主要的分类之外，情绪在管理中还可以根据主体的不同分为个体情绪和集体情绪。

②③ Keith Oatley，Philip N. Johnson－Laird. Basic Emotions in Social Relationships，Reasoning，and Psychological Illnesses［J］. Emotion Review，2011，3（4）：425.

④ 中国古代认为人的基本情绪有喜怒哀乐四种，由于喜、乐具有相似性，现在心理学一般将喜怒哀惧视为四种基本情绪。

如羚羊看到狮子，会立即生成恐惧情绪，做出避险反应。在自然界，动物如此，人也如此，在本质上是一种动物本能。

情绪不仅会带来我们生理上的反应，也会在思维形式上引导我们对人际关系的处理方式，基本情绪如喜、怒、哀、惧的产生，会带动人际关系中相应的行为选择。“从基本情绪作用来看，情绪对人际关系的构建与个体认知系统的构建是平行的，基本情绪的影响会构建独特的人际关系框架，如合作、冲突、疏离和回避。”①

人的基本情绪有喜、怒、哀、惧，既可以来自人与人之间的行为，也可以来自人对自然或自身的感受。每种情绪都有其产生的原因，生成以后激发出相应的生理反应，以及关联的行为反应方式。这就是情绪思维构成的复杂性，令人乐于探索其中的缘由。

1. 快乐情绪思维会放大对“好结果”的想象

“好结果”的信息刺激，是人的快乐情绪产生的原因。②

人的社会活动取得好的成绩，需求得到满足，愿望得以实现，获得别人的肯定、赞美，感觉器官感受到舒适放松，积极的回忆信息，都可以使我们在感受到其刺激性后，生成快乐情绪。③

快乐情绪带来相应的生理变化。“人在快乐的时候，主要的生理变化是负责抑制负面感觉及提升可用能量的大脑中枢活跃度增强，而产生忧虑情绪的大脑中枢趋于平静。”④

人在快乐情绪下，会感染情绪思维扩展自己“好”的感受，影响认知判断对未来的想象向“好”的方面延伸，放大已有的“好结果”的边际，倾向与他人分享自己的快乐，宽容他人的错误，对未来保持乐观态度。这就是快

---

① Keith Oatley, Philip N. Johnson-Laird. Basic Emotions in Social Relationships, Reasoning, and Psychological Illnesses [J]. Emotion Review, 2011, 3 (4): 428.

② 从生理上看，人的快乐来源于大脑皮层正面与负面感觉的活跃程度变化。“人在快乐的时候，主要的生理变化是负责抑制负面感觉及提升可用能量的大脑中枢活跃度增强，而产生忧虑情绪的大脑中枢趋于平静。不过此时生理状态保持静止，不会产生特殊的变化，身体复原的速度要快于悲伤情绪引起的生理变化。这种特征使身体能够得到正常的休息，同时为即将面临的任务以及朝着目标努力储备充足的热情和力量。”——［美］丹尼尔·戈尔曼．情商［M］．杨春晓，译．北京：中信出版社，2010：7.

③ 愉快可以进一步分为感觉愉快、驱力愉快和玩笑愉快三种。感觉愉快多是人们生活在舒适条件中感受到的，这些条件既有自然的，也有社会的。驱力愉快是生理需要得到满足时，维持有机体体内平衡的循环过程中产生的快感。玩笑愉快是在玩笑和娱乐中产生的快感，使人们在紧张之余得到放松，平淡之中增添乐趣。参见：孟昭兰．人类情绪［M］．上海：上海人民出版社，1989：291-292.

④ ［美］丹尼尔·戈尔曼．情商［M］．杨春晓，译．北京：中信出版社，2010：7.

乐情绪思维关联的行为反应。

秦国灭了六国，嬴政做的第一件事情，就是要大臣们商量更换王的称号，以显示新的国家君主与以往君主的区别。嬴政对于取得统一天下功业的喜悦心情以及对于权力的崇拜与重视跃然而出。①

丞相王绾、御史大夫冯劫、廷尉李斯等人商议的结果，是以古代三皇五帝中身份最高贵的泰皇为新君称号，嬴政自认为功德高于三皇五帝，取皇帝作为称号。

嬴政自认为大权在握，家天下已定，自己是这个新的国家的始皇帝，以后自己的后代当皇帝后，可以按照顺序分别叫作秦二世皇帝、秦三世皇帝，一直延续到秦万世皇帝。由此可见秦始皇对于权力占有与传递的自信。

这种自信，正是来自一统天下后乐观情绪思维的影响。

领导者的情绪状态和行为会影响领导对象的感受，进而影响他们的表现和业绩。领导者要努力使自己和组织团体保持快乐情绪，尤其是在面向未来发展形成一个乐观的心境。

乐观心境有利于个体在面临困难与挫折时，认为困难与失败是可改变的，坚信情形必会好转。持有乐观心境的人在面对挫折与失败的时候，能够以正面的情绪思维影响观察视角，倾向于从天无绝人之路的思维方式中寻找解决问题的办法。

快乐情绪可以使我们形成良好的心境，保持生活、工作的乐观状态。但是，快乐情绪思维也可以使我们更多地关注“好结果”，而忽略了可能存在的问题。例如人在恋爱状态中，容易将对方的优点放大，忽略对方的缺点及未来可能面临的困难。所谓“情人眼里出西施”、爱屋及乌，指的都是类似的情况。

由于快乐情绪思维具有放大正向信息、忽略存在问题的特征，对于领导者来说，在自我意识之中要客观地看待“好结果”的实际状况，保持忧患意识。

在国家结构设计上，丞相王绾等大部分朝臣都倾向于借鉴周朝的封建制，将皇帝亲属派到广袤的边远地区担任王侯，以加强对这些地区的控制。

---

① “秦初并天下，令丞相、御史曰：‘寡人以眇眇之身，兴兵诛暴乱，赖宗庙之灵，六王咸伏其辜，天下大定。今名号不更，无以称成功，传後世。其议帝号。’”——司马迁．史记·秦始皇本纪［M］．上海：汉语大词典出版社，2004：75.（注：本书引用的《史记》资料，均来源于许嘉璐主编、安平秋分史主编的《二十四史全译史记第一册》《二十四史全译史记第二册》，以下不再一一注明主编姓名）

廷尉李斯反对封建制，认为封建制是重新制造了相对独立的诸侯，时间久了之后，随着诸侯势力增强，就会有离心倾向，周朝后期的分崩离析就是一个明证，只有实行郡县制，皇帝才能将地方官员的控制权牢牢地掌握在自己的手里，并由此控制整个天下。①

从政策分析上看，王绾与李斯都各有其理。

王绾的对策主要着眼于当前的形势，有利于国家迅速稳定，特别是通过宗室王侯直接管制属地，可以加强对新征服地区的控制，防止各国旧有势力死灰复燃，并且在皇权面临危机时，可以得到地方王侯的迅速支援。

李斯的对策主要着眼于未来的形势，有利于国家保持中央皇权的权威，避免地方势力坐大以后不听节制，出现独立分裂倾向。

两种方案供秦始皇选择。

秦始皇对于权力掌控与实施的自信，使他低估了新征服地区管制的难度，特别是对于民心的管制难度。

其实秦始皇征服六国之后，就考虑到了对旧有贵族势力进行管制的问题，将12万户贵族豪富世家都迁移到了咸阳居住，将他们控制在自己的眼皮底下。秦始皇认为控制了这些人，就消除了其他六国旧势力反叛作乱的隐患，而六国的民众在严刑峻法下只会俯首称臣，不会形成造反作乱的力量。

秦始皇对于权力掌控的乐观心态使他否决了王绾等大多数人的建议，而采纳了李斯的建议，构建了中国历史上第一个中央集权制度的国家。

秦始皇如果采纳了王绾等人的建议，是否更有利于秦朝建立初期的统治，是一个令人感兴趣的假设。这个假设实际上存在一个可以据以推测的参照物，就是在秦始皇之后的刘邦的国家制度构建选择。刘邦建国之后，应该是吸取了秦始皇的教训，采用分封制与郡县制并存的方式，在汉初实现了对于国家的有效管控。

快乐可以使人盲目乐观，但是，领导者只要能够认清其弊端，也可以利用快乐情绪的积极效应，引导组织成员形成工作中不可缺少的乐观心境。

领导者在推动领导对象产生快乐情绪的时候，必须使自身保持情绪的平

---

① “丞相绾等言：‘诸侯初破，燕、齐、荆地远，不为置王，毋以填之。请立诸子，唯上幸许。’始皇下其议於群臣，群臣皆以为便。廷尉李斯议曰：‘周文武所封子弟同姓甚众，然後属疏远，相攻击如仇雠，诸侯更相诛伐，周天子弗能禁止。今海内赖陛下神灵一统，皆为郡县，诸子功臣以公赋税重赏赐之，甚足易制。天下无异意，则安宁之术也。置诸侯不便。’”——司马迁．史记·秦始皇本纪［M］．上海：汉语大词典出版社，2004：76.

衡，不能被快乐情绪所左右，忽视存在的问题。所谓“生于忧患、死于安乐”，就是乐极生悲的意思。

2. 愤怒情绪思维聚焦于报复行为

人的愤怒情绪常常由人与人之间的行为冲突产生，个体容易在对方有意识的违背、挑衅、侵害行为中产生愤怒情绪。

自然行为也会对人的利益造成损害，但是人面对这种信号刺激，产生的往往是沮丧而非愤怒。例如你在田野里刚画好的一幅画，被别人撕了，会引发你的愤怒，而被雨水淋了，你感到的更多是沮丧。

人的愿望、目标受到拒绝或干扰无法实现，人的权威、地位受到挑战，人的利益受到损害，人的人格、名誉受到蔑视或侮辱，人的工作结果受到批评指责，当我们感受到这些信息刺激的时候，都会产生愤怒情绪。

一般人在本质上对于批评与指责都有抵触心理，领导者也不例外。

但是，从领导者自我意识构成来看，对自己的工作是否存在问题，特别是有没有较为严重的问题，自己是需要把握清楚的。在把握清楚之后，如果确有较为严重的问题，领导者是需要进行自我反省的。

公元前213年，秦始皇北驱匈奴，南平南越，在征服六国基础上，完成了秦皇朝国家的完整统一。秦始皇在咸阳置酒宴庆贺，大臣与博士们纷纷敬酒祝贺。

博士仆射周青臣将秦始皇的威德比同日月，日月所照，四海之内莫不宾服。秦始皇听了非常高兴。

博士淳于越却又重提封建制与集权制的区别，认为国家既已完整统一，还是应该效法周朝的制度，实行封建制。

淳于越在如此场合旧事重提，并且言辞当中直指秦始皇放纵周青臣阿谀奉承，秦始皇本能地产生不悦情绪。

秦始皇停止饮宴，将淳于越的提议交由大臣们讨论。

淳于越作为一介儒生，此时重提封建制，在众人面前指责国家结构采用集权制不妥，并不是心血来潮的想法。

儒家先师孔子一生的愿望就是“克己复礼”，这个“礼”，就是以周朝封建制为主要内容的“周礼”。

孔子毕其一生努力没能实现“复礼”的愿望，于是教导自己的学生要“学而优则仕”。儒家倡导儒生入仕途的根本目的，就是在做官以后利用自己的影响力去完成“复礼”这个宏图大业。

淳于越在这个时候重提封建制，正是想利用这个关键机会扭转秦始皇和群臣的想法，完成“复礼”这个神圣使命。

李斯代表法家的理想追求，在这个关键时刻自然不能对儒家轻易让步。

李斯认为秦始皇所创造的是一个完全新的天地，建立的是万代不朽功业，这个全新的千秋大业应该按照新的管制方法，也就是集权制来进行国家管理。儒生们只会因循守旧，照搬已经过时的周朝制度强加于新的国家，完全是一种背道而驰的做法。

领导者在面对别人批评指责时，一是要弄清楚自己的工作到底有没有问题，二是发现问题后要进行自我反省。

如果这两步都没有做，或者只做了前一步，那么，领导者在成绩面前就容易放大“好结果”的效果，对别人的批评指责容易“动怒”。而“动怒”的结果，必然是情绪思维影响判断，在言行上出现不适宜的举措。

李斯认为儒生热衷于“复礼”，用周朝的礼制来批评当今国家，就是以古非今，惑乱人心，因此，应该将与秦国历史不符的“百家之言”全部烧毁，对敢于藏书的人进行严惩，对以古非今的人予以灭族。①

李斯这个时候已经官至丞相，话语效力自然要高于淳于越，并且有利于秦始皇构建专制权威。②

李斯的建议得到秦始皇的认可，开始大张旗鼓地推行“焚书”运动。

已有的研究证明，在愤怒情绪产生的时候，人的肾上腺素释放、血压升高、心跳加快等生理反应最为明显，这些动物本能都是为攻击提供支持条件。

愤怒和恐惧会导致神经内分泌系统释放不同的激素，产生不同的生理反应和行为选择倾向。

---

① 丞相李斯曰：“今诸生不师今而学古，以非当世，惑乱黔首。丞相臣斯昧死言：古者天下散乱，莫之能一，是以诸侯并作，语皆道古以害今，饰虚言以乱实，人善其所私学，以非上之所建立。今皇帝并有天下，别黑白而定一尊。私学而相与非法教，人闻令下，则各以其学议之，入则心非，出则巷议，夸主以为名，异取以为高，率群下以造谤。如此弗禁，则主势降乎上，党与成乎下。禁之便。臣请史官非秦记皆烧之。”——司马迁．史记·秦始皇本纪［M］．上海：汉语大词典出版社，2004：81.

② 有学者研究，认为“焚书”的原因，在于李斯试图凭借秦始皇的权力，确保法家的一尊地位。“李斯‘焚书’的目的是要确保‘法教’的‘一尊’地位，禁止百家‘私学’对法学的非议。同时，也确保皇帝的威势，禁止人们对皇帝的非议。”——许凌云．古今之争与焚书坑儒［J］．孔子研究，1999（1）：88. 但是，法家学术也有其落后的一面，其迷信权术与暴力，将权术与暴力用到极致，最终反而破坏了人们对于法的合理性认同。

心理学的研究发现，“富于愤怒与攻击的人（像愤怒的猫）在其生理系统中趋向于有更大量的去甲肾上腺素。研究者可通过检测尿样估计去甲肾上腺素的量。他们发现，在人格测定中被判定为愤怒和易激动、易怨恨的男女，其尿样中去甲肾上腺素含量比肾上腺素更高”①。

人的愤怒情绪的生成，还来自俯视情绪的影响。在政府、企业、军队、学校、家庭等各类组织或单元中所存在的地位差别，都会使居于优势地位的人产生俯视情绪，当居于优势地位的人受到俯视对象“不服从”行为刺激的时候，都容易产生愤怒情绪。

秦始皇自认为功过三皇、德高五帝，应该有得道成仙之命。

为寻求长生不死仙药，秦始皇曾多次派人到各地寻找，花费甚多，这些人找不到仙药，有的不敢再回来，一去就没有了踪影。

侯生、卢生也是寻找仙药队伍中的成员，两人花费甚多，却没有结果，知道面见秦始皇的时候不好交代，两人商量之后，觉得秦始皇天性刚愎自用，天下事情无论大小都要由他决定，又喜欢以重刑和杀戮建立权威，在其身边随时都有不测之险。② 侯生、卢生越想越怕，最后不告而别，逃之夭夭。

嬴政自从成为皇帝之后，特别容易动怒，而且一怒动辄杀人。在得知侯生、卢生非议皇帝并逃跑之后大怒，一腔怒气无处发泄，想到以前儒生也喜欢以古非今，便下令将咸阳的儒生全部抓起来进行审问。

儒生无端落入牢狱，惊恐之下，便相互告发对方非议当今的言论。

个体面对外界的批评指责，一种方式是反思反省，收敛自己的行为；另一种方式是反击对抗，引发愤怒状况下情绪思维的进一步蔓延。

人在愤怒情绪下，由情绪思维主导的行为反应主要表现为报复，愤怒者通过报复性的语言与行为，使引起愤怒的对象受到打击与伤害，将“怒”的情绪“发泄”出去。

秦始皇将满腔怒气发泄到这些儒生身上，不管这些人说了什么、说了多

① 乔建中．情绪研究理论与方法［M］．南京：南京师范大学出版社，2003：82.

② “侯生卢生相与谋曰：‘始皇为人，天性刚戾自用，起诸侯，并天下，意得欲从，以为自古莫及己。专任狱吏，狱吏得亲幸。博士虽七十人，特备员弗用。丞相诸大臣皆受成事，倚辨於上。上乐以刑杀为威，天下畏罪持禄，莫敢尽忠。上不闻过而日骄，下慑伏谩欺以取容。秦法，不得兼方不验，辄死。’”——司马迁．史记·秦始皇本纪［M］．上海：汉语大词典出版社，2004：83.

少，将四百六十多位儒生全部活埋。①

愤怒通常被归类于消极的情绪，它集合了攻击、敌视和暴力等这些对他人、组织、社会有负面影响的内容。

领导者的愤怒情绪思维如果不能得到有效控制，将会直接导致破坏性的后果。

秦始皇的长子扶苏得知消息后，向秦始皇进言劝告，认为天下刚定，人心不安，对这些儒生以坑杀重惩，可能会使天下人心更加不安。

秦始皇在盛怒之下根本听不得异议，将扶苏逐出咸阳，发派到戍边的蒙恬大军之中担任监军。

在愤怒情绪下延续情绪思维的判断，是领导者的大忌。

3. 悲哀情绪思维引导行为趋于停滞

悲哀来自对“坏结果”的感受。

我们自身付出努力的行为遭受挫折或失败、喜爱的人经历痛苦或突然逝去、珍爱的物品受到损坏或失去等，这些信息的刺激都会使我们生成悲哀情绪。

悲哀情绪所引发的生理激素释放，会使人趋于消沉。“悲伤会降低生命活动的能量和热情，尤其是娱乐活动或者享乐。随着悲伤情绪的加深，并慢慢滑向沮丧，人体的新陈代谢就会减缓。”②

悲哀使人的情绪思维对现在及未来失去希望与寄托，失去精神动力，行为会变得缓慢与迟钝，个体对人或事物的兴趣逐渐下降，发展到最后会觉得生存都已经失去了意义。

悲哀情绪思维使人容易形成悲观心境。在面对挫折与失败的时候，持有悲观心境的人以负面的情绪思维决定观察视角，倾向于以无力回天的情绪偏向认识问题，认为命由天定，不思解决之道。

秦始皇在第五次巡行天下的过程中，病倒途中，随行太医诊治多天没有

---

① “於是使御史悉案问诸生，诸生传相告引，乃自除犯禁者四百六十餘人，皆阬之咸阳，使天下知之，以惩後。益发谪徙边。始皇长子扶苏谏曰：‘天下初定，远方黔首未集，诸生皆诵法孔子，今上皆重法绳之，臣恐天下不安。唯上察之。’始皇怒，使扶苏北监蒙恬於上郡。”——司马迁．史记·秦始皇本纪［M］．上海：汉语大词典出版社，2004：83.

② ［美］丹尼尔·戈尔曼．情商［M］．杨春晓，译．北京：中信出版社，2010：8.

起色，病情逐渐恶化。

秦始皇自兼并天下以来，横扫六合，气吞八方，当上皇帝后更是意气风发，只以为自己与常人不同，待求得不死仙药之后，就可以独尊于天地之间。

在沙丘病情突袭，状况恶化后，秦始皇才意识到自己与常人一样，逃不过生死之劫。

在面对死神召唤的时候，一生刚毅暴虐的秦始皇也不禁心肠变软，在考虑后事的时候，原谅了喜欢顶撞自己，但是有治国能力的大儿子扶苏。

秦始皇发诏书要扶苏回咸阳参加自己的葬礼。

扶苏有才有德，倾向儒家仁义治国理念，在秦始皇以暴驭政的时候，曾屡次向秦始皇进谏劝说，引起秦始皇不悦。

对于秦始皇焚书坑儒，扶苏更是直言反对，秦始皇暴怒之下将其从咸阳赶出，派到北边与蒙恬一起戍边。

秦始皇在病危之中召扶苏回咸阳参加自己的葬礼，应是希望扶苏能够挑起大秦帝国的千钧重担。

但是诏书后来为赵高与李斯篡改，赵高更是矫旨使得扶苏自杀，胡亥得以继承皇位，推动秦皇朝走向了不归之路。

在组织发展中，成功时的悲哀，有助于大家保持冷静；失败进展中的悲哀，则会使大家丧失信心。

领导者要根据组织发展的方向，在一片成功的喜悦情绪中浇一点冷水，在一片失败的悲观情绪中添一把柴火。

4. 恐惧情绪思维激发即时行为反应

恐惧情绪来自个体所感知的信息中存在的重大威胁或危险。

恐惧情绪是一个自我保护的警告信号，它的生成表现为自主神经系统的唤醒，身体颤抖、出汗，并随之产生保护性动机，为应对即将到来的威胁做准备。

个体处于不熟悉的情境中无法控制正常行为、人的生命或重要利益可能受到重大的伤害、人对于自认为恐怖对象的激活性想象等，这些信息的刺激都会使我们生成恐惧情绪。

人在恐惧的情绪下，生理激素的释放会使思维与行为出现暂时性停顿，出现大脑瞬间空白的现象，在这之后，情绪思维集中于当前的威胁，或者选择逃避，或者选择反抗，或者选择听天由命。

心理学研究认为，在一定意义上，愤怒和恐惧的动物性反应是相似的，它们都必须准备为维持战斗或逃跑消耗大量的能量，但它们的生理反应过程可能是很不同的，“在大脑的杏仁核区域，愤怒与其中心激活相连，恐惧与其底部激活相连。在愤怒中，可能有更多的去甲肾上腺素分泌物；而在恐惧中，则有更多的肾上腺素分泌。在愤怒时，睾酮在起一定作用；当承受恐惧时，起作用的是可的松或其他激素”①。

恐惧情绪来自动物在生存中保护自己免受侵害的本能，会引发即时性的思维与行为反应。②

对于领导者来说，即时性的思维与行为反应往往包含较多的主观感觉内容，所以，只要有时间选择，领导者应该在感知恐惧情绪生成后，等待一段时间，等情绪平稳之后再做判断和决定，避免在恐惧情绪下做即时性的判断和决定。

从商鞅变法开始，秦国面向各国招揽人才，同时在内部实行军功制等改革措施。商鞅的变革，打破了传统的贵族爵位世袭制，自然会引起世家贵族的不满，商鞅后来被车裂，也是有这方面的原因。

嬴政成为秦王之后，在秦国发生了一起间谍事件，一名鼓动秦国进行水利建设的韩国客卿郑国，后来被发现是韩国派来的间谍，目的是希望通过水利建设转移秦国在军力上的资源投入，减缓秦国的扩张速度。

战国时期，各国互派间谍刺探情报信息以及卧底，这本是正常现象。秦国世家贵族却抓住此事不放，向嬴政渲染各国人员进入秦国，里面隐藏的敌对分子对国家安全的危害性。

嬴政刚刚执政，政权根基不牢，听了想象中的危害性，恐惧情绪自然产生。

人在恐惧情绪思维下的判断，本能地受避险倾向影响，在专注于避险优

---

① 乔建中．情绪研究理论与方法［M］．南京：南京师范大学出版社，2003：83.

② “人在恐惧的时候，血液会流到大块的骨骼肌，比如双腿，以方便逃跑，而且面部会由于血液的流失而发白（因此会有血‘变凉’的感觉）。与此同时，也许是因为需要考虑是否应该躲藏，身体有那么一瞬间会呆住不动。大脑情绪中枢的回路释放出大量使身体保持警觉的激素，人的感觉变得敏锐，为行动做好充分的准备，同时集中精力分析当前的威胁，更有效地评估即将采取的行动。”——［美］丹尼尔·戈尔曼．情商［M］．杨春晓，译．北京：中信出版社，2010：7.

先选择的判断中，行为往往带有某种偏颇性。①

在恐惧情绪思维左右下，嬴政接受贵族建议，颁布逐客令，欲将各国客卿驱逐出境。

人才引进与在此基础上的官制改革，是秦国自商鞅变法以来最具成效的政治改革内容，也是秦国以偏僻之地在列国纷争中不断壮大，甚至有望成为天下霸主的根本推动力量。

李斯本是楚国人，师从荀子，学习治国之道之后，就是因为受秦国招揽人才政策的影响，才来到秦国欲一展身手，最初被吕不韦看中，在吕府做客卿。

嬴政驱逐各国客卿，意味着李斯在秦国的事业也将就此到头。

法家讲究利益权衡，李斯为己为秦着想，向嬴政上书《谏逐客书》，论证人才引进对秦国发展的重要意义。

嬴政欲取天下，深知变革图新的重要性，而要变革发展，引进人才是基础工作。正是有这样的思维理念，李斯上书才能迅速打动嬴政，使嬴政取消逐客令。

李斯的论证使得嬴政思维重归理性，也正是因此，李斯后来才能得到嬴政的重用。

喜、怒、哀、惧，爱、恨、情、仇……情绪可以带动情绪思维的变化，情绪思维又可以影响决策，带来行为的转化。

对于情绪生成的内视能力，是个体自我意识能力构成之一。个体情绪思维内视能力的进一步提升，是在情绪生成之后，能够迅速地辨别出情绪的类型，并在对情绪思维类型与关联行为的认知基础上，推测自己下一步有可能出现的行为反应。

领导者尤其是要对负面情绪思维的关联行为有所了解，以有意识地进行自我调节。

二、判断性情绪思维与动物性情绪思维的生成途径及影响

情绪生成，会带来情绪思维，进而联动相关的行为反应。根据这个反应

---

① “大多数恐惧几乎都掺有不间断的思想内容。因为发现一种危险，于是恐惧，甚至夸大了危险的实际情况。”——陈少华，编著．情绪心理学［M］．广州：暨南大学出版社，2008：257.

过程，对于情绪思维控制的节点有两个：要么在情绪生成的起始进行情绪控制；要么在情绪生成之后进行情绪控制。①

这两个控制节点构成的逻辑含义是：某种信息作用于我们大脑皮层时，只有这个信息具有刺激性，才会导致我们生成情绪。

如果个体在感受到信息的“刺激性”之后的一刹那，有了自我意识，并且能够迅速调节“刺激性”的构成内涵，当信息的“刺激性”内涵消失、减轻或转变后，个体就有可能避免情绪生成或改变情绪生成的类型及强度，进而调整情绪思维走向。这就是在情绪生成的起始进行情绪思维控制。

如果个体在感受到信息的“刺激性”之后的一刹那，没有自我意识，那么情绪就会生成，这个时候，个体只有在情绪生成之后，通过自我意识，对情绪思维进行调控。这就是在情绪生成之后进行情绪思维控制。

从以上两个控制节点的内涵看，实现情绪思维控制的基础，在于具备相关的自我意识。如果一个人在情绪生成的起始与情绪思维生成之后，都没有自我意识，那么，就无从谈自我控制，只能是由着情绪思维发挥其影响作用。

实现情绪思维控制的自我意识的内容，除了对于情绪生成、情绪思维状态变化、自我反省等知识的认识与掌握之外，还有对情绪思维生成途径的更细致的了解，当然，其还与个体的认知构成内涵有着密切的关联。

1. 情绪生成的正常神经回路

在我们所接受到的信息中，只有“刺激性”的信息才会使我们生成情绪。

人感受到的身体内外投射过来的信号是否是“刺激性”的，取决于人的逻辑思维主导的认知反应与情绪主导的生理反应两个途径。②

20 世纪 60 年代，心理学家沙赫特（Schachter S.）所提出的认知——生理情绪理论，对个体的认知构成与情绪唤醒之间的关系进行了关联解释。沙赫特认为决定情绪的主要因素是认知，情绪状态是以交感神经系统的普遍唤醒为特征的，而在这个过程中，认知对生理唤醒起着解释和确定其方向的作用。

沙赫特就情绪唤醒与认知之间的关系提出了相关的命题解释，沙赫特

① 情绪控制的本质在于情绪思维控制，为了叙述方便，可以对这两个概念用情绪控制、情绪失控予以统称。

② 这里所使用的“认知”概念，是指在逻辑思维形式下的认识分析及所获得的知识。

的基本观点是，生理唤醒与认知评价之间的密切联系和相互作用决定着情绪。①

心理学家阿诺德（M. Arnoed）对于认知在情绪产生中所起的作用进行了深入研究，她认为，环境中的刺激事件本身并不能直接导致或决定情绪，一个刺激事件是否能引发情绪以及引发何种情绪，只有经过人的认识评价才可能确定。阿诺德认为，认知对情绪产生的具体作用机制是一个过程。②

一个信号进入人的大脑并对思维机能产生影响，要经过大脑的两个反应途径。

认知反应也就是常说的认知判断。认知判断是依据大脑已经储存的信息，对投射信号内容进行分析，判断其是否能引起我们的特别关注与新的感受。如果判断“是”，则这个投射信号就是刺激性的，就会引起某种情绪的生理反应；如果判断“不是”，则这个投射信号就是常规性的，就不会产生新的情绪反应。

比如一个人受到领导的批评，如果他将批评内容视为正常的工作环节的一部分，或者他已经对领导的批评熟视无睹了，批评内容对他来说就没有太多的“刺激性”，可能就会情绪平稳地接受批评。如果他将批评内容视为“正确的”或“具有建设性”，或者他将批评内容视为“错误的”或“具有侮辱性”，那么，批评内容对于他来说，都具有一定的“刺激性”，在刺激之下，他要么产生惭愧、感激的情绪，要么产生愤怒、屈辱的情绪。

信息经过个体认知判断后确定“刺激性”属性，并产生情绪的过程，可以称为情绪生成的正常神经回路。

从生理上看，这种途径是刺激信号（信息）被感知后，经神经回路传递

---

① 沙赫特提出了相关的三个命题，“a. 如果一个人在生理上被唤醒但不能解释它的原因，他将按照他易于获得的认识来称呼这个状态并对它进行反应。因而，任何一种状态都能根据个人及其所处的环境以多种方式去称呼。b. 如果一个人在生理上被唤醒并对此有一个完全合理的解释，他将不接受任何其他的认知解释。c. 第三个命题从相反的角度进行了探讨。如果一个人对同一种生理唤醒状态时常体验到同一种认识，他将把这种感觉描述为情绪。”——［美］K. T. 斯托曼. 情绪心理学［M］. 张燕云，译. 沈阳：辽宁人民出版社，1986：54-55.

② “情绪产生的神经生理结构包括大脑皮层、丘脑系统和自主神经系统，它们在情绪产生中的具体机制是：刺激事件的影响到达大脑皮层之后，大脑皮层的高级中枢对之进行评价，确定其与自身有什么关系或有什么意义，如是否符合人的需要、意图、利益等；一旦确定刺激事件与人有关或对人有意义，皮层兴奋立即下行激活丘脑系统，并通过丘脑系统改变自主神经系统的活动，进而引发机体器官和运动系统的活动变化；此后，自主神经系统的活动经丘脑上行反馈至大脑皮层，这时，纯粹的意识经验就转化为情绪体验。”——乔建中. 情绪研究理论与方法［M］. 南京：南京师范大学出版社，2003：25.

到大脑新皮层的记忆储存区，先由新皮层细胞神经中已经储存的认知内容对信号属性进行判断，产生是否具有“刺激性”的认知反应，然后才将具有“刺激性”的信息感受投射到大脑的边缘皮层神经，再产生生理反应并形成情绪类型。这个过程可叫作情绪生成的正常神经回路。①

认知判断是由每个人思维机能及其所处的环境影响构成的，具有独特性，因而一个信号是否具有“刺激性”，会因人而异。

比如在电影院看电影，有的人会因为某个片段感动得流泪，有的人则可能无动于衷。这就是同一个感受信号，由于每个人不同的认知判断差异所产生的“刺激性”属性不同，所造成的情绪反应结果也有区别。

嬴政的成长经历复杂曲折，使得他心里一直怀有怨恨之情。

嬴政生下来即与是人质身份的父亲客居他乡，自小就受到周边的各种冷落与胁迫，使他心中充满怨恨，容易产生报复的冲动。

嬴政的父亲子楚是庶出，年轻的时候曾作为人质被秦国派往赵国。

子楚的父亲后来继位，为秦孝文王。

华阳夫人得宠于秦孝文王，但自己没有儿子。子楚在吕不韦的帮助下，逃回秦国，取悦华阳夫人，被华阳夫人收为义子并在其帮助下被立为太子。

秦孝文王去世后，秦始皇的父亲子楚继承王位，即是秦庄襄王。

嬴政曲折复杂的成长经历，形成了他基本的人生观认知构成内容，对其情绪心境影响至深。②

人的认知构成，对于信息的“刺激性”判断具有重要的影响作用，同样一个信息，有的人认为有“刺激性”，有的人认为没有“刺激性”或“刺激性”不大，就会在情绪生成的起始影响其产生或改变其强度，进而影响情绪思维走向。

---

① “内侧前额叶皮层（包括眶额叶内侧核、前扣带皮层）是情感—认知交互作用的脑区，因而受到广泛关注。功能性脑成像研究已经发现，当情绪反应被认知抑制或重新评估时，内侧前额叶被激活。”——［美］约翰·比奈尔．生物心理学［M］．杨莉，等，译．北京：机械工业出版社，2017：370.

② 有学者从心理学视角，分析秦始皇一生行为，与他早期的“悖畸”生活环境对其人格心理形成的影响有关，“这些悖畸的经历和环境是幼年秦始皇心理格局的最早积淀，构成了他人格心理的历史和逻辑起点。他孤僻、粗暴、冷酷、神经质的性格，从一系列对人、对事的态度，表现出多疑和不稳定的情绪特征”。到秦始皇成为“千古一帝”的时候，“他性格中的缺陷非但没得到应有的矫正，反而被更加强化了。由对人的怀疑、粗暴转变成自我中心、专横骄横、冷酷残忍”。参见：王陈．秦始皇人格心理探微［J］．盐城师专学报（哲学社会科学版），1999（1）：41.

嬴政在与父母在赵国当人质的时候，全家处境维艰。后秦国与赵国交战，赵国欲杀嬴政一家，子楚在吕不韦的帮助下，花巨金买通官员，从赵国逃生，但是将嬴政母子丢在了赵国。

嬴政母子两人靠着母亲在赵国的亲人的帮助，躲避追杀，过程中必定经历了百般艰难与付出。①

在后来秦国灭了赵国之时，嬴政亲自赶到赵国邯郸，将当年与母亲家族有仇的人全部抓起来，活埋以泄愤，由此可见有关仇恨的种子对于嬴政的情绪心境影响之深。②

20世纪90年代，心理学家拉扎勒斯（Lazarus R.）的研究揭示，认知在情绪产生中反复发生作用，人需要不断地评价刺激事件与自身的关系，其评价包括初评价、次评价、再评价三个层次：

“初评价是指刺激事件作用于人时，人对其与自身关系的价值判断或评估，主要涉及刺激事件与自己是否有利害关系以及有多大的利害关系等。

“次评价是指当人要调节自己的行为反应以反作用或应付刺激事件时，人对其与自身关系的控制判断或评估，主要涉及自己能否控制刺激事件，以及能在多大程度上控制刺激事件。

“再评价是指当人对刺激事件做出行为反应之后，人对其与刺激事件相互作用的结果的评价，主要涉及自己情绪和行为反应的有效性、适宜性。”

人对于刺激信息进行评价的过程，不仅包括价值判断，还包括控制判断，“因为当人对刺激事件做出行为反应时，需要根据自身的条件和社会的规范等来考虑行为的后果，并据此选择有效的方式或手段”③。

领导者如果认识到了这一点，在感受到信息的“刺激性”之后，运用自我意识，根据情境需要，有意识地对信息的“刺激性”内涵予以改变，就可以在情绪生成起始，实现对情绪思维的自我控制。

2. 情绪生成的短路神经回路

一方面，一些心理学家认为认知在情绪产生中具有深层次的影响作用；

---

① “赵欲杀子楚妻子，子楚夫人赵豪家女也，得匿，以故母子竟得活。”——司马迁．史记·吕不韦列传［M］．上海：汉语大词典出版社，2004：1092-1093.

② “十九年，王翦、羌瘣尽定取赵地东阳，得赵王。引兵欲攻燕，屯中山。秦王之邯郸，诸尝与王生赵时母家有仇怨，皆坑之。”——司马迁．史记·秦始皇本纪［M］．上海：汉语大词典出版社，2004：74.

③ 乔建中．情绪研究理论与方法［M］．南京：南京师范大学出版社，2003：26.

另一方面，一些心理学家研究的结论认为，有些情绪的产生并不需要认知评价的作用，例如，基本情绪的产生可以没有认知的参与，其产生过程是无意识的，并且先于认知。

到20世纪90年代，学者们对大脑皮层、杏仁核与脑干系统进行新的研究发现，动物性的生理本能和认知都能引发情绪的产生。厉道克斯（J. LeDoux）在恐惧情绪实验研究中发现，当破坏了猴子或老鼠脑中的那些负责中转信息给丘脑和杏仁核的关键区域后，猴子或老鼠就丧失了以前的对于恐惧事物的恐惧反应。大脑皮层的高级联结区域与脑干运动区域的联系并不那么紧密，因此，由杏仁核控制的恐惧及其他的一些原始情绪，其反应形式是相对固定不变的，这与由大脑皮层的认知活动所控制的情绪（行为）反应的易变和多变，差异是很明显的。

厉道克斯据此提出了情绪产生有两种不同的神经通路解释，认为对于刺激信息的评价，有认知和原始本能两种神经反应路径。①

情绪生成的生理反应是与生俱来的动物本能，比如婴儿感受到逗乐信号或责骂信号，会自然地产生“乐”或“悲”的情绪，并带动“笑”或“哭”的行为。

从我们的生理构造看，情绪的产生除了正常神经回路之外，还有另外一个短路神经回路。如果一个信息产生的刺激信号过于强烈，在被感知后，会由另外一条神经回路先投射到大脑的边缘皮层，直接产生生理反应并形成情绪类型。这个过程可叫作情绪生成的短路神经回路。

杏仁核是情绪应急系统的一部分，这个系统可以通过释放激素，如肾上腺素和糖皮质激素，增强对情绪事件的记忆。当恐惧情绪产生时，有两条感

---

① “厉道克斯把‘刺激评价’定义为一个将感觉输入与储存信息或知识进行比较的过程……这些知识可以由经验或遗传获得。他认为，在无脊椎动物和低等脊椎动物中，动物的判断由原始本能所指引。那些存在了数千年的、显现危险的刺激信号（腐烂的食物气味、猛兽的影子），可以激活先天预成的神经环路，进而触发先天程序化的适应性行为模式。但是，在人类和高等动物中，只有少数刺激评价是完全本能的。例如，一些原始的无条件刺激（食物、温暖、叫声、噪音、跌倒）可引起原始的积极或消极的情绪反应；而通常大多数情况下，信息必定是通过经验获得的。”“大脑拥有两种分别评价简单和复杂刺激的平行加工系统。当刺激只需要相当简单和粗糙的评价时（如关于冰激凌，我们需要知道的只是‘我喜欢吗?’），信息可能沿着由丘脑直接到边缘系统的路径发送；当刺激需要精细和复杂的评价时，信息可能沿着由大脑皮层到边缘系统的路径发送。因为大脑皮层拥有大脑最高级的加工能力，它能使我们对刺激的意义进行微妙的辨别。而且，这两种加工系统或加工形式经常是协调工作的——当感觉输入到达丘脑，它一方面通过主要投射系统到达皮层以做进一步的分析，另一方面同时沿附属系统中转到皮层下区域。”——乔建中．情绪研究理论与方法［M］．南京：南京师范大学出版社，2003：68-69.

知路径。“其中一条路径是快速的，直接从感觉丘脑（感知信息的一个通道站）到杏仁核，这条通道绕过了大脑皮质，因此它只依赖于对感知信息的粗略评估。另一条路径是稍微长一些和慢一些的，从感觉丘脑到大脑皮层，然后到杏仁核，它使得对每种感知信息的评估成为可能，并产生相应的命题内容。”①

例如，当成年人看到物体砸来、动物攻击等信号时，就会本能地判断出其刺激性，相应地产生某种情绪思维及行为反应。

受重复性影响，情绪生理反应也会因人而异。

生理反应对信号内容的“刺激性信息”辨别，一方面受到动物本能的影响，另一方面又会受到重复性的影响，比如强烈的臭味会引起人的动物性本能，生成厌恶情绪，但久处鲍肆不闻其味，反映的就是我们常见的现象，在一个环境中待久了，就会对某种信号内容慢慢习惯，熟视无睹，不会产生新的生理情绪反应。因此，一个信号是否具有刺激性，也会因人而异。

在强信号刺激下，短路神经回路工作后，正常神经回路才开始工作，两者之间的时间差虽然不到 1 秒，但已经有先后的差别，对于情绪的生成有至关重要的影响。

正常神经回路产生的情绪是经过认知判断后的生成物，短路神经回路产生的情绪是生理反应或动物本能反应的生成物。在强信号刺激下，会出现情绪生成过程的倒置现象，即先生成动物本能的情绪，后才有认知判断影响下的情绪调节。它们所带来的情绪思维内涵也会有相应的区别。

嬴政出生以后不仅肉体经受磨砺，而且精神上也饱受折磨，其中，其身世上的疑问，成为嬴政长大之后挥之不去的一个心病。

嬴政的父亲子楚在赵国为人质时，处境艰难。吕不韦以其前途为赌注，善待子楚，馈赠其金银。②

当子楚看中吕不韦姬妾赵姬的时候，吕不韦将赵姬赠予子楚。子楚与赵姬同居不久，赵姬有孕，生下的儿子取名赵政，回到秦国后改名嬴政，即为

① Keith Oatley, Philip N. Johnson-Laird. Basic Emotions in Social Relationships, Reasoning, and Psychological Illnesses [J]. Emotion Review, 2011, 3 (4): 426.

② “子楚，秦诸庶孽孙，质於诸侯，车乘进用不饶，居处困，不得意。吕不韦贾邯郸，见而怜之，曰‘此奇货可居’。”——司马迁．史记·吕不韦列传［M］．上海：汉语大词典出版社，2004：1091.

后来的秦始皇。[①]

因为赵姬与子楚同居不久即有身孕，历史上对秦始皇是吕不韦的血脉，还是子楚（秦庄襄王）的儿子一直都有争议。[②]

秦庄襄王去世后，13岁的嬴政继承王位，因为年幼，朝政为赵太后和吕不韦把持，而此时两人仍然暗中有染，赵太后更要嬴政尊称吕不韦为“仲父”。

嬴政长大以后，对吕不韦与母后的亲密关系可能多少有所察觉，想来也是他的一个心病。身为王家子嗣，而自己的身世不清不白，这难免给年轻的嬴政留下郁忿的心结。

嬴政的成长经历，使得他从小就饱受怨恨的情绪思维困扰，等嬴政成为秦王感受到挑衅性信息的时候，这种信息很可能与他内心的怨恨心境相结合，使得大脑为动物性情绪思维所充斥，主导他的判断选择。因此，在嬴政施政过程中，经常可以看到嬴政喜欢对报复对象施加暴虐惩罚手段，发泄心头之恨，以满足自己的动物本能需求。

在嬴政长大之后，吕不韦审时度势，已经看到与赵太后纠缠不清的风险，便指使另一位年轻男子嫪毐假冒太监服侍赵太后，自己抽身而出。

嫪毐得赵太后宠信，被封为长信侯，与赵太后暗地里生育了两个儿子。嫪毐在宫中权势日增，宫中事情无论大小均由嫪毐决定，权势逼近吕不韦。

嬴政21岁的时候开始亲政，有人告发嫪毐，嬴政派人调查核实，嫪毐与赵太后私通并生育两子确是事实。

嬴政虽然刚刚执政，但已经贵为执掌大权的秦王，王的尊严、王的权威都会因此而受到轻视，秦王嬴政此时心里充斥的不仅是耻辱，更多的是愤恨。

耻辱与愤恨情绪相互融合的结果，是产生无法抑制的动物原始性报复的情绪思维判断选择。

嬴政调兵遣将，许以重赏，攻打嫪毐，将其一举击溃，并随后将所有参与作乱的溃逃人员全部抓获并予以惩处。

---

① “庄襄王为秦质子於赵，见吕不韦姬，悦而取之，生始皇。”——司马迁．史记·秦始皇本纪[M]．上海：汉语大词典出版社，2004：71.

② “吕不韦取邯郸诸姬绝好善舞者与居，知有身。子楚从不韦饮，见而说之，因起为寿，请之。吕不韦怒，念业已破家为子楚，欲以钓奇，乃遂献其姬。姬自匿有身，至大期时，生子政。子楚遂立姬为夫人。”——司马迁．史记·吕不韦列传[M]．上海：汉语大词典出版社，2004：1092.

嬴政终于大权在握，权力赋予了他宣泄自己心中积郁已久的怨恨的机会。

嬴政对于有损他王者尊严的三个人给予了决绝的打击：

嫪毐被施以车裂之刑并且灭族。对于嫪毐与赵太后所生的两个儿子，也是自己的同母异父弟弟，嬴政命人将其放入囊袋内活活摔死。由此可见嬴政心中怨恨之深。

对于自己的母亲赵太后，嬴政也是满怀怨恨，将其逐出咸阳，打入冷宫，发誓永不相见。

嬴政有心诛杀吕不韦，但吕不韦有功于自己的父亲与秦国，说情者众多，嬴政只能先免去吕不韦相国职务。在吕不韦回乡后，嬴政以信函方式对吕不韦的行为予以斥责，吕不韦自知祸事难免，自杀而亡。

嬴政后来对敌对者喜欢施以暴虐手段予以报复的思维倾向，此时已经初见端倪。

3. 抑制动物性情绪思维生成，引导判断性情绪思维生成

情绪生成有两个神经回路，正常神经回路与短路神经回路。正常神经回路先由认知判断工作，然后再由情绪皮层工作，产生情绪与情绪思维状态；短路神经回路先由情绪皮层工作，然后再由认知判断工作，产生情绪与情绪思维状态。

正常神经回路产生的情绪，由认知判断主导产生，带有一定的理性成分，所形成的情绪思维活动可以称为判断性情绪思维状态；短路神经回路产生的情绪，由情绪皮层主导产生，带有较多的动物性本能反应成分，所形成的情绪思维活动可以称为动物性情绪思维状态。

领导者在认知基础上，要有意识地抑制动物性情绪思维生成，引导判断性情绪思维生成。也就是在情绪生成起始，就通过自我意识予以觉察，以认知判断内容对引起情绪生成的刺激信息属性进行识别，并予以必要的调整。这是情绪思维控制与调节的关键环节与内容。

动物性情绪的生成，在本质上是一种动物本能，在生成起始很难控制，一般需要在情绪生成之后，依靠自我意识能力，对其进行调控。

嬴政自亲政以后，就继承了历代秦王的信仰追求，通过争霸与扩张，歼灭六国，实现天下一统。

统一天下的信仰追求，对秦王嬴政的自我意识有强烈的影响，使得秦王

嬴政在发生动物性情绪思维判断选择时，有的时候能为自我意识中的信仰追求所影响，以判断性情绪思维压倒动物性情绪思维，进行新的判断选择。

秦王嬴政因母亲赵太后与嫪毐私通，将其逐出咸阳，打入冷宫后发誓永不相见。儒家学说此时在秦国还有影响，依据儒家的忠孝观点，即使母亲有“不好”的行为，作为儿子如此对待母亲，也是“不对”的。

秦国大臣为此事进谏相劝，嬴政此时脑子里充斥的是耻辱与愤恨情绪所驱动的动物性情绪思维判断，即王者尊严所遭遇的挑衅，必须以严厉的惩罚予以报复，即使这个人是自己的母亲，也不能予以免除。

在这种原始报复冲动的动物性情绪思维引导下，第一个劝谏的大臣被嬴政推出去斩杀，但是，嬴政没有想到此举并没有收到震慑效果，反而有后继者陆续冒死劝谏，这越发挑动了嬴政内心深处的暴虐倾向，在“顺我者昌，逆我者亡”的动物性情绪思维引导下，嬴政不问缘由，不管是谁，一口气连杀 27 个劝谏的大臣，终于将敢于冒犯君威的人打翻在地。①

在公开场合对于领导权威的“挑衅”，会挑动领导者最敏感的神经，迅速使领导者生成动物性情绪，由此带动的情绪思维也充斥着更多的动物本能，缺乏判断的理性融合成分，当然也容易带动领导者非理性的行为。

自此之后，王者威严不可拂逆，成为秦国臣子们印象深刻的血的教训。

忠孝事体，关系天下秩序根本。秦国人不敢说这件事，其他国家对此却仍有耿耿于怀者。此后有齐国人茅焦因两国交往来秦，为此事劝说嬴政。

茅焦没有从谴谪母亲这件事是对是错这方面发表观点，而是从对嬴政宏图大业施行影响的角度，劝告嬴政，谴谪母亲会引起天下人的反感，这不利于他夺取天下大业的实行。

一般情况下，情绪生成是认知反应与生理反应几乎同时工作形成的回路，认知反应可控，生理反应不可控。与此对应，情绪生成往往是动物性情绪与判断性情绪交织在一起，其生成物类似某种信息波在大脑中传递，情绪思维控制的方式就是以适宜的判断性情绪思维压制动物性情绪思维。

在情绪生成的短路神经回路现象中，如果先出现的生理反应压倒了后发的认知判断，人就会保持原来的动物本能情绪思维反应；如果后发的认知判

① “谏臣前赴后继，被处死者达二十七人之多。”——张分田．秦始皇传［M］．北京：人民出版社，2003：111.

断能够压倒先出现的生理反应，人就能够做情绪思维调节。

统一天下，是嬴政最高的人生理想，也是左右他思维判断最根本的内容。茅焦的言辞简单明了，直接触及嬴政灵魂深处，终于让嬴政在新的思维判断下进行了新的选择。

嬴政接受劝告，调整情绪思维内容，将赵太后接回咸阳居住。①

嬴政将母亲重新接回咸阳居住，并不代表他对母亲厌恶的情绪发生了根本改变，而是为了自己一统天下的信仰追求，用判断性情绪思维选择压抑住了自己动物性情绪思维选择。

由此可见，认知内涵主导情绪生成及情绪思维调控。

领导者在认识到情绪生成的两种途径内容及构成特点后，可以在日常生活、工作中有意识地对情绪生成及情绪思维进行引导和管理。

以认知判断引导情绪生成类型及情绪思维发展，这就是领导者对于情绪思维的调控能力。

对于领导者以认知反应控制生理反应的效果，最根本的影响因素是其"认知"构成的内涵，而不是简单的经验积累。

认知是智商的主要构成内容，也是影响人的思维机能运行的构成要素。认知由知识学习与经验积累获得，由人脑接受外界输入的信息，经过大脑的加工、储存，处理转换成内在的思维活动，其由概念记忆、逻辑推理、推测想象等内容构成，并以此影响思维判断。

认知构成会对信息信号的"刺激性"进行辨别，断定信号是否具有刺激性，不具备刺激性的信号不会被大脑情绪皮层关注，也就不会生成情绪；认知断定具备刺激性的信号则会迅速被情绪皮层接收，并立即产生相应的情绪，启动大脑开展情绪思维。

认知所达到的水平，可以对外来信号是否具有刺激性进行断定，主导情绪思维生成。除此以外，认知构成的内容，也作为知识储存或记忆储存，深藏在大脑记忆储存区，一旦它们作为回忆浮现出来，产生关联刺激，就也可以成为一种生成情绪的刺激信号，主导情绪思维展开。

领导者要从认知提升入手，控制情绪思维变化：一是提升知识层次与自

---

① "齐人茅焦说秦王曰：'秦方以天下为事，而大王有迁母太后之名，恐诸侯闻之，由此倍秦也。'秦王乃迎太后於雍而入咸阳，复居甘泉宫。"——司马迁．史记·秦始皇本纪［M］．上海：汉语大词典出版社，2004：72.

我反省意识，从源头减少动物性情绪产生。二是提升两种情绪思维生成路径的辨别能力，在情绪思维活动时利用“回推”能力对情绪思维活动进行反思。

三、独断型领导风格与变革型领导风格对自我控制能力的影响

领导风格是一种养成习惯，在形成过程中，受自我意识的影响，在形成以后，又会构成自我意识的内容，对情绪及情绪思维的自我控制产生影响。

领导风格与情绪思维是相辅相成的关系。建立在良好的情绪思维认知基础上的自我意识能力构成，会有利于适宜情境需要的领导风格养成，良好的领导风格，又会进一步推动形成更好的对情绪思维的认知；反之也是如此。

领导者的领导风格体现着某种情绪倾向，长期的情绪生成与变化倾向，会影响领导者对于情绪思维调控的自我意识构成。

秦国有实行严刑峻法的传统，① 等级管理不可拂逆，这种政治情境，使得嬴政执政之后，逐渐养成了独断型领导风格。

1. 独断型领导风格

独断型风格领导的习惯用语是“按我说的做”。

独断型风格领导要求的是人们对其指令立刻接受并无条件地服从，不会以协商的方式去解释这些指令背后的理由，并且不会因领导对象的情绪变化来调整自身工作风格。②

---

① “就1975年湖北云梦睡虎地出土的秦简法律文书可知，当时的法律已具体到了‘密如凝脂’的程度，仅死刑就有车裂、定杀、扑杀、石桀（肢解）、阬（活埋）、斩、枭首、凿颠、镬烹、抽胁、腰斩、囊扑等方法。其他诸如市场管理、货币流通、交通运输、行政管理、官吏任免等方面，均有法律、法规，以资凭据。”——江林昌．由焚书坑儒到崇尚黄老再到独尊儒术——秦汉之际的学术思想与帝国文明［J］．浙江社会科学，2007（1）：152-153．“在2000多年后的今天，我们还可以从陕西省临潼（秦国故都）博物馆里看到商鞅变法后对秦国刑法的展览，知道如何叫作‘髂’（抽掉犯人膝盖骨），‘劓’（割掉犯人鼻子），‘鲸’（在犯人脸上刺字），‘宫’（对犯人生殖器下手，或割或加填塞让子宫下坠）。总之，每一种酷刑都会对犯人身心造成极大创伤，使人痛苦一辈子。”——史式．警惕秦帝国的专制幽灵——孙皓晖隔行论史何为［J］．探索与争鸣，2013（1）：46.

② 独断型领导风格早期也被称为专制领导方式。早期对领导方式、风格的划分主要根据领导者如何运用职权来进行，比较有代表性的观点是美国心理学家勒温（Kurt Lewin）所做的研究。1939年，勒温领导一个研究小组，研究不同类型的领导方式，并将各种领导方式划分为三类：专制方式、民主方式和放任方式。“采取专制方式的领导人，明确要求必须做什么事情、什么时候必须完成何事以及如何完成何事。”——［美］保罗·克雷曼．心理学经典读本［M］．苗华建，译．北京：当代中国出版社，2014：128.

独断型风格领导在思维过程中容易受到动物性情绪思维的干扰，使动物性情绪思维判断在缺少认知纠正的情况下宣泄而出。

作为秦王的嬴政虽然已经养成了独断型领导风格，但是这个时期在他身上还没有显现出独断型风格压倒性的影响，这是因为在争霸天下的过程中，嬴政深知变革图强的重要性，也逐渐形成了变革型领导风格。

虽然独断型领导风格不受下属喜欢，但是因为其高效率的工作推进结果及简洁有力的执行方式，受到许多领导者的欢迎。

从人类社会形成组织管理以来，独断型风格可能是应用得最为广泛的一种领导风格，在政府组织、军事组织、商业组织、宗教组织等社会活动中，都可见其踪影。

独断型领导风格有利于树立领导权威，体现自上而下的工作效率。但是，这种风格运用不当，工作中会出现明显的弊端。

首先，领导者在运用独断风格的时候，必须与所处的工作情境相匹配。

独断型风格适合在强调垂直指挥、严格服从命令的工作情境中施展，比如军队、警察等组织，以及在应付紧急情况、处理突发事件的情境中。在这些工作情境中，独断型领导风格更有利于提高工作效率。

对于复杂工作情境中工作效果的实现，往往需要更多协商的决策氛围与机制，这个时候简单地以独断方式决策，在需要进行知识协商、参与创新等工作情境中就不适宜，比如在高校、科研组织等，包括社会管理中，如果坚持“我说你做”的风格，必然会与崇尚独立思考的知识型工作者产生严重冲突。

其次，独断型风格长期全方位推行，会使得下属承受极重的心理压力。

许多工作情境需要个体自主意识与能动性的发挥，在这些工作情境中，如果个体长期处于一种意愿无从表达的环境，情绪思维会呈现负面倾向。

当下属身处一个只能服从、动辄会被追究责任的工作环境时，个体心境与组织文化都会受到一定程度的扭曲。

最后，独断型风格可以显现雷厉风行的效率，但容易产生难以承受的决策失误后果。

在缺乏其他不同意见的情况下，独断型领导个人判断的正确性并不能有较高的概率，其在重大问题上一旦决策失误，就容易产生巨大损害。

缺乏制约的独断型领导风格，对领导对象来说是一个“恶梦”，对领导者自身情绪思维能力养成来说，也是一剂慢性毒药。

从领导风格与领导者自我情绪、意识控制的关联性来看，缺乏制约的独断型领导风格长期发展，会使得领导者在特定的情绪思维倾向影响下，在自我控制方面养成一些潜移默化的负面习惯。

独断型风格容易助长愤怒情绪的滋生蔓延，甚至走向情绪失控。

情绪是一种弥漫在大脑神经里的信息物，对个体的影响无处不在。情绪思维具有扩张的功能，会对其他心理活动如认知、行为动机等起到驱动或干扰作用。

与此同时，情绪思维变化走向极端，往往会产生损害性的后果。正面情绪思维如果无限制放大，会使人盲目乐观，忽视存在的问题与不足；负面情绪思维若不适时疏导，积压之下会使人走向崩溃。

独断型领导风格会助长负面情绪，尤其是愤怒情绪思维的蔓延，因此，作为皇帝的嬴政，比作为秦王的嬴政更多地表现出暴虐取向，实在是一个必然的发展结果。①

情绪有三种状态：持续性平静（心境）、间断性波动（波动）、短时间亢奋（激动）。其中，短时间亢奋是因为人受到某个强烈信号刺激后，经由短路神经回路，某种动物性情绪在短时间内达到情绪强度的顶端，情绪思维由动物性情绪所主导。

研究者通过实验发现，在情绪推理过程中，情绪唤醒度发挥着重要作用，个体在情绪意识影响下，情绪状态水平越高，其主观性判断远离事实真相的程度就越大，“越是趋近情绪的两极，其被夸大的程度就越大，即远离事实真相就越远。反之，越是趋近中性水平，其被夸大的程度就越小，即越靠近事实真相”②。情绪状态与情绪推理之间存在着关联。

处于亢奋状态下的情绪思维难以控制，个体卷入其中程度深，理性思维可能已经不起作用，身心完全由情绪思维所左右，甚至可能走向情绪失控，

---

① 也有学者从政治心态变化的视角，分析不同时期的政治心态对秦始皇行为的影响，而这种政治心态其实就是情绪思维内容的构成。“秦始皇政治心态的形成大体可分为亲政前、亲政后、统一后三个阶段，经历了政治忍耐、宽容和专横几个时期。”“公元前221年，39岁的秦始皇完成统一大业，建立了秦帝国。随着政治目标的实现，秦始皇的政治心态发生极大变化，原来自我压抑和克制的心态得到了彻底释放。那种打天下的英雄气概和政治容忍力被自大、自负的心态取代了，这一心态的变化使其政治行为变得骄狂、专横和放纵。”——杜洪义．秦始皇政治心态的嬗变［J］．辽宁师范大学学报（社会科学版），2007（3）：120-122.

② 施贵菊，杜尚荣．情绪推理——一种独立于理性推理的推理形式［J］．贵州师范大学学报（自然科学版），2015（4）：51.

也就是我们常说的神经失控。①

一般认为，在所有情绪类型中，愤怒情绪最难控制，愤怒也最容易出现失控。

已有的研究发现，人在愤怒的情况下，边缘皮层神经系统会调动人的大脑释放出两种激素：儿茶酚胺激素，可以在短时间内将人的愤怒情绪强度提升；肾上腺皮质激素，可以在较长的时间内维持人的愤怒情绪。②

所以，愤怒的情绪一旦生成，就很容易提升至亢奋程度；愤怒的情绪思维一旦生成，就很难释怀。

独断与暴虐的情绪思维影响，以及对六国臣民臣服的疑虑，使得秦始皇愤怒的时候可以滥杀百姓。③

秦始皇统一六国后，有陨石坠落在东郡，有人在陨石上刻字——“始皇帝死而地分”，这是对皇帝权威的公然挑战。

秦始皇听说了这件事，就派人去当地抓人逐个审问。

恐惧之下，没有人承认这件事是自己干的。

愤怒的秦始皇下令把住在陨石坠落地周围的人全部杀掉。④

愤怒情绪容易生成，愤怒情绪思维最难控制，所以，领导者必须建立对愤怒情绪思维的自我控制机制。

愤怒情绪思维的控制，是在情绪起始的时候，如果领导者以认知判断，对引起愤怒的信息的“刺激性”属性予以改变或调整，就可能抑制愤怒情绪

---

① 在神经失控时，“边缘脑的神经中枢宣布进入紧急状态，召集大脑的其他部分服从其紧急调度。神经失控发生在顷刻之间，激发立即的反应，这时掌管逻辑思维的新皮层根本来不及全面观察当前的形势，更无从判断行动的正确性”。参见：[美] 丹尼尔·戈尔曼．情商 [M]．杨春晓，译．北京：中信出版社，2010：17.

② 根据研究者的实验与测量，“边缘系统的激发会对人脑产生双重效应。一是释放出儿茶酚胺，使能量得到爆发性的迅速提升……与此同时，另一波由杏仁核激发的涌动传递至神经系统促肾上腺皮质的分支，为行动准备创造振奋精神的整体背景，这一过程持续的时间比儿茶酚胺的能量提升要长得多。总体的肾上腺和皮质兴奋可以持续数小时甚至数天”。参见：[美] 丹尼尔·戈尔曼．情商 [M]．杨春晓，译．北京：中信出版社，2010：70.

③ 有学者分析秦始皇所遭受过的三次刺杀事件，对其统一后以暴政镇压六国有一定的影响。“秦始皇在统一六国前后所遭遇的三次刺杀事件，即荆轲‘图穷匕见’的秦宫搏杀、高渐离筑击、张良主导的博浪沙椎击，都曾经对秦始皇的生命形成直接威胁”，“在统一天下过程中发生的三次刺杀行动对秦始皇的心理影响极为巨大，大到了他对山东六国臣民的恐惧意识和由此而来的敌意始终无法消歇”。参见：孙家洲．三次刺杀行为对秦始皇地域政策的影响 [J]．河北学刊，2013 (4)：52-55.

④ “始皇闻之，遣御史逐问，莫服，尽取石旁居人诛之，因燔销其石。”——司马迁．史记·秦始皇本纪 [M]．上海：汉语大词典出版社，2004：83.

的生成或改变其强度。①

但是，独断型风格使得领导者缺乏反省意识，当领导者的权威、地位受到挑战或挑衅，人格、名誉受到蔑视或侮辱的时候，很难以自我反省的意识对待这些挑衅或侮辱，在强烈信号刺激下，愤怒情绪很快可以生成并发挥作用。

独断与暴虐的情绪思维不受控制地蔓延，使得当上皇帝之后的秦始皇愤怒的时候对自己身边人也毫不手软。

秦始皇一次到梁山宫，从山上看见李斯出行的车马规模很大，便以言语表达出不悦的情绪。

秦始皇身边有人将这个信息告诉李斯，李斯立即将自己出行的车马大幅度减少，在后面的出行中，恰巧又被秦始皇看到。

秦始皇推测是身边的人走漏了消息，立即将当日身边的随从全部抓了起来，审问半天，没有一个人招供。

秦始皇暴怒之下，将所有随从全部斩杀。② 真所谓宁可错杀全部，也不放过一个。

受独断与暴虐的情绪思维影响，秦始皇愤怒的时候连鬼神也敢不敬。

秦始皇巡行天下的时候曾到过现在的湖南地域，在经过湘山祠渡口的时候，遇到大风，差点将船掀翻，秦始皇认为这是鬼神所为。

秦始皇询问湘山祠供奉的是什么神，旁边的博士回答是上古尧的女儿、舜的妻子。秦始皇认为此神对自己不敬，恼怒之下派了三千多名刑徒将湘山上的树木竹林全部砍光，以儆效尤。③

2. 变革型领导风格

变革型风格领导的自我意识倾向于创新管理，工作目标取向以获得变革性的改进结果为最重要的满意点，在工作中对组织目标取向和运作程序有个

---

① 比如在记者招待会等公开场合，如果领导者一开始在自我意识中将自己定位在接受批评指责的位置上，就会从合理性判断视角看待记者的“偏激性”提问，较好地控制情绪的生成；如果领导者一开始在自我意识中就以高位视角定位自己，那么记者的“偏激性”提问所产生的“刺激”与情绪生成就难以避免。

② “始皇帝幸梁山宫，从山上见丞相车骑众，弗善也。中人或告丞相，丞相後损车骑。始皇怒曰：‘此中人泄吾语。’案问莫服。当是时，诏捕诸时在旁者，皆杀之。”——司马迁．史记·秦始皇本纪［M］．上海：汉语大词典出版社，2004：82.

③ “浮江，至湘山祠。逢大风，几不得渡。上问博士曰：‘湘君何神？’博士对曰：‘闻之，尧女，舜之妻，而葬此。’於是始皇大怒，使刑徒三千人皆伐湘山树，赭其山。上自南郡由武关归。”——司马迁．史记·秦始皇本纪［M］．上海：汉语大词典出版社，2004：79.

人的见解，并且在一定程度上予以坚持。

变革型领导风格有助于领导者在新的建议面前保持认知判断态度，对不同意见者能够予以一定程度的宽容，围绕变革目标的实现，对各种建议，甚至是异议予以理性分析。

在变革型领导风格影响下，作为秦王的嬴政往往能让人看到礼贤下士、包容大度的一面。

嬴政自成为秦王之后，就已经在惩处嫪毐、赵太后及劝谏大臣过程中表现出了出手狠毒的独断型风格特点，显示出其内心所存在的偏好暴力的情绪思维倾向。只不过在随后的兼并天下大业中，出于变革图强的需要，在用人方面，能够以变革型领导风格的思维意识压制自己的动物性暴力偏好。

在战国七雄争天下之际，魏国人尉缭曾到秦国游说嬴政。

尉缭分析秦国的强势在于自身的强大，秦国面临的对外劣势在于其他六国有可能联合，如果六国联合起来对秦国发动突然袭击，秦国再强大也难以抵挡。

嬴政认为尉缭的分析深具理性，向尉缭请教应对之策。

尉缭建议嬴政要舍得花钱贿赂各国的政要大臣，通过他们影响各国政务决策，避免不利于秦国的合纵政策的出现。

嬴政接受了尉缭的建议，认为尉缭是个人才，因而用自己的饮食穿衣标准宽待尉缭，礼贤下士，希望尉缭能留下来为秦国所用。

尉缭可能会相面之术，在看了嬴政面相之后，告诉别人嬴政少有仁心，本性为虎狼暴虐之人，有求于人时可以礼贤下士，得势之后难以容忍别人的冒犯。尉缭认为与这样的君主相处非常危险，因而决定离开秦国。①

对君王作如此非议，一般都会面临灭顶之灾。嬴政得知尉缭要离开秦国，不仅不为他的非议所恼，反而百般挽留，以国尉职位相赠，始终非常重视尉缭的决策建议。

由此可见，在秦国变革图强、一统天下的过程中，嬴政正如尉缭所分析的那样，以变革型领导风格抑制自己的独断型风格，即使面对出言不逊的人才，也能压抑住情绪思维厌恶偏好的影响，从有利于霸业的变革意识出发，要求自己做到礼贤下士，发挥人才对秦国的价值。

---

① “缭曰：‘秦王为人，蜂准，长目，挚鸟膺，豺声，少恩而虎狼心，居约易出人下，得志亦轻食人。我布衣，然见我常身自下我。诚使秦王得志於天下，天下皆为虏矣。不可与久游。’”——司马迁．史记·秦始皇本纪［M］．上海：汉语大词典出版社，2004：73.

到天下一统，成为手握大权的皇帝时，嬴政身上所蛰伏的独断型风格开始慢慢抬头，肆意妄为、无所约束的结果，是使得独断型领导风格成为秦始皇后来的主要领导风格，对于暴力手段的迷恋更增加了独断的残忍性。

自商鞅变法以后，秦国以军功定爵位，推行斩首记功、鼓励暴力的政策，使得秦国士兵在战场上如虎狼之师。

秦始皇是通过战争夺取天下，在无数次兼并战争中从士兵到平民死伤无数，从战争中走过来的人对暴力已司空见惯。①

等到天下已定，秦始皇再无任何事情需要迁就，独断型风格与暴力倾向融合抬头，使得他处理事情的时候不愿意反复思量，而是选择了以法作为独断的表达方式、以暴力作为法的支持手段的简单的严刑峻法管制方法。②

秦始皇相信，法与暴力的结合最为简单有效，治理国家应该以此为据，不需要伤神费心考虑其他方式。③ 这种情绪思维倾向引导秦始皇逐步走向暴虐之路，将大秦皇朝变成了一个暴政之国。

四、工作情境对情绪思维控制的影响与反省意识构建

从自我意识构成内容看，由于工作情境、职位等因素的影响，领导者更容易处于情绪之中，也更容易忽略情绪思维的影响，因而从自我反省的视角，

---

① “在攻灭六国过程中，秦王政使用了极为残酷的诛杀、灭、坑等手段制服六国统治者和人民，表现出了极度的野蛮性、残暴性。尽管任何战争都是残酷的，但战争的残酷程度从来都和操握战争主动权的一方的政策有关，秦统一中国的战争，其残酷性、野蛮性和临战的军事指挥将领有关，更与秦王政的残忍成性有关，是他的这种性格加剧了战争的残酷性。”——江连山．试论秦始皇的恶劣性格与其独裁专政的关系［J］．绥化师专学报，1996（2）：85.

② “统一中国以后，陶醉于战争的胜利、统一的成功、至高无上的皇权、臣僚们歌功颂德之中的秦始皇忘乎所以了。”“这些，导致了秦始皇性格中的刚愎暴戾恶性膨胀，他独断独行，滥施淫威，再也听不得不同意见，更不允许别人批评。”——汪受宽．司马迁笔下的秦始皇［J］．兰州大学学报（社会科学版），1986（1）：40.

③ “秦王朝确立了皇帝至高无上的价值观，其理论基础主要是韩非的法家学说。”“传统的观点认为，韩非学说的中心是法、术、势，这是不太准确的，因为法、术、势都是工具性的东西，它们的目的都是为专制君主服务，韩非是君主至上论者。”“韩非的学说以鼓吹君主专制主义为根本，这也正是他受到秦始皇赞赏的地方。而在秦始皇、秦二世以及李斯、赵高等秦王朝的统治者那里，这种君主专制主义得到了进一步的极端化发展，以致达到了无法无天的地步。”——李祥俊．秦王朝的创立与新型价值观的自觉建构［J］．晋阳学刊，2017（4）：12-13.

领导者在情绪思维控制方面面临的挑战也就更大。①

1. 等级工作情境氛围影响领导者反省意识的养成

领导者长时间身处某个政治情境之中，个体对情绪思维的自我意识能力也会受到情境因素的影响，这种影响包括正负两个方面，如果某个政治情境中，组织要求及人际习惯形成了自我反省的氛围，这对于领导者情绪生成时的自我意识分析就会产生正面促进作用，反之，则会起相反作用。

领导者也是由普通人逐渐提升至管理、领导岗位，在这个过程中，作为普通的"人"，与作为领导者的"人"，在情绪思维能力构成中的差别与工作情境的影响是密不可分的。

人的情绪思维能力构成具有多面性。有的时候，同样一个人，在生活中的情绪思维能力表现，与在工作中的情绪思维能力表现会呈现强烈的反差。

情绪思维的自我意识、自我控制等内容养成，是一个长期的过程。领导者在这期间，长期受到工作情境的影响，工作情境中所形成的关系规则、行为倾向的长期浸透，使得领导者不可避免地受其影响，在情绪思维能力养成中体现出来。

人的情绪思维控制，主要是在情绪生成中受认知判断的影响，而认知判断又受到个体所处的社会环境的影响，因此，人际关系中的情绪思维控制，无可避免地会受到我们所处的社会环境所形成的人际关系规则影响。在工作情境中，地位差别及其所形成的关系规则，时刻影响着我们情绪思维的变化及控制过程。

在人与人地位非平等的特殊关系状态下，居于主导地位的人通常可以放松情绪思维控制，以俯视的态度向他人发泄个人情绪，而居于从属地位的人需要不断警醒自己实行情绪思维控制，对主导者必须采取仰视的态度，在言语及行为上不能有明显的触犯。这在长期的社会活动中已经形成了惯例，为各种社会关系规则所认可。

在一般的工作情境中，上下级关系的基本规则是，上级可以适当地发泄

---

① 戈尔曼认为，领导者对于情绪的自我管理，主要表现在以下几个方面：情绪上的自我控制：将分裂性的情绪和冲动保持在控制之下；透明度：显示诚实和正直，值得信赖；适应性：在适应不断变化的情况或者克服障碍方面保持灵活性；成就：改善表现以达到优秀所对应的内部标准的推进力；主动：随时准备采取行动，抓住机会；乐观主义：能够看见事物好的方面。参见：［美］丹尼尔·戈尔曼，理查德·博雅特兹，安妮·麦基．情商4：决定你人生高度的领导情商［M］．任彦贺，覃文艳，李瑶，译．北京：中信出版社，2014：45.

自己的情绪，下级必须控制情绪思维，防止自己的情绪变化和发泄以致与上级产生冲突。这个是组织中的等级规则所形成的上下级地位差别关系在运行中的衍生产物。

在组织情境中，等级指挥的理性要求掩饰了情绪发泄的非合理性。

在组织中，下级服从上级是一种以纪律方式约定的理性要求。本来在理性的约定中，下级服从的是上级指令，而非情绪发泄，但是，在实际中，由于领导者的情绪发泄往往与指令发布交融在一起，下属在服从指令的同时，也就在形式上接受了领导者的情绪发泄，使得领导者情绪发泄似乎变成了合理性内容。

对于居于从属地位的人来说，突破由地位差别所形成的关系规则的控制，往往会给个体带来损害性结果。在长期的试错及惩罚教训积累之下，个体会选择向地位、差别关系、规则低头，将情绪表达与发泄控制在符合情境要求的程度上。

在封建专制情境下，下属的个人发展甚至生死主要取决于上司的好恶。上司的好恶就是下属所要面对的工作情境，下属必须在上司面前选择低头，必须忍气吞声，这是下属控制自己情绪思维的认知判断内容。反过来，这也是上司在下属面前放松情绪思维控制、宣泄个人情绪的“合理性”依据。

等级工作情境容易使领导者在长期的情绪发泄倾向中，逐渐习惯这种方式，缺乏反省与自我控制意识，将情绪思维的任性而为视为合理性的领导构成内容。

对于秦王朝灭亡的原因，司马迁同意贾谊的观点。

秦国拥有山川地形的险阻之利，自立国始就立于不败之地，诸侯争霸的时候，即使各国联合，也很难攻入秦国腹地。

等到秦二世的时候诸侯造反，这些人本是各有私利，人心不齐，但是在与秦军作战时，攻入各处险隘如入无人之境，其本质不在于诸侯力量的强大，也不是险关要塞不起作用，而是秦皇朝上下人心已散，没有人愿意为皇帝拼命，所以军队一触即溃，咸阳轻易失守，君主被俘。①

贾谊认为，子婴继位后，如果能得到有用之臣的帮助，重拾人心，秦国至少能据关防守，保有原来的秦地不丢。

---

① “法令诛罚日益刻深，群臣人人自危，欲畔者众。”——司马迁．史记·李斯列传［M］．上海：汉语大词典出版社，2004：1119.

2. 领导者需要格外关注与控制“自我”影响下的情绪思维倾向

领导者在决策过程中拥有高度的自决权，容易形成以“自我”为中心的推理判断方式。领导者在认知判断主导下生成判断性情绪思维过程中，一个非常重要的前提内容是其容易发生变化，就是以“自我”为中心的认知思考方式，将会使领导者围绕“自我”在各种思维程序“软件”中寻找解释与答案，并由此引导并控制情绪思维的生成。

公元前210年，秦始皇第五次出巡，左丞相李斯陪同，右丞相冯去疾留守咸阳。小儿子胡亥要求一同巡行，秦始皇答应胡亥同行。

秦始皇最后一次出巡在路途中生病，皇帝对死字非常忌讳，群臣也没人敢言皇帝身后之事。

在与病魔抗争过程中，秦始皇自觉病情加剧，无法撑到咸阳，就写了一封诏书给扶苏，让扶苏从戍边之地回咸阳参加葬礼。①

秦始皇临死之前召扶苏回咸阳主持自己葬礼，显然是有传位于扶苏之意。

秦始皇的诏书加盖玉玺后放在掌管符玺的中车府令赵高处，还没等交给使者，秦始皇就已经去世了。知道秦始皇去世的人只有赵高、李斯、胡亥，以及伴随在皇帝身边的几个宦官。

秦始皇死于巡行途中，这是一个突然变故。这个刺激性信息迅速引发了李斯、赵高的思维反应。

秦始皇去世，作为丞相的李斯便是这支巡行队伍的最高领导，按照常规，也就是逻辑思维判断，李斯应该召集同行的群臣，通报信息，商量对策。②

李斯本是楚国人，当过郡里的小官，后从厕所与谷仓中老鼠的不同境遇中总结出发展环境的重要性，跟随荀子发愤学习，学成之后，认为各国中唯秦国最强，因而离开楚国，入秦寻求发展机遇。由此可见，从踏入仕途之日起，功利取舍就成为影响李斯思维判断的延续不绝的情绪心境内容。

---

① “至平原津而病。始皇恶言死，群臣莫敢言死事。上病益甚，乃为玺书赐公子扶苏曰：‘与丧会咸阳而葬。’”——司马迁．史记·秦始皇本纪［M］．上海：汉语大词典出版社，2004：85.

② 李斯是秦帝国建立的重臣，从招贤揽才、运筹帷幄歼灭六国的战略安排到确立新帝国的政治架构，从文字到度量衡的统一，李斯都起到了关键性的作用。“新帝国确立的政治制度和其他方针政策，除立帝号一项是李斯与王绾等人合提而外，其他均出自李斯一人之口手。中国历史上第一个封建专制的中央集权主义国家的建立，深深地打上了李斯的印记。”“公元前210年（秦始皇三十七年）七月，秦始皇在最后一次出巡中，病死于途中沙丘。继立秦王朝第二代皇帝，成为李斯一生的转折点。”——梁华刚．创世之重臣毁业之罪人——评李斯的功过［J］．河北师范大学学报，1987（1）：88-90.

“自我”包括个人利益、名誉、地位等诸多内涵，是每个人在社会活动中都必须面对的实际内容。“自我”中有理性的取舍内容，也有情绪偏好的成分，这两种成分之间往往又会交汇影响。以“自我”内涵渗透到决策意识之中，是一种难以觉察的思维习惯，“自我”内涵会以一种心境构成内容主导情绪思维偏向，对个体决策思维产生潜移默化的影响。

领导者对“自我”内涵必须有反观意识，在决策思维中辨别清楚自己的情绪思维倾向，予以分析控制。如果任由“自我”内涵主导情绪思维发展，往往就会反受其害。

李斯推崇法家，法家思维习惯偏好权谋，因此，李斯的思维判断不知不觉地受到权谋的情绪心境影响。①

什么事情都习惯先从权谋视角考虑，而且往往将个人利益摆在首位，这是李斯的思维习惯。这种思维习惯既包含着理性的考量，也包含着情绪思维偏好。

在权谋心境影响下，李斯否决了与群臣共商大事的决策选择。

秦始皇死于巡行途中，这个消息知道的人太多，就难以保密。这个消息一旦传播，咸阳及其他地方都有可能发生意想不到的变故。李斯决定要对同行的群臣封锁消息，即使是其中的高级官员也不能知晓此事。

李斯的权谋决策内容是符合当时实际情况的另一种逻辑思维产物，李斯选择权谋决策，放弃常规条件下的逻辑思维决策并没有错，但是权谋心境的至深影响，使得他在情绪思维偏好中将封锁做到了极致，连高官也要封锁。②

如果李斯虽然封锁消息，却对少数几个高官告知了真相，那么参与决策的就多了几个大臣，李斯后来受到赵高蛊惑的时候，就不可能轻易地接受篡

---

① 学者可永雪研究认为：“李斯的才是一流的。他天分高、悟性好，善于以小见大、感悟人生，能够审时度势，顺应时代潮流。他的政治魄力、政治手腕都不愧是封建社会一位杰出的政治家，不愧充当第一个统一大帝国的开国元勋。但论到德，则此公操行甚差，灵魂极糟。这是因为他在思想上是一个极端自私利己的个人主义者，他考虑一切问题都是以个人利益为轴心、为转移的；他只讲现实利益，不讲道德节操；只问目标，不择手段。”——可永雪：德才分裂型灵魂的剖视——李斯论［J］. 内蒙古师范大学学报（哲社版），1992（2）. 学者马勇研究认为：“李斯是中国封建社会极端个人主义的代表。这使得他只相信强权和实力，认为包括文化传统在内的所有一切都是可以靠强权和实力加以征服的。”——马勇. 李斯的思想品格与秦文化政策的得失［J］. 齐鲁学刊，1992（5）. 参见：白芳. 二十年来李斯研究述评［J］. 中国史研究动态，1999（2）：9.

② “独子胡亥、赵高及所幸宦者五六人知上死。赵高故尝教胡亥书及狱律令法事，胡亥私幸之。高乃与公子胡亥、丞相斯阴谋破去始皇所封书赐公子扶苏者，而更诈为丞相斯受始皇遗诏沙丘，立子胡亥为太子。”——司马迁. 史记·秦始皇本纪［M］. 上海：汉语大词典出版社，2004：85.

改诏书的提议，甚至赵高可能都不敢提出这样的提议。

在随秦始皇巡游的群臣中，现在只有李斯一个人掌握信息，这就为后来的篡诏提供了简单可行的途径。

在管理中，极权有利于体现效率，但是也容易因为缺乏规则的约束，由偶然的因素引发难以预料的变化。

在秦始皇所建立的极权情境中，李斯一个情绪心境的不起眼的影响，就引导了整个历史进程的改变。

李斯封锁秦始皇去世的消息后，让行程政务一切如常进行，只是群臣无法面见皇帝，一切政务都是通过宦官传递。

李斯的做法，让赵高不禁情绪思维涌动，浮想联翩。

赵高虽然出身卑微，但人却聪明。

秦始皇勤于政务，大事小事都亲自决断。而秦以法治国，秦始皇决断之时免不了需要参考法律规定，这个时候，贴身服侍的赵高就起到了重要作用。

赵高博闻强记，对秦朝的律法烂熟于胸，而且在长期的法律思维意识训练中，也具备了较好的逻辑推理能力。

赵高在秦始皇处理政务时，起到了法律“活字典”的作用，并且时常能提出正确的建议，成为秦始皇处理政务的重要助手。秦始皇赏识赵高才干，让赵高当胡亥的学习辅导老师。

赵高虽然受宠，但是没有了主子，自己可能就什么也不是。自己只是一个奴才，没有独立的人格，这点赵高比谁都清楚。

赵高的身份地位，使得他在自我意识构成中，始终将个人利益置于首位。

围绕个人利益最大化，赵高以自己的推断能力迅速做出了判断：如果扶苏继承皇位，以扶苏的才干肯定会自行其是，自己就会被扫地出门；如果胡亥继位，则情形就有变化的可能，胡亥年幼无能，自己作为他的老师，熟悉朝政，就极有可能成为胡亥依仗的对象。

胡亥要想上位，就必须篡改诏书。

李斯封锁消息，没有其他大臣知道情形，这为篡改诏书提供了可能。

要篡改诏书，下一步就涉及两个人物的态度：一个是胡亥，继承皇位是其个人利益最大化的选择，应该不会有太大的问题；另一个是李斯，李斯虽然贵为丞相，但在本质上与赵高一样，都是皇帝的奴才，皇帝换了，奴才的地位自然也就难以保证。李斯推崇法家，在义与利之间，法家是重利轻义，只要理由充分，就有可能打动李斯。

赵高根据情形条件和对象特点，迅速做出了推理判断，并付诸行动。

赵高按步行事，先找胡亥，商谈的结果不出所料，两个人的态度高度一致，篡改诏书是否可行实际上就取决于李斯一个人。

赵高再找李斯，说出想法。篡改诏书，这个信息对于李斯来说无疑是一个晴天霹雳，情急之下，李斯断然拒绝。

赵高毫不慌张，缓缓说出自己篡改诏书的理由：

其一，扶苏有才有德，一向与蒙恬等人交好，继位之后，肯定会选择自己信任的人担任丞相，李斯职位不保。

其二，扶苏心仪儒家，李斯所提议的焚书坑儒就曾经招致扶苏的反对，扶苏也因此惹怒秦始皇被贬去戍边，扶苏一旦执政，李斯的革新成果也会面临朝不保夕的处境。

其三，胡亥年幼无能，继位之后，对外仍然需要仰仗李斯，对内有自己的把持，只要李斯与赵高精诚合作，这就是三个人共赢的局面。

赵高的推断没有错，在利益面前，李斯习惯性地将个人利益摆在了首位。这个前提一旦确定，李斯再仔细推敲，就会发现赵高所做的分析条条有理。

个人利益的诱惑使得李斯无法自控，在面对秦朝皇权承继这个重大命题时，李斯明知篡改诏书是一个“错”的行为，也在赵高蛊惑下做出了对自己“好”的决策选择。

李斯得秦始皇信任重用，几个儿子都娶了秦公主，女儿也都嫁给了秦公子，自己官至丞相，可谓盛极一时。

李斯不是没有自我反思意识，李斯自知已据人臣之最，并且老师荀子也曾经说过“物禁大盛”，也就是物极则容易衰落，自己有可能因权势过盛招致风险，但是李斯控制不住情绪心境中对利益极致追求的诱惑，终于在秦始皇死于巡行途中时引发沙丘之变。①

李斯与赵高在沙丘所做的篡改诏书的决定，使得秦皇朝失去了一个有可能避免倾覆的机会。

---

① “斯长男由为三川守，诸男皆尚秦公主，女悉嫁秦诸公子。三川守李由告归咸阳，李斯置酒於家，百官长皆前为寿，门廷车骑以千数。李斯喟然而叹曰：‘嗟乎！吾闻之荀卿曰“物禁大盛”。夫斯乃上蔡布衣，闾巷之黔首，上不知其驽下，遂擢至此。当今人臣之位无居臣上者，可谓富贵极矣。物极则衰，吾未知所税驾也！’”——司马迁. 史记·李斯列传［M］. 上海：汉语大词典出版社，2004：1115.

李斯在日后与赵高的合作中，也断然想不到赵高有歹毒至深的迫害欲望。赵高唆使秦二世对皇室成员和大臣大开杀戒，将秦皇朝的暴政推向极致，引起天下义军四起，最终将李斯与秦二世也分别送上了断头台。

3. 情绪思维变化节点信号与反省控制意识构建

在人的认知内容中，要有对情绪及情绪思维的知识体系的认识，这样才可以做到对情绪生成具备“自我意识”能力。在情绪生成的时候，知道自己“有情绪”了，然后再判断“有情绪”的这个情绪思维好不好，是否需要引导变化，是否需要控制，进而做到对情绪生成与情绪思维活动进行“自我控制”。

领导者除了要能够对自身情绪思维的生成及发展进行控制外，还要能够从组织集体情绪引导的需要出发，控制自身的情绪思维，并据此调整自己的领导风格。这就是领导者的情绪思维管理能力，也是情绪思维能力的构成内容。

情绪思维的识别与控制，是自我意识能力构成中高层次的内容，比较难以领会与掌握。这既与它需要前面一个层次的情绪思维与自我意识的知识作为基础有关，也与情绪思维学习的特点有关。

一方面，情绪思维学习需要有意识状态下的重复实践。

领导者的情绪思维能力可以后天培养而成，但是大多数领导者情绪思维能力的培训效果不佳，这与人的情绪思维学习生理机制有关。知识学习通过新大脑皮层，经由概念、分析等传统方式完成；情绪思维学习需要大脑边缘系统配合，通过大量的实践与重复完成。大脑边缘系统学习起来非常慢，对那些根深蒂固的习惯进行改变时，就更具有挑战性。

另一方面，情绪思维学习需要个体进行持续的内心对话。

内心对话是一种意识内视行为，有助于我们在为情绪思维所困时，尝试从“局外人”的角度摆脱困境。①

自己与自己进行内心对话，也就是建立自我反省意识。

在人类社会活动过程中，除了从社会外部以一定的法律规则约束人的情绪滥用外，还会以道德说教的方式，希望个体能够自律，实现情绪思维的自我控制。

---

① “研究人员认为，左前额叶区是抑制扁桃核神经元的关键回路，因此可以使一个人免为苦恼所困。这个回路可以帮助领导者平息不稳定的情感，并保持自信、积极的情感基调。”——［美］丹尼尔·戈尔曼，理查德·博雅特兹，安妮·麦基．情商4：决定你人生高度的领导情商［M］．任彦贺，覃文艳，李瑶，译．北京：中信出版社，2014：52.

中国传统文化对个体情绪自律的要求，早在《中庸》中就有较为透彻的分析。

《中庸》被视为儒家人生哲学、个人修为的宝典，《中庸》开篇起始，就讲述了情绪生成原理及自律要求。

“天命之谓性；率性之谓道；修道之谓教。

“道也者，不可须臾离也；可离，非道也。是故君子戒慎乎其所不睹，恐惧乎其所不闻。莫见乎隐，莫显乎微。故君子慎其独也。

“喜、怒、哀、乐之未发，谓之中。发而皆中节，谓之和。中也者，天下之大本也。和也者，天下之达道也。致中和，天地位焉，万物育焉。”①

这里，大致讲了三层意思：

第一，人的本性来自自然，依照本性而为，就是顺应了自然之道，要想达到这种状况就离不开教化。

第二，人的本性符合自然之道这一要求，必须随时遵循，不能人看见的时候就做，人看不见的时候就不做，所以，君子独处的时候更要注意。

第三，情绪就是人的本性构成物，有情绪是正常的，没有情绪是不正常的。情绪没有发作的时候，可以叫作“中”的状态，也就是自然本性。情绪发作的时候必须有节度，处于“和”的状态，这种和谐状态也就是符合自然之道的要求。一个人能够做到这一点，就是通过教化的方式，顺应了自然之道的本性而为。

中庸的本义，就是要求人要通过教化的方式，处理好人的本性构成内容与人的自然和社会活动要求之间的关系，人的本性并不能随意而为，更不能肆意而为。如果能够通过自省的方式达成这一认识，于己、于人、于物都是最好的境界。

秦朝迅速灭亡的原因，既有秦始皇的暴虐统治所导致的人心尽失根由，也有承继者缺乏反省与自我控制意识，将暴虐统治推向更甚的推动效应。

按照中央集权制度的设计，即使秦始皇作为皇帝在位时间较短，只有12年的时间，但是，后面的承继者如果才能足够，对秦始皇治下出现的问题予以一定程度的纠偏，秦皇朝不一定就会走向迅速灭亡的命运，而且在渡过最初的管制难关之后，也许能维持更长的存在时间。

---

① 李鎏，等．大学中庸高级读解［M］．台湾正中书局股份有限公司授权，福州：海峡文艺出版社，2009：54.

秦皇朝的迅速灭亡，承继者的偶然性变化因素，为必然因素的发展提供了充分条件。

偶然因素之一，就是秦始皇在传位过程中所发生的“沙丘之变”。“沙丘之变”使得扶苏失去了继承皇位的机会，由胡亥继承了皇位。扶苏倾向儒家学说，有仁义之心，在征战六国的过程中又有戎马经验和对天下苍生饱受杀伐困苦折磨的了解，扶苏如果当上皇帝，就有可能对秦始皇的严刑峻法进行纠偏，以缓解天下人心的怨怒。

偶然因素之二，就是胡亥集无能与暴虐于一身。胡亥当上皇帝之后，既没有秦始皇的治国才能，却又将秦始皇的暴虐性情发扬光大。胡亥是一个缺乏自我意识与自我控制能力的侥幸上位者，当上皇帝之后完全被赵高所控制，为了稳固自己的权力，只知道采用暴力残杀无辜，在秦始皇暴政的基础上更上一层。

陈胜、吴广等造反之后势力日盛，李斯的儿子李由作为三川郡守防守不力，秦二世派去调查的使者回来报告后，秦二世指责李斯失责，李斯恐秦二世怪罪，上书赞扬秦二世以严法治天下，主张君主要权力独断，获得了秦二世的欢心。①

自此之后，秦二世暴政愈烈，官员中能收税的就是好官，杀人多的就是忠臣，路上行人刑者相半，街市中尸体堆积陈列，民众苦不堪言。②

导致秦帝国迅速灭亡的必然因素，就是在暴政之下的民心向背。当天下民众在生死一线苦苦挣扎、无所期盼的时候，揭竿而起就是必然的事情。③

秦二世胡亥更暴虐的行为，实际上是为人心向背准备了大量的干柴，而又缺乏对干柴的管理能力。此后陈胜、吴广在大泽之坡振臂一呼即能得到天下响应，就是火种与干柴的自然结合。

---

① “凡贤主者，必将能拂世磨俗，而废其所恶，立其所欲，故生则有尊重之势，死则有贤明之谥也。是以明君独断，故权不在臣也。”——司马迁．史记·李斯列传［M］．上海：汉语大词典出版社，2004：1122.

② “书奏，二世悦。於是行督责益严，税民深者为明吏。二世曰：‘若此则可谓能督责矣。’刑者相半於道，而死人日成积於市。杀人众者为忠臣。”——司马迁．史记·李斯列传［M］．上海：汉语大词典出版社，2004：1122.

③ “秦朝建立数载迅即灭亡，后人多将其原因归诸实行法家思想。然而，考察历史记载可知，秦政权垮台虽然与这些思想不无关系，真正的原因却在于秦统治者的穷奢极欲、大兴修建、肆意征伐导致了繁徭重赋，远远超过了当时社会所能承担的最大限度，把人民推到死亡的边缘。求生存才是人民起而造反、推翻秦王朝的真正原因。”——王占通．秦朝灭亡非法家思想之罪［J］．古籍整理研究学刊，2012（5）：1.

对于领导者来说，加强情绪思维自我控制能力养成，除了要提升对自我情绪生成的生理变化、表情变化、情绪类型等自我意识的感受能力之外，还要具备对刺激信号所包含的内容，特别是在感受到于己不利的内容，生成负面情绪时，进行自我反省的能力。

领导者能够做到一日三省吾身当然是最好境界，但是，在实际工作中，领导者很难处于一日三省的状态。

从管理可行性视角看，领导者对于情绪思维变化的自我反省意识的培养，主要在于管理节点信号及保持对信号的敏感性，只要节点信号出现，就立即与反省控制意识建立联系。

对于领导者来说，比较重要的节点信号有三个：

（1）对“挑衅”信号及自己负面情绪思维生成的状态保持敏感。

人的负面情绪的生成，往往是由于接收到于己不利的信号的刺激。领导者负面情绪的生成，往往也是由于受到了工作中于己不利的负面结果的影响。

当别人的意见，特别是批评意见使自己产生“反感”情绪时，就意味着外来信息生成了“挑衅”信号，这个时候，就要提醒自己对“挑衅”内容进行反省。

在对“挑衅”内容进行分析时，要从逻辑思维的“对错”角度，而不是情绪思维的“好坏”角度，分析感觉到的“挑衅”内容：是真“挑衅”，还是假“挑衅”，或者是一部分“挑衅”而另一部分“合理”。

当负面结果及负面情绪思维产生时，人的本能是归咎于别人。对于领导者来说，手下有太多的人可以承担责任，也会养成责任推卸的习惯。但是，对于问题的分析及解决来说，领导者必须客观地分清责任构成，才能实施奖惩及找到正确的改进途径。

因此，当领导者接收到负面信号刺激并产生负面情绪思维的时候，必须有意识地反思：负面结果是如何产生的？全是别人的责任，还是自己也有责任，甚至是主要责任？这是领导者在负面情绪思维生成时必须具备的自我意识能力。

“躬自厚而薄责于人，则远怨矣。”[①]

（2）对自己在情绪心境下的思维内容习惯反思。

领导者在其工作过程中，一般都会长期受某种信仰、价值的影响，或者接受、形成自己的信仰、价值内容，与此同时，在长期的工作奋斗中，领导

---

① （春秋）孔丘. 论语［M］. 杨伯峻，杨逢彬，注译. 长沙：岳麓书社，2000：148.

者也会形成自己的意志倾向。

信仰、价值与意志相辅相成，植根于我们意识（心灵）深处，以情绪心境的方式，潜移默化地主导着我们情绪思维判断，而又难以为我们所察觉。

领导者的信仰、价值观、意志等都会构成情绪心境内容，在思维判断中体现其潜移默化的影响。因此，领导者在做出重要判断时，可以习惯性地反思上述内容对判断的影响，是否存在情绪思维“好恶”感觉的选择倾向，防止“好恶”感觉影响理性判断。

（3）对自己的领导风格与情境的冲突予以警觉。

领导风格往往包含着某些情绪感染因素，当领导者的领导风格与下属或周边人际关系时常发生冲突的时候，领导者应该警觉，反思自己的领导风格是否与情境需要不相匹配。

领导者在一定情境下工作，不同的工作情境有不同的特点。即使是在相似的工作场合，各种工作环境或条件非常相似，但由于其人员构成的变化，也会形成不同的工作情境。因此，领导者必须具备将自己的领导风格与工作情境进行匹配的能力，以实现好的领导效果。

领导者容易受到信息刺激生成情绪，在情绪思维一旦生成处于运行阶段，对于我们生理、思维产生的影响，我们的意识是可以感受到的，在经过反复磨炼或有意识的训练之后，这种感受可以更加敏感，使我们能够对情绪思维运行状态及内涵进行有意识的分析。

到了训练的高级阶段，我们在对投射过来的信号的“刺激性”属性进行认知反应时，还可以将原来的无意识状态转变为有意识状态，引导认知内容走向，改变信号的“刺激性”成分，并据此影响情绪的生成和情绪思维走向。领导者要注意利用情绪容易生成的机会，有意识地进行反复训练。

领导者如果具备了对于情绪思维变化自我反省的认知判断习惯，就会对于己不利的信息的“刺激”属性进行合适的判断，并进而影响生理反应习惯，促成判断性情绪及情绪思维的产生，从而压制动物性情绪及情绪思维的原始冲动。

领导者有对情绪思维内视进行反复训练的机会，也要达到对情绪思维进行管理的层次，为此，要特别建立训练的行为意识。

当一个人可以对情绪生成及情绪思维运行状态进行有意识的感受，甚至是对情绪思维结果进行调整时，就说明这个人已经进入了对情绪思维进行自我控制和管理的层次，与对情绪生成及情绪思维运行保持无意识状态的层次有了质的区别。

第四章

情境对象类别与领导者解读他人

管人是领导者的主要任务，对于人的管理，除了规章制度之外，还需要有对人的情绪思维变化的感受与解读能力。因此，感受与解读他人能力是领导者必须具备的管人的基本能力。

认识自我与管理他人，是领导者情绪思维认知的构成内容，也是一个由内向外扩展的认识及行为的能力体系。

对于组织成员的情绪思维进行感受与解读必要且重要，因为每个人在思维判断中都难以避免情绪思维的影响，“对大多数人来说，决策不是诸如效用理论之类的规范模型所描述的认知计算的结果，而是对不同情境的情感反应的结果”①。

自我意识与自我控制构建了领导者情绪思维意识的内在能力。对于领导者来说，如何认识、管理与影响他人，就是领导者情绪思维意识的外在能力构成内容。

领导者管的人多，在管好组织全体人员之外，重点是要管好组织中的各级干部，同时，领导者还需要对组织之外的人施加影响。

组织中有制度纪律，但是，要想管好人，这些显然远远不够，尤其是对于“知识人员”与干部的管理，包括对组织之外的人的“管理”，需要拥有在规章制度之外的理解、沟通与影响能力。

要想管好人，就必须能够认识与理解人，继而才能有针对性地去影响人。

这个任务不仅繁重，而且复杂，这是因为每个人的意识能力构成都不一样，在情绪思维影响下，从自我意识出发的个体，在选择与他人交往的方式时会体现出差异性，形成个体行为与人际关系的复杂性。

解读他人的能力，是一个拥有层次内容的能力结构，包括：个体最初对他人从情绪思维的感受、解读到判断分析的能力；在认识、理解他人的基础上，再进行个体情绪思维自我调整的能力；个体最后向他人施加影响的能力。

---

① ［加］保罗·萨伽德．热思维：情感认知的机制与应用［M］．魏屹东，王敬，译．北京：科学出版社，2019：60.

在组织中能够较好地解读他人，有针对性地对他人施加影响，促进领导目标完成，对于领导者来说，并不是一件容易的事情。

领导者在人际交往中都会有对他人的解读能力，但是，这种能力往往是由经验积累所形成的，是一种经验性的解读他人能力，而不是在情绪思维认知基础上形成的解读他人能力。

在实践中，拥有情绪思维能力，并以此为基础去解读他人的领导者，往往对人际关系的处理显得游刃有余，特别容易引人关注。

在秦朝末年的各路造反大军中，项羽与刘邦是两个引人注目的领导者。

项羽擅战场破敌，勇冠三军，在巨鹿之战中破釜沉舟，以 3 万楚军大败秦军的数十万人马，令各路造反的诸侯无不仰视，奠定了秦朝灭亡的军事基础。

刘邦长情境谋略，善解人意，在项羽力战秦朝主力军的同时，绕道秦军薄弱之处，直入秦朝都城咸阳，接受子婴归降，是秦朝的直接埋葬者。

秦朝灭亡，项羽以领导者之尊大封各路诸侯，封自己为西楚霸王，刘邦为汉王，天下重新回归封建状态。在以后的各路王侯兼并争霸中，项羽与刘邦最后成为主要角逐者，天下纷争演变为楚汉相争。

在楚汉相争之中，作为两大集团的首领，项羽与刘邦各自的领导力构成至关重要。项羽以绝对优势，最后败于刘邦之手，千古评述中都认为刘邦用人能力明显高于项羽，是导致两者胜负分别的主要原因。①

领导者善于用人，是领导力的重要构成内容。懂得这个道理，是简单至极的事情，但是，懂得领导者如何才能善于用人，则是一件内涵深奥的事情。

领导者要想善于用人，就一定要具备善于解读他人的能力。

刘邦喜欢听手下人对他能力的评价，萧何、张良、韩信、陈平等能臣都

---

① 有学者对研究“楚汉战争”的文章进行了归纳，项羽失败刘邦获胜的原因主要表现在四个方面。“近三十年以来，有关楚汉战争的研究也较多。从 CNKI 所查阅到 1978 年至今的文献中，以‘楚汉战争’为关键词的文章共 400 多篇。有关项羽失败刘邦获胜的原因，大致可归为以下几类：一是归于刘邦的用人。这方面的研究大多重复刘邦自己总结的结论，新意无多。二是归于两者的战略战术的差异。刘邦运用战略得当，前期采用速胜的战略，后期采用造势的战略。三是归于政治意识。项羽在对人民的态度、天下大势的判断以及敌友的判断上都存在问题。四是归于优越的地理环境。刘邦居富庶的关中地区，提供了足够的后勤保障。”“有学者把刘邦的成功归为如下的性格：性格外向，敢作敢为，豁达大度，外示宽厚，却又暗藏心机。而项羽则与此相反：有勇无谋、优柔寡断、刚愎自用、凶暴残杀等。”——季乃礼．项羽为何放走刘邦——鸿门宴中项羽的决策行为分析［J］．南开学报（哲学社会科学版），2015（6）：126.

曾当面对刘邦与项羽用人能力做过比较，结论比较相似，就是刘邦与项羽在用人能力上各有长短。刘邦也不忌讳他们对自己在用人能力方面所存在不足的指责，因为张良、韩信、陈平都曾在项羽手下效力，两相比较较为客观，同时可能刘邦自己也清楚，他们所讲的的确是事实。

在众人的评议中，陈平的言辞较有代表性。

陈平在楚汉阵营都效力过并得到过重用，对项羽和刘邦的为人处世有较深的了解。陈平曾当着刘邦的面，评述项羽和刘邦为人的长短：

项羽为人注重礼仪，恭敬爱人，重礼倡廉的士子们多归附到楚营之中，但是项羽私利太重，对于有功之臣赐爵封邑时，往往犹豫不决，不愿赏赐，这也导致许多有才之士离楚营而去。

刘邦对读书之人傲慢少礼，重礼倡廉的士子们都不愿投汉，但顽钝逐利之士却愿意投奔汉营，这是因为刘邦舍得让利，对有功之臣必以爵位封地赏赐，使得有才之士愿意为汉营效力。

陈平认为，如果有一个领导者能够兼具项羽与刘邦所长而去其所短，则天下挥指可定。

刘邦坐上皇帝位子，与群臣共饮，大家对刘邦与项羽用人长短再度做出与陈平相似的比较后，刘邦认可群臣对自己用人长短的评价，但却认为还不够深入。

刘邦以自我反省意识，说出了解读他人与自我位置设定的名言："公知其一，未知其二。夫运筹帷帐之中，决胜於千里之外，吾不如子房。镇国家，抚百姓，给馀饷，不绝粮道，吾不如萧何。连百万之军，战必胜，攻必取，吾不如韩信。此三者，皆人杰也，吾能用之，此吾所以取天下也。项羽有一范增而不能用，此其所以为我擒也。"①

刘邦虽然没有陈平所设想的理想化的领导才能，但是其拥有的领导才能之所长，正是其争夺天下不可或缺的内容，就是在感受与解读他人能力基础上所形成的吸引人才的氛围，以及使用和发挥人才长处的效应，而这个方面，却正是项羽的短处。

刘邦与项羽在用人方面的能力差异直接影响到了天下归属，那么，决定他们用人能力差异的内在因素又是什么呢？

情绪思维意识影响下的领导者解读他人能力的内容，会为我们理解领导

---

① 司马迁．史记·高祖本纪［M］．上海：汉语大词典出版社，2004：137.

力深奥的内涵提供新的视角。①

情绪思维解读他人能力指的是，在人际交往中，个体能够根据情境对象的类别特征，通过对接触对象情绪及情绪思维的感受，辨别其所处的情绪状态，进而解读情绪思维在其思维意识中所产生的影响，有针对性地进行个体思维调整及行为匹配。

个体在情绪思维认识基础上所形成的感受与解读他人能力，意味着一个人的情绪思维能力从自我意识、自我控制的自我管理，走向了外在管理的第三个层级。

领导者管的人多，要想有效地解读他人，必须有选择地关注关键的工作情境对象，并以分类的方法，总结每类人员在工作情境中情绪思维活动的一般特征，以此出发提升自己的解读能力。

领导者面临的情境对象主要有四类：上级领导、同级领导、下属、组织之外值得关注的关联对象。

领导者与四类情境对象的关系内涵，除了正常的工作关系之外，还有情绪思维所施加的人际关系影响融会其中，因此，领导者对情境对象的感受与解读，需要从工作关系视角与情绪思维视角两个方面予以统筹考量。

从工作关系视角看，一般是从由组织结构及规章制度所确定的内涵出发，领导者主要是把握情境对象的等级位置状态，行使正常的组织管理职能。

领导者在人际关系管理中所面临的复杂内涵，并不能简单地由工作关系确定。在工作关系视角之外，情绪思维视角更有利于领导者感受与解读复杂的人际关系形态，因此，领导者必须拥有该方面的情绪思维能力。

从情绪思维的视角看，领导者的解读他人能力构成，主要表现在四个方面：对于感受他人内涵的认知与养成能力、对于他人情绪思维变化解读方式的理解与运用能力、对于情境对象的分类解读能力、对于提升解读他人意识的自我调整能力。

---

① 新的研究方法，会扩展我们认识事物的视角。“研究刘邦和项羽，我们唯一能够凭依的史料是司马迁在《史记》中的叙述。”“任何学术史的回顾都是在寻求一种方法的创新，如何在刘项研究中呈现意义阐释的可能性，依旧是一个问题。”——高军强．历史叙事的多重视野：刘邦与项羽引论——兼论“互见法”的历史哲学内涵［J］．渭南师范学院学报，2018（13）：70.

一、感受与解读他人是一种养成能力

我们常常习惯性地认为，个体对于他人情绪变化的感受，是一种自然的、带有动物本能的反应能力，而实质上，个体感受他人的能力，是一种以自然本能的同理心为基础，在自觉意识引导下的养成能力。

感受他人能力的生理基础，在于同理心的培养。

同理心是指在情绪自觉意识基础上建立的，对他人情绪变化及感受状态的感受能力。同理心的形成可溯及婴儿时期，人在婴儿时期，就具备了对他人的情绪变化进行感觉的能力，这种能力又被称为大脑“边缘皮层”中的同理心的形成及反应。一般情况下，婴儿感觉到对方“喜”的情绪，会形成自己的“喜”的情绪，感觉到对方“怒”的情绪，会形成自己的“惧”的情绪。

同理心非常重要，自我们出生时起，就给予了我们在人际社会中生存的技能，个体以同理心为基础，以相关联的情绪思维形式，形成对他人认识的基本的感受能力，也由此增加了获得他人援助与支持的机会。

个体感受他人的基础是拥有同理心，是对于他人所遭受的处境的体会程度，并由此影响到自己的判断与行为选择。

刘邦生前宠爱戚夫人及其所生的儿子赵王，曾想立赵王为太子，戚夫人因此遭到吕后嫉恨。

刘邦死后，吕后自己的儿子当上皇帝，为汉惠帝。吕后先是将戚夫人押入狱中，然后召赵王入京。

汉惠帝生性仁慈，知道自己的母亲狠毒，让赵王与自己同住，处处护着幼小的赵王，但吕后还是乘着惠帝疏忽之时，以毒酒毒死赵王。

吕后再将戚夫人砍断手足，挖掉双目，火烧至聋，灌药至哑，称戚夫人为“人彘”，放在厕所之中，召惠帝观看。

吕后的狠毒令人发指，惠帝观看“人彘”得知真相后，受到巨大刺激，直言这“非人所为”。①

---

① “居数日，乃召孝惠帝观人彘。孝惠见，问，乃知其戚夫人，乃大哭，因病，岁馀不能起。使人请太后曰：‘此非人所为。臣为太后子，终不能治天下。’”——司马迁．史记·吕太后本纪［M］．上海：汉语大词典出版社，2004：144.

汉惠帝从此情绪崩溃，一病不起，不愿处理朝政，以饮酒作乐作为发泄方式。

吕后以狠毒方式待人以发泄自己的愤恨，但这种没有同理心的行为同时也毁了自己的儿子。

在社会活动中，许多道德判断与义举都是源自同理心，同情弱者，路见不平、拔刀相助都是其反映。

一个人如果缺乏同理心，会难以与他人相处；一个群体如果缺乏同理心，会导致暴力、犯罪行为增加。

拥有同理心的领导者容易与下属建立情感纽带，促进彼此之间的沟通。“因此，同理心也成为情绪领导力研究领域的一个重要内容。研究表明，有同理心的领导者能获得更高的员工评价和满意度。”①

1. 同理心强弱受养成影响

在人际社会生存与交往中，同理心不可或缺，但是，同理心并不是一种自然发展的能力。

现代科学研究已经证明，同理心并不是一种随着人的年龄增长而自然增长的能力。同理心的发展，与个体后天所经历的生活与教养环境密切相关，与儿童时期父母、学校的管教方式、生活环境有很大关系。②

在儿童时期，有意识地感受他人的教育、引导或示范，会有利于个体同理心的发展；而缺乏对他人关注的生活环境，比如独生子女缺乏与同龄人的交往，或者长期被溺爱放纵养成以自我为中心的思维习惯，都会使同理心渐渐消退，对他人的感受仅仅停留在基本的动物本能反应上。

同理心的养成及教育内涵，会影响个体情绪思维能力，进而对个体人际关系行为产生潜移默化的深远影响。

项羽出生的项氏家族是楚国的一个世家大族，项氏家族历代人才辈出，多为楚国名将。项羽的祖父即是楚国名将项燕，项燕在秦楚交战中失败自杀，楚国被秦所灭后，项氏家族也土崩瓦解。项羽自小由叔父项梁所抚养，项梁立誓要报灭国丧父之仇。

---

① 彭坚，刘毅，等．情绪领导力：概念、测量、发展与模型建构［J］．心理科学进展，2014（11）：1761.

② “同理心出现差异主要与父母如何约束孩子有关”。——［美］丹尼尔·戈尔曼．情商［M］．杨春晓，译．北京：中信出版社，2010：115.

项梁为了报仇复国，对项羽精心培养。项羽自小神力过人，自视甚高，项梁安排项羽读书，项羽觉得没有意思后，项梁就安排他学剑，项羽觉得练剑太简单后，项梁就亲自教项羽兵法韬略。从总体上看，项羽虽然学习不专注，但仍然受到了良好的系统教育。

在项梁培养引导下，项羽感受至深的内容最少有两点：一是对已经逝去的世家大族曾经的风光荣耀怀念不已，对项燕这样的名将心生羡慕，立志要做像项燕这样的人，名垂千古。二是对秦室痛恨不已，盼望有朝一日能够横扫秦室，将嬴政家族铲除殆尽。

可以说，项羽自小感受更多的是超越了市井生活的上层社会内容，熟悉礼仪规则、行为举止要求，生活在追忆与仇恨之中。

刘邦出生于普通人家，作为平常人家的小孩，刘邦在成长过程中感受的是周边生活环境的市井常态，对普通人的喜怒哀惧有很多体会。

从对于普通人的感受了解来说，刘邦明显要多于项羽。同理心是一个逐渐养成的过程，并对我们的人际交往能力产生影响，项羽和刘邦在对于普通人的感受能力方面的差异，在日后两人在这方面的人际关系处理上有明显的体现。

因为同理心源自动物本能，所以我们会习惯地认为，感受他人的能力，也是一种动物本能。实质上，感受他人能力的提升，更多的是来自后天以认知构成与行为习惯为基础的有意识的养成。

同理心培养的重要途径，是童年时期家庭或学校所给予的养成教育与引导。“老吾老，以及人之老；幼吾幼，以及人之幼。”① 就是类似的同理心养成教育内容。

同理心在养成过程中，同样可以因为其他因素的影响而发生内涵的变化。对于领导者来说，信仰、利益等各种因素的考量，都会对其同理心在某个情境中的变化产生重要影响。

刘邦是一个同理心较为丰富的人。

刘邦在当亭长的时候，因同情役徒的遭遇放其逃跑而导致自己走上逃亡之路。但是当他有了争夺天下机会的时候，却可以弃自己的儿女于不顾而独自亡命突围。

---

① （战国）孟轲．孟子［M］．杨伯峻，杨逢彬，注译．长沙：岳麓书社，2000：13.

楚汉彭城之战，刘邦带领汉军及五个诸侯国共56万人马，乘项羽讨伐齐国的机会，一举攻下楚国都城彭城。

项羽从齐国领精兵3万赶回救援，大败汉军，杀汉军十几万人。刘邦征楚联军就此溃败，一路被项羽追杀。

汉军被楚军围困，刘邦乘天气突变、狂风四起的时候，与数十骑突围而出。刘邦在逃命途中遇到自己的一双儿女，将其放到自己车上同行，但是不久又遇楚军追赶，刘邦担心马车人多负重跑不快，将一双儿女丢弃在路边，准备弃子女而逃。驾车的滕公看不过去，将其儿女接回车上。

逃了一会，刘邦又将儿女丢弃，滕公又将其接回车上，到第三次刘邦丢弃儿女的时候，滕公终于出言责怪，这对儿女才得以上车与刘邦一起逃过楚军追赶。①

由此可见，刘邦此时的同理心已经让位于利益，一切以是否有利于争夺天下为衡量尺度。在固守天下利益的时候，刘邦善待部属，以至手下人可以为其慷慨赴死，但对于自己的亲人，刘邦却认为可以为了成全自己的天下利益而弃之不顾。

2. 情绪思维内在能力构建是养成的基础

感受与解读他人，除了要具备良好的同理心之外，还需要具备对情绪思维的自我意识、自我控制等知识体系的掌握，以相关知识体系为基础，在与他人交往中，透过对方情绪及情绪思维变化所反映出来的可能受到的刺激信息内容，以认知反应对其刺激信息所包含的内涵进行有意识的辨析与推测，并据此调整自己的情绪变化及行为反应。

情绪思维能力构成是一个由内向外的过程，感受与解读他人能力的提高，一方面是要对自身与生俱来的感受他人的同理心进行有意识的养成，培养自己在人际交往中对他人情绪变化的敏感性；另一方面是要以认知为基础，对他人情绪思维的内涵有意识地进行辨析，并据此调整自己的思维及行为反应。

感受与解读他人的能力，既需要动物本能的同理心有意识的养成，更为重要的是以相关的知识体系，提升个体相应的认知反应能力。

在日常生活工作中，有意识地进行经验积累与领悟，也可以提升个体感

---

① “楚骑追汉王，汉王急，推堕孝惠、鲁元车下，滕公常下收载之。如是者三。”——司马迁．史记·项羽本纪［M］．上海：汉语大词典出版社，2004：113.

受与解读他人的能力，当然，能达到至高境界者并不多见，刘邦显然就是这少数的通过自我修炼达到至高境界者之一。

刘邦感受他人能力的培养，应该主要来自对生活经历的有意识的积累与领悟。

刘邦从小生活在市井之中，在物质缺乏的环境中，如何在对他人的察言观色中获得更好的生存机会是一种基本能力培养。

刘邦成年后在县府做事，当了泗水亭长。亭长是秦朝县府里面底层的官吏，刘邦生活工作在底层，喜好交际，酒色行为一概不拒，喜欢没有礼仪约束的人际交往方式。

刘邦在县府里面喜欢取笑戏弄其他同僚，但其言行举止又能够为同僚所接受，说明刘邦在人际交往中虽然将礼仪约束抛之脑后，但在与人交往中还是懂得分寸的，对市井之中的人际交往规则有深刻理解，这显然有助于他解读他人能力的提升，形成较好的人际关系基础，这应该也是日后沛县人在造反起事中公推刘邦为首领的重要原因。①

在人际交往磨炼中，刘邦养成了为人温和、豁达大度、喜好施舍的人际交往风格，这种风格自然有利于建立比较好的人际关系，也有利于在人际交往中养成良好的感受与解读他人能力。②

在群体活动中如何感受他人与调整自己的行为方式，就是情绪思维内外能力的构成内容，也是个体获得群体认同或拥护的基础。

与刘邦在感受普通人的生活经历中培养自己的人际关系处理能力不同，贵族世家认知与追求的引导，使得项羽对于普通人是居高临下的心态，努力在人际中利用自己的过人之处建立自己的威望。

---

① 刘邦虽然出生于市井，沾染上了市侩的习气，甚至有时表现出一些“无赖”的行为，但是，在本质上刘邦还不是那种横行乡里、寻衅滋事的“流氓”“无赖”式人物，刘邦更多的是从市井生活中获得了对人情世故的领悟，并将此用在人际关系协调之中。有学者研究认为，因为刘邦的出身以及对儒生的蔑视行为，20世纪以来，中国文学史教材中，有意识地用“贴标签”的方法，将刘邦贴上“流氓”“无赖”的标签，对刘邦进行污名化的描述。“刘邦在文学史系列书籍中的污名化过程，根据其从无到有、从渐起到高峰，可以分为三个阶段：第一阶段，从1904年至1947年，是刘邦污名化的渐起期；1948年李长之《司马迁之人格与风格》问世至1952年谭丕模《中国文学史纲》出版，是刘邦污名化的发展高峰期；其后，从1958年游国恩等《中国文学史》问世至20世纪末，是刘邦污名化的泛滥期。”——王书才．百年来中国文学史教材中刘邦污名化轨迹述论［J］．宁夏大学学报（人文社会科学版），2018（2）：182.

② “高祖为人，隆准而龙颜，美须髯，左股有七十二黑子。仁而爱人，喜施，意豁如也。”——司马迁．史记·高祖本纪［M］．上海：汉语大词典出版社，2004：121.

项羽成年后身高体壮，力能扛鼎，才气过人，因此赢得了周围人的敬畏。①

3. 解读他人能力影响到人际关系判断的视角

当我们处理人际关系时，解读他人能力的培养，可以改变我们判断关系状态的视角。“一个始终表现出同理心的人，能感觉到别人的感受和观点，并对他们所关心的事产生积极的兴趣。显然，当与具有不同价值观、语言、行为、喜好和规范的人打交道时，必须以同理心思考和行动，让自己习惯换位思考。”②

受自我意识的影响，当我们处于人际活动时，习惯于从“我”的视角出发，去观察别人，判断关系。

领导者处于职位的高层，更容易在俯视情绪影响下，以情绪思维的“自我”为中心去看待他人。而处于组织之中的他人，都会有自己的自我意识与情绪思维变化，领导者要想真正把握他人内心“想法”，摸清彼此关系的真实状态，就必须有意识地改变自己的判断视角，以模拟或假设的方法，加入他人视角所可能产生的“想法”与行为反应，并据此调整自己未来的关联行为。

项羽是从贵族视角去解读他人的。

贵族要求待人注重气质礼仪，尊重有识之士，因此，项羽能够礼敬读书之人，在待人接物中给人重礼受尊的感受。

刘邦是从市井活动中的人际关系规则视角去解读他人的。

市井活动讲究简单有效，注重实际利益，因此，刘邦在待人接物中不重礼仪，对于读书之人往往口不择言，谩骂嬉笑，在待人接物中给人轻慢无礼的感受。

刘邦和项羽都曾有机会看到过秦始皇巡游天下的车队，也都曾感慨不已，但两人的感慨视角却有明显的区别。

刘邦曾经到过咸阳，看到秦始皇巡游天下的车队，为之震撼，认为“大

① “籍长八尺馀，力能扛鼎，才气过人，虽吴中子弟皆已惮籍矣。”——司马迁．史记·项羽本纪［M］．上海：汉语大词典出版社，2004：101．

② Jenell L. S. Wittmer，Margaret M. Hopkins. Exploring the Relationship between Diversity Intelligence，Emotional Intelligence，and Executive Coaching to Enhance Leader Development Practices［J］. Advances in Developing Human Resources，2018，20（3）：291.

丈夫当如此也”，这里面表达较多的是贫民阶层对于顶层社会生活的羡慕向往。①

秦始皇巡游天下经过会稽时，项梁带着项羽一齐去观看。项羽看到秦始皇车队的威严浩荡，认为“彼可取而代也”，这里面表达的更多是世家贵族力争恢复往日风光的雄心壮志。②

每个人都有感受与解读他人的能力，但是感受的活动强度不同。感受他人活动强度大的人，在与人交往中，习惯以“他”为中心来辨别信息，调整相互关系；感受他人活动强度小的人，在与人交往中，习惯以“我”为中心来辨别信息，调整相互关系。

在与普通人交往中，项羽习惯于以“我”为中心辨别他人，凭借自己武艺超群的特长，以武力，甚至是暴力征服对手，建立权威。

陈胜、吴广造反的时候，会稽郡守殷通也有造反之意，在与项梁商议时，被项梁乘机安排项羽所杀。项羽杀掉殷通后，郡府内卫兵大惊，在围攻项羽过程中，被项羽一口气杀掉了将近百人，最后整个郡府上下为之惊悚，趴在地上不敢起身。项羽凭借凌厉的杀气一人震慑了全场。③

项羽不仅杀气重，而且在情绪失控之下杀人，完全不顾对与错。

在反秦征战过程中，项梁曾派项羽攻打襄城，襄城守兵坚守不出，项羽久攻之后才拿下城池。项羽大怒之下，将俘获之人全部活埋，以泄胸中之气。

在巨鹿之战后，章邯率秦军主力在前方屡受打击，在后方又受到赵高、秦二世的猜疑，不得已向项羽投降。项羽接受秦军投降，但又担心秦军人数众多，难以管制，到关中故地后秦军有可能重新与自己为敌，于是在新安将秦军二十多万人全部坑杀。④

项羽以暴力方式对待普通人，无形中忽略了自己对普通人的感受，在以后的楚汉战争中，项羽明显不如刘邦受百姓欢迎。

---

① “高祖常繇咸阳，纵观，观秦皇帝，喟然太息曰：‘嗟乎，大丈夫当如此也！’”——司马迁．史记·高祖本纪［M］．上海：汉语大词典出版社，2004：121.

② “秦始皇帝游会稽，渡浙江，梁与籍俱观。籍曰：‘彼可取而代也。’梁掩其口，曰：‘毋妄言，族矣！’”——司马迁．史记·项羽本纪［M］．上海：汉语大词典出版社，2004：101.

③ “项梁持守头，佩其印绶。门下大惊，扰乱，籍所击杀数十百人。一府中皆慑伏，莫敢起。”——司马迁．史记·项羽本纪［M］．上海：汉语大词典出版社，2004：102.

④ “项羽乃召黥布、蒲将军计曰：‘秦吏卒尚众，其心不服，至关中不听，事必危，不如击杀之，而独与章邯、长史欣、都尉翳入秦。’於是楚军夜击坑秦卒二十馀万人新安城南。”——司马迁．史记·项羽本纪［M］．上海：汉语大词典出版社，2004：107.

刘邦对下层百姓的感受能力，使得他能够更好地以感同身受的方式待人，这虽然使他不得已走上反秦之路，但也为他奠定了成为反秦队伍领导的基础。

刘邦曾以亭长的身份为县里押送役徒去骊山服役，途中役徒陆续逃亡大半，刘邦自认为无法交差，只得率愿跟从者逃亡到山泽之中躲避秦朝惩罚，从此走上了与秦政权对立之路。

刘邦知道按照秦律，役徒在途中逃失，自己无法承担后果，但是对役徒管制仍然较为宽松，这说明刘邦对役徒的遭遇有较深的感同身受之情，所以明知有人逃亡之事不好交差，也不愿意以严苛无情的方式进行管制。

刘邦以感同身受方式待人，最后不得不将剩余役徒全部解散，自己也选择了逃亡。刘邦这种待人方式虽然使得自己陷入绝境，但同样也打动了一些役徒，这些人选择了追随刘邦一起逃亡，成为刘邦日后反秦的基础力量。

感同身受的待人能力，使得刘邦身边聚集了一大批忠心耿耿的成员，在刘邦日后遭遇失败、面对危难之时，总是可以看到有部属成员站出来向其誓死效忠，这就是刘邦人际管理能力中的长处所导致的结果。

感受他人与解读他人能力的养成，是一个逐渐增进的过程，这种能力的提升，最终会影响个体对于解读他人路径方式的把握与应用，进而提升自己协调人际关系的能力。

二、表情解读、心理解读与情绪思维调控

情绪是一种当事人的主观感受，由刺激信号引起的喜怒哀惧等不同的情绪及情绪思维只有当事人本人才能真正地体验。外人仅仅能够从当事人的反应中进行揣摩、推测，而无法直接体会。

个体虽然不能直接体会他人的情绪感受，但是通过自己的感受与解读能力，却可以提高对于他人由于情绪变化所产生的情绪思维内涵的把握，并借此调整自己的思维意识，通过引导他人的情绪思维变化来影响他人的判断选择，达成调控人际关系状态的目的。

在反秦的战争中，刘邦与项羽先后进入关中，刘邦虽然先入咸阳，占得先机，但是，在总的力量对比上，项羽要远胜于刘邦：

一是军队人数实力的对比。

项羽军队有40万人，刘邦军队只有10万人，在军队人数上项羽占有绝对优势。

二是军队战斗力与士气的对比。

项羽军队一路攻打秦都城，与秦军主力军队正面作战，打的都是硬仗，在与章邯率领的数十万秦军对阵中，屡破秦军，打得章邯毫无斗志，最后不得不认输投降。项羽的军队一路征伐杀戮，所向无敌，此时正是士气如虹。

刘邦入关是乘着秦军主力与项羽作战之时，绕道山西从秦军防守薄弱之处攻入，军队没有经过大的战役拼杀洗礼，在战斗力及士气上均难敌项羽军队。

刘邦入关后，曾派军队把守函谷关，以函谷关之易守难攻，试图阻挡其他入关者。但是，项羽到关前后，派军队攻关，函谷关一击即破，由此可见两军战斗力的差别。

项羽攻下函谷关进入关中后，在对两军实力进行对比后刘邦军心已经不稳。刘邦手下将领曹无伤决定投靠项羽，派心腹向项羽表明心迹，愿意做项羽攻打刘邦时的内应。

三是领导者影响力的对比。

项羽与刘邦都曾是反秦队伍中的诸侯，在地位上相差不大，但是在巨鹿之战后，两人的影响力已经截然不同。

巨鹿之战是项羽声名鹊起之时。项羽先是杀掉楚王任命的上将军宋义，自立为上将军，然后指挥楚军破釜沉舟，与围攻赵国的秦军进行决战。此时，各路诸侯派来援助赵国的援军有十几支，但是大家都不敢与秦军正面交战，项羽指挥楚军以一当十，大败秦军。

巨鹿之战后，项羽已经成为反秦队伍的精神领袖，拥有了号令各诸侯的影响力。而刘邦此时仍是诸侯，在实际地位上，已经隐含着刘邦此时应该向其他诸侯一样，接受项羽号令之意。

实际上项羽与刘邦之间势力强弱一眼可见，连刘邦自己也没有与项羽开战的信心。在项羽入关，刘邦得到项羽第二天就要开战消息的时候，当张良询问刘邦有无信心与项羽作战时，刘邦只能据实回答“固不如也”。刘邦在对战场取胜或保全没有信心的情形下，只能冒着绝大的风险，决定第二天亲自到项羽大营向其请罪。

在鸿门这个地方，历史给了项羽两次绝好的取胜机会：

一是利用占有绝对优势的军队与士气，在两军决战中，彻底歼灭刘邦。

项羽入关之后，因刘邦欲坐拥关中称王而怒，在鸿门下令犒赏三军，在第二天与刘邦军队决战。①

如果没有大的意外，在第二天的两军决战中，项羽获胜的概率应该远远超过刘邦。

二是利用刘邦赴鸿门请罪之机，在楚营中斩杀刘邦及随从要人。刘邦军队群龙无首之后，更容易一举击破。

历史给了项羽绝好的机会，如果项羽抓住了一次，中国历史的进程就有可能发生翻天覆地的改变。

历史的进程在鸿门这个地方发生了一点变化，项羽痛失良机，刘邦得以扭转困境，这个变化的推动力量，实质上就是项羽与刘邦在感受与解读他人能力上的差别。

鸿门宴，千百年来为天下反复评析的最有名的一次宴会，从情绪思维影响的视角可能会为其提供一些新的见解。

对于他人的情绪及情绪思维变化，我们一般可以通过两种方式进行推测：表情解读方式与心理解读方式。

1. 表情解读方式是基于情绪类型与行为反应的感知过程

由于情绪一般是经由认知判断而产生，因此可以通过刺激信号所包含的信息内容的属性，去解读其可能在他人身上产生的认知反应，并由此推测该刺激信号可能对他人情绪思维产生的影响及关联的行为反应。

情绪产生时，在释放的相关激素及情绪思维作用下，人的表情会本能地发生一些变化，主要体现在面部、眼睛、身体、皮肤、语言、语调等方面。

面部表情主要表现为：面部肌肉、肤色、器官的活动变化，如“脸色煞白”“满脸通红”等。

眼睛表情主要表现为：眼睛开阖及眼神的活动变化，如“眉开眼笑”“横眉冷目”等。

身体表情主要表现为：身体及肢体发生的动作变化，如“手舞足蹈”“手足无措”等。

皮肤表情主要表现为：汗液排放发生变化，汗毛孔收缩变化，如“大汗淋漓”“寒毛耸立”等。

---

① “项羽大怒，曰：‘旦日飨士卒，为击破沛公军！’当是时，项羽兵四十万，在新丰鸿门，沛公兵十万，在霸上。”——司马迁．史记·项羽本纪［M］．上海：汉语大词典出版社，2004：107.

语言表情主要表现为：语言表达中的用词发生的变化，如“张口结舌”“滔滔不绝”等。

语调表情主要表现为：用词及语调发生的变化，如“铿锵有力”“语气冰冷”等。

对于解读者来说，对他人情绪的解读，基于能否获得对他人产生影响的刺激信号信息，有两种表情解读方法：一种是解读者能够获得对他人产生影响的刺激信号的信息内容，通过观察他人的表情与行为变化，推测刺激信息在他人身上产生的情绪及情绪思维反应；另一种是解读者没有获得对他人产生影响的刺激信号信息，只能直接通过观察他人的表情与行为变化，推测其所处的情绪状态及情绪思维偏向。

个体对于他人表情变化解读能力提升的训练，可以先从自己对自我表情变化的有意识解读做起。

情绪生成后，在不同类型情绪影响下，大脑边缘皮层神经会自动指挥相应的激素释放，带动人的心跳、血压、汗腺排放等变化，这些生物性反应各不相同，也不可控制，但是能够为人所感受。①

个体在受到信号刺激后，能够通过觉察自身的血压变化、心跳变化、大脑稳定性及控制性变化、皮肤温度升高或降低、汗液及毛孔变化等生理变化现象，提醒自己是否进入了某种情绪状态。

例如，在恐惧情绪产生时，伴随着生理激素的释放，人会出现难以控制的瞳孔放大、脸色变白、呼吸急促等现象，这个不仅容易为别人所察觉，也有可能为自己所感觉。②

一个人在受到某种信号刺激后，觉察到自己出现上述生理现象时，就应该提醒自己已经处于某种情绪状态。如果生理某个方面出现急剧变化，例如

---

① 情绪生成后所出现的内部生理变化特点，是测谎仪工作的基本原理。比如人一旦意识到自己在说谎，这个刺激信号就会使得人生成情绪并产生血压、心跳、汗液变化等生理反应。通过意识引导，将情绪生成予以控制并将生理反应予以最小化，并最终逃过测谎仪的检测，可能就是经过严格训练的间谍等特殊人物所期望达到的目的。

② “所有器官的运作调节都受到一个执行神经机制的控制，它是整个先天机制的一部分，是本能冲动最适合的表达通路；无论何时，本能一旦被激活，这些生理机制就会以与本能冲动成比例的强度进入运作状态。这就是对被称为恐惧情绪的表达效应的概括——放大的瞳孔、瞪大的眼睛、发干的嘴、消化功能被停止、苍白的皮肤、快速的脉搏和呼吸、小便失禁。所有这些都是恐惧的症状——它们集中起来就组成了明确无误的恐惧表达。这样的症状复合体让我们能够确定地认出恐惧，无论它是在别人还是在我们自己身上。”——［美］威廉·麦独孤．心理学大纲［M］．查抒佚，蒋柯，译．北京：商务印书馆，2015：386.

血压迅速升高、心跳急速加快，则意味着情绪已经进入了强烈程度，情绪思维主导自己思维意识的概率大大增加。

与此同时，在生理变化之后，人的外部表情等也会随之发生变化。

一个人在受到某种信号刺激后，如果觉察到脸部肌肉抽搐、眼皮跳动、非常规语言用词、声调亢奋或冰冷、四肢颤抖、手形变化等，都意味着情绪已经生成。表情变化越激烈，表明情绪强度越高，情绪思维主导自己思维意识的概率也越大。

在项羽做出第二天与刘邦开战决定的当晚，项羽的叔父项伯为了报答张良当年的救命之恩，赶到刘邦大营，将这个消息告诉了张良，要张良连夜逃命，以免第二天的杀身之祸。

张良此时是应刘邦之邀，以韩王之臣的客卿身份伴随刘邦西征的。张良有心帮助刘邦，没有选择逃亡，而是将这个重要消息立即报告了刘邦。

项羽第二天即要全力与自己决战，这个消息对刘邦来说是一个强烈的刺激信号。在两军强弱对比明显所形成的巨大威胁之下，刘邦恐惧情绪立生。

在恐惧情绪生成后，血液流向四肢，大脑会出现短暂的缺血现象，影响到思维的正常进行。

刘邦在惊恐之下失去了主见，只得求助于张良，连续两次向张良请问："为之奈何？"①

张良从刘邦惊慌失措的表情与求助的语言上，解读到刘邦此时孤立无助、急需帮助的迫切心态。

情绪生成后，会出现内部生理变化与外部表情变化，生理变化不可控而表情变化可控。

外部表情变化能为意识感受到，并且通过意识运行，对外部表情变化加以控制。②

个体在受到信号刺激后，通过觉察自身的脸部表情变化、语言语调变化、

---

① "良乃入，具告沛公。沛公大惊，曰：'为之奈何？'张良曰：'谁为大王为此计者？'曰：'鲰生说我曰"距关，毋内诸侯，秦地可尽王也"。故听之。'良曰：'料大王士卒足以当项王乎？'沛公默然，曰：'固不如也，且为之奈何？'"——司马迁．史记·项羽本纪［M］．上海：汉语大词典出版社，2004：108.

② 对于一个人情绪控制能力的判断，基本的方法就是观察其在受到刺激信号后，外部表情的变化程度。

四肢举止变化等现象，提醒自己是否进入了情绪状态。

在情绪生成过程中，当事人对于情绪变化可以进行表情控制，但表情控制有相当大的难度，一般很难完全掩饰，因此，观察当事人外部表情变化，可以作为推测当事人情绪变化的一种方式。比如领导者在公开场合接收到“挑衅性”的强烈刺激信号时，生理反应所形成愤怒情绪会使得眼光本能地显出怒意，为观者所察觉。

刘邦为张良所带来的信息所震惊，失去判断能力，是受恐惧情绪思维干扰而出现的正常情况。

当张良责问，谁给刘邦出主意据守函谷关阻挡项羽的时候，刘邦在做解释的过程中，也已经从张良语句语气中感受到了自己的失态，逐渐恢复了思考能力。

表情解读着重于对他人情绪变化的感知。一个人能够对他人情绪及情绪思维变化进行较为准确的感知，并在此基础上调整自己的思维和行为与之相匹配，这种情绪思维能力就类似于中国传统文化所讲的善解人意。

对于他人情绪变化要想推测得准确，要求观察者必须熟悉情绪知识体系构成内容，具备从情绪知识体系出发进行分析的能力。也就是说，观察者首先必须具备一定程度的情绪思维能力。

刘邦在恢复思考能力的第一时间，就感受到了张良是解决这场危机的关键人物。

刘邦立即化被动为主动。对于张良，刘邦试图解读他的内心活动内涵，以消除自己的疑虑。

刘邦两次向张良请教对项羽即将开战的对策，当张良说出对策，即有一个关键人物项伯可以化解这场危机，而项伯此时正在自己营帐内，刘邦可以立即面见项伯进行解释的时候，刘邦并没有立即见项伯，而是向张良问了一句含义异常丰富的话：“君安与项伯有故？”①

这句话看似无关紧要，却包含了刘邦在短时间内推测出的两层含义：

张良是刘邦军中重要人物，项伯是项羽军中重要人物，两军开战是绝大

---

① “张良曰：‘请往谓项伯，言沛公不敢背项王也。’沛公曰：‘君安与项伯有故？’张良曰：‘秦时与臣游，项伯杀人，臣活之。今事有急，故幸来告良。’”——司马迁．史记·项羽本纪［M］．上海：汉语大词典出版社，2004：108.

的军事机密，项伯为什么要冒险将这个信息透露给张良？

张良对于刘邦来说到底是一个什么身份？而在这个问题背后，是与之相关联的另外一个问题：这个信息到底是真还是假？

刘邦问这句话，是要从张良的回答之中，弄清楚张良对自己的忠实程度，并进而证实明天项羽开战的信息的真伪。

一个人对情绪生成与表情变化的控制能力，可以在长期的经历与有意识的自我控制训练中得到提升，从幼儿时期类似动物本能的直接释放，到成年以后经过控制训练后将表情释放逐渐减少，直至达到“喜怒不形于色”的境地，就是控制训练的结果。

如果遇到对情绪及表情变化有高度控制能力的当事人，比如有的人自我控制可以达到“喜怒不形于色”的境界，表情解读就可能难以进行或者推测结果会与现实存在很大的偏差。

善解人意是我们在人际活动中基本的生存技能，缺乏对他人情绪及情绪思维变化感知能力的人，会出现社交不适。比如有些人没有意识到对方所处的情绪状态，释放与对方情绪思维相反的信息，使对方难以接受；有些人总是以自我表述为中心，无视别人的表情变化，使别人避之不及。这些常见的缺乏感受他人能力的人，会在人际交往中让人讨厌。

领导者在情境变化中，对他人的表情进行解读，是感受他人情绪思维的基本方法。

对于刘邦所疑问的“君安与项伯有故”，张良立即解读到了这句话的重要内涵，并善解人意地体谅了刘邦的用心，并没有因刘邦怀疑自己而产生不悦，将自己与项伯的关系以及这个信息的可靠性据实相告。

刘邦很快理解了其中的关键信息：项伯在秦朝的时候因杀人罪遭官府追捕，在危机的时候，张良对项伯曾有救命之恩。项伯为人重义气、讲情义，在得到两军将开战的信息后，连夜赶来将此重要消息告诉张良，以帮助张良逃命免祸。而张良没有顾命逃亡，却来告诉刘邦，足见张良对刘邦的忠诚。

刘邦与张良不相上下的感受解读能力，使得双方得以迅速澄清关键信息内涵，避免误解，达成了相互之间的理解与信任。

2. 心理解读方式是基于自我意识与自我控制认知基础的推理过程

心理解读侧重于分析他人情绪思维变化的内涵。一个人能够从自我意识与自我控制的认知体系出发，以换位思考的方式，比较在某种刺激信号刺激下，他人情绪思维变化可能受到的影响、变化趋势及关联行为，这种情绪思维能力就类似于中国传统文化所讲的感同身受。

由同理心而发展形成的自我意识中的“推己及人”，正是感受与解读他人能力的逐渐养成。

心理解读类似于用自己曾经有过的相似经历中的相似情绪，去推测别人相应的感受，“而当人们再次思考、回忆和理解相应的情绪时，原先存储了相关情绪信息的神经细胞就被再次激活，使人产生身临其境的感觉。进一步地，对表情和身体姿势进行操作，可诱发相应情绪状态（情绪体验），影响情绪信息加工（情绪理解）”①。

心理解读比表情解读更深入，在于解读者必须具备换位思考的意识，除了对他人的表情进行解读以获得信息外，还要通过假设自己为他人，对其心理活动及情绪思维变化做深入的分析。

解读者将自己假想成刺激信号针对的感受者，通过对刺激信号信息内涵的解读，分析刺激信号可能给感受者造成的多重影响途径，推测感受者可能产生的情绪思维变化及行为选择趋势。

当张良告诉刘邦，项伯正在自己的营帐之中时，刘邦在解读张良的同时，迅速解读出项伯是解决这场危机的另一个关键人物。基于项伯对于项羽的影响力，刘邦得出必须建立与项伯的关系、争取项伯为自己说情的判断。

刘邦首先以换位思考的方式接待项伯。

项伯出身贵族世家，刘邦即打破自己散漫见人的习惯，安排名贵的酒器和好酒，以高规格的礼仪见项伯。

在把酒言欢之中，刘邦并没有急着向项伯做出两军之间产生误会的解释，而是与项伯谈些家长里短的闲话。

当得知项伯还有一个儿子没有成婚的时候，刘邦顺着话题说到自己正好有一个女儿待字闺中，各方面条件尚好，如蒙不弃，愿意将自己的女儿嫁与项伯的儿子。②

---

① 鲍婧，傅纳．具身的情绪调节——面部表情对内隐情绪的影响［J］．心理与行为研究，2018（2）：180.

② “张良出，要项伯。项伯即入见沛公。沛公奉卮酒为寿，约为婚姻。”——司马迁．史记·项羽本纪［M］．上海：汉语大词典出版社，2004：108.

刘邦在提亲的时候，显然是在感同身受的心态下考虑了项伯的感受。

项伯游侠江湖，为人重义气、讲情义，且古代儿女亲事本由父母做主。刘邦在重礼款待之际，郑重地向项伯提出儿女婚姻之约，意味着他在提出婚约之前显然已经推己及人，想到以江湖义气见长的项伯应该不好当面推托。

项伯果然在不好推托之下，许诺应承。

刘邦在与项伯交谈之中，将军国大事置于话题之外，闲聊家长里短正是其已经考虑好的计策。刘邦就是要从闲聊中解读项伯儿女成长状况，寻找与项伯改变关系状态的机会。

机会一旦显现，刘邦就立即抓住不放，在当面请求之下，项伯不好推托，刘邦与项伯联姻的设想终于达成。

刘邦与项伯的联姻，可能是中国历史上最为重要的一次简单平常的联姻。在看似简单随意的联姻中，隐藏着刘邦对于人情关系的深刻理解与关键时刻的解读应用能力。这个简单平常的联姻不仅迅速改变了刘邦与项伯的关系状态，达到了刘邦争取项伯为自己说情的目的，而且在第二天的鸿门宴上收到了刘邦也没有料想到的意外成效。

在现实中，感同身受难以自觉地进行，这是因为个体拥有直觉倾向的本能反应。比如先入为主的刻板印象，会误导我们对他人的解读；我们在面对错误的时候，有对己仁慈、对人严厉的本能反应倾向，会习惯性地为自己开脱，而将造成错误的原因主要归于他人；我们在进行行为选择时，会不自觉地以己之心度人之腹，将别人不同的选择视为离经叛道。

因此，对于他人情绪及情绪思维的心理解读是一项复杂的工作，它大致需要几个方面的基础条件：具备对情绪、情绪思维内涵的认知；对刺激信号所包含的信息能够准确解读；对感受者属性及所处的情境有较为准确的判断；对思维机能所包含的各种“软件”在感受者思维过程中的融汇反应倾向有较为准确的推测。

中国古代人际关系之中，最为重要的是血缘关系，将血缘关系外推，居于次位的则是亲戚关系。

刘邦与项伯的联姻，使两人之间的陌生关系迅速推进到人际关系中相对重要的亲戚关系，这一步跨越，在本质上来源于刘邦出身市井所积累的对于人际关系内涵的深刻理解，以及刘邦对于项伯为人性格、行事风格的解读推测。

实际上在张良第二次请刘邦见项伯之时，刘邦仍然没有急着见项伯，而是又问了一句看似无关紧要的话："孰与君少长?"①

刘邦突然关心起项伯的年龄大小，显然不是无的放矢，当张良回答项伯年龄大于自己的时候，刘邦应该已经想好了如何与项伯迅速构建紧密关系：

方案之一，刘邦试图与项伯建立联姻关系。

刘邦与项伯见面后看似闲聊，实际却是直奔精心考虑过的谈话主题。

但是建立联姻关系有其必要条件，如果项伯没有儿女，或是儿女婚姻关系的构建条件不具备，刘邦岂不是设想落空?

其实从刘邦询问项伯年龄大小的时候，已经可见刘邦心里面策划的不仅仅是一套方案，另外还有后手。如果联姻不成，刘邦大概就会推出第二套方案。

方案之二，刘邦力争与项伯建立结拜关系。

在古代，男性之间常常会因为彼此赏识而结拜为异姓兄弟。兄弟结拜，也是两个人从陌生状态迅速转化为亲密熟人状态的有效方式，刘邦在与张良商讨事关生死的对策的时候，不会真的去关心项伯的年龄大小，刘邦询问项伯年龄，应该正是为第二套方案的实施做准备。②

换位思考及感同身受是领导者管人的高级技能。拥有这项技能，有利于领导者在组织活动中，预测决策内容有可能会对他人带来的影响，据此调整决策内容；在决策执行中察觉组织集体情绪变化倾向，据此调整执行方式；在领导结果产生以后，反思领导对象的感受，据此调整未来的决策内容及领导风格。③

中国传统文化中，对于个体的同理心及感受他人的养成方式用一句话进行了很好的概括：己所不欲，勿施于人。这句话既表达了善解人意、换位思考的要求，更提出了感同身受的内在愿望。

领导者如果能够将"己所不欲，勿施于人"根植于自己的意识深处，从此出发规划自己的领导活动内容，就能够从源头杜绝许多人际矛盾的产生，

---

① "沛公曰'孰与君少长?'良曰：'长於臣。'沛公曰'君为我呼入，吾得兄事之。'张良出，要项伯。"——司马迁．史记·项羽本纪［M］．上海：汉语大词典出版社，2004：108.

② 如果第二套方案不成，刘邦有没有第三套方案呢？答案是有的概率较大。以刘邦如此缜密的感受与解读他人的能力，他极有可能在短短的时间内已经设想了多种与项伯构建密切关系的方案，而这些方案的关键是以项伯能接受为出发点，这就是刘邦换位思考的能力。可以设想，项伯来见张良的时候，马车是空的，而项伯从刘邦大营回去的时候，马车应该是满载而归。

③ 戈尔曼认为，领导者要具备社交意识，具体包括：心灵相通：感知其他人的情绪，了解他们的立场和看法，针对他们关心的问题采取行动。组织意识：在组织的层面上了解现有的趋势、决策网络和组织中的政治。服务：认识并且满足追随者、委托人或者客户的需要。参见：［美］丹尼尔·戈尔曼，理查德·博雅特兹，安妮·麦基．情商4：决定你人生高度的领导情商［M］．任彦贺，覃文艳，李瑶，译．北京：中信出版社，2014：45.

为组织和谐奠定坚实的基础。

刘邦的关系建构立即收到了效果。

项伯不负刘邦说情之托，赶回大营后，立即见项羽，详细叙说了刘邦有关两人之间存在误会的解释。

项伯向项羽进言，认为刘邦先入关中是有功之举，之所以在函谷关派兵驻守，是因为维护治安所需，现在两军之间误会已解，刘邦明日亲自来请罪，如果再动干戈，可能会引起天下人对项羽的非议，不如就此化解干戈，善待刘邦。

天下人的非议，会陷项羽于不义。

项羽认为项伯说得有理，同意和解方案。①

项羽一个轻巧的“许诺”，使得项羽在解读他人的能力上与刘邦相比，高低立判。

如果按照刘邦的解读能力，当项伯向项羽转述刘邦解释的时候，项羽首先应该问项伯一句话：君安与刘邦有故？

这句话的含义，就如同刘邦要求张良必须要解释的内容：你是我的要臣，夜深之时你为什么跑到刘邦大营？为什么要替刘邦做诸多的解释？

项羽为人生性多疑，日后刘邦正是利用项羽的这个特点，成功地离间了项羽与范增。

但项羽在关键该疑的时候，却没有疑，这一方面反映出项羽缺乏在人际交往中对于他人的良好解读能力，当项伯说出如此重要内容的时候，项羽没有意识到这后面连带的内涵；另一方面因为项羽出生于世族大家，对于人际关系最为看重的是血缘，出于对项伯的信任，对项伯的行为没有进行深入细致的考量。

项羽做出对刘邦开战的决定，范增是重要的决策参与者，范增当初的意见是“急击勿失”。项伯的一番解说实质是否决了先前的开战决定，项羽在采纳过程中，面对如此重大的决策转变，无论出于决策的慎重还是对于范增的尊重，理应听一听范增的意见。但是，项羽迅速独自做出了停战的决定。

项羽对于项伯和解方案的许诺，使得项羽大军的备战工作也随即停止。可以设想，40 万大军第二天要发动战争，其调动准备工作繁杂无比，项羽一

---

① “於是项伯复夜去，至军中，具以沛公言报项王。因言曰：‘沛公不先破关中，公岂敢入乎？今人有大功而击之，不义也，不如因善遇之。’项王许诺。”——司马迁．史记·项羽本纪［M］．上海：汉语大词典出版社，2004：108.

瞬间的情绪思维想法，就推翻了起先发动战争的决策，情绪波动及情绪思维对项羽决策的影响，由此可见一斑。

在鸿门宴发生的前夜，刘邦展示了过人的解读他人的能力，而相比较之下，项羽解读他人的能力则远逊于刘邦，正是这种感受与解读他人的能力，帮助刘邦做出了正确的决断，也使得项羽痛失一举击败最大对手的机会。

3. 他人情绪思维的引导与调控

对领导对象情绪思维走向进行恰当的引导，期望领导对象的行为选择走入自己预设的轨迹，并以此获得良好的领导效果，是领导者提升人际关系调控能力的必然选择。

相对于个体情绪思维的自我控制状态，情绪思维调节是指个体为实现自己的目标，试图对他人的情绪思维变化施加影响的过程。个体通过观察、介入、评估、唤醒、抑制、加强等方法，对他人情绪及情绪思维的发生、体验与表达施加影响，并期望其大致的走向。

项羽与刘邦在鸿门宴会面时的沟通，再次将项羽在人际关系管理中情绪思维能力的低弱暴露无遗，凸显了刘邦在这方面的长处，并为刘邦赢得了良好的领导效果。

项羽因为愤怒要与刘邦开战，项羽的头号谋臣范增极力支持。

范增支持项羽与刘邦开战，不是因为愤怒，而是范增非常清楚，在秦亡之后，刘邦将是项羽控制天下的最大的竞争对手，刘邦在这之前的所作所为已经显示，项羽与刘邦的争杀将不可避免。

范增在得知项羽取消与刘邦决战的决定后必然大失所望，因此在刘邦到鸿门之前，范增显然已经说服项羽，为了保持对天下的控制，必须利用好刘邦自投罗网的这个天赐良机，在见面过程中，当项羽发出信号的时候，就可以突然发难，将刘邦这个最大的竞争对手剪除。

当刘邦带着一百多人来到鸿门之时，项羽大营已经准备完毕，只待项羽指令，就会让刘邦及随从要员死无葬身之地。

项羽不是一个心软之人，项羽杀人一向心狠手辣，坑杀、烹杀都是其常用手段。

项羽杀人不会犹豫，这个特点刘邦十分清楚。

刘邦之所以接受项伯劝告赴鸿门之宴，一方面是已确认自己低姿态让步，并且项伯劝解已经取得成效，项羽取消了开战决定。[①] 另一方面是刘邦也解读出项羽的另外一个特点，就是项羽此时已是天下所共认的英雄，项羽顾及自己的形象，不会轻易地在天下人面前自毁承诺。项羽既然已经接受了项伯双方和解的建议，自己前去赴宴请罪，只要举止得当，项羽为颜面所束，必不会轻易地翻脸杀人。

在当时情形下，除了冒险请罪换得项羽的原谅之外，刘邦其实没有更好的选择，要么是与项羽对峙，最终开战；要么是连夜开溜，在未来未知的前途再试一试运气的好坏。因此，张良等一众谋臣也想不到更好的办法，刘邦只得凭借自己对项羽的解读，冒险赴鸿门之宴。[②]

刘邦赴鸿门宴，就是试图调节项羽的情绪思维走向。

个体在人际关系中对他人情绪思维进行调节面临的困难，是两者间存在的思维内容的差异与实践能力的差异。在两者的沟通过程中，具有高情绪思维能力的人更容易调节自己的反应倾向和拥有更有效的情绪思维控制能力。

调节他人情绪思维的方法有很多种，每个人都可以根据实际情况，选择最为恰当的方法。这些方法对领导者同样具有适用性。

（1）调节认知。

人的情绪生成受认知反应的影响。在人际沟通过程中，如果我们改变了对方的认知内容，也就能相应地改变对方的情绪生成或情绪思维走向。同样，如果我们掌握了沟通对象的认知特点，有意识地向对方释放某种刺激信号，也会促使其生成某种情绪及情绪思维倾向。

在社会活动中，对于一些事件的不同评价往往让人产生不同的情绪体验。例如，对于一个中性的生活事件（或者一个积极因素与消极因素并存的生活事件），当人们尝试对其做出积极解释时，会更多地生出积极情绪；当人们尝试对其做出消极解释时，则会更多地生出消极情绪。

---

① “会项伯欲活张良，夜往见良，因以文谕项羽，项羽乃止。”——司马迁．史记·高祖本纪［M］．上海：汉语大词典出版社，2004：128．有学者认为，“至于这个类似于‘保证书’的‘文’，究竟说了什么，虽然不可详知，但肯定关乎刘邦和整个西路军的身家性命。‘黑云压城城欲摧’，高压下的刘邦一定做出了巨大的让步甚至是牺牲性割舍，才获得一时的和平”。参见：吴礼明．鸿门宴有关叙事情节的再梳理［J］．名作欣赏，2018（2）：96-97．

② 其实，刘邦此时可能还缺乏对范增的深入解读，如果刘邦此时知道一个完整的范增为人及能力构成内涵，可能对是否赴宴就会进行新的斟酌，鸿门宴能否顺利进行也就是一个问号了。正是在鸿门宴之后，刘邦解读到了范增的思维谋略与为人特点，以后在楚汉相争之中，才不惜代价做出繁复安排，将范增从项羽身边离间排挤出去。

当个体试图调节别人情绪思维的时候，就如同调整自己的情绪思维一样，需针对引起对方情绪生成的认知因素进行“质疑”，寻找新的解释理由，从根源上对引起情绪思维生成的因素进行调整。①

刘邦在出行之前，即以换位思考的方式，准确地解读到了项羽对于自己不满的根本原因，就是自己无功受禄的行为，贬低了项羽的贡献价值，抢占了本该由项羽顺理成章享有的成果。

在对项羽心理解读的基础上，刘邦在路上已经做好了自我意识的调整，想好了表达内容与步骤。

两人见面之际，刘邦即自称为“臣”，表达对项羽的敬重；接着陈述双方共同反秦的生死与共的兄弟关系，以曾经的友情淡化项羽的敌意；最后表明先入关中只是偶然的机遇，自己根本没有其他想法。

刘邦在一步步解释的时候小心用词，并没有责怪项羽错判之意，而是将项羽错判的原因，归于小人的有意挑拨。

项羽显然为刘邦一连串的称“臣”及条条解说所打动，更为刘邦流露出的情义追忆所感动，情绪思维油然而生，进而蔓延到意识之中。在感动的情绪思维推动下，项羽脱口而出：没有错，你我之间产生的误解，就是有小人挑拨，那个小人就是你军中的曹无伤。正是曹无伤说你有占据关中为王之意，所以才差点导致兄弟相残。②

刘邦此时心中肯定将曹无伤骂得死去活来，但是表面上流露的可能只有惊愕，而没有愤怒，并进而将曹无伤中伤自己的原因向项羽进行解说。

项羽认可刘邦的解释，更享受刘邦对自己臣服的态度，同意两人化干戈为玉帛，重拾兄弟情义。

项羽设宴款待刘邦。

（2）情境转移。

触景生情是产生情绪思维再生影响的常见现象。

---

① 如处于失恋状态的人产生悲伤情绪的时候，恋爱对象身上所包含的“价值”相对自己即将失去，是失恋者悲伤情绪产生的重要原因，如果这个时候试图对失恋者进行情绪调节，有效的方法是引导失恋者讲出恋爱对象所存在的“价值”，对这些“价值”进行质疑，并寻找机会予以否定。

② “沛公旦日从百馀骑来见项王，至鸿门，谢曰：‘臣与将军戮力而攻秦，将军战河北，臣战河南，然不自意能先入关破秦，得复见将军於此。今者有小人之言，令将军与臣有郤。’项王曰：‘此沛公左司马曹无伤言之；不然，籍何以至此。’”——司马迁．史记·项羽本纪［M］．上海：汉语大词典出版社，2004：108.

当一个人受到重大打击的时候，容易产生负面情绪。在负面情绪思维影响下，当事人容易变得思维狭隘、固执、偏激，缺乏对行为后果的预见性。

为了避免相似的情绪在相同场合重复产生，有效的方法是进行情境转移，通过环境调整，将当事人放置在另外一个不同的情境之中，将刺激信号再生的场景覆盖掉，如果新的情境能够产生新的刺激信号，还可以抑制原来的刺激信号通过回忆的途径再生，以达到用新的情绪思维压抑旧的情绪思维的目的。①

项羽为刘邦的低调表现及兄弟之情的情境解说所感动，但范增必杀刘邦的决心丝毫没有动摇。

在刘邦到来之前，范增已经说服项羽借机诛杀刘邦。范增识人全面，知道项羽的弱点，为了防止项羽被情境转移所影响而犹豫不定，范增与项羽约定，只要自己举起佩戴的玉珏，就是项羽发难的时机。

鸿门宴开，宾主把酒言欢。范增通过对项羽和刘邦的表情及言辞解读，知道项羽的情绪已完全为刘邦设定的情境所引导，失去了杀人意愿。范增见势不妙，在与项羽对视之时，三次举起玉珏示意，但项羽没有任何回应。②

项羽的万千杀意，竟被刘邦的娓娓言辞化解于无形。

范增知道项羽已经为自己的情绪所困，下不了杀人的决心，于是在宴会厅之外找到剑术高手项庄，要他进去舞剑献艺，在舞剑过程中乘机将刘邦刺杀。

刘邦以自己的认知调节和情境转移能力将项羽引入英雄主义的情境之中，但转眼之间，范增又借项庄舞剑，将宴会情境带入了杀机密布的状态。

项庄在宴会上舞剑助兴，但剑锋所指逐渐集中于刘邦。项伯看出其中的危机，起身也以舞剑助兴之名，将项庄刺向刘邦的剑锋阻挡下来。

项庄舞剑，意在沛公。在场之人均看出项庄之意，项羽也不例外。

项羽没有阻止。

实际上项羽在宴会之中看到范增杀人的示意后，应该就已处于矛盾煎熬之中，一方面情绪思维告诉他，不能自毁诺言，痛下杀手，被天下人耻笑；

---

① 例如处于失恋的情绪低落的人，如果转移到一个新的生活、工作环境，以前的场景刺激作用就会淡化，这个时候如果再遇到一个能够产生刺激作用的新的恋爱对象，低落情绪的转移就比较容易实现。在生活、工作中遭受比较大的挫折，情绪低落的时候，不妨安排异地或出国旅行等活动，以新的情境、新的刺激信号淡化以前的信息，压抑旧的情绪思维的复现。

② “范增数目项王，举所佩玉玦以示之者三，项王默然不应。”——司马迁．史记·项羽本纪［M］．上海：汉语大词典出版社，2004：109.

另一方面逻辑思维告诉他，范增的举措有道理。

当情绪思维战胜逻辑思维之后，项羽无法走出思维困境。现在项庄出面，如果因项庄“失手”而偶然杀了刘邦，就是一个最好的结局。在逻辑思维重拾局面的时候，项羽有足够的智力理解这个场面，所以项羽没有出言阻止项庄的行为。

(3) 追求共鸣。

领导者的职责就是在组织文化中营造潜在的、对于组织长远发展乐观的情绪，引导领导者的乐观情绪与群体的乐观情绪产生情绪思维的“共鸣”，以此固化组织群体对于组织的信心，激发个体的绩效行为。

组织中有了一致的情绪“共鸣”，就意味着领导者拥有了一大批坚定的拥护者，为领导活动的开展奠定了坚实的基础。

情绪思维的“共鸣”，是指相关者情绪思维的感觉相同或一致，其关键在于“共鸣”的指向是彼此都能认同的内容。

作为贵族后裔，项羽从小的愿望大致有三个：推翻秦朝统治，恢复楚国河山，做一个像项燕一样的英雄。

秦朝被灭之后，项羽的信仰追求已经转化为现实可能。从项羽进入关中之后的一系列行为来看，项羽并不想做一个皇帝，项羽要做的是顶天立地、万人仰慕的英雄。

项羽的理想是天下重新回归到秦朝之前的诸侯分封状态，自己作为西楚霸王，地位应该在各国之上，享受诸侯“盟主”之尊。①

其实在巨鹿之战中，项羽已经在诸侯面前表现出了无敌于天下的英雄气

① 有学者研究认为，项羽当时面临四种已有的制度可供选择。“秦汉之际，有几种制度形式可供人们选择：第一种是有共主有诸侯，这是夏商西周采取的方式。共主或称王，或天子，或帝等。存在一个中央政府，对诸侯的任命权和军队的控制权掌握在天子手里。同时诸侯也有很大的独立性，拥有对本国内官员的任命权和一定的财权。第二种是有共主有霸王有诸侯，这是春秋时期出现的局面。周天子是共主，但是无力控制诸侯，军事势力强的诸侯纷纷出来维持秩序。这种情况下，天子仅是名义上的，并无实权。诸侯间的地位出现差异，军事势力强者以军事力量为基础，以盟约为依据维持基本的权力秩序。各个诸侯的权力继续扩大，军政财权均归于诸侯。第三种是中原逐鹿，这是战国时期的局面。没有人把天子放在眼里，军事势力是界定诸侯间关系的唯一法则，每位诸侯都想争天子大位，因此各国间的兼并之战频繁爆发。第四种是君主专制，这是秦始皇统一六国后的局面。皇帝把军政大权收归中央，取消分封诸侯的制度，全国设立郡县，实现了君主专制。”“项羽的抱负是回到春秋时代，做诸侯中的霸王。”——季乃礼．项羽为何放走刘邦——鸿门宴中项羽的决策行为分析［J］．南开学报（哲学社会科学版），2015（6）：129-134．“‘割地有土’的分封制度成为秦楚时期的时代潮流。人们普遍认为秦灭六国，并废除分封制度不符合道义。”“韩信所谓‘霸天下而臣诸侯’，准确道出了项羽全部的政治目标，灭秦而实施分封制是他对国家政体始终如一的选择。”——吕方．从《史记》看项羽与秦楚之际政治体制［J］．史学月刊，2015（12）：122-123.

概，楚军以一当十大破秦军后，诸侯觐见项羽的时候匍匐而前，不敢直视，已经让项羽享受到了英雄的荣耀。

要做天下英雄，就要能够面对天下，有匹配自己英雄形象的“共鸣”内容。

作为英雄的“共鸣”内容，仅有战场上的军事韬略、勇猛善战内容还不够，还要有能够征服人心的其他内容。

领导者要想寻求与领导对象达成共鸣的状态，就必须在感受他人的基础上，通过解释，说服群体对其领导活动内容予以认同，当然，说服的基础还是在于共鸣内容符合群体要求。

“仁”与“义”是当时天下公认的普世价值。项羽自认为无法做到“仁”，那么与盖世英雄更为般配的“义”，项羽就必须将其紧紧贴在自己的身上。

“义”，是项羽要让天下认可自己的英雄形象的不可或缺的“共鸣”内容，所以项羽不敢轻易丢掉“义”这个招牌。

当项羽意识到刘邦可能威胁到自己“盟主”地位的时候，就毫不犹豫地做出第二天开战的决定。但是当项伯带回了刘邦妥协的文书，提醒项羽杀掉刘邦会被天下认为是“不义”的时候，项羽却在“不义”对自己的英雄形象“好”与“坏”的影响下，选择了要讲“义”，取消了开战这个对组织是“对”的决定。

项羽要讲“义”，并不是单单针对刘邦，而是考虑到了“义”与“不义”对诸侯的影响。此时秦朝刚灭，重新复国的诸侯与造反起家的诸侯群雄并起，情形复杂，急需要自己以“盟主”身份镇抚安排，而杀掉刘邦的“不义”之举可能会在诸侯中引起不良反应，影响自己的英雄形象，不利于自己“盟主”地位的稳固。①

正是以盖世英雄自居，以“义”作为引发诸侯“共鸣”的内容，才让项羽对已经自居臣下的刘邦刀下留情。

但是，刘邦毕竟可能威胁到自己的“盟主”地位，杀与不杀，也一定是项羽非常纠结的问题：作为讲“义”的盖世英雄，自己一定不能下达杀的指令；如果有其他意外导致刘邦毙命，自己也是乐见其成。

项庄舞剑，意在沛公，项羽作为剑术高手一眼可见，但是项羽对其中的杀机视而不见。

---

① 项羽分封天下以后，派人暗杀了义帝楚怀王之事也是受到自己心态的影响。“义帝”虽然是虚饰的称号，但名义上还是在“王”之上，以项羽要做真正的天下“盟主”的心理，这是无法接受的。以后刘邦也是巧妙地利用了这一点，挑起诸侯拥汉离楚，掀起楚汉之争。

一场剑舞表演尽透杀气，宴会厅上寂静无语，只闻剑锋碰击之声。

张良见情势危急，急忙到宴会厅之外找到樊哙，要樊哙闯入宴会厅，为刘邦护驾。

樊哙在听到张良对宴会厅惊险场面的解释后，既惊又怒，不顾守门卫士阻拦，打倒卫士，带剑拥盾闯入宴会厅。

樊哙的闯入，引起众人关注，才让两位舞剑者罢手，刘邦得以暂脱险境。

在激愤情绪引导下，樊哙不能自禁，怒目直视项羽，令项羽也感到了惧意。

张良情急之下让樊哙闯堂护驾，实际上有极大的风险。樊哙打倒卫士，带剑闯入宴会厅，情境已变，显然已经违反军纪。

如果项羽此时以此为借口处罚樊哙，进而祸及刘邦，也是为自己反目找到了一个可以勉强引起众人"共鸣"的理由。

可是此时项羽没有抓住这个可以利用的由情境转变"共鸣"众人的机会，反而以错误的方式让樊哙引导了"共鸣"内涵。

项羽为樊哙的行为所吸引，在解读樊哙外部表情所显示的英雄气概的时候，已经忘掉了樊哙的行为所包含的另外解读方式。

项羽产生英雄重英雄的惺惺相惜之情，对樊哙赐酒赏肉。

樊哙在接受项羽赏赐之后，将秦朝暴政细数一遍，认为如果有人现在杀了刘邦这样的功臣，就如秦朝暴政延续，天下人恐难以认可。

樊哙一番天下人非议的言辞，让项羽重新陷入情绪思维之中，刘邦趁机以如厕为借口离开宴会厅。

通过感受与解读他人情绪思维变化内容，做出自我意识调整，对他人情绪思维走向进行引导，是领导者解读他人能力的体现。在此基础上，再对情境变化进行准确解读，做出人际关系处理上正确的判断选择，则是领导者将情绪思维能力应用在用人与决策上的最好体现。

鸿门宴上项庄剑锋时所体现的杀意，肯定让刘邦心惊胆战。刘邦借樊哙闯入宴会厅，舞剑表演暂停之机，以如厕为借口，走到宴会厅之外。

在控制住恐惧情绪的同时，刘邦从宴会之上所发生的事里，已经解读到两个关键人物的心理活动迹象：

项羽对自己的态度是在可杀与可不杀之间，当项羽的英雄气概占上风之时，项羽不愿自损名声，下令诛杀自己；当其他因素导致自己被杀时，项羽也是乐见其成。

范增对自己是必杀无疑，他已经看穿自己欲图天下，在项羽默许的情况下，一定会有多种手段置自己于死地。

刘邦离开宴会厅之后，立即意识到自己原先的判断有误，尤其是对范增解读不够，虽然舞剑危机暂解，但范增一定不会让自己活着走出项羽大营。

凭着对范增的心思解读，刘邦当机立断要不告而别。

刘邦能够在乱世群雄并立中脱颖而出，凭借的就是拥有控制自己情绪思维的突出能力，也有感受与解读他人心理活动的突出能力。

刘邦高于常人的思维能力此刻帮助他在电光石火之际迅速完成了对形势的判断。刘邦的结论是必须尽快逃离这个凶险之地。

领导者在追求共鸣的过程中，有的时候也会存在另类的情况，就是领导者个体所理解的内容是正确的，但是不为群体所理解与认同，这就是真理掌握在少数人手里的情况。这个时候，领导者在感受他人的基础上有两种选择，一种是凭借权力，强制群体认同，产生即时共鸣；另一种是渐进而为，通过实践效果，逐渐引导群体认同，产生延期共鸣。

群体共鸣有助于群体行为的统一，这是领导活动中不可忽视的内容。

刘邦决断已定，但是不愿自己说出口。不顾礼仪，仓皇出逃，日后难免为天下人所耻笑。刘邦也需要天下人认可的“共鸣”内容。

刘邦向下属征求意见。樊哙读懂刘邦话中之意，一句“人方为刀俎，我为鱼肉，何辞为”让刘邦顺利找到了台阶，刘邦立即下令不辞而别。

形势危急，但刘邦仍能控制住惶恐情绪，仔细分析逃离路线。

两军大营大路相距四十里，山间小路只有二十多里，并且大路人马容易追赶，山路只容单人独骑行走，因此刘邦决定只带少数几个人走山路。

为了防止不辞而别惹怒项羽，刘邦又布置张良与其他人留下，携所带礼物向项羽告辞。以张良与项伯的关系，项羽大致不会为难张良。

为了减少项羽或范增变卦追赶的风险，刘邦又要求张良不要急着去告辞。张良可以先在外面休息一会儿，估计刘邦差不多已经到达大营之后，再进去向项羽告辞。

刘邦在情绪思维影响之下，能够迅速控制情绪思维走向，以逻辑思维进行情境客观分析的能力在这里又一次得到体现。

张良依刘邦安排行事。刘邦顺利逃回大营，立即诛杀了曹无伤。

调节他人情绪思维变化的能力是人际关系艺术的核心，调节他人情绪思维必须以自我意识、自我管理和感受与解读他人这些情绪思维能力的成熟发展为前提。

以解读他人能力的视角回顾鸿门宴前后的关键人物，刘邦能力最强，范增次之，项羽居末。

范增虽有识人之能，但是在鸿门宴上，范增的解读他人能力还是逊于刘邦。

范增知道刘邦善于隐藏心迹，但是没有料到刘邦为了目的，可以不顾颜面落荒而逃，从而在刘邦离开宴会厅之后的一段时间内无所作为。

范增得知刘邦不辞而别逃离项营之后，才意识到刘邦的识人与应变能力远超自己的想象。范增当着项羽的面发出感慨：此人今日被放虎归山，日后一定会夺取你的天下。

刘邦以突出的解读他人能力逃离险境，并且成功感化项羽。项羽为自己的情绪思维所困，难做决断，终于放虎归山。

一场鸿门宴，将情绪思维影响下的领导者感受与解读他人能力的作用表现得淋漓尽致。

三、情境对象类别与情绪思维解读应对

情境是指在一定的时空内，能够对介入物造成影响的主要因素的变化及结合状况。领导者处于组织之中，以组织为中心所涉及的各种因素构成了领导者的工作情境，这其中人又是主要因素。

领导者面对的人员类别非常多，从领导效果实现来看，领导者主要是要关注工作情境中关键对象的情绪思维变化及影响。

能够对领导效果产生影响的情境对象，主要有四类人员：上级领导、同级领导、关键下属、组织之外值得关注的关联对象。从领导者视角看，每类人员都有其特殊的活动特点，与领导者的关系及产生的影响也各不相同，所以领导者在对感受对象的情绪思维进行解读及分析时，不能一概而论，而要有的放矢。

领导活动的推进及领导效果的实现，要求领导者必须对各类关注对象采

用有针对性的解读方法，在准确感受与分析领会的基础上，再采取相应的对策以施加影响。

1. 上级领导权威追求特点的解读应对

在一个组织中，除了组织最高领导者之外，作为组织各个层级或部门的负责人，如果拥有决策及用人权力，一般都可以被视为领导者。因此，领导者的身份也具有相对性，在一个组织中，在各个层级或部门的领导者之上，都会有权力和影响力更大的“上级领导”，当领导者与“上级领导”发生联系的时候，相对而言，领导者就转变为了“上级领导”隶属下的“下级”。①

从情绪思维视角看，对领导者自我意识产生影响的是领导活动中的一些主要因素，如信仰追求、利益取向、领导风格、反省意识等，这些要素的存在状况及变化特点，都会导致领导者进入不同的情绪思维状态，在判断中出现某种情绪思维倾向，并进而推动领导者的行为选择。

领导者对其“上级领导”的解读，与一般的下级解读上级领导一样，重点在于解读“上级领导”在自我意识构成要素中的表现特点，并据此调整自己的行为方式选择。

下级对上级领导的解读，最基本的内容是解读上级领导在自我意识之中对于领导权威的追求特点。

对领导权威的追求程度，受领导风格与自我反省等因素的影响，下级解读上级领导对领导权威的追求特点，目的是维护上级领导权威，努力调整自我位置，避免逾越行为。

在领导者内心深处，领导权威的构建与维护，是领导活动中最为本能的反应。领导者都希望自己说话管用，受到领导对象，特别是下属足够的尊重，得到领导对象的服从或者认同性的支持。

项羽有浓厚的英雄情结，特别关注自身领导权威的维护。在鸿门宴中，刘邦就是利用项羽的这个特点，以臣自居，在娓娓而谈中让项羽陷入英雄情结的情绪思维困境中无法自拔，最终得以脱身。

项羽进入咸阳，整理掳获的美女及财宝准备返回家乡，有谋士韩生向其

① 或者在“上级领导”眼中，“领导者”也可被视为是“下级领导”，即是其下属但又拥有领导职位的管理者。例如在城市管理中有各种职能局，局长就是这个组织的领导，但是在职能局之上，还有市长层级，当局长和市长发生工作联系时，市长就是局长的“上级领导”，而局长就变成了“下级”。

献策，认为秦地自古土地肥沃，易守难攻，是建都称霸的最好地方，项羽不应该放弃此地。

项羽回答，人在富贵之后一定要回到家乡让乡人知道，否则就像穿着锦衣在夜间行走一样，没有体现出其价值。

韩生不禁向别人感慨，楚人的眼界宛如猴子一样。

项羽听闻之后勃然大怒，将韩生放入大锅中活活煮死。

在领导权威构建与维护过程中，如果遇到忤逆者，对忤逆者予以冷淡疏远或责备惩罚，是领导者在不快或愤怒情绪思维下基本的反应，只不过不同风格的领导者在具体做法上有强弱程度的差别而已。

在鸿门宴上，刘邦为了表达谢罪和臣服之意，携带了进献礼物，后来由张良代为进献。项羽坦然接受了一双玉璧，范增则拔剑将进献的玉斗击得粉碎，当众感慨“竖子不足与谋”。①

下级对于上级的顶撞，尤其是当众顶撞，必然会有损领导权威，在领导者情绪心境中留下不快的种子。

在以人治为主的组织中，会有多种情境机会诱发这颗种子生长，与显现的因素结合在一起，推动领导者情绪思维意识中产生某种报复性的行为取向。

这种潜移默化的影响，有的时候领导者自身可能也很难察觉，只是将其归因为显现因素的作用，而忽略了隐性的情绪心境作用。

范增当众斥责项羽，必然会导致注重自己形象的项羽心中极大不快，在情绪心境之中埋下了对范增的不满。此后在陈平离间计的作用下，项羽做出远离范增的决定，也许就是这种隐藏的不满与疑虑交互作用的结果。

刘邦虽以大度容才著称，但韩信在刘邦处于危难、急需援助之时讨要齐王名号，其要挟之意一眼可见。刘邦虽在张良、陈平提醒下从现实出发封韩信为王，忍下了这口气，但韩信的行为一定在刘邦的情绪心境中种下了不快的种子。

等到项羽一灭，刘邦就将韩信的齐王变为楚王，这实际上就已经隐含了对韩信的不信任。当有人告发韩信有谋反嫌疑的时候，刘邦并没有获得确切

---

① “项王则受璧，置之坐上。亚父受玉斗，置之地，拔剑撞而破之，曰：‘唉！竖子不足与谋。夺项王天下者，必沛公也，吾属今为之虏矣。’”——司马迁．史记·项羽本纪［M］．上海：汉语大词典出版社，2004：110.

证据，就顺水推舟地用计将韩信抓获问罪，这其中，韩信当年要挟称王的情绪影响延续性作用不可轻视。

领导者对于权威构建与维护的满意度，更多来自下属的理解与配合。因此，在领导层级中，对于“上级领导”有关领导权威构建与维护的意愿强弱的解读，就是感受与解读“上级领导”情绪思维中的一个重要内容。

对于领导权威构建意愿强烈的领导者，下级必须在各种活动中注意言行举止，做到对领导权威的维护与配合。

萧何与刘邦是同乡，两人关系一向甚好。

在县衙工作的时候，萧何精通秦朝历法，办事干练，在官吏考核中成绩优秀，曾被督查郡县的御史看中，准备将其调往朝廷工作，被萧何拒绝。

刘邦还是平民的时候，就多次受到萧何的庇护。到刘邦做了亭长之后，又经常受到萧何的帮助，两人友情持续加深。

刘邦起事之后，萧何一直负责为刘邦处理政务。刘邦进入咸阳，众将都争着多瓜分一些金银财富，唯独萧何忙着收藏秦国的图书资料。等到项羽进入咸阳，一把火将皇宫庭院全部烧毁后，萧何所收藏的资料就越发珍贵，在日后楚汉相争之时，这些资料对于刘邦了解天下山川地势、户籍分布、风土人情等情况提供了重要的帮助。

刘邦当汉王后，以萧何为丞相，足见对萧何的信任。

刘邦对萧何的建议也非常重视。韩信还籍籍无名时，被萧何看中，当萧何初次向刘邦推荐时，刘邦只是按照一般待遇安置韩信，导致韩信不满而离开，等萧何追回韩信，再次向刘邦陈述人才难得的时候，刘邦相信萧何的眼光，破格拜韩信为大将军，使得韩信将帅之才得以发挥，成为刘邦平定天下的重要功臣。

楚汉相争之时，刘邦与萧何扮演着内外负责人的角色，刘邦领军在关外征战沙场，萧何主政在关内管制后方。刘邦常常被项羽打得全军溃败、落荒而逃，而此时萧何可以源源不断地从关内提供新的兵源及粮饷供应，使得刘邦能够屡败屡战，最后得以扭转战局。

萧何名义上是辅助太子管制关中，但因为太子幼小，关中大权实际掌握在萧何手中。

在专制政治情境中，领导者最为关注的就是个人权威的维护，这也是上下级关系中最为重要的影响因素。

萧何是一个善于解读他人心理之人，知道自己位高权重，难免引起刘邦的疑心，因而处事小心，有关制定法律规章、宗室活动、治理郡县等的重要事情，都力争先向刘邦请示，等到刘邦批准后再实施，有些事情需要临时决断处理的，事后也会一一向刘邦汇报清楚。①

刘邦将大权授予萧何，自然对萧何也是充分信任。但是时间久了，也难免有些疑虑。

楚汉相争第三年，刘邦与项羽处于艰苦的阵地对峙战。刘邦屡次派使者回到咸阳慰问萧何，引起了萧何手下助手鲍生的关注，鲍生提醒萧何，这说明刘邦不放心关中的情况，开始有疑心。萧何立即醒悟，按照鲍生的计策，将自己家族中能够上阵的人尽数派遣到刘邦大营之中助军。

刘邦与萧何都是善于解读他人之人，高手过招，一点即通。刘邦自此对萧何完全信任，萧何也没有就此记怨刘邦，两人合作，在争霸天下中取得成功。

领导者具有追求权威的内在倾向，在个体权威受到不可抗力的打击而受损的情况下，领导者如果无法通过自我意识调整接受现实，下属又不能及时感知或感知之后不敢据实相告，就会使得领导者在权威受损的情况下进退失据，做出错误的决策选择。

项羽在垓下被困，夜半闻听楚歌四起，以为汉军已尽得楚地，面对美人名驹，不禁感慨悲歌。

在汉军重重围攻之下，虽然身边只剩下28骑，但是项羽在突围中仍然要向下属展示自己的卓著战力，斩汉将，拔汉旗，以示自己勇冠三军。

突围至乌江之畔，项羽再度陷入英雄情结之中：思当日有江东八千子弟追随，叱咤风云，纵横天下，得霸王之尊；想今朝虎落平阳，虽有乌江亭长助自己摆渡脱困，但本应衣锦还乡之英雄，现在落魄如此，实在是无颜见江东父老。

项羽此时已经完全为失望、悲观的情绪思维所左右，认为败落至此是“天亡我”，谢绝亭长渡江建议，决定杀身成仁以保全英雄气概。

司马迁认为，项羽虽为盖世奇才，但却以为争霸王之业，仅凭武力与权

---

① “汉二年，汉王与诸侯击楚，何守关中，侍太子，治栎阳。为法令约束，立宗庙社稷宫室县邑，辄奏上，可，许以从事；即不及奏上，辄以便宜施行，上来以闻。”——司马迁. 史记·萧相国世家［M］. 上海：汉语大词典出版社，2004：809-810.

威足矣。等到刘邦与诸侯群起反之，还没有任何觉悟，其失败就不是用“天亡我”可以解释的了。①

2. 同级领导竞争行为的解读应对

同级领导是指在职位或权威影响上，与领导者相似的其他具有并行关系的同一层级的领导者。例如在一个政府组织内，同样是担任局长，彼此之间就是同级领导；在一个企业内，同样是担任部门经理，相互之间也是同级领导。②

一个部门的成功，往往并不能使组织整体利益得以实现。如果从“对与错”的理性思维出发，同级领导之间应有共同的追求目标，就是组织的整体利益，所以，同级领导者之间应该相互支持、密切配合，形成组织中的“向心力”。

但是，因为个体利益、人际关系等因素的影响，同级领导之间往往又会出现彼此观望、不相往来，甚至是关系紧张的状态，并能产生相当大的负面影响。因而领导者对同级领导的感受理解也非常重要。③

在秦末天下诸侯起兵反秦之初，项梁是具有重要影响的人物。在项梁兵败战死之后，秦军得势，乘胜围攻各路造反的诸侯。项梁所立的楚怀王收拾残兵，迁都到彭城，重整军队，封刘邦为武安侯，封项羽为长安侯，此时刘邦与项羽处于平等地位。

赵国被秦军围攻形势危急，多次向楚怀王求救。楚怀王召集属下商议对策。手下人提出两个对策，其一是派兵援助赵国，与章邯的秦军主力进行对抗，其二是另派一支军队绕道西进函谷关，期望直接攻入关中。

此时秦军正处于得势之时，楚怀王手下的将领们都不愿西进，只有项羽为了报项梁被杀之仇，向楚怀王要求带兵西进。

本来西进关中无人愿去，现在项羽主动请令，应该水到渠成。但是，楚

---

① “自矜功伐，奋其私智而不师古，谓霸王之业，欲以力征经营天下，五年卒亡其国，身死东城，尚不觉寤而不自责，过矣。乃引‘天亡我，非用兵之罪也’，岂不谬哉！”——司马迁．史记·项羽本纪［M］．上海：汉语大词典出版社，2004：119-120.

② 对于同级领导，一般认为有“无隶属关系”“横向人际关系”“同级的同事”这样一些特点。

③ 有学者研究认为，同级领导之间主要有三种关系状态：相互支持关系，遇到矛盾求大同存小异，形成领导关系中的“向心力”“合力”和凝聚力；相互紧张关系，遇到问题各不相让，甚至直接争吵，形成领导关系中的“离心力”或“分力”；相互冷漠关系，遇到问题互相观望，不支持也不拆台，使得组织内部没有“作用力”，成为“灰”组织或“无心”组织。参见：顾建高，陈洲．论同级领导冲突［J］．理论探讨，2001（4）：79.

怀王手下的老臣们纷纷反对，向楚怀王陈词，否决了项羽作为西进将领。

老臣们反对项羽西进的原因，是因为项羽的为人。项羽显然在同级之间没有留下好的印象。

老臣们分析形势，认为秦国关中之地的民众其实也是苦秦久已，西进的将领，需要是一位有同理心的将领，能够感受到关中民众痛疾之处，以宽怀仁义打动民众，才能有利于占据关中，推翻秦政。

以宽怀仁义之师占据关中，只有刘邦最合适，因为刘邦的为人体现了这方面的特点。而项羽不行，项羽在一路攻城略地之中已经充分暴露了暴虐残忍的特点，动辄坑杀屠城的行径，只会激发关中民众抵抗的决心，而不利于不战而屈人之兵。

此时项羽与刘邦均是带兵反秦不久，但是两人为人及人际管理特点的差异，在比较之中已经是一目了然。

楚怀王听从众人建议，否决了项羽的请令，派刘邦率军西进关中，派项羽作为宋义的助手，率军援助赵国，并与众将约定，"先入定关中者王之"。

同级领导之间存在相互依靠、密切合作的关系需求，除此之外，同级领导之间也难免存在一些矛盾与冲突。除了组织结构、管理体制上等存在缺陷引发问题之外，同级领导之间的矛盾与冲突，最根本的原因在于彼此之间的竞争关系。从个人职位晋升上看，同级领导彼此都是潜在的最具威胁的"竞争者"；从名誉效应、魅力影响等方面看，同级领导彼此都是潜在的"伤害者"；从工作难度、资历背景、上级领导行为偏颇等方面看，同级领导彼此都是直接的"计较者"。

项羽和刘邦从反秦的合作者走向竞争者，就是此种情况的直观体现。

由于同级领导之间没有上下隶属的指挥与服从关系，所以相互之间配合与协调的好坏，情绪思维判断在其中起着重要作用。

按照理性分析推理，同级领导各自的局部利益实现，都是为了满足组织整体利益实现的需要，因此，在组织整体利益实现要求下，个别的局部利益应该做出让步，甚至在必要时做出一定牺牲。

虽然从组织发展的理性要求出发，同级领导理应具备牺牲小我、成就全局的思维判断意识，维护同级领导之间的配合支持关系，但是在自我利益等因素影响下，同级的领导也会从对于自己"好与坏"的情绪思维出发，使彼此之间关系紧张，甚至出现各不相让、暗自拆台的"离心力"。

秦朝被推翻后，项羽主持分封各路诸侯，封自己为西楚霸王，封刘邦为汉王，刘邦的封地主要在巴蜀。

战争结束，天下免除动乱，各路诸侯独占一方治国安民，本来是一个皆大欢喜的局面。但是在分封过程中，许多诸侯觉得分封不公，项羽对楚军的将领偏爱过多，对其他诸侯往往依据自己的情感偏好决策，因此，分封不久，各地诸侯就因为矛盾冲突重新开战，项羽为了维持分封局面，不得不东征西伐，诸侯之间战火不断。

刘邦本来就对没有兑现“先入定关中者王之”的约定不满，在韩信劝说下，乘着将士东归心切的机会，开始对关中之地进行兼并，凭着自己在关中的威信，战、降并用，很快就占据了关中，实力大增。

刘邦占据关中之后，开始向关外进行扩张，利用项羽逼死楚怀王的机会，向天下诸侯发布通告，要求大家出兵助战，共同讨伐项羽，灭秦大军之间的战争随即爆发。

领导者解读同级领导的感受，重点在于解读对方对“竞争效应”的情绪反应及情绪思维状态，在不损害组织“向心力”的前提下，以自身的情绪思维调整，匹配对方的行为表现。

当同级领导在“竞争”中处于优势的时候，领导者要在心理上予以认同，并表示出适度的欣赏；当同级领导在“竞争”中处于劣势的时候，领导者要在心理上予以理解，并表示出适度的自谦。

同级领导之间配合与协调工作时，“计较”心理及引发的误解、嫉妒、厌恶等情绪思维倾向，是导致彼此相斥、引发矛盾的主要原因。而引发“计较”的因素也是多种多样的，因此，“计较”心理是较难治愈的一种情绪思维偏向。

刘邦夺得天下，当上皇帝后，对群臣论功行赏，要求大家排出功劳大小次序。

群臣各数自己的功劳，经过一年多还难以定出每个人功绩的排序。由此可见同级之间“计较”心理影响之深。[①]

从自我意识视角看，在同级关系中，产生“计较”心理的最根本的原因，

---

① “汉五年，既杀项羽，定天下，论功行封。群臣争功，岁馀功不决。”——司马迁．史记·萧相国世家［M］．上海：汉语大词典出版社，2004：810.

还是觉得自己“吃亏”了。因此，领导者在感受同级领导心理时，如果以能够“吃亏”的自我意识出发，就能较好地避免“计较”性的情绪思维的影响。

刘邦最后拍板，以萧何为第一功臣，封为酂侯，享受食邑最多。许多将领对此有意见，认为出生入死、攻城略地的将帅的功劳不可能低于文墨之士。刘邦力排众议，解说萧何的作用，定萧何居首功不变。

萧何在刘邦争夺天下中所起的作用，只有刘邦心里最清楚，除了稳定后方、解危济困的作用之外，萧何能充分理解刘邦心意，在两人之间构建起了顺畅的上下关系才应该是刘邦更为看重的因素。

在同级的人际交往中，要求自己能够适当地“吃亏”，是指在避免人与人之间误解、将简单关系复杂化的同时，保持自我心境平衡的一种自我反省意识引导。

在发生工作配合联系时，当感受到同级领导“占了便宜”的时候，领导者要引导自己能够“吃亏”。在对方屡次体现“占便宜”的行为习惯时，由于涉及没有隶属关系的“同级”等因素，领导者不宜公开指责，而是需要为以后的合作方式做出调整和应对。

3. 关键下属情绪思维的解读应对

下属是在组织内部，由领导者直接管理并承担决策执行任务的各级人员。

下属素质及能力构成状况，在工作中的执行情况及产生的工作结果等，都会对领导者工作意图实现以及组织发展产生影响，同时，从组织层级看，领导者又拥有对下属进行直接管理的权力，因此，下属是领导者感受范围内的主要对象。

一般来说，领导者对下属的感受与解读通过管理途径和感受途径来实现。

管理途径由工作制度、纪律、程序等构成。通过管理途径产生的反馈信息，领导者可以感受到下属整体的工作状况及个别对象在工作环节中发生的特殊情况。

感受途径由工作联系、沟通交流等构成。通过人际接触交流中产生的情绪感受，领导者可以解读部分下属在工作中的情绪状态及情绪思维倾向，并据此推测下属整体的情绪状态及组织关系氛围。

领导者对于下属情绪思维的解读，目的是有针对性地调整工作方式，获得更好的领导效果。

刘邦因为傲慢待人的习惯，也会经常与属下发生冲突，但刘邦的感受他人的能力可以帮助他迅速理解对方的心意，较好地进行自我反省，进而获得对方的谅解与拥戴。

郦食其是刘邦夺取天下的重要谋臣。郦食其与刘邦初次见面的时候，是秦国山西高阳城的守门人，当时刘邦攻打昌邑久攻不下，就绕道高阳城，郦食其见到刘邦军队之后，决定以自己的才能投靠刘邦。

刘邦同意接见郦食其。

郦食其进屋拜见刘邦的时候，刘邦正在由两个女佣服侍着洗脚。很显然，刘邦对一个守门人的求见，没有放在心上。

郦食其当场不悦，对刘邦正言相告：你若想推翻秦政，以这种方式待人绝无可能。

刘邦从郦食其之言立刻反省到自己的不对，感受到郦食其可能有过人之处，立即向郦食其道歉，请其上座，向其请教西征秦国之策。

刘邦按照郦食其的建议攻打陈留，夺得了秦军的囤粮之地，打开了西征的重要通道。

从情绪思维视角看，领导者在组织中对下属情绪思维的感受解读与调节能力，主要表现为对下属的工作状况及组织集体情绪的把握及引导。

由于领导者对下属的感受涉及的人员范围广、内容构成复杂，因此，领导者对下属的感受与解读，无论是在范围，还是在内容方面都要有所侧重，才能具有可行性。

为了保证领导效果的实现和组织整体顺利发展，领导者在有限的时间、精力下，可以有所选择地重点关注以下几个方面下属情绪思维的变化：

（1）感受关键下属的情绪变化及解读其差异性。

领导者面临的下属虽然众多，但在不同的阶段，必然有对整体工作推进起到关键作用的下属。这些关键下属不多，但是对领导者工作意图的贯彻非常重要，所以是领导者在这个阶段必须重点予以关注的对象。

领导者要能够通过合适的渠道，对关键下属的情绪、心理变化及时感知，并仔细辨别不同关键人物之间情绪思维变化的差异性，找准其中的原因。

陈平是刘邦的重要谋臣，为刘邦平定天下出谋划策，起过重要作用，并且是刘邦死后平定吕氏专权、重定刘氏江山的主要策划者。

陈平在投奔刘邦之前，曾先后在魏王和项羽阵营中效力。陈平因魏王不采纳其计谋，离开魏王投奔项羽，项羽重用陈平，但陈平又因项羽喜怒无常，转而投奔刘邦。

刘邦与陈平见面交谈之后，即重用陈平，手下将领多有反对意见，认为刘邦与一个楚营逃兵只交谈一次，就对他重用不合适。但刘邦不顾众人反对，仍然重用陈平。

陈平虽然善出奇谋为刘邦所赏识，但自律不够，作为监军将领，陈平却收受将领们的贿赂，被人告发到刘邦处。

刘邦本欲处罚陈平，但还是召陈平见面与其交谈，了解到陈平逃到汉营身无分文的窘况后，就赦免了陈平之罪，并且对陈平进行了赏赐。

楚汉相争，刘邦与项羽在荥阳对峙。刘邦自从在彭城大败之后，以前依附的诸侯纷纷背汉附楚，汉军势力削弱。驻守荥阳的汉军粮道不断被楚军袭击，汉军缺粮，刘邦欲向项羽求和。

项羽准备接受刘邦求和要求，却被范增阻止。范增认为此时是征伐汉军最好的时机，不可错过。项羽同意范增建议，加大围攻荥阳的军力，刘邦在城中压力大增。

陈平向刘邦献离间计，在项羽派使者来的时候，先是准备丰盛宴席，当知道使者是项羽所派的时候，接待者故意显示出错愕，表示误以为是范增派的使者，将珍馐全部撤下，而代以粗茶淡饭。使者回来向项羽汇报的时候，项羽怀疑范增私下与刘邦交往，对自己有异心，从而开始剥夺范增的权力。

范增得知项羽所为，既愤怒，又失望，遂向项羽告辞返乡。项羽同意范增告辞，范增在回乡路上背上毒疮发作而死。

人与人之间最有效的情绪感知与解读方式是面对面的谈话沟通，这是最简单有效的方式，也是领导者往往无法采取的方式，因为领导者通常太忙，没有时间安排太多的长时间沟通面谈。

但对于关键下属，领导者必须安排时间进行面对面的沟通，在沟通中，领导者能否有效地倾听是沟通能否有效的直接影响因素，领导者要通过表情解读与心理解读方法，来获得真实信息。

在陈平犯错的时候，刘邦通过沟通，进一步了解了陈平的优缺点，帮助陈平克服其自身缺点。

刘邦采纳陈平离间项羽与重要谋臣的计策，将四万斤黄金交付陈平使用，而不问其使用情况。①

刘邦明知陈平在金钱上有过失之处，却能如此信任，这足以令陈平为之感动了。

项羽疑心重臣，但又不愿意与之坦诚沟通，所以导致矛盾越发严重。

其实陈平的离间计算不上高明，陈平之所以认为其可能有效，是因为他曾经在项羽身边工作，对项羽疑心功臣的特点十分了解，所以一计得逞，产生奇效，项羽最重要的谋臣范增与武将钟离眛都因项羽所疑而离他而去。

这边项羽驱逐功臣范增，那边刘邦手下人将纪信见荥阳危机，主动要求假扮汉王出城投降，以吸引楚军，掩护刘邦突围。

刘邦在纪信的帮助下脱城而逃，纪信却被项羽抓住活活烧死。

项羽攻下荥阳，俘获守城将领周苛，欲招降周苛，封其为楚军上将军，为周苛所拒，周苛斥责项羽不如刘邦，项羽大怒，将周苛放入大锅中活活煮死。

领导者解读下属的能力会影响到用人效果，项羽与刘邦的解读下属能力及用人上的效果差异由此可见。

（2）观察下属情绪思维能力及调整其所匹配的职位。

下属的有效工作，必须与其职位、团队情境要求相适应。领导者用人，必须观察个体与他人合作意识及状况，匹配相应的管理岗位：情绪思维能力较低的人，适合做技术性管理工作；情绪思维能力较高的人，适合做人际管理工作。两者如果错用，会增加管理工作的矛盾与冲突。

韩信年轻的时候家境贫困，他既不愿意从事生产劳动，又没有能力经商谋生，所以生活困顿，经常跟别人蹭吃蹭喝，惹得大多数人都讨厌他。

韩信年轻时虽然有远大抱负，能够忍胯下之辱，但是指望有朝一日突然出人头地、整天生活在自己幻想中的行为，使他在别人眼里就是一个好吃懒做之人，受别人轻视讨厌，这本是自然的事情。但韩信显然缺乏对他人感受的理解，只是从自我感受的角度去理解别人的行为，反而认为别人不理解他，因而惰习不改。

韩信曾到一个当亭长的朋友家里蹭饭数月，亭长妻子最后忍无可忍，一

① “汉王以为然，乃出黄金四万斤，与陈平，恣所为，不问其出入。”——司马迁．史记·陈丞相世家［M］．上海：汉语大词典出版社，2004：835.

大早就做好早饭吃了，等韩信来吃早饭的时候，发现无饭可食。韩信这个时候才明白人家的嫌弃之意，却不仅没有做自我反思，反而大怒而去，与朋友断绝关系。

韩信有军事指挥才能，但在处理人际关系时又有情绪思维能力不足的缺点，习惯以自我为中心对待他人。

刘邦用人，能够容忍人才的缺点，以夺取天下为目标，发挥人才的长处，刘邦用陈平如此，用韩信也是如此。

楚汉相争之中，刘邦为了牵制项羽，派韩信到齐国地界进行发展，韩信不负所望，相继平定了赵国、齐国等地，势力逐渐壮大。

刘邦在荥阳被项羽围攻，形势危急。刘邦派人传令，让韩信带兵救援自己，韩信回信却认为齐地初降，需要封自己为代理齐王来镇守齐地。

韩信的回信，明显是不管领导危殆形势，并且有要挟之意。

刘邦读完回信后，勃然大怒，言自己正处境险恶，盼韩信援助，韩信却想着自立为王。刘邦激怒之下就要讨伐韩信。①

刘邦此时为愤怒情绪所困，决策已经受情绪思维左右。张良与陈平见状劝说刘邦，此时形势不同，不能逼反韩信，只能答应其要求，让韩信人马为刘邦所用。

刘邦立即感知到张良与陈平建议的重要性，控制住自己的情绪，采纳其建议，派张良亲自到韩信大军中正式举行封王仪式，终于感动了韩信。

后来项羽派使者试图说服韩信反叛刘邦帮助自己的时候，韩信要使者转告项羽，刘邦对自己情深义重，自己无法反叛刘邦。

有齐国的学士蒯通劝说韩信脱离刘邦自立，对刘邦、项羽互不相帮，形成三足鼎立之势。

蒯通陈述韩信自立的理由十分清晰：

一是楚汉相争多年，战争频繁，百姓受害，现在楚汉势力平均，韩信帮助谁，谁就会取胜。而韩信选择自立，就会形成三足鼎立平衡之势，结束战争，天下人都会为此感谢韩信。

二是韩信为刘邦打天下，所立功劳最多，现在已经到了功高震主的地步，刘邦已经不知道如何封赏韩信才适宜，此时韩信以臣子身份伴随刘邦，已经

---

① “当是时，楚方急围汉王於荥阳，韩信使者至，发书，汉王大怒，骂曰：‘吾困於此，旦暮望若来佐我，乃欲自立为王！’”——司马迁．史记·淮阴侯列传［M］．上海：汉语大词典出版社，2004：1163.

十分危险，韩信如果认识不到这种情形，日后一定会为其所累。

三是时移事易，智者就要懂得当机立断，现在形势对韩信最为有利，韩信自立，刘邦与项羽都无法反对，只能选择接受，所以韩信不能犹豫，需要借机自立。

对于韩信来说，蒯通的分析可谓通彻见底。一连几天，韩信都处于犹豫难断的境地。

在思考多日之后，最终韩信还是觉得难以对刘邦背信弃义，拒绝了蒯通的建议。①

韩信自知自己的才能长短所在，而刘邦正是给他发挥自己的长处提供了不可或缺的机会，韩信知道领导者能如此作为，实属难得。在情绪思维影响下，韩信这样一个本来习惯以自我为中心考虑事情的人，最终也被刘邦的为人所感化，为情绪思维所左右，拒绝了对自己最为有利的选择。

领导者凭借对下属能力构成特点的解读，应该将其用在合适的职位上，以发挥其长处，避其短处。

刘邦当上皇帝后，韩信因为有造反之嫌最后为刘邦所困。在与刘邦闲谈评议天下时，韩信自认为领兵才能远远高于刘邦，刘邦反问韩信为何被自己所困，韩信回答，刘邦之才不在于将兵，而在于将将。②

韩信清楚，领导者的才能主要在于管干部，而这正是刘邦高于自己的地方。

（3）预测组织集体情绪思维状态及引导其变化倾向。

情绪具有移情性与感染性。在群体活动中，个体会不自觉地趋向情绪的同步性。在组织中，领导者必须选择恰当的方法对组织情绪总体走向进行管理，对积极与消极情绪进行平衡。

一个组织整体成员的情绪思维倾向，既是组织生存与发展的文化氛围的重要构成内容，也是组织文化氛围走向的重要影响因素。因此，领导者必须对组织成员的集体情绪思维变化及倾向有清楚的了解。

---

① “韩信犹豫不忍倍汉，又自以为功多，汉终不夺我齐，遂谢蒯通。”——司马迁．史记·淮阴侯列传［M］. 上海：汉语大词典出版社，2004：1167.

② “上常从容与信言诸将能不，各有差。上问曰：‘如我能将几何?’信曰：‘陛下不过能将十万。’上曰：‘於君何如?’曰：‘臣多多而益善耳。’上笑曰：‘多多益善，何为为我禽?’信曰：‘陛下不能将兵，而善将将，此乃信之所以为陛下禽也。且陛下所谓天授，非人力也。’”——司马迁．史记·淮阴侯列传［M］. 上海：汉语大词典出版社，2004：1168.

在领导过程中，有两个节点时期，即组织变革阶段或者重大负面突发事件发生后，在这两个时期，领导者尤其要对组织集体情绪变化保持十分的警觉。①

领导者在新的决策内容或行为实施之前，必须预测对组织集体情绪思维可能造成的影响，通过合适的渠道获得真实反馈，并据此调整自己的决策及行为。

在组织遭受重大负面事件影响时，领导者必须及时了解组织成员对此的感受及情绪思维变化，并据此做出相应的解释并提出应对策略。

楚汉两军对阵，项羽要求与刘邦单打独斗，本欲展现自己的英雄气概。

刘邦不愿做匹夫之勇，却在两军阵营面前数落了项羽十大罪状，对项羽的形象造成严重负面影响。

这十大罪状中，涉及项羽以下犯上、违背臣子之责的有四条：项羽杀上将军宋义而自己取而代之；项羽救赵之后违背楚怀王指令自行其是；项羽驱逐义帝而自己建都彭城；项羽派人暗杀义帝。

涉及项羽负约不公的有两条：项羽违背先入关中为王的约定；项羽分封不公导致天下纷争重起。

涉及项羽暴虐滥杀的有三条：入秦之前将已经投降的20万秦军坑杀；入秦之后纵兵烧杀掳掠；杀掉已经投降的秦王子婴。

刘邦的十条罪状，将项羽为人的负面表现一一落在实处，可归纳为三个方面：为臣不忠、为政不公、为人不仁。

在两军阵前，刘邦的举证将项羽与刘邦的形象差异具体呈现出来，项羽所自赏的英雄气概瞬间被击得灰飞烟灭，两个领导者的形象在彼此阵营中的一升一降立显。

项羽大怒之下令埋伏的射手放箭，刘邦胸口中箭，但为了稳定军心，却笑称脚趾中箭。

刘邦虽伤势严重，但仍然听从张良劝告，坐车巡视汉营，慰劳将士，鼓舞人心，引导汉营将士集体情绪变化倾向。

---

① 在实行变革或遭受重大负面损害时，领导者自身首先就会面临情绪思维变化的影响，所以领导者在感受他人之前，首先要做好自我意识的调节。领导者肩负的任务是引导整个组织群体走向积极的情绪，是在对自己情绪有意识的管理下去运用情绪，而不是相反，为自己的情绪所控制，以失控的情绪去感染整个组织群体。

4. 关联对象情绪思维的感同身受

组织之外的关联领导对象，是指在组织之外，在领导者管理或控制影响下，能够从领导效果中得到收益性或损害性影响结果，并能够对领导者活动产生影响的人员。

关联对象是领导者实现的领导效果的受影响者。从领导者视角看，领导效果往往是“好的”成分居多；而从关联对象视角看，领导效果既可能是“对的”成分居多，也有可能是“错的”成分居多。

项羽进入咸阳之后，如愿以偿，杀秦王子婴及嬴政家族，放火焚烧秦朝宫殿，整个咸阳四周大火一直烧了三个多月，将富丽堂皇的帝都一下子烧得只剩残垣败壁。

项羽崇尚以武力，甚至暴力征服人心，而罔顾百姓的感受。

在楚汉相争期间，项羽在梁地作战的时候，外黄城久攻之下才破，项羽发怒，又准备将城中男子活埋。外黄县令13岁的儿子劝说项羽，动辄坑杀城中之人，只会增加以后城市军民的守城之决心，使得攻城更加困难。项羽觉得其说得有道理，才放过外黄城男子。

在以后的攻城过程中，其他地方听说外黄城之事，主动投降的城市开始增多。

一个13岁儿童都懂的道理，项羽却一直反其道而行之，可见项羽的确缺乏对底层众生想法的感受。

关联对象一般无法参与领导活动过程，在接受领导效果时具有被动性特点。关联对象所具有的表达权利，决定了关联对象对领导活动的影响力。

具有较大个人意愿表达权利的关联对象，一般会在领导活动过程中，就对领导者行为显示出情绪倾向，并迫使领导者予以关注，考虑是否进行领导行为调节。

具有较小个人意愿表达权利的关联对象，一般在领导活动过程中无法显示出其情绪倾向，只有在领导效果产生之后，体验到收益性或损害性感受后，才有可能对损害性影响进行有限程度的情绪倾向表达。

领导者的根本目的，是使得组织及关联的领导对象都能从领导效果中获得收益性结果，避免损害性结果的影响。因此，领导者必须关注关联对象对领导活动过程及领导效果的感受，及时做出适宜的调整。

对于具有较大个人意愿表达权利的关联对象，领导者在某种程度上是处于被制衡的位置，因此，领导者要具有关注节点信号变化的警觉性。领导者要关注其情绪思维倾向的重要变化，及时做出应对，让关联对象感受到其意愿受到重视并产生影响。领导者在此过程中要避免拖延应付，最后使自己陷入穷于应对的被动局面。

对于具有较小个人意愿表达权利的关联对象，领导者处于不受制衡的位置，最容易忽略关联对象的反应，因此，领导者要强化自己感同身受的意识，多从实际调查中获得关联对象负面情绪思维变化的真实反应，并据此在领导活动中做出调整应对。

刘邦在西征途中，对投降的守城将领及驻军都予以妥善安置，又约束自己的军队不准掳掠扰民，受到秦地民众欢迎，很多城市不战而降，使得刘邦西征得以顺利推进。

刘邦深知秦人对秦朝严刑苛法的恐惧与厌恶，进入关中之后，与秦地民众约法三章：杀人者死，伤人及盗抵罪。除此之外，秦法一律废除。刘邦又以宽大措施，对投降的秦王子婴及王室予以善待，又再次约束军队，严禁扰民。这些措施的施行，使得刘邦迅速赢得秦地民众的支持，人们期待由刘邦来做秦地之王。

项羽不仅自身对秦国怀有强烈的复仇心理，在反秦过程中，同样也受到六国贵族复仇心理的影响与驱动，因而在上下相互作用下，项羽阵营中从领导到将士，将对秦地的烧杀掳掠演变成了一场集体的情绪宣泄。[①]

项羽进入关中之后，纵容部属以复仇的心态一路烧杀掳掠，秦人对项羽大失所望，只是畏惧其武力，不得不服从。

秦人对刘邦的好感，对于刘邦违背项羽封地协议，重新征服秦地，成为关中之王起到了重要帮助作用，也奠定了刘邦以关中为根据地，与项羽争夺天下的牢固根基。

---

① “项羽代表着六国贵族的利益，他在起义军中，起着领袖的作用。在秦末反秦起义队伍中，六国贵族的力量依然较大，对灭亡秦朝起了很大的作用。因此，项羽要照顾到这些人的利益。”“刘邦的出身，与项羽有本质的区别。虽然刘邦也曾为楚的子民，但刘邦出身于社会下层，因此，刘邦没有项羽那样的家仇国恨。”——付开镜．仇秦与抚秦——项羽、刘邦在灭秦战争中不同策略的比较［J］．内江师范学院学报，2012（1）：102-103.

四、领导风格自我调整与解读他人能力提升

领导者的行为不仅要立足于当前，更重要的是为未来发展准备条件。因此，领导者需要具备高水平的感受他人，特别是解读群体情绪思维变化的能力。

领导者对他人情绪及情绪思维的解读能力，不仅体现为对当前他人情绪及心理变化的感知，还要具备预测能力，即通过对已经释放的刺激信号或未来将要释放的刺激信号的信息内容分析，预测对他人可能造成的影响以及关联的情绪思维与行为反应，更深层次的是能够辨别不同群体、个体在这些方面可能存在的差异性，从而提前做出行动准备。

领导者所处的位置，并不能够必然地提升其感受与解读他人的能力，有的时候甚至会出现相反情况。因此，在一定的领导机制情境下，领导者可以在自我意识、自我控制与解读他人的基础上，自觉地通过领导风格转变，提升感受与解读他人的能力。

1. 领导者的位置会成为感受他人的障碍

等级地位所形成的俯视情绪、魅力型风格所形成的自我欣赏效应、独断型风格所形成的独断专行习惯，类似的诸多因素，都会使领导者对感受他人失去主动性。

与此同时，领导者对他人的感受在组织中有无法避免的障碍，主要由三个方面的原因所造成：

（1）由情绪思维表现形式所形成的障碍。

情绪思维一般难以以文字描述形式进行归纳，当面接触越少，感受就越少。

情绪思维变化是一种感受效应。组织群体或个体情绪思维的变化及倾向，一般难以以文字描述形式进行归纳上报，需要通过沟通或汇报方式进行上报，领导者如果缺乏感受他人的主动性，就会减少获得相关信息的机会。

（2）由等级地位所形成的障碍。

负面情绪思维信息在自下而上传递中会出现递减效应。

在组织管理中，自下而上的“报喜不报忧”是一种常态。除非在管理制度中有严格的负面信息上报规定及执行程序，否则下属在上报负面情绪思维

信息时，出于自身利益考虑，都会有所选择，就轻避重，甚至会有意隐瞒。

领导者地位越高，对下属及领导对象的负面情绪的感受受到的阻碍就会越大，有的时候真想获得下面的真实感受反而求之不得。

（3）由接触范围有限所形成的障碍。

情绪思维信息在传递中会出现片面性效应。

领导者在感受他人过程中，由于接触人的范围或圈子相对固定，不自觉地受到固定对象的误导或诱导，有可能得出的情绪思维解读判断是错误的，自己却深信不疑。①

2. 领导者提升自己的感受与解读他人的能力

由于领导者对他人的感受与解读会存在一些先天的障碍，因此领导者有意识地克服这些障碍，提升自己感受与解读他人的能力就显得尤为重要，在领导活动中也更容易显现其领导效果。

张良曾分别伴随刘邦与项羽工作过，在接触比较之后，张良最后还是选择了刘邦，弃项羽而去，其根本原因是项羽无法解读到张良的真实感受，而刘邦却有这方面的优势。

张良出生于韩国贵族家庭，其祖父、父亲均为韩国相国，家世显赫。韩国被秦国灭国后，年轻的张良散尽家财求侠士刺客，寻找机会刺杀秦王，为韩国复仇。

张良曾寻得一名力士做刺客，该力士能够以沉重的铁锤作为兵器击杀目标。

秦始皇东巡的时候，张良与力士在博浪沙埋伏狙击。等皇帝车队经过的时候，力士错将侍卫所乘坐的副车认作主车，以铁锤击中副车，使得秦始皇逃过一劫。

秦始皇遇袭大怒，张榜天下捉拿刺客。张良为形势所迫，改去原来的姓名后，躲到沛县的下邳隐匿。

张良在浪迹江湖的时候，崇尚侠义之举，也对人际关系处理有了丰富的阅历。

---

① 下属对领导者的情绪展示，有几种基本的类型。第一种是情绪表达最小化，掩饰自身的感受，如下属在受到领导指责的时候，会努力控制自己的真实情绪；第二种是放大情绪表达，夸大自身的感受，如下属在赞扬领导成绩的时候，会带有夸张的成分；第三种是情绪替换，用一种情绪替换另一种情绪，如在讨厌一个人的时候，往往会口是心非，采用隐喻的方式予以表达。人们表达自身情绪会受到情境、年龄、文化等因素的影响而发生变异，领导者要在熟悉情绪展示变化类型的基础上去解读下属情绪表象后掩盖的真实情绪。

在张良隐匿的时候，项伯因杀人逃匿，在官府追捕的危急时刻，曾得到张良的帮助脱险，从而对张良一直心怀感激。在鸿门宴之前，项伯得知项羽准备对刘邦开战，连夜通知张良逃离，就是为报此恩。

张良曾从异人处获得《太公兵法》，详加研读，对兵法战略有深刻的理解。等到陈胜反秦的时候，张良也在下邳起兵响应，后来遇到刘邦，便加入刘邦的阵营，以兵法布阵协助刘邦打仗，得到刘邦的赏识与重用。

张良一心想恢复故国，在随从刘邦投入项梁大军后，张良游说项梁同意，派军队让他带领到原来的韩国之地发展，将原来的韩王后人成立为王，与秦兵游击对战。

刘邦虽然希望张良辅助自己，但是理解张良的内心愿望，礼送张良离去。①

刘邦西进关中的时候，再次遇到张良。刘邦请张良协助自己，张良被刘邦为人打动，同意协助刘邦西进，以客卿身份再次加入刘邦大营，为刘邦攻入关中贡献了许多计谋。②

刘邦进入咸阳之后，为秦宫的壮丽奢华所吸引，意欲留在皇宫中住宿。樊哙向刘邦劝谏，请刘邦到皇宫之外住宿，以免耽于享乐，刘邦不听。张良再进谏，以争夺天下之利相劝，刘邦终于警醒，退出皇宫，驻守霸上，等到项羽责问之时，才有托词可解释。

在鸿门宴前后，张良倾尽全力为刘邦谋划，终于使刘邦脱离险境。

项羽大封诸侯之后，刘邦以汉王身份到巴蜀封地，张良请求回到韩王成的身边，回去帮助韩国重新建国发展。

刘邦再度予以理解，并予张良以重赏。③

张良感动之余将这些赏赐都转赠项伯，并又替刘邦厚赠项伯财物，让项伯说动项羽将汉中之地也封与刘邦。刘邦得到汉中，是分封之中最为关键的内容，

---

① “项梁使良求韩成，立以为韩王。”——司马迁．史记·留侯世家［M］．上海：汉语大词典出版社，2004：822.

② “沛公乃令韩王成留守阳翟，与良俱南，攻下宛，西入武关。”——司马迁．史记·留侯世家［M］．上海：汉语大词典出版社，2004：822.

③ “汉元年正月，沛公为汉王，王巴蜀。汉王赐良金百溢，珠二斗，良具以献项伯。”——司马迁．史记·留侯世家［M］．上海：汉语大词典出版社，2004：823.

以汉中为根据地，刘邦后来才有机会重新攻入关中，占据关中为王。①

张良所行之事，表明张良虽然要离开刘邦为故国效力，但仍然认可刘邦的为人，千方百计地为刘邦未来的发展出力。

项羽分封诸侯之后，因为张良曾经帮助过刘邦的缘故，不许韩王成回封地，并要求张良随在自己身边行事。此时项羽如果能得到张良认可，在战略决策上一定能获得重要的帮助。

项羽虽然威震天下，但张良显然没有认可项羽的为人，并没有真心辅助他。张良在伴随项羽的时候，仍不忘为刘邦说好话，使得项羽对刘邦没有了疑心与防备。

项羽后来将韩王成降为诸侯，不久又杀了他，使得张良重建韩国的希望破灭。

张良设法逃出项羽大营，投入刘邦阵营。刘邦立即封张良为侯，两人正式开始了合作。②

刘邦得张良如虎添翼，张良也认定刘邦，从此追随辅助刘邦争夺天下。由此可见，刘邦与张良的结合，是彼此认同的结果。

在楚汉相争危困之时，张良向刘邦献计，指出韩信、黥布、彭越三人是打败项羽的关键人物，刘邦可以用封地打动三人，动员他们一起围攻项羽。刘邦依计行事，此三人最后果然成为灭亡项羽的主要力量。

对于他人或组织集体情绪的感受及解读，除了需要领导机制规定合适的渠道之外，还需要领导者通过对自身领导风格的调整，增加与领导对象的沟通，以获得真实情况。

领导风格是一种情绪思维及行为习惯，一旦成形以后，领导者自身陷于其中，有的时候很难察觉并调整其弊端。

一方面，领导者要努力稳定自己的情绪，提醒自己以判断性情绪思维代替动物性情绪思维。稳定情绪，有利于领导者保持良好的领导风度，在组织内部对情绪发泄讲究限度，给人和蔼可亲、容易接近的感觉。

---

① “张良通过项伯为刘邦请得汉中郡之地，强化了刘邦的政治地位和军事主动权。汉中为最早的‘华夏’区域，政治认可度高；汉中为巴、蜀的‘咽喉’和‘捍蔽’，三者连为一体，于稳固自身和进据关中均至关重要。得汉中之地，是刘邦还定三秦、逐鹿中原的基础，也使汉中在两汉时得以兴盛。”“回过头来再看刘邦，如果当初仅称王巴、蜀，而汉中属于雍王或塞王，不单他统一王朝的建立遥遥无期，而且偏安一隅、老死蜀中，或被章邯、司马欣消灭都有可能。”——孙启祥．论张良“请汉中地”的政治军事意义［J］．成都大学学报（社会科学版），2018（2）：52-56.

② “项王竟不肯遣韩王，乃以为侯，又杀之彭城。良亡，间行归汉王，汉王亦已还定三秦矣。复以良为成信侯，从东击楚。”——司马迁．史记·留侯世家［M］．上海：汉语大词典出版社，2004：824.

另一方面，领导者要关注下属的情绪反应，能够适当接受意见冲突。关注下属的情绪反应，就是要求领导者在对话中能够保持倾听者的姿态，并且对冲突意见及情绪对立能够克制自身的情绪，从异议中选取合理的成分。

刘邦与项羽在待人接物的礼数上相去甚远，刘邦待人的习惯是不注重礼仪，说话时常取笑于人，给人轻慢无礼、缺乏教养的印象。项羽待人则礼数周全，与人话语时态度温和，给人世家出身、教养周全的印象。

刘邦虽然在待人接物、礼仪方面所受的教养远不如项羽，但是作为一个领导者，却在识人用才的能力上远超项羽，由此可见，礼仪教养并不是决定一个领导者情绪思维能力的根本因素，而领导者识人用才的能力高低根本上取决于对人际交往中感受与解读他人能力的培养。

刘邦知道属下追随自己的目的所在，所以在争权夺利之中舍得让利，无论是土地，还是财物，只要形势需要，都可以封给属下与援军，让人拼死为其效力。

项羽待属下礼敬有加，但当属下立功理当封赏之时，却犹豫不决，舍不得让出手中之利。

项羽出身的圈子是世家宗亲，但他所从事的领导工作却面对大量的普通人，需要关注并理解市井之人的交往规则，项羽对于市井之人感受与解读能力的缺乏，造成了他在管理之中对于人才使用的障碍。

作为一个领导者来说，项羽的英雄情结，影响到项羽的思维判断及行为选择。从巨鹿之战所呈现的用兵如神的军事天赋，到乌江自刎所体现的死不惧、辱不受的豪迈气概，作为个体的项羽，是一个顶天立地的英雄；[①] 但作为领导者的项羽，因为受自我英雄情结的引导而置团体利益于不顾，有违领导者的职责。

相比较项羽的英雄情结，刘邦在自我意识中对于自我的平常认定倒是坦然处之。作为个体的刘邦，并没有超凡出众的才艺，所以刘邦在人际交往中能屈能伸，即使屡次面对下属对自己才能不足的评价，刘邦也能够欣然接受；刘邦在用人的时候解读他人不是以出身血统为标准，而是以实际才能为依据，上至贵族豪强，下至贩夫走卒，只要有才，都能为刘邦所用；作为领导者的刘邦，能够将自我利益与团体利益紧紧捆绑在一起，形成“共鸣”，为了利用人才而不惜屈尊，割让利益，最终使人尽其才，共同实现目标。

---

① 项羽的英雄形象，正如李清照在《夏日绝句》中的描述：“生当作人杰，死亦为鬼雄。至今思项羽，不肯过江东。”这种宁死不受屈辱的英雄豪气，让人莫名兴叹。

英雄与领导，是两个内涵不同的概念，项羽一生最大的失误就在于对这两个概念的错误解读上。英雄可以尽展其个人所长，领导者则必须承担实现组织整体利益的责任。领导者的主要职责是实现团体或组织的利益，而非将个人形象塑造放在首位。项羽处于组织领导者的角色，却处处为个人英雄形象的情绪思维所左右，直到最后还没有觉悟，其失败就并非偶然之事了。

感受与解读他人能力是一种养成能力，解读他人首先需要完成对自己的正确解读，进而需要在认知基础上于实践中反复磨炼。领导者对情境对象属性特征予以分类归纳，有重点地对关键对象的关键内容予以感受与解读，是一种较为有效的方法。

领导者对于他人解读的至高境界，就是通过交流“一眼可以将别人看穿”，体现的是于细节微末之处的整体概括与穿透能力。

第五章

人际规则内涵与领导者关系调控

情绪思维意识的外在能力在于通过感受与解读他人，协调行为，达成良好的人际关系状态。

领导者对情境对象的分类感受与解读，是从工作关系视角与情绪思维视角两个方面予以的统筹考量，要想解读得更加深刻与准确，必须再增加一个人际关系视角，就是从影响情绪及情绪思维生成变化的人际活动这个源头入手，通过对人际关系一般内容的理解，从认知源头解读人际关系规则对人的情绪思维及人际活动的影响，以提升人际关系的管理调控能力。

个体的情绪思维有判断性情绪思维与动物性情绪思维，因此，个体的情绪及情绪思维的生成变化受认知的影响，认知对所接受的信息属性进行辨别，判断其是否具有“刺激性”，并决定情绪是否生成。同时，认知还会影响到对生成后的情绪及情绪思维进行控制的程度及调节的方式。①

在个体对所接受的人际活动信息的“刺激性”进行辨别时，左右辨别过程的“认知内容”构成广泛复杂，我们容易把握的是其中的“共性内容”。②

人际关系规则是能够对人际关系活动中参与者的认知判断产生影响，对其判断所接受的人际活动信息属性及相应的情绪产生发挥作用，并且促使其在某种情绪思维状态下进行人际关系行为选择的“共性内容”。③

---

① 领导者在领导活动中涉及的对象主要是人，因此其自身情绪思维的生成，对情境对象情绪思维的解读，都与来自人际关系中的相关信息“刺激”有关。人际关系活动中形成的信息对个体是否具有“刺激性”的判断，又取决于个体拥有的与此有关的认知构成内容。因此，领导者认识自我，解读他人，对人际关系进行协调，都必须从有关人际关系活动中所形成的一般认知内容入手，才能找到判断相关信息是否具有“刺激性”及其内涵的源头。

② “共性内容”是指个体在对所接受的信息的“刺激性”进行辨别时，影响其判断进行的、已经被个体视为可以作为判断标准的一些规则。

③ 人际关系是个体在群体活动中与他人相处及交往时所形成的联系状态。在长期的人际关系活动中，又会形成一些协调、规范相互之间活动方式的规则。人际关系也如法国社会学家埃米尔·迪尔凯姆所说的“社会事实”：“一切行为方式，不论它是固定的还是不固定的，凡是能从外部给予个人以约束的，或者换句话说，普遍存在于该社会各处并具有其固有存在的，不管其在个人身上的表现如何，都叫作社会事实。”——［法］埃米尔·迪尔凯姆．社会学方法的准则［M］．耿玉明，译．北京：商务印书馆，1995：34. 人际关系是人在社会活动中所形成的一种社会事实，每一个社会成员都会受到“关系”的约束，并且在同他人的社会交往中会自觉或不自觉地受到“关系”规范的制约。

人际关系规则是在长期的人际活动中所形成、为大多数人所认可与接受的处理人际事务的一些标准与要求。个体在群体活动中所接受的人际关系规则具有“共性内容”特点，在个体对所接受的人际活动信息进行“刺激性”判断时，人际关系规则就是影响其判断进行的“认知内容”。

人际关系规则内容本身就包含着“对与错”和“好与坏”的融合，因此，当它以“认知内容”影响个体对所接受的信息的“刺激”属性进行判断时，自然会对个体情绪思维的生成与变化产生重要的影响。

例如，在家庭里，子女对父母亲的指责具有一定的接受程度，这是因为父母在家庭里处于“家长”位置，家长制所包含的不成文规则，要求在家庭活动中，子女必须接受“家长”的制约。在单位里，员工对单位领导的指责也具有较高的忍受程度，这是因为组织活动中已经形成的不成文的等级关系规则，使得员工认为领导的“指责”，甚至是某种程度的“责骂”，都是可以“接受”的内容。

情绪思维的产生有三个来源：外部投射的“刺激”信息反应，内部回忆的“刺激”信息反应，情绪心境反应。人际关系规则在对人际活动信息进行判断时，在这三个来源中都扮演着基本的“认知内容”提供者角色。

在日常活动中，人际关系规则往往是以文化认同或不成文形式，以人们默许认可的方式协调人与人之间的活动。[①] 这是领导者在组织规则之外需要把握的主要内容。

情绪思维关系调控能力指的是，在人际交往中，个体能够根据情境对象的类别特征，依据施加在情境对象身上的人际关系规则内涵，推测情境对象情绪思维的构成内涵及对其判断与行为选择的影响，进而有针对性地进行自我和人际关系管理。

在拥有自我意识、自我控制与解读他人能力的基础上，个体如果能够从与传统文化紧密联系的人际关系规则视角，去辨析自我和他人的情绪思维活动状态，则意味着一个人的情绪思维能力进入了第四个层级。

人际关系规则的形成发展，深受传统文化的影响。一个群体在社会活动中所形成的文化内涵，与人际关系规则的内涵之间是相辅相成的关系，并会由此对情绪思维产生影响。“情绪在不同文化中的表现方式有一些相似之处，

① 人际关系规则在发展中也可以上升为国家法律制度或组织规则，对人际活动做出强制性规范要求。

但不同文化有不同的情绪方言（emotional dialects），这些方言在一定程度上决定了情绪的具体表达方式。"[①] 因此，对于人际关系规则的理解，必须与传统文化"捆绑"在一起，才能溯源。

中国传统人际关系规则与传统文化融会相连，并且历史久远，这无疑增加了理解的难度，与此同时，人际关系规则通常又以"隐性"知识的形式存在于我们的知识构成中，而不像"显性"知识那样比较容易通过系统的学习加以掌握。[②] 因此，对于领导者来说，要想深入地理解人际关系规则并在实践中运用，并不是一件容易的事情。

领导者对于人际关系规则有较好的理解，才能在人际关系管理中游刃有余，进而破除人际关系中的陋习、提升管理水平的境界。

李鸿章是一位在晚清政坛具有重要影响力的领导者。

梁启超在评价李鸿章时认为，在晚清后期，李鸿章就是中国的代表。"自李鸿章之名出现于世界以来，五洲万国人士，几于见有李鸿章，不见有中国。一言蔽之，则以李鸿章为中国独一无二之代表人也。"[③]

李鸿章之所以能代表中国，是因为从镇压太平天国、发动洋务运动开始直至李鸿章去世（大致为 1861 年至 1901 年），"四十年来，中国大事，几无一不与李鸿章有关系"[④]。

李鸿章是一位从一般耕读之家走上晚清政坛、展现显赫领导力的人物。李鸿章的领导能力的构成，是一个让人感兴趣的话题。

从外国人视角看，"李鸿章所拥有的人与事物的知识，和其他普通官员一样……作为一名中国官僚，李鸿章的官场生涯之所以获得成功，就是因为他的真正基础在于他拥有一种能力，这种能力就类似于一位书法家使用技巧来控制毛笔的能力"[⑤]。

---

① Stéphane Côté，Ivona Hideg. The Ability to Influence Others Via Emotion Displays：A New Dimension Ofemotional Intelligence［J］. Organizational Psychology Review，2011，1（1）：55.

② 隐性知识是英国学者波兰尼在其研究中提出的概念，他认为，"人类有两种知识，通常所说的知识是用书面文字或地图、数学公式来表达的，这只是知识的一种形式，还有一种知识是不能系统表述的，例如我们有关自己行为的某种知识。如果我们将前一种知识称为显性知识的话，那么我们就可以将后一种知识称为隐性知识。"——杨文娇．隐性知识的理论与实践［M］．青岛：中国海洋大学出版社，2014：12.

③ 梁启超．李鸿章［M］．何卓恩，评注．武汉：湖北人民出版社，2004：6.

④ 梁启超．李鸿章［M］．何卓恩，评注．武汉：湖北人民出版社，2004：1.

⑤ ［英］约翰·奥特维·布兰德．李鸿章传：一个英国记者四十年中国生活札记［M］．徐志晶，译．合肥：安徽人民出版社，2012：72.

毛笔人人能用，但毛笔字写的好坏取决于写字人对于书法规则的理解及控制技巧，用这个来比喻李鸿章所拥有的能力，是较为恰当的。

李鸿章是一位深受中国传统文化浸润并且洞透中国传统人际关系规则的领导者。李鸿章在晚清政坛能够叱咤风云、影响中外，离不开对专制社会中人际关系规则的理解及娴熟的运用能力。

李鸿章自认为自己有两大能力。

一个是做官的能力，另一个是“裱糊匠”的能力。

李鸿章曾说自己“少年科第，壮年戎马，中年封疆，晚年洋务，一路扶摇”[①]，说的是自己在二十多岁中榜进士，科举进阶之后，三十即在官场崭露头角，四十成为封疆大吏，五十权倾一时，实现了当时官场中一般人难以企及的目标。

曾国藩曾评说李鸿章是“拼命做官”。[②] 但在清廷这个较为特殊的官场中，一般的汉族官员即使是“拼命”，也不容易获得晋升。以曾国藩挽救大清于飘摇中的卓越功勋，最后还是免不了在朝廷猜疑之中默默守拙。李鸿章能够在官场中一路扶摇，自然离不开对官场规则的深刻悟析及较高的人际关系调控能力。

李鸿章将自己喻为是风雨飘摇中的大清这个破屋子的“裱糊匠”。在清朝末期，李鸿章的主要工作就是对中外各种复杂的关系进行调控，因此被视为是人际关系调控的“高手”。

李鸿章以自己被称为“东方俾斯麦”为荣。但是，一场甲午战争，将李鸿章为官的一切努力击得粉碎，使得李鸿章从权力顶峰滚落下来；一纸马关条约，将李鸿章从中外关系的调控高手变为众口皆曰可杀的“卖国贼”。甲午战争之后，面对自己在官场中的跌宕起伏和众口诘责，李鸿章曾哀叹“一生事业，扫地无余”。可见，李鸿章也有在人际关系调控中无法驾驭的内容。

李鸿章，这个中国专制社会末期的一个积极的，也是无奈的守护者，为我们理解中国传统人际关系规则与情绪思维、领导者关系调控能力之间的相互影响，提供了一个难得的切入点。

---

① 谢世诚．李鸿章评传［M］．南京：南京大学出版社，2006：552.

② “曾氏对他的两个学生——李鸿章和俞樾各有一句话的评价：李少荃拼命做官，俞曲园拼命著书。”——唐浩明．唐浩明评点曾国藩家书（下）［M］．广州：广东人民出版社，2016：201.

领导者进行人际关系管理的出发点在于感受与解读他人，人际关系管理的落脚点在于调控人际关系使之达成良好状态。

解读自我与他人情绪，需要对人际关系规则的认知能力；调控人际关系，需要对人际关系规则的运用能力。

中国传统文化源远流长、博大精深，与中国传统人际关系规则的形成具有明显的相辅相成关系。传统文化与人际关系规则的融会，是中国情境下人际关系管理显著的特点。它以独特的方式影响着中国人的情绪心境，为我们对来自人际活动的信息是否具有“刺激性”提供判断依据，左右着我们情绪的产生、情绪思维活动及人际行为选择的开展。

与传统文化融会的中国传统人际关系规则，在人际关系的属性构成、人际关系规则内涵要求等方面形成了较为稳定的认知内容，同时，中国传统政治情境下的官场活动又会对人际关系规则在某些方面产生特殊影响。对于领导者来说，这些都是在中国情境下看待传统人际关系规则影响必须理解的内容，也是领导者解读自我与他人，调控人际关系的必须具备的能力构成。

人与人之间关系受社会活动中各种因素的影响，会形成多种关系形态，每种关系形态都具有自己的内涵，体现某种属性特征。与此同时，在长期的社会活动过程中，为了保持一定稳定形态的人际关系，每种人际关系内涵中都包含着活动各方必须遵守的一些规则，以文化认同或不成文默认方式为人们所接受。

从对情绪思维影响及领导者人际管理视角看，中国传统人际关系形态中，重要的有三种：人情关系、上下关系、人礼关系。

关系一旦形成，就会相应地形成关系规则以规范关系活动开展，并对人的情绪思维产生影响。围绕上述三种人际关系形态，中国传统社会在长期的社会活动中，形成了较为稳定的、对人际活动开展具有指导意义的人情关系规则内涵、上下关系规则内涵与人礼关系规则内涵。

对于人情关系、上下关系、人礼关系各自的属性及规则内涵的理解，以及结合它们对情绪思维的影响在人际活动中的运用，就是在中国传统社会情境下的领导者人际关系调控能力的主要构成内容。

中国人是一个具有长久群体活动历史与关系承继的民族，人际关系属性及规则内容丰富多样。① 同时，受传统文化的持续影响，中国人的人际关系属性及规则又具有鲜明的自身特性。②

人情、上下、人礼三种关系及其形成的规则，在中国人群体活动中既有长达数千年的历史延续性，又有其内涵的特殊性及相对稳定性，它们作为基本的“认知内容”，是中国人在人际活动中认识自我、理解他人，形成情绪思维判断的依据，构成了中国社会人际关系活动的脉络，是揭开中国社会复杂人际关系属性的切入视角，也是领导者从认知角度必须掌握的基本内容。

一、人情关系与情绪思维判断

人情关系是中国传统社会以血缘关系、亲戚关系为基础，向外逐渐扩展的一种一般人际关系形态。

人情关系是中国人在日常生活、活动中与接触对象发生的一般人际互动形态。每个人都生活在群体之中，个体与他人在交往行为中发生的非正式组织关联活动，形成的就是人情关系。③

血缘关系在中国传统人际关系结构中处于基础地位，以血缘为基础构建的血缘关系是传统社会中家庭成员生存的主要依靠力量。

---

① 梁漱溟认为中国是以关系为本位的社会，“不把重点固定放在任何一方，而从乎其关系，彼此相交换，其重点实在放在关系上了”。参见：梁漱溟．中国文化要义［M］．上海：上海人民出版社，2005：84.

② 杨国枢认为，中国人在人际关系中的取向是以社会取向代替个人取向。中国人的社会取向主要有四种，即家族取向、关系取向、权威取向及他人取向。这四种社会取向彼此是相互关联的，它们所表现的是个体如何与团体融合（家族取向）、如何与其他个体融合（关系取向）、如何与权威融合（权威取向）、如何与非特定他人融合（他人取向）。参见：杨国枢．中国人的心理与行为：本土化研究［M］．北京：中国人民大学出版社，2004：92-120.

③ 黄光国认为，在中国传统文化中，人情具有下列三种不同的含义：第一，人情是指个人遭遇到各种不同的生活情境时，可能产生的情绪反应。第二，人情是指在人与人进行社会交易时，可以用来馈赠对方的一种资源。第三，人情是指中国社会中人与人应该如何相处的社会规范。（参见黄光国，胡先缙，等．人情与面子：中国人的权力游戏［M］．北京：中国人民大学出版社，2010：11-13.）也有学者认为，人情是因为中国人讲究脸面而产生的。“中国人的社会心理与行为是以传统社会的家族制为前提的。农业社会的土地不能移以及以家庭为单位的自给自足经济构成了中国人的生活方式和思维方式始终以家为核心。而无论是光宗耀祖、伦理道德，还是君子为人，也都必须围绕着怎样保证人际关系的长期稳定与和谐。脸面是由这一目标产生出来的一种社会心理与行为，而人情就是这种社会行为变化而来的社会关系或社会互动方式，其实质是把脸面心理及行为的运行转化为一套行为交换系统，以保证各人通过自己的社会资本来达到互益的作用。”——翟学伟．面子·人情·关系网中国人社会心理与行为的特征［M］．郑州：河南人民出版社，1994：167.

以血缘关系为基础，以婚姻为主要扩展方式，又延伸出亲戚关系，像亲戚关系中的母姨关系、母舅关系、父姑关系等都是血缘家庭关系与姻缘关系的延伸。

血缘关系和亲戚关系成为人们在传统社会生活中最原始的、最重要的关系，传统人际关系表现为人与人之间一种以血缘和亲情为依托的情感交流也便成为理所当然的事情了。

在血缘关系、亲戚关系之外，中国人以传授、接触、交往等人际活动方式为出发点，以经常接触、熟悉的人物为对象，又形成了师徒关系、邻里关系、同事关系等熟人关系形态。

熟人关系是一个可以无限扩散的范畴，陌生人之间只要通过某种方式达成相识及认同状态，都可以变为熟人关系。中国人常认为基于认同的熟人关系主要有九同——同学、同事、同乡、同姓、同好、同行、同年、同袍以及同宗。

血缘关系、亲戚关系、熟人关系等关系形态，构成了中国人的人情关系内容。人情关系在中国社会活动中具有重要的作用，每个人都可以在人情关系中找到可以归属的关系形态，每个人几乎都脱离不了人情关系的影响。因此，中国社会又被视为“人情社会”“熟人社会”，认识人情关系属性特征，处理好人情关系状态，是每个人在人际交往中必须完成的认知“培训内容”，也自然对每个人的情绪思维开展产生了根深蒂固的影响。

中国人之所以重视发展人情关系，其主要的原因是，人情关系在传统社会里可以为个体的生存与发展提供人情资源。人情资源是指一个人拥有的、可以在人情关系中给别人提供帮助的一切社会资源。人情资源如先天的血缘、辈分，后天的权力、财富、地位、名望、关系等，都可以用于人情关系之中，并做彼此之间的交换。

在受自然环境影响较大的农业社会里，面对各种灾害的威胁，中国人对于人情资源在个体生存发展中的重要援助作用有深刻的印象，对不同属性的人际关系能够提供的人情资源支持方式，形成了较为稳定的默契认同。例如，血缘关系成员之间的资源，一般可以做无偿的相互奉献；亲戚关系成员之间的资源，一般可以做有限的相互支援；熟人关系之间的资源，一般可以作为相互之间提供便利通道的支持条件。

在人情关系中，愿不愿意为关系中的他人提供个人的人情资源帮助，是一个人能否为“关系”所接受的重要影响因素，愿意者就是“讲人情”，不愿意者就是“不讲人情”；“讲人情”就是给别人“面子”，“不讲人情”就是不给别人“面子”。

“讲人情”、给别人“面子”的人，即愿意用自己的人情资源为关系者提供帮助的人，一般都能够获得人际关系群体的较高认同。因此，“人情”“面子”都是中国人在人际关系中十分看重的东西，人们生活在各种人情关系中，依靠“人情”去获得帮助，或者碍于“面子”而去帮助他人。

人情关系是以血缘关系为圆点向外扩展，其形成的规则的具体内容以及对个体情绪思维的影响，也自然地可以在血缘关系最基本的活动单位——家庭中体现出来，并在外推中找到关联的影响，主要体现在以下三个方面：

1. 家长制规则

在农业社会中，个体生存需要家庭给予援助，家庭稳定需要某种领导方式予以维护。“一个大家庭要保持长期发展，不致很快瓦解，必须对家众的日常生活，从吃饭、穿衣到住房，从生产劳动到文化娱乐，从一言一行到思想道德，都实行严格的管理。”①

在家庭关系中，处于家庭生存链条中最重要位置的人，一般就是家长。在农业社会，受依靠体力的劳动方式的影响，家长一般为父亲。

在一个家庭中，家长是主要劳动力，要为全家的生存与生活尽到自己的责任，同时，家长对家庭成员活动安排最具有话语权，而家庭其他成员在接受帮助的同时，也有服从家长话语权的义务。家长话语权的反复行使确立了其在家庭中发号施令的权威。这就是家长制形成的大致过程。

在中国古代，每一个分门别居的家庭在隔代之后都是一个家族。② 家族内的关系处理规则内容大致有：第一，父母掌握家族财产权。第二，父母掌握子女的婚姻权。第三，父母有惩罚子女权。第四，父母有为子女隐忍的义务。第五，家族内长幼尊卑要有次序。③

家长制以一种成文或不成文的规则为家庭成员所认可，其核心是在家庭成员中确立了具有指挥与服从的等级差别的行为规范要求。家长因其肩负全家生存与生活的责任，获得了指挥身份；家庭其他成员因其服从身份，获得

---

① 徐扬杰．中国家族制度史［M］．武汉：武汉大学出版社，2012：343.

② “进入父权家族以后，在家族范围内，父家长权就属于最基本的一种权利。而几个近亲家族联合为一个宗族，宗族长又具有宗族一级的诸项权力。”——王震中．中国古代国家的起源与王权的形成［M］．北京：中国社会科学出版社，2013：284.

③ 胡留元，冯卓慧．夏商西周法制史［M］．北京：商务印书馆，2006：496-498.

了张口被哺的生存待遇。家长与家庭成员之间形成了影响与被影响的关系。

在中国传统社会里，个体的生活方式选择和进入社会的发展方式选择，是与整个社会的传统文化导向和自己家庭的影响密切相关的，李鸿章有“拼命做官”的意识，也是源自这种在成长过程中长期的情绪心境的浸润。

在传统社会里，引导士子读书的最终目的不是增长知识，而是“学而优则仕”，衡量知识分子身份地位或者说成功与否的标准很清晰：能否科举中第以及官袍加身。

1823年2月15日，李鸿章出生于合肥一个典型的耕读世家。在这个家庭中，没有富贵承继，缺少社会地位，但是却有读书传统与出人头地的愿望，依靠几十亩的农田，李家几代都奉行读书与劳作相结合的生活方式。

到李鸿章的祖父李殿华持家的时候，李家已经家境贫困，但李殿华秉持耕读传统，在男耕女织之余，仍艰苦拼搏于考场，只是在科场屡次失意之后，才放弃了自己的功名念头，在家设馆教书，把考取功名的希望寄托在了儿子身上。

在李家这个大家庭里，李殿华就是家长。李殿华有四子，最小的儿子李文安即是李鸿章的父亲。李殿华家规严谨，要求子女早起问安，晚上完成功课后才能睡觉。李殿华对李文安兄弟督学甚严，亲自修改其文章，批阅指点不足，并且给他们讲史述礼。

到了李鸿章的时候，李家仍保持家规严谨的传统。李文安共有八个子女，六男二女，李鸿章排行第二。在家里，李鸿章兄弟们仍如上辈一样，读书讲礼，以获取功名为进取目标。

家规家教，对儿童的自我意识与感受他人有潜移默化的影响。1843年，20岁的李鸿章到京城参加乡试，京城的繁华活跃与地方小城自然大不相同，对于年轻人具有极大的诱惑力。李鸿章谨记家训，以求学备考为主，保持己心不乱，在给母亲的家书中也特别说到这点，以宽慰母亲。“京中繁华富贵之气，触目皆是。惟男作客此间，万不敢背庭训而稍涉浮华也。”①

家长的价值目标判断与追求，同样也会以情绪心境长期浸润的方式，对子女的思维判断与追求产生深远的影响。

李家到李鸿章父辈之前，虽然苦读用功，但在科举功名上都没有收获，

① 苑书义．李鸿章传［M］．北京：人民出版社，2016：10-12.

整个家族几代人所承受的煎熬与压力可想而知。

李文安兄弟四人苦读不懈，但是李文安三个兄长的科考之途仍不见希望。

1828 年，5 岁的李鸿章开始在父亲开设的家馆中学习。在这期间，李文安多次赴南京应试，结果都名落孙山。父亲对于科考的热衷进取以及屡遭挫败的失落，应该会给已经启蒙的李鸿章留下难以忘却的印记，在其意识深处产生持续的影响。①

科举仕途难以攀登，但是一旦逾越，就会给人生及整个家族带来翻天覆地的改变。

1834 年，在李鸿章 11 岁的时候，双鬓已白的李文安在 35 岁的时候终于考中举人，3 年后又成了戊戌科进士，分发刑部任职，后官至督捕司郎中，记名御史。

李文安在年近 40 的时候科举成功，进入仕途，使得个人乃至整个家族的命运从此得以改变。“李文安即是这个家族走出安徽、走向官场、走向京城、走向沿海的第一人，是李家有家谱记载的前七代人中，唯一的一个进士。”② 李家因此“以科甲奋起，遂为庐郡望族”③。父亲孜孜以求取得功名的经过，为李鸿章理解“学而优则仕”提供了一个直观的参照物。

李鸿章天资聪颖，家庭督学不懈，对于科举考试内容有很好的学习领会。1840 年，17 岁的李鸿章考中秀才。1843 年，在父亲的催促下，李鸿章入京备考，准备参加来年的乡试。

初出茅庐的李鸿章踌躇满志，意气风发，作《入都》诗 10 首，以抒发壮志胸怀。

“丈夫只手把吴钩，意气高于百尺楼。

一万年来谁著史，三千里外欲封侯。

……

出山志在登鳌顶，何日身才入凤池。

……

倘无驷马高车日，誓不重回故里车。”④

---

① 曾国藩的父亲也是科举屡试不中，在家开馆授徒，对曾国藩从小苦心教导，将科举希望寄托在曾国藩身上。参见：刘建强．曾国藩幕府［M］．北京：中国广播电视出版社，2005：3.

② 宋露霞．李鸿章家族［M］．重庆：重庆出版社，2005：17.

③ 苑书义．李鸿章传［M］．北京：人民出版社，2016：5.

④ 谢世诚．李鸿章评传［M］．南京：南京大学出版社，2006：17.

李鸿章远赴京城赶考所作的诗句，表达了年轻士子顾盼天下、进取功名的强烈愿望。

在家庭环境影响下，“李鸿章自幼的人生定位十分明确，即走传统的学而优则仕的道路”①，从“读书但愿登科第，得不为荣失便羞”② 的表述中，便可以看到日后曾国藩所说的，李鸿章要“拼命做官”的行为影响来源——踏入仕途及晋升登顶已经构成了李鸿章情绪心境的重要内容。

1844 年，李鸿章参加乡试高中举人。1847 年（道光二十七年丁未），李鸿章再次参加会试，脱颖而出，列为二甲第十三名进士，朝考后改翰林院庶吉士。至此，24 岁的李鸿章实现了大多数读书人皓首穷经也难以企及的目标。

1850 年庶吉士散馆，李鸿章因成绩优异而改授翰林院编修，为踏入官场奠定了坚实的基础。③ 而这个时候，也是清朝自鸦片战争和南京条约之后，国门逐渐被列强强行打开，面临列强闯入侵扰的开始，这也为日后李鸿章踏入官场，在复杂的内忧外患局面下纵横卑阖、施展自己人际关系调控能力埋下了伏笔。

在中国，家庭对于一个人起步阶段的行为选择与目标取向有至关重要的影响。科举成功，进入仕途，家族得势，光宗耀祖，在封建社会是一个士子梦寐以求的进取途径。李家家规严谨，在父亲这个家长的言传身教下，“学而优则仕”自始至终就以强烈的情绪心境存在于李鸿章意识之中，并成为其孜孜进取的不竭动力。

家长制在中国传统社会中实质上形成了一种管理或领导制度。④

围绕家长制的四个维度，家长制规则以成文或不成文的形式，对于家长与家庭成员的人际关系状态及管理实施都予以了明确的界定：

（1）在价值观念上，家庭被视为家庭成员生存发展的最重要的单位，家长因为承担了抚育家庭成员的责任而被视为家庭中最重要的成员。

---

① 谢世诚．李鸿章评传［M］．南京：南京大学出版社，2006：15.

② 苑书义．李鸿章传［M］．北京：人民出版社，2016：11.

③ “翰林院乃储才养士之所，清制，部院、督抚等枢要重臣多为翰林出身。”——谢世诚．李鸿章评传［M］．南京：南京大学出版社，2006：19.

④ 从活动和影响过程看，家长制的主要内涵可以归纳为四个维度方面的内容：a. 价值观念，是指家庭成员对家庭和家庭各个成员角色重要性的评价和总的看法。b. 权力配置，是指在家庭中各成员之间涉及决定事项、财产分配、人员行为等支配权力的分配要求。c. 等级结构，是指家庭成员之间按照一定等级所形成的地位及人格结构。d. 行为规范，是指家庭成员在日常生活中所必须遵守的道德原则、礼仪准则和行为要求。

（2）在权力配置上，家长因为具有最重要的地位，被赋予了可以指挥其他成员、分配财产、决定子女婚姻等的绝对权力。

（3）在等级结构上，家庭成员按照血缘宗法关系形成秩序分明的不平等地位，并以此形成相关的尊卑人格关系。

（4）在行为规范上，家长在家庭日常生活中可以依据文化传统及个人意识确定行为规范，并负有监督家庭其他成员遵守行为规范的责任以及对违规者进行惩罚的权力。

家长制构建了家长的权威意识，“所有人都要听我的”“老子说怎么样，就怎么样”就是这种权威意识的表现。在这种情绪心境以及认知内容影响下，家长的意识与行为主张对家庭其他成员会产生潜移默化的导向作用，与此同时，家长制也构建了成员的依附意识，“在家靠父母”也应运而生。

李鸿章的成长受其父亲的影响较大，等到李鸿章成为家长之后，也同样对其子女的成长产生了重要的影响。家长制以一种社会人际规则形式延续存在，并且持久对人际关系中各类主体的意识判断产生影响。李鸿章的被影响以及他接下来对其子女的影响就是这个规则循环作用的具体表现。

李经方是李鸿章的长子。[①] 李经方也是天资聪颖，读书用功，27 岁的时候考取举人，成为地方官候补，以后虽然参加进士考试不第，但是对国外新的知识充满探索兴趣，曾经努力学习外语，精通五国语言文字，在当时也是一个少见的专才。

李经方自小即在李鸿章身边帮务，从幕僚活动到内政外交重大事项的决策运筹，李经方都身历其境，其眼界及协调能力都有独到之处。

以李经方的见识能力，如果放到官场中历练，日后也不是没有机会成为封疆大吏。

但是，李鸿章有自己的想法，他的三个儿子都没有放到一般的官场中历练，而是主要在其身边参与外交事务。

李经方没的选择，只能向职业“外交官”这个方向发展。到 1894 年甲午战争之前，李经方已经是有了 3 年驻美公使参赞和 3 年驻日公使资历的外交

① 李经方不是李鸿章的亲生子，是早年从六房李昭庆家过继来的。李经方生于1855年，早年在家乡读书习字，按照传统的学而优则仕的进身法则读书做官。他书读得不错，很快进身为府学廪生（秀才中的优等生），因此被列为候选郎中。1882 年在江南乡试中中举（名列第三十八名），成为地方官员的候选人才（先后被命为分省补用知府、分省补用道、江苏补用道、军机处记名）。——宋露霞．李鸿章家族［M］．重庆：重庆出版社，2005：187.

官了。

家长制规则是在一个类似家庭的群体中，形成了成员之间“主宰”与“依附”的关系行为状态，并得到了成员的心理认同。因此，当一个群体的活动形成了类似家庭的形态后，家长制也可以走出家庭，成为群体的情绪心境内容，在各种社会活动中发挥作用。

李鸿章让李经方在美日磨炼，增长见识，但是真正在处理重大外交事务的过程中，又对李经方的建议置之不理。“李鸿章把长子拖上办外交的‘贼船’，但并没有给他多少施展个人才华的机会，而是用自己的思想牢牢地把他给捆住。”①

在家长制下，家长就是家庭成员的领导者，家长依据家长制内涵在开展领导活动过程中所形成的思维及行为习惯，就是家长式领导方式或领导风格的主要构成内容，其相应活动方式可以为其他领域的领导者所借鉴并带入领导活动过程中。

在《马关条约》谈判中，李鸿章携李经方同行，李经方也是清廷派出的谈判主要参与者。李经方有过3年驻日公使经历，对日本有深刻的了解，在谈判过程中，李经方不断将各种见解简略地写成字条，递到李鸿章面前，供他参考，但是也未见被采用。

在从日本回来后，国内对割地赔款的条约内容一片谴责，李鸿章感受到了巨大的压力。到割让台湾的条文需要正式“画押”时，李鸿章托病不能参加，但光绪皇帝不准。不得已，李经方只得替父在割地的条文上签字画押，终生背上了“汉奸”的骂名。

中国的家长制与家长式领导方式，是传统社会组织活动中领导者的主要管理依据，具有悠久的历史。在现代科层组织中，如果领导者继续沿用家长制规则，则会与科层组织运行规则发生冲突，给决策与人际管理带来损害。

家长制与科层制在领导权威、等级管理等方面有相似之处，但是两者又有本质的区别，如果对此没有清晰的辨析，在现代组织中，领导者很容易将家长制内容带入组织管理中，通过家长式领导方式对领导活动产生负面的影响。

---

① 宋露霞．李鸿章家族［M］．重庆：重庆出版社，2005：188.

现代科层组织来自西方，是适应工业革命之后社会发展需求的产物。

古代欧洲的社会发展与中国类似，在农业社会的家庭与专制组织中，家长式领导方式在领导活动中一直起着重要的作用。

工业革命之后，随着企业规模的扩大，数百人、上千人的工作场景和新技术的不断应用，使得传统的家长式领导方式越来越难以适应企业发展需要，企业在快速发展中也对组织形式及制度设计提出了新的要求。

从20世纪初期开始，韦伯所提出的科层制原理因为其对组织建设具有明显的针对性而广受行政、企业等组织的关注并得到应用。

韦伯突出强调理性，也就是法律制度在组织管理中的作用，认为组织里面有三个因素必须由法律或制度规章予以界定：对于管理者的工作进行职责界定；对于管理者的权力内涵及其边界进行界定；对于管理者进行专业化的招聘。韦伯认为，“这三个因素在公法的统治里构成一种官僚体制‘行政机关’的存在，在私有经济的统治里，则构成一种官僚体制‘企业’的存在”①。

以法理理性为基础，韦伯提出了“理想组织模型”。韦伯所提出的这种组织模型被称为“科层制”或“官僚制”。就价值观念、权力配置、等级结构、行为规则四个维度来看，科层制相对应的内涵表现为：

（1）在价值观念上，组织成员认同组织的重要性并视法理理性为组织最重要的构成内容。

（2）在权力配置上，组织要建立自上而下的权力指挥体系，权力内涵来源于组织授权，以层级指挥的方式来推动组织工作开展。

（3）在等级结构上，对组织工作要进行明确的分工，在分工基础上建立等级管理单位形成层级管理，并体现自上而下的指挥效率。

（4）在行为规则上，组织的运作要以制度、纪律、成文文件为依据，通过考试方式选择专业人员承担工作任务，组织中的人际关系是理性的工作关系而不能掺杂私人情感。

在科层组织中，领导者依据科层制内涵在开展领导活动过程中所形成的思维及行为习惯，就是科层式领导方式的主要内容。从构成内涵来看，家长制规则与科层制规则具有本质的区别，由此所形成的领导方式也具有明显的

① ［德］马克斯·韦伯．经济与社会（下卷）［M］．林荣远，译．北京：商务印书馆，1997：279.

差异，科层制规则及其领导方式显然更适合现代组织的发展需要。

科层制规则强调法理理性作用，家长制规则突出个人作用。家长制在运行过程中会使家长形成权威情结，如果没有有意识地反思，则会让家长将这种权威情结带入各种以自己为中心的人际活动中，甚至在组织活动中，也将自己视为某个组织群体的“家长”，在组织中施展家长的权威。

由此可见，家长式领导方式与科层式领导方式虽然在追求权力的权威性方面有共同性，但是在权力来源、行使边界等方面却存在根本的差异，而这些差异构成了两种领导方式完全不同的本质特征，前者使得领导者容易为情绪思维所主导，后者则修正领导者的思维使其向理性思维靠拢。

家长制规则有利于形成上级对下级的控制权威，在封建社会的官场中有其自然流行的承袭基因。李鸿章没有成为官场群体中心的时候曾经试图挑战家长制规则，但是等到他自己组建幕府之后，却自然地将家长制视为官场群体活动不可或缺的重要规则，并以此推动组织的运转。

家长制在中国有悠久的历史，如果不对家长制的本质进行反思，家长制作用于个体的情绪思维之后，很容易就会在现代科层组织中产生其影响力。其中，在领导活动中一个显著的特点，就是容易产生“家长科层式”领导方式。

家长科层式领导方式是指领导者在组织建设中从总体上认可科层制内涵，在组织结构与制度建设等方面倡导科层制内涵取向，但是在领导方式上又会受到家长制影响，在领导活动中为了个人利益和管理便利，在用人和自由裁量权行使等方面采用家长式领导方式。

家长科层式领导方式是两种管理思想和制度在领导者身上共同作用的结果，这导致领导者在领导活动过程中在某些方面强调科层制理性思维取向，但是在其他方面又突出家长制的情绪思维取向。

家长科层式领导方式虽然在组织初创时期有其生存空间，但是，随着组织规模的扩大和管理走上正常化发展轨道，尤其是在组织以科层制为基本内容构建其管理体系后，家长科层式领导方式在领导活动中所产生的弊端就会日益明显，主要表现为容易用人失衡和决策失误等。

对于现代组织中的领导者来说，在组织人际管理中，将家长制意识带入组织是一个大忌。家长制意识扩展到组织范畴，容易使得领导者在组织内部以家长自居，在俯视情绪影响下，在自我意识中将自己视为“老子”。

而在现代组织中，组织成员并不是“靠”领导者来获得生存待遇，而是以自己的工作付出获得其应得的待遇，所以对领导者不愿意以“家长”视之。

领导者以“家长”意识及家长制规则来处理组织人际关系，就容易引发对方的反感与抵制，产生人际冲突。

在决策方面，现代组织构成复杂，涉及事务繁多，领导者很难熟悉多方面的业务内容，掌握全面的专业技能，因此在决策过程中需要团队的帮助和决策程序的纠偏。家长式独断的决策方式在提高决策便利性的同时，因为省略了相关的团队帮助和决策程序，也就增加了决策失误的概率，而决策内容一旦执行，就会涉及数额巨大的资源投入的效益问题，决策失误往往会给组织带来难以弥补的损害。

家长式决策失误所造成的负面结果除了利益损害之外，还有对组织成员尤其是领导团队成员造成心理认同的伤害。在家长式行为之下，团队成员虽然不会公开地对领导者的权威和能力提出质疑，但是会在个人意识之中将造成组织损害的责任推到领导者身上。在经历多次这样的过程之后，领导者的权威与能力在团队成员心目中就会慢慢坍塌，领导者的决策威严往往就只能停留在表面，而难以获得团队成员坚定的认同和对决策执行的全身心投入。

2. 人情通道规则

中国人在家庭将“靠”父母视为自然的事情，向外扩展，“出门靠朋友”也就被视为可以接受的人情关系观念。

“出门靠朋友”所包含的意识，就是个体在遇到麻烦、难题、阻碍的时候，可以通过人情关系，寻找相应的人情资源，通过“人情办事通道”来解决所面临的问题。

“人情办事通道”相对“组织办事通道”而存在，人情办事通道是指个体可以通过人情关系渠道，利用相关的人情资源，通过非正式的组织行为，解决遇到的问题。

人情办事通道在长期的社会实践中，演变成了“人情通道规则”，大家虽然可能认为这样的行为“不对”，但是在对己“好”的情绪思维影响下，都认可这样的行为方式，在社会活动中也充分利用这个规则为自己和他人提供便利，或从中获利。

人情通道规则内涵可以从人情关系属性中引申而出，大概包含三个层面的内容，个体可以据此衡量自己是否有利用人情办事通道的条件。

（1）人情关系的构建以人情关系标识为基础。

在人情关系构建中，个体可以由里及外通过人情关系标识进行辨析，判断自己是否能与对方达成某种关系认同。

李鸿章在官场的发展与崛起，与曾国藩给予的人情资源帮助密不可分。而李鸿章之所以能够与曾国藩建立忘年之交，又是与其父亲搭建的人情通道直接相关。

人情通道规则第一个层面的内容是通过某种人情关系的标识，看彼此之间能否搭建某种人际关系形态。人情关系标识可以在血缘、亲戚、熟人关系构成属性内容中进行寻找，内部的先天标识，如血缘、联姻、辈分等，外部的后天标识，如同学、同事、同乡等，只要找到相关的人情关系标识，个体就“可以”以此为依据，与“受托人”进行相识联系，对“受托人”提出请托帮忙要求。①

曾国藩与李鸿章的父亲李文安同为戊戌年（1837 年）进士，这种关系在科举时代被称为“同年”。

“同年”是科举时代同榜录取人的互称。“同年”是一种极其微妙又极其重要的人际关系标识，从官场中的人情资源价值来说，在这种标识下体现的关系极其重要，“远远超过了同乡、同学、同族，甚至超过同胞的关系，因为同时考中进士就意味着要同时做官，有着共同的联系和参照。初做京官的他们无形中就是一个整体，除了他们的考官，他们之间往往比官场上的其他人更亲近，更能够理所当然地相互帮忙，相互利用”②。

李文安恪守儒家礼教，做官清廉正直，赞赏曾国藩的学识，所以在李鸿章入京之后，即自然地以“同年”这样一个人情关系标识，将李鸿章推荐到曾国藩门下学习。

此时曾国藩以戊戌翰林供职京师，是一个普通的修编史书的闲官。李鸿章以“年家子”身份进谒曾国藩，在交谈中，曾国藩对李鸿章的诗文才情产生好感。此后，李鸿章在备考过程中经常向曾国藩请教，已有师生之谊，使得李鸿章与曾国藩之间由陌生关系转为熟人关系中的师生关系。

---

① 潘光旦通过对先秦到清代文献的整理，将中国人的人际关系总结为更为具体和详细的 23 项关系，并将其归纳为 7 个方面：属于自然区分的——长幼、老少、男女；属于家庭或家族的——母子、父子、同族；属于婚姻或因婚姻而发生的——姑媳、甥舅、婚姻、娅婿；属于家以外而与家有往还的——宾主、师生、父执、乡里、新故；属于社会与文化地位的——贤不肖、贵贱、贫富；属于政治地位的——官民、上下、同僚；越出人道以外的——人鬼、人与天地。（参见潘光旦．潘光旦选集（第一卷）［M］．潘乃谷，潘乃和，选编．北京：光明日报出版社，1999：376-377.）

② 宋露霞．李鸿章家族［M］．重庆：重庆出版社，2005：18.

在封建社会，师生关系又是血缘关系、亲戚关系之外相对比较重要的一种人际关系，有“一日为师，终身为父”之说，曾国藩既然接受了李鸿章为其弟子，就有义务为其谋划发展的途径。

1859 年，投笔从戎的李鸿章在战场失利，前途无望的情形下，之所以能被曾国藩幕府接纳，除了有之前的师生之谊外，还有早已在曾国藩帐下工作的大哥李瀚章的牵线搭桥，遂能从此之后在曾国藩的人情资源援助下闯出人生发展的新天地。

人情关系一旦形成，彼此之间就变为熟人，就要“讲人情”，也就进入了人情通道规则第二个层面的内容，熟人在人情资源利用方面可以形成“请托人”与“受托人”之间的某种“交易契约”，获得人情资源的帮助。

（2）熟人之间对于请托要求的一般处理方式是要“讲人情”。

以熟人关系为基础，“受托人”对于“请托人”的帮助请求的一般处理方式，是要接受对方的“请托”，不能轻易地就予以否定，否则就是“不讲人情”。

对“讲人情”与“不讲人情”的理解，来源于血缘关系处事原则的外推，也是我们判断人际关系时的一种情绪心境内容，就是在熟人关系形态中，拥有人情资源优势的一方，有义务对需求关系对象施以援手，也就是要“讲人情”；如果拒绝对方，也就是“不讲人情”，就难以为关系中的其他成员所认可和接受。

“受托人”一旦利用自己的人情资源为“请托人”提供某种帮助，就意味着双方的关系密切程度更进一层，成为值得信任的熟人。

1851 年 1 月，以洪秀全为首的农民军在广西金田举起造反大旗，建号太平天国。此时清朝已经进入了衰败的边缘，官场腐朽，进步停滞。太平军只用了两年多的时间，就从广西一路打到了东南，建都南京，建立了一个与清廷对峙的政权，并且开始北伐西征，对清廷构成了致命的威胁。①

1853 年 3 月，咸丰皇帝诏谕工部左侍郎吕贤基前往安徽督办团练，李鸿章随营帮办，开始了一介儒生投笔从戎的生涯。当时安徽外部面临建

---

① 清廷在镇压太平军的过程中，一开始主要依靠满族大臣和八旗、绿营军，但是无奈满族大臣已经习惯了骄奢淫逸，整个清军的战斗力也已经是强弩之末，清军在与太平军的战斗中屡战屡溃，实在是难以指望。为了挽救危局，清廷不得不对汉族官员在地方举办的团练予以支持，并且将一批在京的汉臣委派回地方督办团练，以汉臣领导的军队阻挡太平军的攻势。曾国藩、李鸿章，包括李鸿章的父亲李文安等一批官员就在这种情况下临危受命，回到原籍督办团练，发展军队，对太平军进行征战。

都南京的太平军的不断征伐，内部有捻党的起义响应，正是风云激荡之际，庐州、安庆等是清军与太平军反复争夺之地，战争极为频繁和激烈。

李鸿章是一介儒生，对军事毫不知情，只能边干边学，在刀剑丛林中积累经验。李鸿章认真办事，也曾领军上战场厮杀，有过九死一生的经历，先后获得过的官品奖赏有六品顶戴、蓝翎，知府衔，按察使衔。1857 年，李鸿章因功得了候补道员的四品官衔。①

战场形势瞬息万变，1859 年 1 月，李鸿章在兵败溃散、前途渺茫的情形下，投入了曾国藩的幕府，也就是以自己未来的“前途”，向曾国藩“请托”。

1861 年 8 月咸丰病逝，其子年方 6 岁的载淳即位。11 月，载淳生母慈禧太后勾结恭亲王奕䜣发动宫廷政变，宣布垂帘听政。

在这期间，曾国藩大破太平军于安庆，清廷任命曾国藩统辖江浙皖赣四省军务，节制自巡抚、提镇以下各员。曾国藩手握大权，湘军成为与太平军作战的主要力量。

太平天国自 1856 年发生内讧后，实力大损。② 在攻取湖北、保卫安庆的战斗分别失利以后，1861 年底，忠王李秀成采取了西线防御、东线进攻的战略，将进攻势头转向了上海。上海是当时全国最大的商业城市和开放口岸，中外商贾云集，经济繁荣。面对太平军的进攻，上海官绅自认为以江苏现有的官军无法阻挡，紧急派代表到安庆向曾国藩乞师求援。

曾国藩的大军部署在安徽及南京周围，以攻占南京为主要目标。

曾国藩看到上海作为饷银来源地的重要性，一开始是让自己的弟弟曾国荃领军援助上海，但曾国荃贪恋攻夺南京之功，不愿意去。曾国藩经再三斟酌，决定让李鸿章招募淮勇，独立领军援助上海。

曾国藩此时已经将第二次入幕的李鸿章视为可以信任的圈内人，调动一切人情资源对李鸿章予以帮助。

---

① “朝旨以李鸿章‘叠次剿匪出力’，交军机处记名，遇有道员缺出，请旨简放。”——苑书义．李鸿章传［M］．北京：人民出版社，2016：26.

② 梁启超认为，欧美国家一开始对太平军抱有好感，但识其行为后，终将其抛弃。“北京政府之无能力，既已暴著于天下。故英国领事及富商之在上海者，不持不目洪秀全为乱贼而已，且视之于欧洲列国之民权革命党同一例，以文明友交待之，间或供给其军器弹药粮食。其后洪秀全骄侈满盈，互相残杀，内治废弛，日甚一日。欧美识者，审其举动，乃知其所谓太平天国，所谓四海兄弟，所谓平和博爱，所谓平等自由，皆不过外面之假名，至其真相，实于中国古来历代之流寇，毫无所异。因确断其不可以定大业。于是英法美各国，皆一变其方针，咸欲为北京政府假借兵力，以助勘乱。”——梁启超．李鸿章［M］．何卓恩，评注．武汉：湖北人民出版社，2004：45.

李鸿章以庐州地区旧有的地方团练人员为基础，招募了5营淮勇进行训练，但是一时之间难以成军，李鸿章只得向曾国藩求助。为了让淮军形成有效的战斗力，曾国藩让淮军的建制及训练借鉴湘军已有的做法，并调拨湘勇8营，归李鸿章节制，形成了淮军的基干队伍。

从1862年4月至6月，淮军13营共计9000余人搭乘英国商船陆续抵沪，李鸿章迈出了独立掌权运作的关键一步。

李鸿章于1862年4月8日抵沪，4月25日，清廷任命李鸿章为署理江苏巡抚，也就是将当时的江苏巡抚薛焕予以免职，由李鸿章代理。李鸿章日后能在官场上扶摇直上，这是最为关键的一步。

在率领淮军到达上海之前，李鸿章虽然投军入幕几近十年，也因功获得了一些奖赏，但是得到的官职都是虚衔，在军中以及曾幕之中也是帮办角色，并没有在地方州府独当一面的为官经历。在这种背景下，李鸿章能够获得清廷越级提拔及重用，原因无他，就是曾国藩鼎力保荐的结果。

当时江苏巡抚薛焕手中的军队有5万多人，薛焕在江苏经营多年，掌握地方实权，按道理李鸿章领着不足万人的淮军赶来增援，也应该在薛焕统一调度下参加战斗，听令于薛焕。

曾国藩看到援助上海的成效，取决于对江苏一地实权的掌控，为了将不属于自己圈子内的薛焕排挤出去，在李鸿章还没有到上海之前，曾国藩就利用自己的影响力，向朝廷上奏折，历数薛焕的种种不是，称赞李鸿章的诸多长处，直言只有用李鸿章取代薛焕，才能保住上海及其周边地区，为今后合剿太平军奠定基础。

清廷正依靠曾国藩保东南大局、剿太平天国，对曾国藩的“请托”需给“面子”，因此全盘接受了曾国藩的谏言及推荐。

李鸿章到达上海之后，任命就随之而来，仅仅过了7个月，又由署理而实授江苏巡抚，成为二品地方大员。其时李鸿章刚届四十，并没有显赫功绩，已经成为执掌一方的大吏，这中间如果没有曾国藩的鼎力支持是难以做到的。

李鸿章得到任命后，也就意味着自己的“请托”要求成功，对于“受托者”曾国藩自然是感激涕零，回书万谢恩师的全力帮助，自感恩德难以为报。

在人情通道规则中，关系双方一旦形成了“请托”与“受托”的“交易事实”，就意味着双方的关系可以进入到第三个层面，通过迭进的回报交往，使彼此之间的关系更加巩固，形成小圈子、小团体。

（3）人情关系中的帮助包含了回报要求。

在人情关系交往中，当“请托人”受到“受托人”帮助的时候，就意味着“请托人”承诺了向“受托人”回报的义务，如果以后“请托人”没有遵守回报要求，也就是“不讲人情”。

人情关系中的相互回报，在中国传统人际关系中往往被视为一种知恩图报的“美德”。

李鸿章依靠曾国藩的人情资源帮助获得了江苏巡抚实权，作为获得利益的“请托人”，当然不能忘了要利用机会给“受托人”以回报。当李鸿章站稳脚跟以后，马上就以曾国藩急需的饷银作为回报，在半年的时间内，想尽办法，两次协济湘军饷银9万两。

清廷对于曾国藩是只给政策不给钱，湘军的一切开支需要通过自己在地方征收厘捐等来获得。曾国藩此时正处于向太平天国发动最后攻势的关键时刻，急需要饷银的支持。在获得李鸿章的主动回报之后，曾国藩虽然知道李鸿章筹饷困难，但是仍然视李鸿章后续的“回报”为当然，要求李鸿章今后每月要给湘军提供近4万两饷银。

李鸿章自己在上海也要大把花钱，感觉这种苛刻的要求难以承受。但是，李鸿章虽然在写给曾国荃的书信中大发牢骚，在意识深处，还是将这种“人情回报”视为“合理性非分要求”。

为了回报“人情”，李鸿章只得在各地增设关卡、横征暴敛，置各地民怨沸腾于不顾，以大批饷银和物资支援湘军的战斗。①

人情通道规则三个层面的内容，为人情通道规则运行提供了基本条件：人情关系标识判断，为人情“请托”提供了依据；讲人情，为人情“受托”提供了理由；回报承诺，为人情“请托”“受托”提供了互利互动基础。

人情通道规则是支撑中国传统人情关系发展的内在动力，“熟人好办事”就是这个规则的简易表述，也造成了中国人在人际关系中形成了非常典型的认知模式：人们遇事无论大小、难易，无论是否正当合理，通常都习惯找

① 李鸿章虽然承认“各省厘捐之重，无如上海”，但仍不断下令加征。及至督军挺进苏南以后，每侵占一地，“即酌添卡局，以济军饷”，结果“分卡之密，近于烦苛”。当时江楚各省厘金每年不过百数十万，而苏松二百余里内却岁收厘捐近三百万。参见：苑书义．李鸿章传［M］．北京：人民出版社，2016：49.

"熟人"、找"关系"，希望通过"熟人、关系"的人情通道的"打点"，得到有利于个人的解决结果。

人情通道规则既可以推动人际关系的建立与深化，也可以使得人际交往复杂化，尤其是当关系中的当事人为情绪思维所左右的时候，往往可以罔顾事实的是非曲直和组织规则的要求，而是以关系程度的远近深浅，作为"请托""受托"判断选择的衡量标准。

在组织中，人情通道规则的利用要谨慎。

在组织行为中以人情通道规则代替组织规则，往往会给组织行为造成极大的损害。

1864年5月，李鸿章指挥淮军攻陷常州，与曾国藩东西呼应，对南京形成了合围之势。清廷为了早日消灭太平天国，命令李鸿章的淮军增援围城的曾国藩，与湘军一起会攻南京。

从军事战略全局考虑，已经日益强大的淮军如果与湘军同时发动攻势，必然会有利于攻夺南京战略目标的早日实现。但是，从人情关系考虑，这里面又有攻陷南京的"首功"归属哪边的问题摆在李鸿章面前。

曾国藩兄弟是与太平军鏖战的主力，对南京围困已久，曾国荃一心要获得攻下南京的"首功"。淮军历经李鸿章用洋枪洋炮改造以后，经历战场锻炼，在局部战场的战斗力已经超过了湘军，一旦参与攻城，就有可能先于湘军攻下南京，拔得头筹。

李鸿章虽然有心抢功，但是在"人情回报"面前又难以下手，只得一方面以淮军需要修整为名回复朝廷，拖延时间，另一方面向曾国藩兄弟表明不敢抢功之意，拖到7月才决定派兵参加攻城。①

虽然湘军在淮军到来之前上下齐心，拼命攻城，夺得攻下南京的"首功"，但是从军事战略上看，在此期间存在一个极大的漏洞，就是如果洪秀全接受李秀成弃城突围的建议，那么在淮军没有参与合围攻城的空隙时间内，太平军有极大可能从南京城突围。

人情通道规则是领导者在管理中难以割舍，又难以接受的管理方式，当领导者自身遇到组织规则难以解决的问题时，会期望通过人情通道使问题得以圆满解决；当领导者面对下属或者其他关系对象提出组织规则之外的"请

---

① 谢世诚．李鸿章评传［M］．南京：南京大学出版社，2006：127.

托”时，如果予以接受，又会给正常管理带来负面影响。

在现代组织管理中，人情通道规则无疑是对组织规则的颠覆，领导者在管理中理应遏制人情通道规则的影响。但是，由于人情关系在中国社会的强大影响，人情通道规则又无时无刻不产生作用，以情绪思维的存在方式左右我们的行为选择，即使领导者自身也难以避免其影响。

基于传统的强大惯性，对于人情通道规则的遏制并不可能一蹴而就。

对于领导者来说，在人际关系管理中如果不清楚人情通道规则，会在管理中面临无尽的烦恼，所以，首先，领导者要理解人情通道规则内涵，在管理中以身作则，避免以人情通道规则代替组织规则，影响组织文化。其次，领导者要细化组织规则，以组织规则作为处理人际关系的一般标准，将人情通道规则作为处理特殊人际关系状况的调控手段，一般与特殊之间的分寸拿捏，就是领导艺术的内涵。

在现代社会中，当个体在人情交往中已经感到“累”的时候，避免人情通道规则的负面影响的一个简单办法，就是学会拒绝。敢于对人情“请托”说“不”，是以自我意识将自己从人情旋涡中挽救出来的有效方法。

3. 圈内圈外规则

中国人对于人情关系标识的判断，对于人情通道规则运行力度的掌握，并不是一概而论，而是根据“关系人”的属性特征，以亲疏、内外、贵贱、等级、上下、长幼等内容为标准予以判断，形成“圈内”与“圈外”两个范畴以及内外有别的情绪思维心境，然后再以不同的态度和办事力度区别对待。

中国人在人情关系上的区别对待特点，是受到中国传统社会人际关系形成的差序格局的影响。差序格局认为人际关系是一种有亲疏区别的关系形态，每个人都以自己为中心结成关系网络，从亲疏等特征出发去认识关系人的重要性，并在关系处理时予以区别对待。①

---

① 费孝通对西方与中国社会结构的差异曾经有过细致描述：“西洋的社会有些像我们在田里捆柴，几根稻草束成一把，几把束成一扎，几扎束成一捆，几捆束成一挑。每一根柴在整个挑里都属于一定的捆、扎、把。每一根柴也都可以找到同把、同扎、同捆的柴，分扎得清楚不会乱的。在社会，这些单位就是团体。”“我们的格局不是一捆一捆扎清楚的柴，而是好像把一块石头丢在水面上所发生的一圈圈推出去的波纹。每个人都是他社会影响所推出去的圈子的中心。被圈子的波纹所推及的就发生联系。每个人在某一时间某一地点所动用的圈子是不一定相同的。我们社会中最重要的亲属关系就是这种丢石头形成同心圆波纹的性质。亲属关系是根据生育和婚姻事实所发生的社会关系。从生育和婚姻所结成的网络，可以一直推出去包括无穷的人，过去的、现在的和未来的人物。”——费孝通．乡土中国（修订版）［M］．刘豪兴，编．上海：上海人民出版社，2013：24-25.

每个人以自己为中心都可以划出不同的关系圈，圈与圈之间又可以做出“圈内”与“圈外”之间的亲疏区别。同时，中国人对于人情关系中的“圈内”关系与“圈外”关系的划分，具有灵活多变的特点。这些内容，就是中国人在运用人情通道规则时所“配套”使用的圈内圈外处事规则。

圈内与圈外的人员划分，实际上体现了个体在人情资源帮助方面能够获得多少的界限。所以，在封建社会，当官员获得一定的权力与地位后，就会千方百计地构建自己的关系圈子，并且尽可能地利用人情资源扶持自己人员的发展。

在曾国藩与李鸿章的崛起过程中，幕府形成的圈内资源所提供的帮助至关重要。

在李鸿章的仕途选择中，成为大清朝的翰林，是等待正式组织的职务安排；加入曾国藩的幕府，则是努力挤进曾国藩这个私人关系圈内，等待圈内提供有可能超过正式组织能够给予的机遇。①

李鸿章在关键时刻的判断没有错，圈内圈外规则，就是中国封建社会时期上下共同认可并践行的不成文的人际关系基本规则，而幕府就是一种介于正式组织与非正式组织之间，为官员集聚个人人情资源的场所。

幕府在中国有悠久的历史，在周朝，无论是在周王室还是在诸侯国内，都形成了管理国家事务的管理阶层——卿大夫，卿大夫主要由贵族出任，被视为“公臣”。到春秋时期，随着没落贵族融入底层和教育向下延伸，士人阶层出现。② 士人积极向管理阶层进取，一开始还没有资格做“公臣”，只能做卿大夫的“家臣”。

卿大夫的食俸来源是君主赏赐的采邑，为了管理采邑，卿大夫便使用有文化的士人，士人是专门服务于卿大夫的“家臣”，与君主没有直接的隶属关系。家臣与家主的关系，是随着持续时间的长短而变化，忠与勤是对其最基本的

---

① 1843年，李鸿章入京拜在曾国藩门下请教，与曾国藩有了师生关系，对于曾国藩来说，这只是一种熟人关系，还不足以让他将李鸿章视作“圈内”的“自己人”。1859年，在李鸿章加入曾幕之后，才正式成为曾国藩的“圈内”人，可以参与筹划谋略的商讨，帮办一些幕府事务，曾国藩也才开始以“自己人”视之，对其加以培养引导。

② 春秋时期的战乱兼并冲击了原有的制度规则，贵族没落，促使他们与下层融合，对人才的需求，鼓励平民向学，贫民文化教育的发展及贫民文化阶层的出现，打破了贵族垄断教育的历史，新兴的受过教育的“士人阶层”开始出现，并在较大范围内流动。“这从孔子及其弟子的事迹中就可以得到验证。”——赵伯雄．周代国家形态研究［M］．长沙：湖南教育出版社，1990：243.

要求。

到战国时期，一些有实力的贵族往往招募各种人才作为自己的“家臣”，为其出谋划策，运筹管理，这些贵族府邸就是幕府的雏形，名闻天下的战国四公子都各自“养士”，有的高达上千人，对国家的内政外交开展都产生了重要影响。

从汉代以后，军政官员私自招募幕僚辅政已经是一种常见现象，宋明时期，曾将幕僚的私自招聘改为国家招聘。到清朝，幕僚又变为私人招聘，入幕者没有出身品行要求，其才能由招募者评定，主要帮助幕主处理各种行政公务，没有任期和品级，俸禄由幕主自己决定发放。

幕府为各种怀才不遇的人提供了一种发展途径，尤其是为在科举仕途上没有出路的士子提供了生存与发展的希望。而幕主不拘一格使用人才，也能够有效地处理公务、扩大自己的势力，尤其是幕僚秉承了家臣传统，对幕主尽忠效力，实际上是增加了幕主的私人圈子的人力资源与力量。

幕府发展到清朝后期，出现了一种新的形态。咸丰皇帝在政权受到太平军致命威胁的时候，改变了其父嘉庆皇帝对于乡勇“易集难散，终非善策”的防范，要求汉族大臣回乡举办团练，而这些大臣以私人幕府的形式进行实际运作，不断增加幕府的功能及内容，出现了一种新型的幕府。“其首创者为曾国藩，继之者为左宗棠、李鸿章、袁世凯。这种幕府的共同特点是，幕主都拥有一支带有私人性质的军队，为指挥和管理这支军队，幕主延揽各式各样的人才（后来又增加了内政外交等诸多功能），形成一个个庞大的幕府。”①

曾国藩的幕府中设有大批军事政务与粮饷筹办的办事机构，幕僚的俸禄是从饷银中开支，幕僚人员各司其职，组织运转流畅严密，俨然类似政府机构。②

由于幕府这种亦公亦私的组织在官员军政事务中发挥了重要作用，而且在实质上是官员私人圈内的人情资源的集聚、培养与使用，所以得到各级官员的效仿。李鸿章出曾国藩幕府到上海独自掌权后，在以后的管理中对照曾

① 张学继．略论曾国藩开其端的近代军阀幕府［M］//王继平，主编．曾国藩研究第1辑．湖南人民出版社，2007：67.

② “中国社会科学院近代史研究所研究员朱东安教授在《曾国藩幕府研究》的专著中，认为曾国藩幕僚总数有421人；惠州大学成晓军教授统计出曾幕幕僚超过400人，重要幕僚100人以上；台湾学者凌林煌在《曾国藩幕府宾僚探究》的专著中指出，曾幕幕僚总数为497人。”——刘建强．曾国藩幕府［M］．北京：中国广播电视出版社，2005：28.

国藩的幕府如法炮制，很快就形成了自己的幕府，并且迅速扩张壮大，形成了能够与曾幕并立的力量。

曾幕、李幕的存在与运转，是圈内圈外规则作用的直观体现，从其对个体的情绪思维影响来看，主要包括三个方面的内容。

（1）个体判断圈内与圈外的边界，是随着判断标准与群体的变化而随时可能发生变化的。

在人际关系当中，圈内与圈外人员的划分，具有相当的灵活性，个体判断标准的改变，就可以带动圈内与圈外边界的改变。

例如以血缘为判断标准，就可以将有血缘关系的人视为圈内人，将无血缘关系的人视为圈外人；在一个有血缘关系的群体内，又可以以“利益”等为判断标准，再分成圈内人与圈外人；在一个群体中，还可以以“信仰”等其他标准打破血缘标准，将无血缘的人划入圈内，将有血缘的人划到圈外。

在幕僚招聘中，血缘是重要的选人标准，对于幕主来说，血缘越近，忠诚度就越高。因此，在幕僚选择上，血缘亲戚关系是优先考虑的因素。

在血缘之外，地缘是另外一个优先考虑的因素。曾国藩以湘军起家，李鸿章以淮军起家，都是“老乡”形成的圈子，奠定了其实力基础。因此，“老乡”构成了幕僚的中坚力量。①

在幕府广罗人才的过程中，还必须放大视野，在血缘亲戚、老乡之外发现人才，因此，师生、同学、同僚等具有业缘关系的人员也会成为招募人员的考虑因素。除了延揽与自荐的方式外，幕主还可以通过奏调的方式，将看好的在职官员调入府中。②

李鸿章加入曾幕，就是以师生关系作为基础，以曾国藩对李鸿章能力的

---

① “1862—1869 年入李鸿章幕府者共 186 人，其中安徽籍 64 人，占 34%；籍贯不详者 52 人，占 28%；江苏籍 32 人，占 17%。”——牛秋实，范展，高顺艳．李鸿章幕府［M］．北京：中国广播电视出版社，2005：43.

② “李鸿章轻视门第出身，但却重视以同乡、同事、师生、亲族等封建关系作为维系淮军的纽带，而这是同湘军一脉相承的。即以上述 15 名淮军核心分子为例，同乡关系表现得最为突出，安徽籍者多达 12 名，其他湖南籍 2 名、四川籍 1 名。除了同乡关系之外，还有兄弟关系，包括 3 个家族 7 个兄弟，即李鸿章与李鹤章、周盛波与周盛传、张树声、张树珊与张树屏；师生关系涉及 10 人，即刘秉璋、潘鼎新为李鸿章弟子，周氏兄弟、张氏兄弟和郭松林、杨鼎勋也师事李鸿章；姻亲关系涉及 4 人，即刘铭传与杨鼎勋，刘秉璋与吴长庆。凡此种种，可以说是整个淮军内部封建关系的缩影。”——苑书义．李鸿章传［M］．北京：人民出版社，2016：56.

肯定为条件。

在具体实施中，不同幕主又有自己的选择标准，曾国藩看重幕僚的科举出身和德才能力，而李鸿章轻“道学修行”，更重视幕僚的实际能力。

李鸿章对于人才的识别具有因势应变的能力，1870 年李鸿章出任直隶总督和北洋大臣后，对外交往的事务越来越多，这时延揽的幕僚多为通达识体、了解洋务的人物。为了处理洋务，李鸿章还在幕府中开始引进“洋人”，在自己的圈子内加入洋幕僚，帮助自己与外国人打交道，这样的做法，在当时是绝无仅有的。[①] 李鸿章所延揽的洋务人才，是当时中国为数不多的新式知识分子，通过在李幕中办理洋务，开阔了视野，在洋务运动过程中起到了中坚作用。

（2）个体将人情资源优先使用在对圈内人的扶持与援助上。

在人情关系中施以人情资源支持时，“圈内”人与“圈外”人也可以转化为“自己人”和“外人”的判断意识。内外有别，对“自己人”的支持力度自然会大于对“外人”的支持力度。

曾国藩的幕府有两大功能：一是治事，二是育人。曾国藩将幕僚视为圈内的资源，十分重视人才培养工作，幕僚既是工作人员，又是学生，曾国藩以领导者和师长的双重身份对其进行精心培育。

在幕府中，对于幕僚工作表现的评价，完全取决于曾国藩的个人意见。曾国藩以个人的视角看待幕僚的“忠”“勤”“绩”，并以此为基础对幕僚进行奖惩。

李鸿章也非常重视对幕僚的考核工作，对于幕僚的能力特长有精到的评价，以收到人尽其才的效果。[②]

幕主对于幕僚的人情资源援助，就是充分利用自己的考核权力和在官场中的影响，向朝廷保荐自认为表现优秀的幕僚，在自己的辖区或者其他地方安排幕僚担任各种官职。曾国藩、李鸿章都大力保荐自己的幕僚，由于曾、

---

① “此时期李鸿章共有 19 位洋幕僚，这些洋幕僚分别来自英、美、德、法、俄诸欧美强国，尤以英美两国为主。”——牛秋实，范展，高顺艳．李鸿章幕府［M］．北京：中国广播电视出版社，2005：64.

② 比如对于冯桂芬，认为其“精思卓识，讲求经济。好学深思，博通今古，喜为经世之学。综其所长，于盐政漕务，尤为洞悉源流”。对于许道身，认为其“良善有余，英断不足”。参见：牛秋实，范展，高顺艳．李鸿章幕府［M］．北京：中国广播电视出版社，2005：44-45.

李的势力与影响，这种推荐官员的方式为朝廷所认可，保荐之人往往会得到重用。①

在李鸿章踏入仕途的关键一步，正是曾国藩的力保，使李鸿章能够“由四品道员直升为正二品巡抚”，“到1872年曾国藩去世时，出身曾幕官至三品以上者即有22人，位至督抚者11人。在曾国藩身后，出身于曾国藩幕僚官至三品以上和位至督抚者分别达到47人和33人”②。

李鸿章仕途在太平天国战争后期往上发展，虽然不比曾国藩幕僚所取得的晋升成绩，但也体现了荐官保官作用，“李鸿章幕僚先后为督抚者16人，加上未实授的6人、统将4人，共26人”③。

从1862年担任江苏巡抚，到1895年被免去直隶总督北洋大臣，李鸿章实际掌权33年，在此期间，李鸿章以幕府为基础，逐渐构建了一个上至朝廷、下至地方的关系网，为其内外活动的开展提供了重要的支持。

在封建官场，幕主们为了增加自己的势力与影响，会充分利用自己的人情资源，将圈内的幕僚充塞到官场的各个职位上，即所谓圈内人做官，“多多益善”。

（3）忠诚是圈内的核心要素。

当群体之间发生矛盾冲突时，个体要在圈内人与圈外人之间选择站边，支持己方与对方的争斗。在个体对于群体矛盾冲突进行判断时，引起矛盾冲突的原因及是非内涵是一个标准，圈内人与圈外人也是一个标准，当两个标准发生冲突时，圈内与圈外规则会推动情绪思维运行，以后一个标准压倒前一个标准，选择与圈内人保持一致。如果个体选择了相反的标准，则就会受到圈内人的一致谴责。

从“家臣”与家主的关系开始，忠诚于家主就是圈内人关系的核心要素，也是幕僚在进行判断选择时的基本标准。

在幕府中，幕僚成为幕主最信任的人员，幕主拥有对幕僚任意使用的权力，

---

① “曾国藩为了刺激军心士气，便利用这种权力，大量保荐追随他的幕僚出任政府官员，而且无保不准。”——张学继．略论曾国藩开其端的近代军阀幕府［M］//王继平，主编．曾国藩研究第1辑．长沙：湖南人民出版社，2007：67-68.

② 张学继．略论曾国藩开其端的近代军阀幕府［M］//王继平，主编．曾国藩研究第1辑．长沙：湖南人民出版社，2007：68.

③ 牛秋实，范展，高顺艳．李鸿章幕府［M］．北京：中国广播电视出版社，2005：259.

可以将幕僚派往自己辖区内的任何地方充当代言人，指挥军政事务的运作。[①]

幕僚以亦公亦私的身份，为幕主提供服务，忠诚于幕主是最为核心的要求。李鸿章是以四品候补道员的身份加入曾国藩的幕府的，但是，李鸿章入幕后，直接服务于曾国藩个人，是以圈内私人关系身份向曾国藩尽“忠”尽“勤”。[②] 在曾幕工作期间，当曾国藩个人利益与清廷利益发生矛盾时，李鸿章以幕僚身份首先是从曾国藩个人利益考虑，必要的时候甚至可以牺牲清廷利益。

曾国藩以理学传承者自居，个人修行已经达到“宗师”的境界，但是，对于圈内人的“反叛”，曾国藩还是无法接受与容忍。

李元度是曾国藩处于最困难时期的少数幕僚之一，曾对曾国藩有救命之恩。后来李元度因不听曾国藩教导失守徽州，曾国藩参劾处理李元度。李元度怨恨之下离开曾幕，转身投靠浙江巡抚王有龄，并且在此之后接连升迁，官至浙江按察使。“曾国藩感到不能忍耐，遂借杭州失陷一事再次参劾李元度，将其革职。”[③]

在圈内圈外规则得到认可的群体，由于一个圈内（窝里）还可以再进行划分，随时都可以分出更小范围的圈内人与圈外人，所以“窝里斗”也就随时会发生。

与此同时，由于圈内与圈外标准会压倒是非标准，不管你愿意不愿意，个体都要“乐此不疲”地选择站边，加入“窝里斗”之中。

湘淮本系一家，淮由湘出，曾国藩是李鸿章的恩师及仕途提拔人，按道理李鸿章对曾国藩应该言听计从。

在曾、李对外交往中，曾、李是一个大圈子，无论是对朝廷还是对外务，曾、李都能互相通气、互相支持，基本能保持一致。

在曾、李之间，随着李幕的成立，曾、李又分为各自的小圈子。李鸿章虽然尊重曾国藩，但是在自己的圈子形成后，也是身不由己，遇事首先要从自己的圈子利益考虑，有的时候与恩师发生冲突也在所不惜。

---

① “淮军的‘军幕人员’不同于在一般衙门办事的普通幕僚。这些人为统帅的附属，被派往粮台或‘局’中办事，因而只能听命于统帅。”——牛秋实，范展，高顺艳．李鸿章幕府［M］．北京：中国广播电视出版社，2005：27.

② 后清廷授李鸿章福建补缺道员，曾国藩即以需要辅助为由，将他奏留幕中使用。

③ 刘建强．曾国藩幕府［M］．北京：中国广播电视出版社，2005：34.

曾国藩平定太平天国后，为了避免朝廷猜疑，主动大量裁撤湘军。1865 年 5 月，曾国藩奉旨到山东围剿捻军，这时湘军只剩 2 万人，远远不够，李鸿章大力帮助，提供了装备洋枪洋炮并有独立炮兵队伍的 6 万淮军。

湘淮军制相同，曾国藩是其开山“祖师”，理应指挥得手。然而此时湘军、淮军已分属两个不同的门户，曾幕、李幕也已是两个不同的圈子。淮军虽然被调拨到曾国藩麾下，却只听李鸿章调度，不听曾国藩调度。

由于李鸿章在其中干预掣肘，导致贻误战机，曾国藩不得已写信向李鸿章求助。“以后鄙人于淮军，除遣撤营头必须先商左右外，其余或进或止，或分或合，或保或参，或添勇，或休息假归，皆敝处径自主持，如有不妥，请阁下密函见告。”①

圈内圈外规则的流行，会在组织中形成“小团体”现象，分散组织凝聚力，使得人际管理复杂化。

在现代组织中，圈内圈外团体会对组织功能产生致命的侵害作用。

幕主与幕僚的关系在本质上是一种私人的主从关系，幕主在幕府里相当于家长，幕僚对幕主有强烈的人身依附和依赖，“忠”是幕主与幕僚最为看重的内容，由“忠”所形成的彼此之间的圈子利益，又是两者紧密联系的纽带。因此，在考虑国政大事与管理执行过程中，幕主不可避免地会任人唯亲，优先使用自己圈内的人，而德、能等因素都会被放到次要位置。

幕府是清朝圈内圈外规则流行的产物，也成为国家组织结构中的“肿瘤”，附属在组织肌体上吸食养分，最终使得组织正常规则运行紊乱，在不知不觉中将组织葬送。

从大的方面看，曾国藩以幕府形式创立湘军，改变了清朝的兵制，形成了“兵为将有”的状况，使得清廷在军权使用上大权旁落；② 幕府对官员任命的影响，进而在地方上也形成了利益团体“专政”的局面。这些变化牵动了清朝后期政局的演变，并最终使得清廷外强中干，断送了江山。

从小的方面看，李鸿章兴办洋务，设立军器生产制造局，发展民用工业

---

① 苑书义．李鸿章传［M］．北京：人民出版社，2016：96.

② “湘淮军‘以召募易行伍’，以将帅自招的募兵制代替了兵权归于兵部的世兵制，从而改变了兵与将、军队与国家的关系。湘淮军以各级将领为中心，先设官，然后由官召兵。……就是因为这种制度使统领、营官、哨官成了大帅的私属，而弁勇也成了营官、哨官的私兵……全军只服从曾国藩或李鸿章，完全成了‘曾家军’或‘李家军’。其他省区的将帅固然指挥不了，就是清朝中央也休想直接调遣。”——苑书义．李鸿章传［M］．北京：人民出版社，2016：42.

厂商，在管理中仍然沿用幕府的方法，任用自己所信任的人担任管理者，这些人将工厂企业视为官府衙门的延伸，在其中以官府做派进行管理，热衷于拉圈子钩心斗角，分割利益，使得洋务场所发展缓慢，经营效果难尽人意。①

减轻圈内圈外规则的流行，一方面需要领导者有自觉意识，在正常管理情境中依靠制度规则去推动领导活动的开展；另一方面需要有机制的配合，只有领导机制限制领导者必须为大多数人服务的时候，领导者才能真正减少对“圈内团体”的依靠，也就避免了“圈外团体”的产生。

二、上下关系与情绪思维判断

上下关系是组织活动中存在的，上级与下级之间控制与服从的等级关系形态。上下关系一般形成于组织成员交往行为过程中，是组织得以顺利运行的基本保证。

中国传统社会的上下关系来源于家庭中的父子等各种等级关系形态，在传统社会形成组织形态以后，主要指以君臣关系为基础，在组织范围内形成的一种等级关系形态。

中国传统社会的上下关系，反映的是群体之间存在的控制与服从的不平等的关系形态。君臣之间不平等的上下关系本身是不合理的，但是在现实中又有存在的合理性。这种存在的合理性解释，源自中国人对于天人关系的看法及引申。

在古代社会人的认知中，天是“神”活动的地方，“神”拥有无上的威力，可以主宰日月星辰、风雨雷电变化，当然也就能主宰人的活动。所以“神”在人之上，拥有对人的控制与驱使权力；人在“神”之下，对“神”只能敬畏与服从。因此，天人之间的上下不平等关系是自然存在的合理安排。

在商朝，人们已在“诸神”解释的基础上，合成了一个在“诸神”之

---

① 梁启超认为，商务官办，是李鸿章兴办商务成效不佳的主要原因。“李鸿章所办商务，亦无一成效可观者，无他，官督商办一语，累之而已。中国人最长于商，若天授焉。但使国家为之制定商法，广通道路，保护利权，自能使地无弃财，人无弃力，国之富可立而待也。今每举一商务，辄为之奏请焉，为之派大臣督办焉，即使所用得人，而代大臣斵者，固未有不伤其手矣。况乃奸吏舞文，视为利薮，凭挟狐威，把持局务，其已入股者安得不寒心，其未来者安得不裹足耶？故中国商务之不兴，虽谓李鸿章官督商办主义，为之厉阶可也。”——梁启超．李鸿章［M］．何卓恩，评注．武汉：湖北人民出版社，2004：93.

上，能够主宰一切的“神”——“上帝”。“上帝”在人间还有一个有血缘关系的人——殷王。① 来自“神”的血缘关系的承继，不仅使得殷王的统治获得了高高在上的权威，也使得君臣之间控制与服从的上下关系的存在有了合理性。

周朝逐渐统一了主宰神的称号，在青铜铭文的后期，“天”被视为至上的主宰神。周王受“天命”统治万民，自身要“以德配天”。

春秋战国时期，虽然思想解放打破了天人关系的一家之言，但是“天”的主宰神地位仍然不可动摇。

秦汉一统中国，建立了中央集权制国家，皇帝迫切需要构建至高无上的统治权威。

嬴政虽然自认为“德高三皇，功过五帝”，以“皇帝”自封，但在其之上还有一个绕不开的更大权威——“天”。

到汉武帝时期，随着国力的强盛，皇权与其他各方所涉及的关系的本质就更需要澄清。就天人关系这一论题，汉武帝连续三次出题向天下寻求满意的解答。

持儒家学说观点的董仲舒作“天人三策”对答，清晰地说明了“天”“皇”“人”三者之间的统治与被统治的关系，为皇权在人间的至高无上地位提供了通俗解说。

天人关系：“天”是造物主和世界主宰，是至高无上之神，“天”在造万物的同时，也创造了人。

人是由“天”按照自己的特点创造出来的，比如“天”有四季，人有四肢，“天”有春暖夏热、秋凉冬寒，人有喜怒哀乐。“天”造人，人自然要服从、敬畏“天”。②

天皇关系：“天”不能亲御其民，便委托其子降临人世代为治理，皇帝即为“天子”。因此，皇帝对于其域内的人来说，就是“天”的代身，是个“半人半神”的特殊人，是在“替天行道”。

---

① “帝立子生商”，“帝俊生后稷”都是记载的“帝”与商关系的传说。殷王的血缘关系已经与“帝”建立了关联。

② 董仲舒构建了一个以“十端”为内容的天的系统。这里的“天”，是指“宇宙”的范畴。“宇宙”有“十端”：天地，阴阳，水火，金木，土人。天地人与阴阳、五行，构成了“十端”。天地生万物，人，就是“天”的创造物。“人之形体，化天数而成；人之血气，化天志而仁；人之德行，化天理而义。人之好恶，化天之暖清；人之喜怒，化天之寒暑；人之受命，化天之四时。”——（汉）董仲舒．春秋繁露天人三策［M］．陈蒲清，校注．长沙：岳麓书社，1997：182.

皇民关系：皇帝以“半人半神”的身份，自然拥有人间至高无上的威权。所有的人对皇帝都应该顶礼膜拜，对其言行莫敢拂逆，因为违背了皇意，就是违背了天意。

上下关系：皇帝之下，有各级官员以上下关系形态一级一级秉承其旨意。因此，从朝堂到市井，对秉承了皇帝旨意的上级也应该服从，下级服从上级与服从皇帝、服从天意是一脉相承的，天经地义。

董仲舒的“天人感应”学说，逐一理顺了“天人关系”“天皇关系”“皇民关系”之间的关联内涵，皇帝是“天”的儿子，受“天”委托来统治“天”的子民的解说，在本质上确定了上下关系中的“主宰”与“依附”的关系形态，而后贫贱富贵、生死祸福、祥瑞灾异解说便都可以从中找到根据。

“天人感应”学说不仅抓到了问题的本质，还以通俗的文字解释了其间的推理，获得汉武帝的肯定，并以“罢黜百家，独尊儒术”的方式，在官方支持下得以广泛传播，成为在这之后中国社会对于统治者与被统治者之间上下关系认知的基本构成内容。

上下关系在封建社会的组织活动中最为明显，所以上下关系形成的规则的具体内容以及对个体情绪思维的影响，也可以从组织活动中予以观察总结，主要体现在以下三个方面。

1. 大一统规则

“‘大一统’之义出于儒家经典《公羊传》，《公羊传》由‘王正月’推论出了天下一统于周的思想。”[①] 董仲舒对“大一统”思想做了发挥，论证了这个王是新王，而非周王，新王受命于天，必须改称号，定起始，建立“大一统”，以报答天命。

董仲舒对“大一统”观念进行了较为系统的归纳，[②] 其目的是满足汉武帝对内削藩收权、对外驱逐匈奴、巩固中央集权统治的需要。“大一统”规则的核心是皇权的至高无上地位不可替代、皇权的整体利益不容破坏、皇权的承继来源不可觊觎。

---

① 汪高鑫．董仲舒与汉代历史思想研究［M］．北京：商务印书馆，2012：23.

② “董仲舒‘大一统’论形下之义首先便是积极鼓吹尊王，肯定‘天子受命于天，天下受命于天子，一国则受命于君’。而为了建立起这种王者一统的政治秩序，又必须在民族关系上注重夷夏之辨和以夏化夷，在学术思想上‘罢黜百家，独尊儒术’。”——汪高鑫．董仲舒与汉代历史思想研究［M］．北京：商务印书馆，2012：23.

（1）皇帝作为人间的最高统治者，不容替代。

“天子为民父母，以为天下王”，其“至上”的地位是独一无二的，不允许有任何人可以与其并肩，“天无二日，民无二主”。“礼乐征伐自天子出”，社会才能稳定。

“大一统”要求在一个组织或群体活动中，“至上”的上级只能有一个，在其之下的任何人对此都要接受服从。

曾国藩、李鸿章利用幕府的形式形成了效忠于私人的政治、军事集团，在国家政治生活中发挥了重要作用，其一方面提高了曾、李的政治地位，另一方面也使得曾、李与清廷之间形成了微妙复杂的关系形态。对于清廷来说，要想平定内乱，就不得不依靠曾、李的私人集团，并且要对其幕主的作用，比如在保荐官员方面的权力予以支持，但随着曾、李这样的幕府集团势力越来越大，已经对清廷政权构成了潜在的威胁，清廷又不得不随时加以防范。

1864 年 7 月，湘军攻破南京，剿灭太平天国后，曾国藩与清廷的关系骤然紧张起来。此时曾国藩总督两江，督办江、浙、皖、赣四省军务，湘军总体已有 30 万众，他直接指挥的湘军多达 12 万人。以曾国藩此时的实力与影响，如果举旗造反，其声势会远超太平军，令人不禁思而恐之。1864 年 11 月，清廷突然命令曾国藩离开两江，前往皖、鄂交界督兵剿贼，曾国藩从中嗅到了信号后面所包含的潜在危机。

曾国藩以保全“晚节”为目标，主动向朝廷提出大量裁减湘军，并且首先从曾国荃开刀，要求曾国荃因病开缺，将曾国荃所部湘军 5 万余人陆续遣撤。到 1865 年 5 月曾国藩奉旨剿捻时，自己能够指挥的湘军已经只剩 2 万余人。

1868 年，李鸿章在剿灭捻军之后，也效仿曾国藩，主动裁减淮军，以消除清廷猜疑。

皇权地位至高无上，容不得任何潜在的威胁。[①] 曾国藩、李鸿章对此规则感受深切，主动削权，得以避祸。

---

① 梁启超认为，太平军坐大成势，已经对清廷构成致命威胁之后，清廷才不得不放手汉臣练兵平叛。但是，对于汉臣手握军权，势力逐渐增长的事态，清廷始终放心不下。“当时朝廷虽不得不倚重汉人，然岂能遽推心于汉人哉?”“试一读曾文正集，自金陵克捷以后，战战兢兢，若芒在背。以曾之学养深到，犹且如是，况李鸿章之自信力犹不及曾者乎?”——梁启超．李鸿章［M］．何卓恩，评注．武汉：湖北人民出版社，2004：16.

其实曾国藩、李鸿章都是传统的士大夫，程朱理学的封建伦常观念对曾国藩、李鸿章有非常大的约束力，效忠皇权是其不二的选择。也正是他们情绪思维中没有真正的“犯上作乱”的念头，在其行为中也就没有相应的痕迹显露，清廷对其权势坐大也就采取了容忍的姿态，将其视为支撑晚清政局的支柱。

(2) 皇帝替“天”统治的是“天下”整体，不容分离。

“普天之下莫非王土，率土之滨莫非王臣”，天威所及，都应该对皇帝臣服，“天下”整体利益重于一切，不允许受到任何分割与破坏。

“大一统”要求在组织或群体活动中，“至上”的上级所代表或拥有的整体利益不受到破坏，在其之下的任何人对此都有义务予以维护。

1895 年 2 月 17 日，威海陷落，北洋舰队覆灭，标志着中日战争以清朝惨败告终。日本提出谈判条件，要求清朝确认朝鲜独立，赔款、割地。

自鸦片战争以来的中外历次战争谈判条件中，清政府第一次遇到了大面积割地的问题。

土地是天下一统的基本象征，怎敢轻言割让？

在清廷廷议中，光绪皇帝态度非常明确，坚决拒绝。李鸿章的态度也很明确，反对割地。

光绪拒绝割地，是无法接受大清的天下在自己手中被分割。

李鸿章反对割地，并不是抱有与日本决战的信念，而是基于“以夷治夷”所主导的情绪思维偏向，期望通过自己的外交能力，说服英俄等国出面制衡，打消日本割地的念头。

可惜的是，李鸿章情绪思维主导的判断在现实面前毫无成效，李鸿章在各国奔波乞求的结果是期望变成幻想继而破灭。

幻想破灭后，李鸿章内心深处的“戎和”情绪偏向自然占据了主导地位，态度立转，主张割地求和。

光绪知道割地事大，希望由慈禧定夺。

2 月 26 日，光绪向慈禧报告李鸿章等人的意见。慈禧知道已无退路，但不愿承担决策之责，对光绪说，你自己考虑决定，不必问我。2 月 28 日，光绪要奕䜣奏请慈禧，定使臣有无谈判割地之权，慈禧令太监传言，“一切遵上旨可也”①。

① 苑书义．李鸿章传［M］．北京：人民出版社，2016：312.

战败割地，光绪不想承担决策的责任，慈禧玩弄权术，在关键时刻不表态。因为他们心里都非常清楚，谁答应割地，谁就会背负有损天下一统的永世骂名。

（3）皇权的承继是以血缘宗法关系为基础展开的更迭活动，不容染指。

皇权的传递承继只能在血缘宗法关系中进行，血缘宗法制度既定，任何与此无关的其他人都不能对皇权持有非分之想，怀有觊觎之心。

“大一统”要求在组织或群体活动中，领导权力的更迭，只有“至上”的上级才能决定，在其之下的人不仅不能有涉嫌“篡权”的行为，连持有夺权的念头也有罪，下级要心悦诚服地等待、接受上级的权力更迭。

1898 年 6 月，光绪皇帝任用康有为等人开展变法维新运动。9 月 21 日，慈禧发动戊戌政变，宣布重新训政，幽禁光绪，捉拿杀害维新派人士。维新运动宣告失败。

李鸿章提倡洋务运动的内涵与维新运动有相似之处，在某种意义上，维新运动是洋务运动的延伸和更深入的发展。因此，在情感上，李鸿章倾向维新派，在维新运动失败后也尽可能地暗中回护维新派人士。

但李鸿章深知皇位废立之中的政治复杂性与敏感性，当有人劝他应该以国家重臣的身份出来在皇帝与太后之间调和的时候，李鸿章一口回绝。

“李鸿章既未参与慈禧幽禁光绪的活动，又没有同情并设法救援光绪的言行”，事后，他向慈禧表示，“废立之事，臣不与闻”，[①] 公开表达了自己置身事外的态度。

李鸿章一向自信自己的协调能力，但是在事关皇权变更的问题上，其深知这不是自己能介入的范畴，采取了置身事外、明哲保身的做法。

大一统规则有利于巩固统治者至高无上的权力地位与个人利益，并为统治者以整体利益为由驾驭全局提供了解释途径，从而在传统社会中得到不容置疑的肯定，是统治者首先要维护的规则。

大一统规则在为统治者提供强有力的影响力的同时，也为统治者自身设下了一个难以逾越的藩篱，统治者的任何管理决策或者改革企图，如果与大一统规则发生了冲突，即使是贵如皇帝，有的时候也要退却让步。

在现代组织中，大一统规则为管理中的情绪思维倾向提供了认知依据，

---

① 苑书义．李鸿章传［M］．北京：人民出版社，2016：355.

使得庸者在位、庸者继位不可避免。现代组织只能以民主选举、职业化管理等规则的真正实施，摒除大一统规则的影响。

2. 尊卑有序规则

上下关系体现的是一种等级关系，等级关系是组织结构的基本形态，在管理中体现的就是一种不平等关系，因此，上下关系本身就包含着职位不平等的内涵。

中国传统的上下关系所包含的不平等，除了管理中的组织结构所规定的职位不平等内容外，还包含着人身、人格的不平等，体现的是以“尊卑”差别为基础的不平等。

中国传统中人与人之间存在“尊卑”差别的不平等内涵，既有来自家长制中抚养与依附关系的影响，又融合了政治活动中血缘宗法制所包含的统治者与被统治者之间“先天”就有“贵贱”差别的认同内容。

“尊卑”差别既是先天所定，“尊卑”之间的行为方式就会有差别要求，这些差别要求一旦确定，就不能随意更改，也就是要“有序”。

尊卑有序规则在人际活动中具有两个方面的重要调节作用：

一方面，尊卑有序规则引导人们在情绪思维中接受人与人之间、群体之间贵贱有别的天然合理性。

每个人都要认识到尊卑关系是天定的，不可改变。从“天人关系”“天皇关系”“皇民关系”开始，以国家为单位的群体关系之中就存在尊卑差别，而这种尊卑差别是为“天意”所定，自然有序。

以家庭为单位的成员之间的关系也具有不平等性，家长高居其上，以家长制为依托自然地形成了成员之间的尊卑关系。将家长制延伸到族群，族长就拥有尊贵地位。依此类推，每一个组织、群体之间存在的尊卑关系都具有其合理性。

以血缘为起点，尊卑关系在承继上带有先天性。在皇帝之下，依照不同爵位与职位，享有不同的尊贵身份，身份之间的差别，就是尊卑差别，以宗法制加以理顺，使得尊卑差别的承继有序可依。

另一方面，尊卑有序规则引导人们以情绪心境方式在行为中自觉地遵守、维护尊卑差别的秩序，牢记自己身份地位属性，对上的言行不能有丝毫逾越。

尊卑关系有其存在的“合理性”，因而在人际活动、组织活动中，每个人都要随时依照情境变化认清自己的尊卑，厘清自己的情绪思维心境，不该降低身份的时候绝对不能降低，不该高估身份的时候绝对不能高估，一切都要依照“尊卑有序”要求行事。

尊卑有序规则有利于加强组织成员对等级权威的服从意识，得到组织中既得利益者的支持，保持组织上下关系运行秩序的稳定。与此同时，尊卑有序规则也会摧毁组织中源自下级的创造力，任何时候，下级都会谨慎地等待上级的指令行事，组织不可避免地会染上僵化教条的毛病。

尊卑有序规则渗透到人际活动中，虽然会有利于人际活动的和谐稳定，但是作为情绪思维作用于个体的直接结果，是会扼杀个体的创新意识，培养人按部就班地循规蹈矩，努力从既定的“尊的位置”上获取既得利益。

在封建社会，士子与官员的利益只能从“官”的位置上获取，这往往引导他们将仕途视为人生最有价值的“尊的位置”。

李鸿章做官的秘诀得自曾国藩传授的“挺经”二字，就是绝不主动请辞官职。

李鸿章深知，在专制集权社会中，官职大小，就代表着个人尊卑的高低，所以无论任何时候，对官职都要保持“热衷”的态度。

《马关条约》的割地赔款引起举国公愤，李鸿章谈判回国后成为光绪迁怒的对象，被免去直隶总督、北洋大臣实权，仅保留了文华殿大学士头衔。李鸿章在官场上陷入穷途末路之境。

翁同龢曾与李鸿章有歧，此时见到李鸿章被贬，想趁机将李鸿章赶走，取代李鸿章的文华殿大学士头衔。

翁同龢贵为帝师，自然有人乐意为其服务，袁世凯投其所好，从权势已失的李鸿章的小圈子挪出，加入翁同龢的小圈子，甘愿到李鸿章处充当说客。

袁世凯见到李鸿章后，刚说出李鸿章可以考虑暂时告归，养望林下，等待朝廷日后倚重的话，就遭到李鸿章的严词训斥。为了断绝袁世凯的念头，李鸿章表示自己要“鞠躬尽瘁，死而后已”，并且明示：“我一息尚存，决不无故告退，决不奏请开缺。”①

此后，李鸿章一直以“挺经”自勉，独居京城，等待重游宦海的机会。

领导者身处组织优势地位，与领导对象本身就有组织职位上的等级差别与身份差别，传统的尊卑有序规则的运行，最容易促使领导者产生俯视情绪，

---

① 谢世诚．李鸿章评传［M］．南京：南京大学出版社，2006：554.

并且带动管理层级产生各自的俯视情绪，在组织中形成等级森严的管理情境。

与此同时，尊卑有序规则的运行，会使组织中既得利益者僵化保守，阻塞“卑贱者”的上升通道，使组织中人更多依靠个人依附关系开展工作，从而淡化或破坏管理规则。

在现代组织中，对于领导者来说，如果缺乏对情绪思维中尊卑意识的反省，这种情绪思维很容易与家长制情绪思维发生融合，形成家长科层式领导方式，给领导活动带来灾难性的后果。

在家长式领导方式中，即使是一个具有仁慈、道德行为的“家长”，其行为本质还是由绝对权力所驱使，他们“处理家事，就像国王发布诏令，官吏坐堂问事那样威风凛凛。他们大都像戏剧中国王早朝那样，清晨坐于中堂之上，调派家众的活计，驱使家众执作杂役，检查督促家众的工作，听取汇报，答复请示”①。

在中国历史上，尊卑有序规则推动家长的绝对威权转化为领导者的绝对威权，成为家长式领导方式的本质特征，这种本质特征也会延续到家长科层式领导方式之中。也就是说，在家长科层式领导方式下，领导对象不仅在权力等级上无法与领导者平等，而且在人身、人格等方面也无法与领导者平等，处于卑下的地位，只能服从指令，领导者可以一言九鼎。

与家长制的人治威权相反，理性原则是韦伯最为看重的因素。在韦伯的眼里，科层制与家长制的领导在权力行使追求目标中有其共同之处，但是在权力内涵来源方面则根本不同。科层制下的领导者权力是一种在理性的组织授权制约下的相对权力，其内涵有明确的法律和组织规章来源，权力边界被组织制度和规章所严格限定，领导者只能在权力边界范围内行使自己的领导权威，因此，领导者在领导活动中接受理性意识并以理性作为自己行为的边界，这是科层式领导方式的本质特征。

韦伯提出的科层制的一些内容在早期社会活动中已经有过实践，例如中国专制集权国家中所构建的等级权力结构、层级指挥与科举制等，都有过漫长的实践过程。虽然在类似中国这样的专制集权国家的组织管理中能够看到科层制的影子，但是它们却无法与韦伯的科层制画等号，其间最大的差别是专制集权国家的官僚组织建立在上下尊卑的人格化的基础上，就是官僚组织必须对掌权者个人负责；韦伯的科层组织建立在非人格化的理性基础上，就

① 徐扬杰. 中国家族制度史［M］. 武汉：武汉大学出版社，2012：346.

是科层组织最终只能对法理负责。

人格化与非人格化的差别会推动组织构建及运作产生巨大的差异，在管理中表现为人情化与非人情化的区别，其实质就是“人治”与“法治”的差别。因此，韦伯所提出的科层制正适应了契约型的现代组织建设的需要。领导者只有从“认知内容”上真正理解尊卑有序规则的实质内涵，才能有效避免尊卑有序规则对个体情绪思维产生的负面影响。

3. 家国为先规则

“人……力不若牛，走不若马，而牛马为用，何也？曰：人能群，彼不能群也。”① 人以社会群体的形式为生，必然会产生个体与集体的利益关系处理问题。

在中国传统社会，个体对家庭、家庭对族群、族群对国家都有上下依附关系，同时，从大一统规则也可以引申出“个人为轻，国家为重”的判断标准，因此，在衡量个体利益与集体利益关系的时候，集体的利益与价值要高于个体的利益与价值，集体的人格与尊严要高于个体的人格与尊严。对于个体来说，就是要以家国为先。

家国为先规则主要包含两个方面的内容：

一方面，在社会管理中，当个体利益与集体利益发生冲突时，可以为了集体利益牺牲个体利益。

社会管理在处理个体与集体的关系时，要以集体、国家为重，个人为轻。

另一方面，在自我意识养成中，要从道德层面摆正个体与集体的关系，克己奉公，倡导个人要为国家与社会做奉献。

个人与家庭发生利益冲突时，个人让步于家庭，就是尽孝；个人与国家发生利益冲突时，个人让步于国家，就是尽忠。当尽孝与尽忠发生冲突时，又要将尽忠摆在第一位。

修身、齐家、治国、平天下，家国为先以一种略带浪漫的理想情怀萦绕在个人心头，成为个人所肩负的使命。

李鸿章在为官之初，也曾奉行过家国为先的规则。在担任江苏巡抚重任的时候，李鸿章面临着严峻局势，必须妥善解决察吏、整军、筹饷、辑夷等各种事务。李鸿章以“不要钱，不怕死”六字自勉，他“日处营中，自朝至

① 荀子．荀子［M］．安继民，注译．郑州：中州古籍出版社，2006：119.

夜，手不停批，口不息办，心不辍息。”①

李鸿章初期统领淮军亦亲力亲为，在平时重视将士军事训练，利用上海有利的通商渠道，花大价钱购得当时先进的洋枪洋炮，聘请西方教官教习将士掌握。在战场上，每逢大的战役，亲自督军作战、鼓舞士气。在勤奋用功之下，终于打造了一支战斗力渐强的淮军，保证了对上海和江苏局势的控制。

家国为先规则使得中国人较为容易地形成对集体的认同，有利于组织、国家保持相对稳定，它在组织、国家形成及延续中无疑发挥了积极的作用。

家国为先规则的运行，也使得领导者在组织中容易发挥组织的号召力，将个体凝聚在组织周围，为组织目标的实现做出奉献。

在群体活动中，家国为先规则的倡导有其积极意义。但是，如果陷入情绪思维心境，过度强调这一规则内涵，以家国为先作为衡量个体行为对与错、好与坏的标准，则同样会显现出弊端。

首先，个体利益让位于集体利益，应该有其前提条件，就是这个集体是为维护个体利益而存在。如果这个集体在本质上是为特殊阶层输送利益，那么最终个体就会觉悟，家国为先只是对于特殊阶层是“好”的，而对于个体是“错”的这个道理。

当个体一旦觉悟到家国实质上是在有损于个体利益的时候，爱与恨的情感转变会使得个体意识发生逆转，家国为先也就难以维持，集体内部往往会表现得一盘散沙。

其次，过度强调家国为先规则，会使得个体权利及私有财产难以得到有效保障，难以激发个体独立于社会、创新创业的动力，使得社会进步依靠无数个个体的创造能力迸发的推动方式在家国为先面前止步不前。

在现代管理中，领导者更多的是从平等关系视角，看待个体与集体的关系，只有在管理规则上较好地平衡个体利益与集体利益，才能使个体与集体关系的稳定有长久的保障，也才能真正将组织的发展建立在个体创造能力迸发的基础上。

从国家来看，只有集体的价值目标解释具有强大的说服力，并且个体权利受到法律的严格保护，集体利益服务于公众利益有制度性的强制保证，个体利益让位于集体利益才能发挥其价值，也才能让个体基于“对”的判断真

---

① 苑书义．李鸿章传［M］．北京：人民出版社，2016：209. 46.

正认同家国为先规则。

在封建社会，国家的本质在于服务统治阶层。在封建社会官场中，国家为先是为官者必须公开倡导的基本规则。但是，由于在实践中统治者利益在国家利益之上，而统治者又会影响到官员的个人利益，因此，当诸多利益发生冲突时，国家利益往往会被官员置于次要位置，家国为先规则并不能发挥其为集体利益服务的积极作用。

随着权势逐渐显赫，李鸿章在官场中面临的各种利益冲突也越来越多，越来越复杂，在为官之初奉行的家国为先规则也慢慢地被个人利益优先所取代。

1889年光绪已经18岁并且完婚，按照清朝惯例，慈禧觉得不便继续“训政”，只得宣布“撤帘归政”，由光绪“亲政”。但是慈禧不愿意放权，“亲政”和“训政”的不同之处，只是光绪先看奏折，然后再请慈禧懿旨定夺。

围绕权力争夺，在光绪周围逐渐形成的朝臣与集合在慈禧周围的官僚形成了隐然对立的两个圈子，即帝党与后党。

李鸿章踏上仕途后，依靠曾幕、李幕和淮军的影响，在地方拥有广泛的圈内关系及人情资源的支持，但是在朝廷，李鸿章却缺少人际关系的根基，因此，李鸿章从一开始就认真观察朝廷内各种圈子关系，寻找可以依靠的对象。

李鸿章很快将朝中掌握实权的恭亲王奕䜣作为攀缘对象。“李鸿章对待奕䜣，暗中贬之为‘庸鄙无远识’，明里却邀宠以借重之”①，“而对慈禧与奕䜣之间暗中存在的政争，李鸿章心知肚明，因而采取了审慎的态度，”② 在慈禧权势还没有形成独断之势时，李鸿章对慈禧也不是完全顺从的，甚至在关键时候以“国家”利益为重，对慈禧暗下绊索。

1860年，圆明园在第二次鸦片战争中被英法联军烧毁，各式造工奇特精巧的亭台楼阁化为灰烬，成为慈禧心中的难言之痛。1873年8月，慈禧以亲政只有半年的同治皇帝名义下令重修圆明园，作为皇帝对皇太后的“孝养”。

其时国家刚刚经历了内外之战，国力贫弱，民穷至极，练军洋务诸般事项需要推动发展，不该也无力花费巨大的人力物力去重圆奢靡豪华的旧梦。此提议一出，便遭到一些大臣的反对，但慈禧一意孤行，着手开始修建。

---

① 苑书义．李鸿章传［M］．北京：人民出版社，2016：105.

② 谢世诚．李鸿章评传［M］．南京：南京大学出版社，2006：227.

慈禧派了一个候补知府李光昭向法、美商人购买洋木。李光昭利欲熏心，想乘机大捞一把，将买入的5万两的木材，虚报为30万两。而洋商也存心欺骗，运来一批劣等木交货。李光昭不愿收货，洋商便跑到北洋大臣衙门控告李光昭作为皇帝的采购代表不履行合同义务，这个案子就落到了李鸿章手里。

李鸿章本来就不同意重建圆明园，看到这个案子有机可乘，便小题大做，将这个案子上报到朝廷，请示处理办法。慈禧和同治尴尬万分，只得将李光昭问斩。其他大臣纷纷上疏追究主持圆明园工程的内务府大臣欺蒙之责。慈禧无奈，只得一一治罪，停止圆明园的工程。

1884年，慈禧借中法战争中清军失利，罢免了奕䜣一切职务，全面改组军机处，结束了亲王辅政局面，从此大权独揽。

在光绪皇帝幼小、慈禧垂帘听政前期，李鸿章并不完全看好慈禧，按照正常的发展轨迹，光绪皇帝大了以后自然要接掌权力，所以李鸿章以观望的态度看待慈禧的权势。但当等着光绪亲政的李鸿章，意识到朝廷真正的掌权者是慈禧后，就毫不犹豫地倒向了慈禧，从此得到慈禧的庇护，在反对者的多次弹劾中屹立不倒。

慈禧是清廷的实际统治者，李鸿章加入这个圈子，就意味着在官场中有了护身符，与此同时，当慈禧的个人利益与国家利益发生冲突时，李鸿章也必须以慈禧的个人利益为重，必要的时候舍弃，甚至损害国家利益。

1873年，李鸿章是慈禧圈外人，为了国家利益，暗地里小题大做，利用置办木材事件将慈禧重修圆明园的梦想打破。1888年，李鸿章是慈禧圈内人，为了慈禧利益，置北洋海军建设于不顾，挪用巨款帮助慈禧修建颐和园。

北洋海军后期发展缓慢，军舰添置、保养难以持续，战斗力下降，是导致甲午海战失败的一个重要原因。而这其中的根本原因，就是军费不够。

李鸿章是海防论者，从世界列强演变过程和大清国所面临危机的开阔视野，早就看到了建设海军的重要性，在日本崛起、图谋中国的过程中，更加认清了中日难免一战，建设一支强大海军对于中国来说具有紧迫性。

北洋海军建设倾注了李鸿章后半生的主要精力。北洋海军形成的战力主要来自从英德购买的军舰，1885年，从英德购买的4艘先进的巡洋舰加入舰队，使得北洋海军基本成形，与岸上的各地炮台、船坞、要塞相呼应，形成了一个海防体系。

李鸿章对外夸耀北洋海军的威力，对内却忧心忡忡，“他最为担忧的是，

‘限于财力’，不能增添、更新船炮，无法与外国抗衡”①。北洋海军在后期，连船舰大修、更换锅炉的每年15万两银子和增添德国快炮的61万两银子都难以落实。

其实海军不是没有钱，而是将巨额海军军费用在了颐和园修建上。李鸿章深知海军建设对于国家的重要性，一方面，“他多次呼吁不可挪用海防费用”②。另一方面，为了讨得慈禧的欢心，又对于挪用军费建颐和园全力支持，“正是在奕譞、李鸿章的支持下，慈禧移筑颐和园的海军经费，多达2000万两以上”③。

李鸿章投靠慈禧圈子的直接好处就是官运亨通，对李鸿章的参劾最后都没了下文。1894年，李鸿章受赏戴三眼花翎，在这之前能获此殊荣的只有三四位满族大员，李鸿章是汉臣当中受赏的第一位，当然会觉得先前的作为是“明智之选”。

由此可见，当缺乏必要的权力制衡机制，统治者利益可以高于国家利益的时候，家国为先在个体面前往往就成了一句空话。李鸿章因为对于传统社会人际关系规则的谙熟，善于调控人际关系，“能在官场纵横捭阖，游刃有余”④。但导致的结果是个人获益，国家受损。

二、人礼关系与情绪思维判断

人礼关系是中国传统社会以人与社会关系为基础，在人、社会活动规范、规范制定者之间形成的一种关系形态。

人礼关系表面上表现为人与社会活动规范之间的关系，实质上是人与社会活动规范制定者之间的关系，所以在关系属性上仍可将其视为一种人际关系形态。

人礼关系虽然不是一种直接的人与人活动关系形态，但是礼却是由制定者所确定，当礼确定以后，人与礼的关系，也即人对于礼的认可与服从，实质上就是对于礼的制定者与拥戴者的认可与服从。因此，人礼关系因其重要

---

① 苑书义．李鸿章传［M］．北京：人民出版社，2016：209.
② 谢世诚．李鸿章评传［M］．南京：南京大学出版社，2006：281.
③ 苑书义．李鸿章传［M］．北京：人民出版社，2016：212.
④ 谢世诚．李鸿章评传［M］．南京：南京大学出版社，2006：226.

影响，可以被视为中国传统人际活动中的一种特殊关系形态。

人处于社会群体中，自然免不了发生关系之间的冲突，为了避免人与人之间行为的冲突与混乱，就需要人们共同认可的成文或不成文规则来予以规范。“礼由人起。人生有欲，欲而不得则不能无忿，忿而无度量则争，争则乱。先王恶其乱，故制礼义以养人之欲，给人之求，使欲不穷于物，物不屈于欲，二者相待而长，是礼之所起也。”① 中国传统社会的礼即由此而生。

周灭殷之后，周公鉴于章法松弛、规则混乱，下大力气建立了一整套规范人们活动行为的规则，这个规则上涉及朝堂之上君臣、臣臣之间的人际行为关系，下触及乡野之间家庭、族群之间的人际行为关系，这一整套规则就是“周礼”或“礼”。②

礼一出现，就体现出了其协调人际行为与关系的重要性，受到统治者的重视。在中国传统社会里，礼被视为与五谷杂粮一样的生存必需品，具有“养体”功效，在社会发展中不断得以延续与完善。③

礼既是指导人们日常行为处理的规则要求，也是规范国家政治活动的规则要求。到了春秋时期，周室衰微，诸侯争霸，“周礼”也随之乏人问津。孔子认为天下纷乱的根本原因是没有了礼，因而要“复礼”，并对礼的内容进行了新的解说。④

孔孟之后，由于中国在汉武帝时期实行了“罢黜百家、独尊儒术”等措施，从而使儒家学说成为中国传统文化的主流，儒家传统人际关系思想也随之被逐步完善发展成为一套完整的封建社会政治关系体系。这一体系包括：“三纲”，即“君为臣纲、父为子纲、夫为妻纲”；“五常”，即“仁、义、礼、智、信”；“修身养性”，即“克制、禁欲、内省与养心”。礼作为中国传统社会的一整套人际关系制度，便是在这种政治化、道德化与自我净化的相互融合下最终形成。

礼的内容在孔子之后，经过后世名家的不断完善，得到统治者的极大认

---

① （西汉）司马迁．史记全本（上）[M]．沈阳：万卷出版公司，2016：110.

② 中国古代社会已经对礼的内容及指导作用进行发展，研究者一般认为，对于礼进行系统总结与归纳的人是周公，至西周，礼已经形成完整的体系内容，并对国家及社会生活发挥重要指导作用。

③ “故礼者养也。稻粱五味，所以养口也；椒兰芬苣，所以养鼻也；钟鼓管弦，所以养耳也；刻镂文章，所以养目也；疏房床第几席，所以养体也，故礼者养也。”——（西汉）司马迁．史记全本（上）[M]．沈阳：万卷出版公司，2016：110.

④ 春秋时期，随着诸侯争霸，“礼崩乐坏”，礼的影响力量大减。这个时候，孔子挺身而出，尽毕生之力，承继、发展、传播礼的内容，试图将社会重新扭转到以礼为指导的运转秩序中。

同，在国家力量支持下，成为指导国家政治活动开展和人际关系运转的基本依据，也是影响个体情绪生成及情绪思维开展的基本认知内容。

礼在中国传统社会里，扮演着三重角色。

对于国家，礼是指导国家机器运转的根本大法。在中国传统国家政治活动中，礼既是构建国家“宪法”的思想来源，也是国家治理中具体法律内容制定时的依据。礼的主要原则指导国家统治机制如何构建与运行，礼的内容与国家法律交织在一起。

“礼，经国家，定社稷，序民人，利后嗣者也。”① 礼在国家政治生活中起着政治思想起源及承接的作用，即使是贵如皇帝，也不能轻易冒犯。

对于公众，礼就是处理人际关系的规则。礼有相关的内容指导人与人之间日常行为必须遵循的一些行为要求与处事方法，礼也是被用来区别人们不同社会地位、权力大小、行为要求的工具。

当人与人之间发生矛盾与冲突时，“先王恶其乱也，故制礼义以分之，使有贫富贵贱之等，足以相兼临者，是养天下之本也”②。礼的关系规则内容也成为处理矛盾与冲突的依据。

对于个人，礼就是修身养性遵循的伦理道德标准。长期以来，礼以一种情绪心境存在于个体意识之中，被视为可以教化人心，使人避恶而归善。“夫礼者，所以定亲疏，决嫌疑，别同异，明是非也。”③

个人的自我意识如何构建、自我行为如何协调，都可以从礼中找到答案，在其中实现人生的升华。

由此可见，礼从其诞生起，就与每个人都存在密不可分的关联，也是推动个体思维意识活动，特别是情绪思维活动开展的力量来源。在中国传统社会里，每个人的自我意识、自我控制与感受他人，都必然会受到礼的影响。

人礼关系在中国传统社会活动中扮演着重要角色，它既是个体进行自我意识、自我控制能力培养的认知起源，又是个体解读他人、协调人际关系的依据。

人礼关系在长期社会活动中所形成的规则的具体内容以及对个体情绪思维的影响，主要体现在以下三个方面：

---

① 左传［M］. 张帅，程开元，译注. 济南：山东画报出版社，2014：25.

② 荀子. 荀子［M］. 安继民注译. 郑州中州古籍出版社，2006：109.

③ 礼记［M］. 钱玄等注译. 长沙：岳麓书社，2001：2.

1. 理先欲后规则

“理”即是“天理”，代表着以“仁”“礼”为核心的伦理与纲常，“欲”即是“人欲”，代表着以私利、私欲为主的个人要求。

每个人在其社会活动中，都会遇到理与欲发生冲突的时候，在天理与人欲之间，必须将天理放在首位，将人欲放在后面，这是宋明理学对于儒学与礼的进一步发展。宋明理学认为理先欲后的人类生活运转秩序，符合天理，也即是“天道”的要求。

理先欲后规则要求人们在社会活动中必须遵循礼所倡导的基本的行为要求。

（1）在认识上要严辨理欲、义利之分。

一个人在做任何事情之前，都要根据礼的要求，先将其中所包含的理欲、义利内容及关系分清楚，也就是要正名。

正名关系到自上而下的行为选择导向，“名不正，则言不顺；言不顺，则事不成；事不成，则礼乐不兴；礼乐不兴，则刑罚不中；刑罚不中，则民无所措手足”①。

（2）要选择理先欲后的处事方式。

“天理人欲，不容并立”，其间没有妥协的可能。一个人在做任何事情之前，都要先看是否符合理的要求，符合则能做，不符合则不能做，绝对不能以满足人欲的理由，去做违背理的要求的事情。“饿死事极小，失节事极大”就是这种要求的具体体现。

南宋朱熹在北宋程颢、程颐研究基础上，进一步对“理”的含义进行发展解释，强调“理在事先”。

（3）要强化对理欲关系的自我意识。

每个人在日常生活中都要进行自我修炼，将理先欲后作为个人修身养性的根本指导准则。

每个人都要认识到人欲私利发展的危害作用，私利有二害：“欲利于已，必损于人”；“忘义理，致冤仇”。每个人都要认识到遵守天理的至上作用，“以仁为利”“以义为利”。

朱熹将四书合编，并对四书进行诠释，使四书成了宋朝以后高于五经的

---

① （春秋）孔丘．论语［M］．杨伯峻，杨逢彬，注译．长沙：岳麓书社，2000：117.

经典体系，成为科举考试的必考内容，影响至深。

在“官儒”引导下，学者重点在于追求“仁”“礼”的精神境界。“学者须先识仁。仁者，浑然与物同体，义礼智信皆仁也。”强调自我内省，使心寂然无声。“内外两忘”，即可达到“穷理”“尽性”的境界。

理先欲后规则构建了礼在整个社会活动中至高至上的地位，使得上下关系各种规则内涵的施行有了落脚点与依据。大一统规则、尊卑有序规则、家国为先规则等内容都得以发扬光大，有利于整个社会进入规矩明晰、私欲得到克制、井然有序的状态。

与此同时，理先欲后规则也彻底泯灭了个体的独立意识与创新潜能，宋朝以后的中国社会创造力低下，不断滑入落后的深渊即是明证。

理先欲后规则对于中国社会发展的直接影响，是将商业谋利视作有违圣贤教导的事情。历朝历代奉行重农抑商的政策，将商业谋利看作有损国家经济根基、鼓励人们投机取巧的投机行为。

清朝与西方国家发生冲突的根源，即对商业贸易认识的根本分歧。

从16世纪开始，欧洲国家开始流行重商主义，认为国家富强以财富积累为标志，而财富积累的重要来源就是通过国家之间的贸易，尽可能多出口，保持对外贸易的顺差。重商主义推动了西班牙、葡萄牙、英法等欧洲国家贸易的发展。

1776年亚当·斯密的《国富论》出版，在整个欧洲受到推崇，标志着自由贸易理论开始成为英国等国家的基本国策。亚当·斯密认为国家的富强以生产发展为基础，而生产的发展即劳动生产率的提高，是以分工为基础，企业在分工生产的基础上实现劳动生产率的提高，再通过交换来满足彼此的需要。国家之间也是如此，每个国家应该充分利用自己的资源禀赋去生产劳动生产率最高的产品，然后通过贸易交换实现共赢。

在亚当·斯密的国家富强发展理论中，自由贸易是最为核心的因素。

作为自由贸易理论兴起的国家，英国将自由贸易的视野扩展至全世界，开始关注到了大清帝国这个远在天边的“繁荣”国家。

1793年，英国特使马戛尔尼率领700多人的船队来到中国，清朝此时的皇帝乾隆在位58年，已经82岁。马戛尔尼来的目标很明确，“一是希望清政府开放市场，扩大与英国的贸易；二是在中国首都设立常驻外交机构，建立经常性的外交关系”①。

在鸦片战争之前，清廷以天朝大国自居，在大清的眼中，其他国家都是外夷。对于西方国家使臣的来访，清廷是以居高临下接受“朝圣”的心态，接受西方国家对大清的膜拜。而从18世纪开始，经历了文艺复兴和思想启蒙的欧洲国家开始进入了快速发展时期，18世纪60年代发生于英国的工业革命，更是推动了欧洲各国以机器代替手工劳动的近代工业的发展，在自由贸易的推动下，欧洲列强开始向全世界进行扩张。

乾隆皇帝对于英国通商、驻使的要求，认为是无稽之谈，要马戛尔尼转告英王，天朝德威远被，万国来王，无所不有，通商没有必要，至于驻使，“此则与天朝体制不合，断不可行”②。

马戛尔尼怀着美好的愿景来华，却一无所获，失望而归。

应该说此时英国与清朝建立外交关系的目的是正常的期求。如果双方此时能够建立平等的国家关系，进行正常贸易往来，先不说思想文化上的影响，仅以英国机器制造内容逐渐影响与进入中国，也必将引导中国生产方式发生变革。

但是，非常可惜，因为大清朝对于“天朝体制”的执着和对于贸易的轻视，马戛尔尼之行无果而终，让中国失去了一次也许可以改变未来命运的机会。

英国一位学者曾对鸦片战争的起因做过专门研究，认为清朝与英国的贸易一开始是一种单边贸易，就是英国商人可以从中国买茶叶、生丝、瓷器等想要的东西，但是中国商人无法买到英国的商品，因为清朝政府规定不允许自由贸易。②

贸易是一种双边商品交换活动，官方禁止，就有可能出现走私现象，同时，清朝这种只有出口没有进口的贸易方式，给英国带来的是巨大的贸易逆差，“到1820年代，英国人认为他们发现了一个解决他们的困难的完美办法，这就是印度的鸦片”③，由于利润丰厚，大量的走私贩子从英国东印度公司买入鸦片，再与中国商人合作，将鸦片走私卖入中国。清朝与英国之间的贸易

①② 雷颐．李鸿章与晚清四十年［M］．太原：山西人民出版社，2008.

② “1760年，清王朝的第四位皇帝乾隆把对外贸易交由广州的行商——就是欧洲人所熟悉的Hong——垄断”，“到1780年代，英国正在积欠严重的贸易逆差，而与此同时，中国政府则很乐意满足英国日益增长的茶叶需求，除了银子之外，他对英国没有什么需求”。参见：［英］蓝诗玲（Lovell，Julia）．鸦片战争［M］．刘悦斌，译．北京：新星出版社，2015：4.

③ 蓝诗玲（Lovell，Julia）．鸦片战争［M］．刘悦斌，译．北京：新星出版社，2015：5.

顺差逆转，最终引发了鸦片战争。①

理先欲后规则对于个体思维意识的影响，就是以情绪心境的持续方式，对个体的情绪思维偏向、认知判断及行为选择产生根深蒂固的影响。

李鸿章从到上海为官开始，就与“洋人”有了密切的接触，在与“洋人”打交道的过程中，李鸿章应该是比较早地理解到欧洲列强的人际规则特点正好与中国相反，相对中国传统的“理先欲后”规则，欧洲列强在扩张征服中奉行的是“欲先理后”规则，而支持欧洲列强推行“欲先理后”规则的则是其“船坚炮利”的优势。

“和戎”是李鸿章进行对外关系协调的一个根本原则，也是李鸿章情绪心境中潜存的判断对外关系的一个基本的“认知内容”，其实质就是对于欧洲列强“欲先理后”规则进行总结和体验后的回应。

“和戎”的提出源自李鸿章的老师曾国藩的教导。

在与太平天国交战及对装备了洋枪洋炮“常胜军”的威力的亲自体验之下，李鸿章对于洋枪洋炮所显现的战斗力由衷佩服，不仅促生了力主学习的愿望，也从意识深处形成了畏惧心理。

在“习夷长技以制夷”还没有成功的情况下，李鸿章深知在与列强打交道的时候，“理”必须要说，也要争，但是千万不能拘于“理”，最重要的是弄清楚列强的“欲”，只有一定程度上满足列强的“欲”，才能真正实现对外关系的“和戎”。

李鸿章的“和戎”心境促使其在对外关系处理中，形成了基本的判断与处事方略：一是与列强之间的交往不要主动生事，在攻与守的战略选择中，必须持守的战略姿态。二是在与列强发生冲突或战事的情况下，尽量避免走向决战的境地，以“和谈”代替“战争”。三是在“和谈”中力争以理服人，并施以“以夷治夷”的方略，争取有利条件，在道理说不通的情况下，只能答应对方条件以换取“和”的结果。

李鸿章“和戎”心境的本质在于灵活对待“礼”与“欲”的对外关系处理。

---

① “英国不光是从事鸦片贸易赚取利润，还为鸦片发动战争。由于中国政府拒绝使鸦片走私贸易合法化，英国于1839—1842年间和1856—1860年间发动了针对中国政府的军事远征（在此过程中，英国攫取了现今香港版图的大部分），却声称它的主要目的是打开中国自由贸易的大门。”——［英］蓝诗玲（Lovell，Julia）．鸦片战争［M］．刘悦斌，译．北京：新星出版社，2015：序2.

李鸿章的“和戎”心态及其处事方略，在对外交往中逐渐为列强所熟悉，所以中外一旦起争端，列强也愿意选择以李鸿章为谈判对手，因为与李鸿章的谈判不仅有“理”可谈，最终一定会有利于满足自己的“欲”而实现“和”的结果。

列强愿将李鸿章视为外交谈判对象的“赏识”，也进一步放大了李鸿章对于自己外交能力的“自视”：在大清国内，李鸿章就是纵横卑阖、无人可替的“外交大臣”，只要李鸿章出马外交，就一定能为清朝获得“和”的结果。

李鸿章从事外交的悲剧在于，大清国是以“理先欲后”的行为与列强的“欲先理后”的行为相碰撞，而大清国根本没有“碰撞”的力量，所以李鸿章在每次碰撞之后，都要以“裱糊匠”的身份，千方百计地去满足列强“欲”的要求，求得“和”的结果。

2. 对号入座规则

中国传统社会礼的发展至宋、明时期，已经趋于完善。按照礼的要求，每个人在社会活动中要找准自己的角色位置，按照既定的规则要求做符合自己角色的行为，也就是每个人在社会活动中都要按照礼所规定的“号、座”，严格“对号入座”，行为不能与礼相违。

对号入座规则的影响，上及朝堂，下至市井，主要包括两个方面的内容。

一方面，社会将礼的规范内容转化为伦理道德规范内容，以伦理道德的至高地位迫使个体降服。

从“周礼”开始，礼在成为社会政治规范的同时，也逐渐向社会延伸，转化成了伦理道德规范，例如“忠”“孝”等内容就是礼与伦理道德的融合。在传统社会里，一个人如果被定义为不忠不孝，不仅为礼所不容，也会被钉在了道德的耻辱柱上，个体在强大的精神压力下只能降服顺从。

礼将人际关系中存在的上下、尊卑等形态从制度、细则上予以规范，以方便人们对号入座。即所谓“贵贱有等，长幼有差，贫富轻重皆有称者也”①。

礼规定着每个人在社会中的位置和角色，每个人都可以在社会活动中找到与自己身份相符合的“号、座”，也就是相应的规则内容要求，有意识地对号入座。

另一方面，统治者以朝堂礼仪的威严细致与惩罚严厉为示范，自上而下

① 荀子．荀子［M］．安继民，注译．郑州：中州古籍出版社，2006：305.

予以推广。

中国自封建社会开始，国家政治活动就是在威严细致的礼仪指导下开展的，尽显上下尊卑差别，体现举止行为有序。在“家国同构”理念下，礼仪的对号入座作用开始向社会推广，家庭社会以向朝堂看齐为荣。

秦始皇统一全国，建立皇帝制度，皇权威严就是通过一系列礼仪来加以体现的：皇帝命为制，令为诏，印为玺；自称曰朕，臣民称之曰陛下；所居曰禁中，所至曰幸，所进曰御；大臣上书进言自称诚惶诚恐，行跪拜之礼。

刘邦以市井出身取得天下，手下功臣大都出身布衣，行为举止是由着性子来。君臣在朝堂之上议事或宴庆，往往是大声喧嚷，没有章法，尤其是饮酒之后，更有人醉后乱叫，拔剑击柱，不成体统。刘邦先是看着取乐，慢慢地觉着不对劲，因为在群臣行为放肆背后，隐含着皇权的威严受到蔑视。刘邦想予以改变，但习俗已成，不知从何处下手。

叔孙通是饱学之士，以博学能文被秦始皇征召，以博士身份为皇帝提供咨询服务。在秦末混乱之中，叔孙通逃出秦宫，先是投奔了项羽，后又跟随了刘邦。叔孙通看出刘邦之意，劝说刘邦制定朝仪，并自荐承担这个任务。

叔孙通到了周朝的礼仪之邦——鲁国，征召了当地30多个儒生，一起研习礼制、秦朝礼仪并制定仪式细则。礼仪既定，对群臣进行训练，再上朝，群臣秩序井然，在呼跪之中自然显示出毕恭毕敬之态，刘邦感叹“吾乃今日知为皇帝之贵也”。①

在礼仪的威严细致推广背后，是强有力的惩罚措施的支持。违背礼的要求，就会受到相应的处罚，“出礼则入刑”。在对号入座的要求下，每个人都要明白如何而为，知道该说什么与不该说什么，否则，做了不合身份的事或说了不合身份的话，在朝堂之上就可能丢官丧命，在市井之中就会丢脸失分。

---

① 刘邦的感叹之言，大致包含了这样几层意思：第一，手中有权，就能够享受别人对自己诚惶诚恐的恭敬之情，这是一种很难获得的精神愉悦。第二，权力身份地位变化后，上下尊卑关系就要跟着建立起来，这是保证权力自上而下有效运行的基本条件，也是推动权威巩固的基础。第三，上下尊卑关系必须要制度化，让自下而上的仰视者觉得这是正常、理应如此的事情。第四，上下尊卑关系必须要具体化，从说话语气、行走姿态、坐立位置等细节处着眼进行制度建设，并使之转化成一种上下级之间的行为习俗，才能使权力的威严深入人心。在此之后，刘邦深感礼制的重要性，对儒学与皇权的结合渐有心得，加上陆贾等儒生不断进言，儒学所强调的等级秩序内容不断转化为统治上层意识。刘邦在去世的前一年，路经鲁地，召见儒学名师，用最高规格祭祀了孔子，表达了对孔子的敬意。

清兵入关，以少数满人统治多数汉人。对于有利于专制统治的中国传统文化，清朝予以全盘接收。

1793年，英国特使马戛尔尼一行辗转来到北京，请求觐见乾隆。英国使臣来京，被视为皇帝天威远播，化外蛮夷来纳贡朝拜的好事。马戛尔尼被视为“贡使”，所带来的礼物是“贡物”。

一方是以“天下至尊”的心态接见西方国家使者，一方是以“国家平等”的心态拜见中国皇帝，双方认知路径不同，对于交往方式与内容的“刺激性”属性判断也不同，自然在一见面就发生了冲突，首先就是双方在见面礼仪上的矛盾。

按照清朝礼制，“贡使”来“进贡”，觐见皇帝的时候要向皇帝双膝下跪，行“三跪九叩”之礼。

马戛尔尼提出自己只对上帝才双膝下跪，对英王也只行单膝下跪吻手礼，所以坚决不同意向中国皇帝行双膝跪拜礼。

跪与不跪，对马戛尔尼来说是一个尊严问题，而对于大清国来说则意味着“天朝体制”中的上下尊卑关系是否被打破的大问题。

在经历了两个月“跪”与“不跪”的争执之后，① 这个时候正处“盛世”的清朝官员终于拿出了“宽广”胸怀，对于化外“生番”不识“礼仪”的举措给予了谅解，允许马戛尔尼行单腿屈膝礼觐见皇帝，但是，这个只能被视为法外施恩。

1816年，英国使臣阿美士德率团来华，与清朝官员又因为跪拜而争论不休。嘉庆皇帝知情大怒：“‘中国为天下共主，岂有如此侮慢倨傲甘心忍受之理？’当日便传旨遣其回国。”②

从此之后，西方使臣来华要求觐见皇帝，成了大清国官员的“心病”。

鸦片战争撕破了清朝天朝大国的假象，面对“蛮横无礼”但是又“孔武有力”的列强，清廷仍然不愿意放下君临天下的架子，与西方国家平起平坐。

第二次鸦片战争后，根据签订的条约，清廷允许外国公使进驻北京。由于内心深处对外交事务如何处理感到惶恐，恭亲王奕䜣便想到了一个“巧妙”的处理方法，就是在天津设置一新通商大臣，负责所有与外国人的通商事务，

---

① “从7月下旬到9月中旬这近两个月的时间中，双方一直为是否‘下跪’争论不休，互不相让。”——雷颐．李鸿章与晚清四十年［M］．太原：山西人民出版社，2008：271.

② 雷颐．李鸿章与晚清四十年［M］．太原：山西人民出版社，2008：271.

减少外国人进京的必要。到李鸿章兼直隶总督与北洋大臣后，便越过总理衙门，总揽了外交事务。

李鸿章精力充沛，有学习新知识的愿望，与外国人打交道时毫不畏惧，充分相信自己的办事协调能力。李鸿章在上海与太平军作战的时候，就频繁地与洋人打交道，容易接受新的观点，并且能够在与列强的沟通中引据论理，有沟通取得共识的基础，逐渐为西方国家所接受，成为外国人眼中的“外交大臣”。

1873年2月，同治帝亲政，西方使节再次提出觐见皇帝的要求，“礼仪”问题再也无法回避。“中方提出如要觐见，必行跪拜之礼，但又为外国驻华使节严拒，于是双方开始了为期四个月的有关礼仪的激烈争执。”①

李鸿章奉命发表意见。李鸿章此时作为北洋大臣已从事洋务三年，任中已经参与处理天津教案、提议选派幼童赴美留学、与日本谈判签订平等的《修好条规》、筹建轮船招商局等事务，对于中国不是“天朝上国”、不可能要求洋人行使跪拜之礼等道理比谁都明白，但是“礼仪”之改关系“国体”“乾纲”，不可能轻易地为群臣和皇帝所接受。所以李鸿章绕了半天才说明白，英法等国不是大清的属国，要人家行跪拜之礼是强人所难，现在有十几个国家在中国驻有使节，“实为数千年一大变局”，既然老祖宗没有传下应对之策，可以考虑变通。②

李鸿章委婉地表达出自己的观点倾向，但是鉴于这个问题的重要性，还是将皮球踢回给了皇帝，“应如何斟酌时势，权宜变通，是在议礼制度之天子，非臣等所敢妄拟也”③。

在经历了四个月的争论思考之后，清廷终于做出了改变，“6月29日，一些国家驻华公使以五鞠躬而非跪拜之礼，在紫光阁觐见了清同治皇帝”④。在经历了情绪思维倾向转变之后，中国规则在与世界规则“接轨”中，艰难地

① 雷颐．李鸿章与晚清四十年［M］．太原：山西人民出版社，2008：272.

② 李鸿章首先肯定群臣要求洋人行跪拜之礼的观点是正论，“朝廷体制，争得一分，有一分之益”。接着点出跪拜之争确实又引起了中外的矛盾，“英法使臣，叠次要求，总理衙门每以中国礼节相绳，几于唇焦舌敝”。洋人要求觐见皇帝，本是正常，但是对方求了这么长时间，就是因为礼仪之争拒绝不见，会使得洋人“积疑生衅，积愧生忿”，成为未来发生中外冲突的借口。在讲清利害关系之后，李鸿章接着说明像英国这样的西方国家现在已经是世界强国，不是中国的属国，“既许为敌国，自未便以属国之礼相待。”参见：雷颐．李鸿章与晚清四十年［M］．太原：山西人民出版社，2008：267-268.

③ 雷颐．李鸿章与晚清四十年［M］．太原：山西人民出版社，2008：268-269.

④ 雷颐．李鸿章与晚清四十年［M］．太原：山西人民出版社，2008：275.

迈出了“一大步”。

李鸿章推行洋务运动的最大障碍就是“祖宗之法不可变”。到洋务运动后期，李鸿章已经逐渐淡化了“中学为体”，但是，每一个新的改革举措，都会受到来自各方面的“对号入座”的衡量评价。所以李鸿章行动上不得不小心翼翼，在改革举措与祖宗之法之间寻找平衡点。

对号入座规则有利于人际行为举止的规范，在组织与群体活动中构建稳定的秩序。但是，对号入座规则要想得到众人的认可，其前提条件是礼的内涵要在众人参与下确定构成。而中国传统文化中，礼的内涵构成是自上而下的行为，这里面诸多的限制要求自然都是对少数的“上”有利，而对于众多的“下”来说，阶层越低，受的限制就越多，直至面临对人格尊严的凌辱。①

由此可见，由于礼的内涵一开始就是由“上”所定，其是否合理也是由“上”所定，所以对号入座规则的运行，一方面将礼的合理内容予以推广实施，另一方面又将其不合理内容强加到承受者身上。

3. 身体力行规则

由于礼在社会活动中至关重要，所以对于每个人在礼的教化上要十分重视，从小抓起，其基本的要求是身体力行。

汉朝在建立之初，国家制度多是借鉴了秦朝已有的内容，但是秦朝崇尚法律，与儒家崇尚的周礼大为不同，因此，在汉初儒家学说兴起的过程中，儒生及儒生官僚不断宣扬要“奉天法古”，认为复古改制，才能走上天下太平的“大同”之道。

在地方，儒生官僚承担起“吏”与“师”的双重责任，对百姓施以儒学及礼仪教化，在诉讼中也与秦吏据法断案不同，增加了“教化”感人的内容。

对于个体进行礼的教化的要求，主要包括三个方面：

（1）礼是每个人教养的构成内容，也是从家庭、学校到国家的教育构成内容。

家庭对于子女的教养，礼是基本构成内容，父母有义务对子女施加影响。

学校是传播礼的重要场所，礼也是学校教育的主要构成内容。同时，由

① 古代丈夫有七条理由可以休妻，即“妇有七去：不顺父母去、无子去、淫去、妒去、有恶疾去、多言去、窃盗去”。参见：李伟民，编．法学辞源（第1册）[M]．哈尔滨：黑龙江人民出版社，2002：32.

于国家的推动，礼从统治阶层向下层扩散传播，“礼下庶人”。①

在国家政治活动中，对于礼的学习传播也是重要构成内容，需要由专门机构人员来承担。由于礼仪繁多，需要有精通之人在相关活动中进行指导，汉代叔孙通制礼，就已经确定了宣教传礼在朝廷的地位，到了明代，朝廷与市井之中，都有了专门做这件事情的“礼生”。

礼生分两类，一类是职业礼生，主要服务于朝廷；另一类是非职业礼生，主要服务于县乡地方，主要由儒生充任。他们在地方对礼仪的传播，又起到了教化作用。②

（2）个体对于礼的学习遵循，是自我修养的重要构成内容。

从自我意识修养出发，礼对于个体从心境到行为的养成，以及个体处理与他人关系能力的养成，都提出了有针对性的方法与要求。

在礼的学习过程中，儒学强调将血缘关系的伦常推至整个社会，提倡对他人要讲礼尽仁，谦和修睦，强调人与人之间的友爱、恭敬、温和、谦让、和谐与互助，避免对立和对抗。

儒学所倡导的个体修养内容，许多具有合理性，如对于自己的“一日三省吾身”方法，对于情绪表达与发泄的“中庸”要求，对于感受他人的“己所不欲，勿施于人”的要求等，因而也推动了个体对于礼的认同。

（3）每个人对于礼的态度不能简单地停留在口头上，而是既要倡导，又要践行。

在日常生活中，礼所包含的要求，每个人在倡导的同时，要在具体行为上率先垂范。而礼以其细致性，也为每个人提供了遵循的原则与方法。例如对于“仁义”的倡导，是可以在日常活动中，通过每个人的自我要求来具体体现的，即所谓“父慈，子孝，兄良，弟悌，夫义，妇听，长惠，幼顺，君仁，臣忠，十者谓之仁义”③。

---

① 南宋朱熹作《家礼》。永乐年间，收录《家礼》的《性礼大全》编辑完成，与四书五经一起正式刊布天下，作为“官修”的内容，朱熹的《家礼》影响迅速扩大，推动了地方的家礼传习。“以冠、婚、丧、祭为内容的家礼开始突破贵族门阀的限制，不断渗透民间。这一‘礼下庶人’的趋势至明代中后期达到高潮，明代礼学由此而别具特点：经礼不昌，而家礼繁荣。”——赵克生．明代国家礼制与社会生活［M］．北京：中华书局，2012：197.

② “家礼‘乡礼化’是明代家礼传播的趋势。乡礼一般指通行于一定地域内的乡村礼仪，乡礼属于公礼。”——赵克生．明代国家礼制与社会生活［M］．北京：中华书局，2012：217. 明朝采用礼、法两种方法，整顿社会秩序。一方面，通过里甲等制度，将百姓固定在土地上，形成稳定的乡土社会；另一方面，通过礼制传播，再形成有序的乡土生活关系。

③ 礼记［M］．钱玄，等，注译．长沙：岳麓书社，2001：306.

礼的传播与个体的身体力行，教育是基础，所以封建社会规定四书五经这样的教育及考试内容，作为对礼的学习的强制要求。

礼从教育层面自上而下推行的结果，有利于个体从小养成规范行为的自我意识认同，个体身体力行的结果，也有利于群体之间的相互影响，达成群体思维与行为的一致性认同。

礼从教育层面倡导身体力行的弊端，是由于礼的构成内容复杂，既有规范个体行为的合理性成分，也有压抑人性需求与发展的非合理性成分，但是科举考试固化了礼的内容与传播，也将礼的非合理性内容予以固化，中国传统以四书五经为考试内容的科举考试，将读书人的时间精力主要耗在了已经固化的“义理”探究之中。

李鸿章早就看出了科举考试内容导向的问题，多次呼吁在面对“数千年未有之强敌”的时候，培养掌握现代科学技术人才的重要性，要求在科举考试中“专设一科取士”，增加西方科学技术的内容。

为了系统地学习西方科学技术知识，李鸿章除了举办新式学堂之外，还对于选派幼童到美国学习的建议给予了积极的支持。

在李鸿章的推动下，促成了幼童到美国留学计划变成现实。在1872—1875年间，前后有120名幼童经过选拔奔赴美国留学，李鸿章希望他们能扎实、系统地学习理解西方的科学技术知识，日后将其传播回封闭的中国。

幼童留学，充满争议，反对者最主要的担心，是怕这些幼童数典忘祖，最后变成了“假洋鬼子”。

为了防止幼童全面西化，清政府设有留学监督对幼童进行严厉管束，对幼童还要进行中学教授，防止幼童囿于西学，从而保证“中学为体，西学为用”。

清廷严格规定到美国留学的幼童不许去发辫，不准进教堂，违规者就要遣送回国。而这条强加在汉人头上的发辫，形似动物的尾巴，在走出国门以后，成为外国人讥笑中国人的标志物，被视为奴隶的标识，中国人带着它在全世界被讥笑到无法想象的地步。但在美国学习的幼童只要有违反者，就会被遣送回国。

1879年，留学监督吴嘉善到美国后接见留学生，学生均不行跪拜礼，吴嘉善大怒，奏请将留学生事务所裁撤。清朝驻美公使陈兰彬也指责留学生开始适异忘本，将来会有害于社会。

1881年，在国内保守势力的强烈反对下，留学计划被中止，留学生被提前召回国内。由此可见，以礼为核心的传统教育在中国传统社会占据着根深蒂固、难以撼动的主导地位。

曾国藩是当世理学“大师”，“他认为‘为学之术’有四，即义理、考据、辞章和经济。其中‘义理之学’处于首要地位”[①]，在曾国藩的眼里，“义理之学”讲的就是“明礼”“遵礼”“守礼”。

李鸿章是曾国藩的学生，在其门下或幕中受教多年，对于“义理”的学术，用功虽然不及曾国藩，但对于“明礼”“遵礼”“守礼”却是坚定地予以认同与尊崇。

礼是中国封建社会“国体”的本质。李鸿章等人在倡导洋务运动中所坚持的“中学为体，西学为用”基本原则的本质，就是要固守以礼为核心的“国体”，一切改革都不能触动这个核心内容。

李鸿章虽然在晚年对“中学为体，西学为用”已经有所反思，但是在洋务运动中都一直深受其影响，在其情绪心境影响下进行判断和行为选择。

李鸿章在意识深处的“中学为体，西学为用”的思维导向及影响，在整个洋务活动中随处可见，对于一些看似不起眼的小事的处理，其中都包含了相关的情绪思维偏向，而由此产生的后果，可能李鸿章在事后也无法察觉。

李鸿章在北洋舰队“升旗”事件中的处理方式，导致负责北洋舰队训练工作的琅威理辞职就是一个典型事件。

1888年5月，清朝从英国、德国订造的四艘军舰交付使用，北洋舰队逐渐成形。李鸿章决定向当时水师最强的英国看齐，着手制定《北洋海军章程》，对舰队进行训练。李鸿章经多方周折后，聘请琅威理负责舰队训练。

琅威理毕业于英国皇家海军学校，在英国海军服役，历任海军上校舰长、准将等职。琅威理被聘为北洋舰队总查后，负责舰队的组织、操演、教育以及训练等工作。琅威理先后延聘了英国海军各类的专门人才，拟使中国海军的训练达到世界水准。

北洋舰队前期的训练质量较高，与琅威理的严格要求有关。琅威理熟悉

---

① 苑书义．李鸿章传［M］．北京：人民出版社，2016：13.

军舰各种军械的操作要求，在军中日夜操练，纪律严格，不许士兵离舰。“主管训练的琅威理曾在事先毫无征兆的情况下，于深夜进行过一次紧急集合”，结果从将领到士兵闻讯而动，“各司所事，从容不迫”①，体现了一定的战斗力。

1890年春，北洋舰队巡海到香港，总督丁汝昌因事离船，总兵刘步蟾下了总督旗升总兵旗，琅威理曾被授予提督衔，以副总督自视，与刘步蟾围绕升旗发生争执，在得不到李鸿章的支持后，琅威理因在舰队中的权威受到影响而辞职。②

李鸿章选择支持琅威理的下属，实质上是“中学为体”的意识作祟，自认为在舰队中要维护“中国主权”，并且舰队已经成形，不会因此受到太大的影响。在外国人眼中，“在这次事件中受到主要谴责的人应该是李鸿章。因为李鸿章通常不喜欢将真正的权力授予外国顾问，即使对方是最好的外国顾问”③。

在琅威理辞职后，北洋舰队的训练开始每况愈下，将士多选择夜宿岸上。“北洋海军后期，由于琅威理的离任，训练松懈，纪律废弛。”④

北洋海军的军官选任有严格规定，“北洋海军的军官分为战官和艺官两类”。战官是各级指挥官员，“战官多由水师学堂毕业生和留外学生担任”，艺官是技术官员，“他们必须是管轮学堂出身”⑤。北洋舰队统帅丁汝昌是李鸿章的圈内之人，深受李鸿章信任，但是丁汝昌出身陆军，毫无海军知识与海战经验，对于西方新式海军技术更是无法系统理解与掌握，常常受到下属的轻视。

家长制是“中学为体”的内容，由此带来的家长式领导方式的用人标准核心内涵是“亲亲”，也就是以血缘、人情关系作为用人取舍的判断标准。

在家长式的日常管理中，为了组织管理绩效的提升，领导者会以“贤贤”标准，也就是个人的才能长处考察衡量下属并予以合理使用。但是，在关键

---

① 谢世诚．李鸿章评传［M］．南京：南京大学出版社，2006：266.

② 琅威理在发生争执后，到天津面见李鸿章，表示如无实权，将无法继续工作。李鸿章态度冷淡，接受了琅威理的辞职。

③ ［英］约翰·奥特维·布兰德．李鸿章传：一个英国记者四十年中国生活札记［M］．徐志晶，译．合肥：安徽人民出版社，2012：106.

④ 牛秋实，范展，高顺艳．李鸿章幕府［M］．北京：中国广播电视出版社，2005：191.

⑤ 谢世诚．李鸿章评传［M］．南京：南京大学出版社，2006：259.

性的管理权力承继和重要管理岗位的人选选拔中，领导者第一衡量标准还是“亲亲”，也就是以血缘关系、人情关系为基准向外扩展确定人选，越亲近的人越容易得到认可。

李鸿章习惯的是家长式领导方式，李鸿章让丁汝昌出任海军统帅，完全是从个人圈子关系考虑，将通过自己的亲信牢牢掌握海军指挥权放在首位，海军的训练及战斗力则是次要问题。[①] 对于丁汝昌，李鸿章“对其本人和舰队的腐败，却一再包庇优容，以致酿成恶果”[②]。

在甲午战争中，海陆战场中遇敌即逃的方伯谦，捏报胜仗的叶志超，均出自李鸿章的徇情任用，也显示出淮军的纪律松弛、怯战畏死的暮气。

梁启超认为，甲午战争失败的原因主要有两个方面，李鸿章所受到的各种牵制是其一，李鸿章自身徇私用人及用人失察是其二。[③]

北洋舰队创建初期，由于琅威理工作认真负责，实际上是以英国舰队的标准来改造北洋舰队，如果这种训练管理能够一直持续下去，到甲午海战的时候，战争胜利的天平就有极大的可能倾向中方。

琅威理的辞职使得北洋舰队训练半途而废。而此时的李鸿章已经不是当年率领淮军初到上海，亲自监督练兵的李鸿章，对于海军的训练更多的是看其表面的威风与热闹。[④]

---

① 有学者认为，李鸿章从圈子出发选将用人，错用丁汝昌，为以后的海战埋下隐患。“北洋海军的致命弱点，还在于选将不当。”——苑书义．李鸿章传［M］．北京：人民出版社，2016：212.

② 谢世诚．李鸿章评传［M］．南京：南京大学出版社，2006：275.

③ “至其所以失败之故，由于群议之掣肘者半，由于鸿章之自取者亦半，其自取也，由于用人失当者半，由于见识不明者亦半。彼其当大功既立，功名鼎盛之时，自视甚高，觉天下事易易耳。又其裨将故吏，昔共患难，今共功名，徇其私情，转相汲引，布满要津，委以重任，不暇问其才之可用与否，以故临事偾机。贻误大局，此其一因也。又惟知练兵，而不知有兵之本原，惟知筹饷，而不知有饷之本原，故支支节节，终无所成，此又其一因也。”——梁启超．李鸿章［M］．何卓恩，评注．武汉：湖北人民出版社，2004：93.

④ 日本对甲午战争蓄谋已久，1894 年 6 月 5 日，日本组建对华战争的最高统帅部——日军大本营，对于海战、陆战方案以及相互之间的配合，进行了全面详细的推演，并且将主动求战作为战争准备的前提。清廷对战争从来就没有进行过全面详细的推演，也根本没有战争的意识及主动进行战争准备工作。仅从这一点看，中日战争的胜负倾向就已经很明显。7 月 25 日，日本蓄意挑起丰岛海战。此后丁汝昌率北洋舰队主力出海寻找日本舰队，李鸿章给丁汝昌的训令是“唯须相机进退，能保全坚船为妥”，丁汝昌也将巡海作为一种应付形式。到战争已经爆发了，主帅还没有主动作战的意识，以应付自保为指导思想，在战略战术方面所做的准备工作就可想而知了。

到甲午海战两军交战之时，北洋舰队平时的训练效果就完全显现了出来。①

琅威理辞职本身可被视为一件小事，但是如果能够想到这件小事会对北洋舰队的训练及战斗力产生质的影响，李鸿章就应该挽留琅威理，或者及时寻找更好的替代方案。李鸿章没有想到，就是这件小事，埋下了四年后北洋水师全军覆没的因。

在外国人眼中，李鸿章虽然倡导洋务变革，但是，“从国内政策来说，他仍然如同慈禧太后一样对传统的经世原则持着坚定的态度，因为这些经世原则和传统在维护专制政府的权威和民族的单一文明方面是行之有效的，而且已经经历了千百年的实践。在对外政策上，他努力地寻求一条中间道路，以便取得妥协的折中的效果。或许这种方法可以将那些经世原则和传统保留下来”②。

人际关系中产生的矛盾与冲突，一般是由于人际关系规则受到破坏而引发，如何看待人际关系冲突产生的原因及选择解决对策，是体现领导者情绪思维意识外在能力的重要方面。

以人情关系、上下关系、人礼关系为代表的人际关系规则，涵盖了中国传统社会自朝堂到市井的几乎所有人际活动范围，为各种人际关系活动的开展提供指导，为关系之间的冲突处理提供判断标准，为个体的情绪思维活动运行提供“认知”依据。因此，在中国传统文化影响的情境下，对于人际关系的管理，离不开对上述人际关系规则内涵的认识与理解。

对于中国传统人际关系规则内涵，如果领导者的逻辑思维判断其是“对的”，其情绪思维就会接受其是“好的”，即使逻辑思维判断其有“不妥”，情绪思维从利己的角度出发，也会做出“好的”倾向性选择。

---

① 中日甲午海战，从大的战略战术准备，主帅的作战指导思想，军队的训练状态，到小的武器弹药配备保养，都决定了清廷失败是一个大概率的事件。例如，由于在军需采购中存在腐败行为，导致低劣的弹药被购进军队，在甲午海战中，发生了多起清军炮弹击中日本军舰，却没有爆炸的事情，而以当时的军舰配备，可能一发炮弹就会影响彼此的力量对比。有学者曾专门到日本考察，“在冈山县冈山市一个名叫吉备津的小村里，我看到了北洋水师‘平远’号打中‘西京丸’号却没有爆炸的那发炮弹”。“西京丸”号是一艘由油轮改装的军舰，击中它的是一枚威力强大的开花弹，而这枚足以让“西京丸”号失去战斗力，甚至进而走向毁灭的炮弹却没有爆炸。（参见祝勇．隔岸的甲午：日本遗迹里的甲午战争［M］．北京：东方出版社，2014：252-257.）

② ［英］约翰·奥特维·布兰德．李鸿章传：一个英国记者四十年中国生活札记［M］．徐志晶，译．合肥：安徽人民出版社，2012：114.

李鸿章熟谙中国传统社会的人际关系规则，也曾利用这些规则的内容为自己仕途发展服务，并取得成功，但是，专制集权社会中的一些基本规则，是李鸿章无法驾驭也无法改变的，最终导致他的变革企图难以成功。

梁启超认为，李鸿章是为时势所造之英雄，而非造时势之英雄，① 李鸿章的思维意识总体上还停留在封建时期，“吾故曰：李之受病，在不学无术。故曰：为时势所造之英雄，非造时势之英雄也”②。

李鸿章从日本马关谈判回来以后，官职被免，政敌攻击，门生故吏也纷纷叛离，处于权势骤失、门庭冷落的境地。这个时候，也是他对自己反思较为深入的时候。

吴永是曾国藩孙女婿，时在李幕，随侍在李鸿章左右，李鸿章在与吴永“随意谈论”中，对于自己的从政能力做了一个高度的概括总结：“我办了一辈子的事，练兵也，海军也，都是纸糊的老虎，何尝能实在放手办理？不过勉强涂饰，虚有其表，不揭破犹可敷衍一时。如一间破屋，由裱糊匠东补西贴，居然成一净室，虽明知为纸片糊弄，然究竟决不定里面是何等材料，即有小小风雨，打成几个窟窿，随时补葺，亦可支吾对付。乃必欲爽手扯破，又未预备何种修葺材料，何种改造方式，自然真相破露，不可收拾，但裱糊匠又何术能负其责？”③

李鸿章的反思可谓一针见血，规则不变、破屋不改，“裱糊匠”纵有通天能力，也难收成效。当然，像李鸿章这样依附规则而图利的领导者，即使看透了真相，也难以摆脱情绪思维倾向的影响，舍弃私利去革除陋习、变法图强。而同样面对西方列强入侵的日本，在变革过程中却是从打破已有的规则入手。主张“脱亚入欧”的福泽谕吉从一开始就否定了“中学为体，西学为用”的意识。“某人主张寻求文明应先取其外形，但一旦遇到障碍，则又束手无策；我的主张是先求其精神，排除障碍，为汲取外形文明开辟道路。”④

---

① “史家之论霍光，惜其不学无术。吾以为李鸿章所以不能为非常之英雄者。亦坐此四字而已。李鸿章不识国民之原理，不通世界之大势，不知政治之本原，当此十九世纪竞争进化之世，而惟弥缝补苴，偷一时之安，不务扩养国民实力，置其国于威德完盛之域，而仅摭拾泰西皮毛，汲流忘源，遂乃自足，更挟小智小术，欲与地球著名之大政治家相角，让其大者，而争其小者。非不尽瘁，庸有济乎？孟子曰：放饭流歠，而问无齿决，此之谓不知务，殆谓是矣。李鸿章晚年之著著失败，皆由于是。虽然，此亦何足深责？彼李鸿章固非能造时势者也，凡人生于一社会之中，每为其社会数千年之思想习俗义理所困，而不能自拔。”——梁启超．李鸿章［M］．何卓恩，评注．武汉：湖北人民出版社，2004：7.

② 梁启超．李鸿章［M］．何卓恩，评注．武汉：湖北人民出版社，2004：97.

③ 苑书义．李鸿章传［M］．北京：人民出版社，2016：323.

④ ［日］福泽谕吉．文明论概略［M］．北京编译社，译．北京：九州出版社，2008：23.

情绪思维能力下的人际关系调控，是指个体在人际关系交往中，能否对自我、他人的情绪思维及影响彼此之间情绪思维的人际关系规则内涵有较好的领会，并由此出发通过协调手段去弊存利，使得人际关系达成良好状态。领导者居于管理的最高层，在一个相对独立的组织中，所有人的关系状态都需要领导者进行总体调控。

人际关系调控，就是领导者的主要任务。在人际关系管理中，洞悉人际关系规则，是理解自我、解读他人、判断人际关系走向并且进行人际关系调控的抓手。

通过洞悉人际关系规则来提高人际关系管理能力，是领导者情绪思维能力的主要体现。当然，如果领导者能够在此基础上以管理规则改变人际关系规则中的一些陋习，提高组织运行的效率与效果，则是领导力更高层次的体现，能够达到这个层次的难度也更大。

综合人情关系、上下关系、人礼关系规则所包含的具体内容来看，中国传统文化影响下的人际关系规则内涵总体上是弊多利少。但是，中国传统人际关系规则内涵构成丰富，在实际运行中融合交汇，合理性与非合理性并存，如果不以清晰的结构予以分析判断，很难从复杂的融会内容中抓住其实质，提升领导者管理人际关系的能力。

传统文化与传统人际关系规则是相辅相成，中国传统人际关系规则的形成，深受传统文化的影响，因此，要对中国传统人际关系规则进行深入解读，必须从中国传统文化这个源头探本溯源。

第六章

传统文化与情绪思维

人是管理研究的出发点，也是管理研究的归宿。对于管理实质的理解，一定是建立在对人的本性的理解之上。

理解人的本性，除了要认识人的自身特点之外，还有一个不容忽视的重要因素——文化环境，这是因为文化环境所拥有的、带有特殊性的内容，会对人的思维内容及思维形式的形成产生潜移默化的影响，并进而影响人的本性构成。①

对于情绪的内涵有不同的研究路径，也存在不同的解释。从社会和文化视角来看待情绪现象，就会得出与生物进化视角不同的答案。“情绪可以被概念化为进化过程中的基本情感程序，可以被理解为心理过程中的社会和文化结构现象，也可以被解释为由情境评估驱动的多成分过程。”②

情绪思维作为一种独立的认知活动，受文化的影响极为明显，③ 这是因为个体的认知会受到集体氛围的影响，从情绪思维视角看，个体的情绪思维显然也会受到集体情绪的影响。“在集体情绪持续影响下，个体不仅会选择行为追随，还会导致其身份判别、文化氛围认同的形成。”④

人的本性除了拥有动物性的原始本性之外，还拥有在认知能力影响下的精神性本性。个体认知的构成，受到其所处的情境及当时所接受的“知识”

---

① “思维是人脑的高级功能，必须借助语言和语言认知来表达，又受个体以往经验、社会文化背景的制约，与学习和记忆、存储和恢复等脑的高级功能密切相关。而人脑的功能状态（身心健康）、个体的心理状态（包括意识、需求、动机、情绪、人格等）和社会文化背景都能影响思维过程和思维的结果。”——唐孝威，何洁，等，编著．思维研究［M］．杭州：浙江大学出版社，2014：2-3.

② Jens Lange，Jonas Dalege，Denny Borsboom，Gerben A. van Kleef，Agneta H. Fischer. Toward an Integrative Psychometric Model of Emotions［J］. Perspectives on Psychological Science，2020，15（2）：444.

③ “许多现有的研究表明，情绪智力的构成有其自身特点，相比较推理或信息处理过程，情绪智力与知识联系得更为紧密。例如，情绪智力与文化知识（acculturated knowledge）的联系比与流畅推理（fluid reasoning）的联系更强。”——José M. Mestre，Carolyn MacCann，Rocío Guil，Richard D. Roberts. Models of Cognitive Ability and Emotion Can Better Inform Contemporary Emotional Intelligence Frameworks［J］. Emotion Review，2016，8（4）：324.

④ Amit Goldenberg，David Garcia，Eran Halperin，James J. Gross. Collective Emotions［J］. Current Directions in Psychological Science，2020，29（2）：159.

构成内容的影响。“知识”的存在具有传统性，所以，个体认知的构成，无可避免地受到其所处情境中的传统文化的影响，并可以转化为情绪心境，成为人的精神性本性构成内容，进而影响到个体的思维内容与思维形式的构成。①

在中国，传统人际关系规则可以被视为集体情绪的文化表现，以其莫可抵御的穿透力影响至深，以情绪心境的构成内容左右着个体情绪思维判断倾向，至今仍在人际活动中起着重要作用。

由于中国传统人际关系规则与传统文化有交汇相融、相辅相成的显著关系，因此对于中国传统人际关系规则的溯源性认识，必须从传统文化入手，才能探本溯源。也只有如此，才有助于理解中国人情绪思维活动中内在的、本源性的驱动力量，领导者也概莫能外。

文化就是传统，是人类在精神作用下所形成的物质和非物质创造物的历史积淀，其中，非物质的精神创造物对人的思维发展更具有影响力。

在生命生存和发展过程中，遗传信息载体和基因扮演着重要的角色。储存生物原始遗传信息的是基因，基因存在的遗传信息载体是 DNA，它们一起作用，在很大程度上决定生命发展和进化的趋势。

传统文化在社会群体发展中也起着基因的作用，可以被视为影响社会群体思维发展的主要文化基因。传统文化基因在社会群体中具有遗传效应，它以代代相传的强大惯性将文化内涵植入个体的认知和思维意识之中，并推动整个社会群体在许多问题的认识上形成较为一致的判断和行为选择。

传统文化在中国人思维意识中具有强烈的遗传效应，只有找到其中的遗传信息载体“DNA”，以及其“基因”编码内容，才能真正理解中国人思维内涵与特征，从源头理解中国人在自我意识、自我控制、解读他人与关系调控中所受到的情绪思维影响的本质驱动力量。

在自我意识、自我控制、解读他人与关系调控能力基础上，个体如果能够从传统文化在人的思维意识活动开展中所扮演的角色的视角，以溯源的方式去辨析与反思自我与他人的情绪思维活动状态，去弊存利，则意味着一个人的情绪思维能力进入了第五个层级。

中国传统社会以人情关系、上下关系为主的人际关系形态及其运行规则，最后都可以在礼这个载体中找到其存在形式，并在“理先欲后”“对号入座”

---

① “情绪与有机体的需要相联系，在种族发生上具有明显的生物学适应价值；情绪又是有机体在社会环境中特别是在人际交往中发展起来的，从而又具有很强的社会性。”——［美］K.T. 斯托曼．情绪心理学［J］．张燕云，译．沈阳：辽宁人民出版社，1986：396.

"身体力行"等规则要求下进行活动，因此，礼作为一种承载传统文化基因的"DNA"，在中国传统人际关系中起着指导活动开展的"总纲"的作用，既影响个体的逻辑思维判断，也作用于个体的情绪思维判断。

在中国传统社会中，礼作为人际行为的"总纲"制约着每一个人，即使尊贵如皇帝，也难以跳出礼所划出的边界，崇祯皇帝就是这样一个亲历者。

在崇祯登基之始，与强大的魏忠贤势力对决过程中，明朝的礼制曾经发挥了重要的作用，帮助孤立无援的崇祯在两个月内就将魏忠贤击败处死，使年轻的崇祯走上权力中心并迅速获得了魅力影响。在崇祯后期力图革新、处理内乱和外患的过程中，明朝的礼制又成为崇祯摆脱不去的梦魇，使得崇祯在决策和用人方面屡次进退失据，错失良机，最后成为亡国之君。

理学与礼制，一定是崇祯难以忘却的心头之痛。

清朝替代明朝而立，总让人觉得不可思议。一个只有百万人口的新起之邦，能够统治驾驭一个有过亿人口的帝国，这的确让人难以理解。在不可思议的背后，需要彻底反思的是这个帝国的国民，在皇帝与臣民行为过错的背后，一定是其传统文化的某些基因出现了致命的问题。

崇祯执政后做的最大的事情就是铲除魏忠贤，清除宦党。曾经受到魏忠贤残酷打压的东林党人得以平反昭雪，东林党人也开始重入朝堂，成为崇祯新政的重要支持者。

东林党人以追求正统自居，但他们在实践中有一个重要的行为偏向，就是东林党人喜欢以"天理"为判断标准，对一切与"天理"不符的现象持反对意见这样就会形成崇祯最不愿意看到的状况——党争。

明朝后期党争愈演愈烈，东林党人在其中起到了重要的推波助澜的作用。

知识分子对于"天理"的追求在明朝可谓登峰造极，一个明显的表现，就是为了捍卫以儒学为主的"天理"，明朝的朝臣们不仅相互诘责，而且还时刻盯着皇帝的言行，一些人甚至敢于冒着被罢黜丢官，甚至是被杀头的风险，也要与皇帝违背理学的私欲斗争到底。

万历皇帝在储君选择中想废长立幼，违背了宗法制的"无嫡立长"原则，遭到了群臣的激烈反对，这一过程前后延续了30多年，成为明朝后期重要的"国本之争"事件。

以顾宪成为首的东林党人在这个事件中表现得最为积极，他们自诩为"正人""清流"，以维护和发扬光大程朱理学为己任，倡导恪守儒家传统道统，用“天理”来纠正人心的偏差，即“存天理、灭人欲”。

东林党人虽然在与人争论中喜欢以“天理”偏执己见让人“厌烦”，但是他们却在道义上占据优势，“天理”既为君臣共识，东林党人在忠君爱民、礼义廉耻等方面又有较好的行为表现，所以朝野上下，东林党人又很容易成为“正义”的化身，并以此感染其他人的思考判断。

相关研究已经证实，情绪推理的开展会受到社会环境的影响，这主要是因为情绪具有感染性，也就是个体在对某个社会事件做判断时，会受到其他人对该事件在做出判断时所包含的情绪内涵影响。“个体除了直接评价对象和事件本身外，还会关注其他人对对象和事件的反应。因此，个体涉及的对正在发生的事情的社会评价，部分是基于其他人对此的情绪反应。”①

理学是宋、明时期对中国传统儒学的集大成的发展，理学将儒学发展成为“天理”，而儒学继承的又是礼制的传统，因此，理学对于中国传统文化具有脉络清晰的继承。

崇祯注重自我学习，常年坚持参加理学研习课。但是，对于理学内容构成的合理性或对与错，崇祯却无法进行真正的反省，在决策与用人方面，不得不为传统所构成的情绪心境所困扰。

崇祯登基之后欲图革新，非常重视人才的发现与使用。大明王朝的官僚队伍虽然已经是病入膏肓，但还是有可用之才的。杨嗣昌就是崇祯在用人过程中自己发现的少数几个可用之才之一。

杨嗣昌进士出身，与父亲杨鹤曾同朝为官，后被魏忠贤一起罢官。崇祯主政后，重新起用杨嗣昌父子。杨鹤曾官至兵部右侍郎、三边总督，主持对西北农民军的围剿，因采用的“招抚为主、追剿为辅”的战略失败，被下狱论死。杨嗣昌时任整饬山海关内监军兵备道，曾三次上书辞职，以代父罪。崇祯欣赏杨嗣昌的才能，免去杨鹤死罪，杨鹤后死于戍所。

1636 年 6 月，清军绕过山海关，借道蒙古从北京西北边毁关侵入内地，京城告急。清军在内地大肆掳掠后扬长而归，兵部尚书张凤翼亲自督师迎战，却不敢迎击，结果丢城失地，张凤翼被撤职议罪，自己畏罪自杀。

这已经是清军第三次侵入内地，明朝军队在对敌过程中与以往一样畏战

---

① Brian Parkinson. Intragroup Emotion Convergence: Beyond Contagion and Social Appraisal [J]. Personality and Social Psychology Review, 2020, 24 (2): 124.

怯敌，无法有效阻止清军入侵。

面对内忧外患的局面，崇祯没有对策，但知道局势不容耽搁，于是下决心起用杨嗣昌为兵部尚书，寻找应对之策。

杨嗣昌此时因父母相继去世，按照礼制要求离开宣大总督职位回乡守制，应该守孝3年期满之后才能再由朝廷酌情授职。在明朝制度中，朝廷可以以“夺情”方式，让服丧的官员重新任职，但一般较为少用。崇祯以国情紧急、忠孝不能两全为由，让杨嗣昌尽快接任兵部尚书职位。

1637年3月，杨嗣昌入京履职，在崇祯召见中，详细地分析了天下形势和应对之策。杨嗣昌将天下比喻为人体，京师是头脑，宣府、蓟镇等边防是肩臂，中原地区是腹心，清军肆虐，暂时损害的只是肩臂，而西北流寇作乱，最后伤害的是腹心。因此，当前朝廷要集中力量，先剿灭西北流寇，才能安定身心，再集中力量对付清军。

杨嗣昌提出的战略核心，就是“攘外必先安内”，对于当时的明朝时局来说，应该是较为理性的分析，也立即获得了崇祯的认可。

对于围剿农民军，杨嗣昌进一步提出了调集兵力，以“四正六隅”的区域分工，步步为营，采用“十面张网”的方法，将农民军剿灭。

崇祯听了杨嗣昌的战略分析与对策，立刻对他有相见恨晚之感，在全国加派“剿饷”，全力支持杨嗣昌实施其方案。

“四正六隅，十面张网”计划实施一年，成效显著。在西北，洪承畴率主力重点围剿李自成军，李自成在遭受重创后，潜入山中躲避，部队只剩下千余人。在河南、湖广方面，熊文灿、左良玉率军重创张献忠，1638年2月，张献忠只得率部投降接受招抚。

杨嗣昌虽然在军政实务中有能力不足之处，但是在天下形势判断上确有其独到之处。杨嗣昌的战略眼光不仅着眼于对农民军的围剿，鉴于连年灾荒，国家用兵多年，财政枯竭，为了修养创伤、积聚力量，杨嗣昌开始考虑与清朝进行和谈，以争取时间恢复国力。而清朝在占据东北以后，也曾经希望获得明朝的承认，表达过与明朝进行和谈的意愿。

杨嗣昌虽然在担任兵部尚书后制定的围剿战略效果显著，但因为他是在服丧期间由崇祯“夺情”使用，引起了朝内外正统士大夫们的不满，在这之后，杨嗣昌又提出与清议和的建议，而崇祯竟然让这样的人进入内阁，这些逆天理行为的叠加，终于引发了朝臣对杨嗣昌的激烈抨击。

信仰可以带动情绪思维，简单明了地将异己者设为对立状态，而不顾对方的做法有没有“对”的成分。

在对杨嗣昌抨击的人群中，最有名的就是当时的大儒黄道周。黄道周是闻名天下的理学大师，被奉为东林旗手，学识修养高深，行为节操高尚，在世人眼中道德文章均堪为楷模。

黄道周先后写了三份劾疏，以弹劾杨嗣昌为主，要求坚决纠正这种违天理、逆天道的行为。基于黄道周的影响，他的弹劾迅速引起了朝野之间的普遍关注。

崇祯对士大夫们空谈理学深感厌恶。崇祯召开御前会议，召黄道周对质，本想利用自己的权威对“清议”之风进行压制，却没有料到黄道周正义凛然，毫无畏惧。

黄道周指责杨嗣昌不能拒绝“夺情”出仕，即是有欲，“人有欲则不诚”，违背了纲常名教、礼义廉耻的根本，认为国家即使再缺人才，也不能使用杨嗣昌这样的“不祥之人”。黄道周引用“天理”名言侃侃而谈，并携带对崇祯的不满，使得崇祯好像站在了纲常名教的对立面。

这次召对轰动天下，士大夫们奔走相告，兴奋莫名。

崇祯事后虽然对黄道周降级外调予以惩罚，但是在强大的传统面前，却从此失去了质疑“天理”正统的勇气，并在其统治过程中，不断遭受士大夫们“清议”争执的困扰。

杨嗣昌的和谈设想破灭。1638 年 9 月，清兵再次绕过山海关，从北面第四次大举进入内地，主力部队侵入山东腹地。为了对付清军，崇祯将洪承畴的军队从西北调往京师参与防卫清军，给李自成留下了喘息的机会。

1639 年 5 月，张献忠再举反旗，与李自成相互呼应，形成蔓延之势，明朝面临内外两线同时作战的巨大压力。

1641 年 3 月，已经被外派到前线督师的杨嗣昌身心俱疲，死于追剿张献忠的行营之中。

杨嗣昌的长处在于战略分析而非领兵打仗，崇祯在这之前虽然有心将杨嗣昌重新召回内阁工作，但面对舆论的压力不愿背负“用人不当”的指责。杨嗣昌之死，使得崇祯后期失去了一个最为得力的战略分析助手。

1642 年 4 月，明清松锦之战结束，明军大败，崇祯重生与清朝议和念头，但负责议和工作的兵部尚书陈新甲不慎将消息外漏，引得理学之士再度猛烈抨击。崇祯为推卸责任，不得已将陈新甲问斩，议和之路被彻底堵死。

大明王朝从此陷入内外交困的局面，大厦将倾。

在乱世之中治理国家，有的时候必须要采用非常的手段。崇祯在危局面前所考虑的一些对策，比如与满清议和、迁都南京等，所使用的一些人才，比如杨嗣昌、卢象升等，都因为与正统不符，受到“清议”抨击而难以实施或难展其才。

在清议者眼里，正统既是“对与错”的判断标准，也是“好与坏”的判断标准，即使情境变化，出现了其他的“对与错”的判断标准与判断选择，清议者也会在情绪心境影响下，将与正统不符的可能“对”的判断选择，视为“坏”的而予以反对。

礼以一种情绪心境形式存在于中国人思维意识之中，主导中国人情绪思维活动的开展，为有关自我、他人以及人际关系的认知提供“对与错”和“好与坏”的判断依据。而类似人情通道规则这样的“好与坏”的判断依据，与“对与错”的逻辑思维判断依据存在明显的差异，但是，中国人却能够长期以来奉为圭臬。那么，中国人为什么要对礼持如此认同的态度？

一个社会群体对于某个事物的认同，自然有其根深蒂固的思想来源。

一、礼的合理性认同渊源与两种思维判断形式的融合

认同源自人们在心理上做出的“合理性”判断。因此，在中国传统文化中，礼的内容构成首先应该有其合理性，在获得人们心理上的认同以后，才能更好地以法律规章等形式对人际活动开展产生影响。

1.“礼”正式确立于周朝，周公制礼

中国传统文化是从夏、商、周开始奠基的。“礼”以制度的形式指导规范人们的活动，与中国古代祭祀活动的开展密不可分，因为敬神拜祖，所以夏商周都注重祭祀，而祭祀要有礼仪，以区分血缘宗法关系中的上下尊卑行为方式，适应在祭天拜神、祭祖等重要活动中的程式要求，祭祀与礼仪具有相辅相成关系，促进了“礼”的发展。①

一般认为，周朝建立后，周公为了巩固新生的周王室统治，建立有序的社会生活，对前人的“礼”的内容进行了系统整理，“制礼作乐”，形成了一

---

① “应该注意到，中国古代的祭祀崇拜是礼制的一部分，有敬祖追远的特点，因此君主的宫室和宗庙常不分离。”——李学勤．中国古代文明十讲［M］．上海：复旦大学出版社，2003：46-47.

整套适应社会各方面活动需要的“礼制”，也就是后人所说的“周礼”。周公制礼，视礼为正统。①

“周礼”因其形式与内容的完整以及在社会活动中深远的影响，开始渗透到社会生活的方方面面，在文化范畴内形成了对于礼的认同。

周公在制礼的过程中，赋予礼以核心内涵，作为礼的制作的指导原则。

（1）周公赋予礼以“德”的内涵。

周灭商后，王者开始吸取商亡的教训。周公辅政时，对王者的“天命”内涵看法有了转变，认为天命可变。王者要受到“天”的保护，是有条件的，其中最主要的是“以德配天”。②

商汤能够取代夏，就是因为夏桀无德，上天要商取而代之，周之所以能够取代商，也是因为商纣无德，上天要周取而代之。“德”是上天认可的道义规则，顺从它，就会得到上天的保佑，违背它，就会被上天抛弃。这就为周取得统治权提供了合理性解释。

“德”是“天”的旨意，就是要体恤百姓疾苦，“敬德保民”也就是“敬天”，王者也就会受到“天”的保护。

周公为礼的制定与存在给予的合理性解说，是赋予了礼以“德”的核心内涵。“德”以其抽象的道德价值得到人们的普遍认同，作为“德”的表现形式的礼，自然也容易获得人们的心理认同。③

礼的内涵，可以转化为道德的内涵，也受到道德内涵的影响，所以中国

① 周公本名姬旦，是周文王姬昌第四子，周武王姬发的弟弟，因其所封的采邑在周，爵为上公，故称周公。周公辅助周武王推翻商纣，建立周朝。周武王去世后，继承王位的其子周成王年幼，周公摄政七年，代为处理政务。《周礼》相传为周公所作，虽然对其成书的年代，学者们还有不同看法，但是现存的《周礼》，其内容在很多方面能反映周代的政治、社会活动特征。

② 周公认为“天”对王的选择不是永世不变的，“唯命不于常”“天命靡常”。“天”对于人间的希望可以用“天道”表示，在“天道”中，要求人，特别是“天子”要多做好事，这就是“德”与“德行”。周公叮嘱成王，“王其德之用，祈天永命”。“周公以‘德’为核心而建立的‘礼’的秩序，其目的在于争取周王朝的‘天命’得以不断延续。”——余英时．论天人之际：中国古代思想起源试探［M］．北京：中华书局，2014：96．“西周时期所说的用来维护王权的‘德’，上与天命密切相关，下与君王自身的勤政、克制、节欲等相连。”——张亲霞．先秦儒家王权思想的历史演变［M］．西安：陕西人民出版社，2007：38．“王敬所作，不可不敬德。”——李德龙．先秦时期“德”观念源流考论［M］．长春：吉林大学出版社，2016：83．

③ 周初，统治者开始提“明德慎罚”，周克商后，对于殷的贵族遵循“明德慎罚”的原则进行处理，先礼后兵。对于顺从的贵族，如商纣的庶兄微子给予礼遇封地，对于不肯顺从的人，先立足于教化，如果执迷不悟进行破坏活动，就“大刑殛之”。对民众的统治方法则从早期的重罚的惩处转变为重德的引导。周初的“以德配天”思想，“才促使周初几代君主比较开明，出现了被人称颂的‘成康之治’”。参见：胡留元，冯卓慧．夏商西周法制史［M］．北京：商务印书馆，2006：316．

古代礼的形成，与道德发展也是相辅相成的。“故知周之制度典礼，实皆为道德而设。”① 中国传统文化也被视为泛道德文化或伦理本位文化，其原因就在于此。

礼是中国传统文化的核心构成内容，作为道德伦理内涵的“德”又是礼的核心内涵，所以从儒学的观点来看，在社会活动中，坚持从礼出发，就是坚持从道德伦理出发，也就是坚持人的基本判断是从价值出发。在道德伦理本位影响下，围绕着“好与坏”的判断之后，才有“对与错”的判断，中国传统文化实际上已经影响到了个体思维形式的开展。这在类似家长制与尊卑关系所形成的“君叫臣死，臣不得不死；父叫子亡，子不得不亡”的认同中体现得极为明显。

（2）周公赋予礼以“尊尊”与“亲亲”的内涵。

周公在赋予礼以“德”内涵的同时，也将“尊尊”“亲亲”视为礼的核心内涵。②

“周礼”包含有宗法制内容，把家庭、家族的“尊尊”“亲亲”等内容视为核心内涵。“尊尊”的实质是要求人们承认人与人之间存在尊卑差别的“不平等”，“亲亲”的实质是要求人们承认人与人之间的“不平等”在血缘、身份、地位等源头上具有延续性。人与人之间的“不平等”及延续性状态，可以在家庭、家族、邦国各个层次的社会活动中存在并予以体现。在“尊尊”“亲亲”面前，“贤贤”只能居于次要的地位。

在周朝之后，统治者借用“神人关系”“父子关系”“君臣关系”解说途径，在“家国同构”的逻辑下为“尊尊”“亲亲”在社会活动中存在的合理性提供解释辩护，以获得人们的心理认同。

“尊尊”与“亲亲”是礼的核心内涵，儒学认同“尊尊”与“亲亲”，所以儒学在认同坚持从礼出发，就是坚持从道德伦理出发判断的同时，也同时坚持了从“尊尊”与“亲亲”出发是“好”的以及是“对”的的判断。

道德伦理的内涵具有时代性，其有些内容可能既是“对”的，也是

---

① 王国维．殷周制度论［M］//参见王国维，等．近代十一位国学大师讲国史．北京：中国华侨出版社，2015：21.

② “且古之所谓国家者，非徒政治之枢机，亦道德之枢机也。使天子、诸侯、大夫、士各奉其制度典礼。以亲亲、尊尊、贤贤，明男女之别于上，而民风化于下，此之谓‘治’；反是，则谓之‘乱’。”——王国维．殷周制度论［M］//王国维，等．近代十一位国学大师讲国史．北京：中国华侨出版社，2015：20.

“好”的，比如“敬德保民”“尊老爱幼”；其有些内容则可能在当时被视为“好”的，但是从时代发展来看却是“错”的，比如要求妇女“未嫁从父，既嫁从夫，夫死从子”，这从“尊尊”与“亲亲”的内涵特性就可以体现，而如果囿于其中为情绪思维所主导，就容易混淆是非判断标准。

（3）周礼从其内容构成到作用范围，对当时及其后的社会活动的影响都至深至远。

从内容来看，“周礼”对当时的社会活动进行了覆盖性的包容。①

在功能上，周礼上以礼制形式对国家政治生活运行起着规范作用，下以礼仪形式对百姓日常生活开展起着指导作用。礼由此进入中国人的情绪心境并开始影响着中国人的情绪思维判断。

礼制是国家的根本法，对国家制度的规定，主要有分封制、宗法制和井田制。②

礼制也是政治活动开展的具体法，对内对外的政治管理及活动如何开展，礼制都有细致规定。③

周礼将王室组织管理结构分为天、地、春、夏、秋、冬六官系统，每个系统从官员及人员配置，到岗位职责，以及管理活动运行要求，都有明确规定。

周礼对于王室如何管理诸侯国，也有详细规定。④ 例如，《觐礼》为诸侯朝觐周王之礼。按照规定，诸侯在正式朝觐周王前，由王臣“啬夫”交代各种要求；在见面时，由双方的“摈、介”负责传话；谈话结束后，由王臣

---

① “周礼的内容非常广泛、庞杂，大至国家的政治、经济、军事、文化制度，小到个人言行视听，以及社会风俗习惯、礼节仪式，无不包括其内。”——胡留元，冯卓慧．夏商西周法制史［M］．北京：商务印书馆，2006：354．“学术界经过了讨论研究，目前大都承认周朝的礼具有法律的属性”，“礼由两部分组成，一是礼制，二是礼仪。前者是‘守其国、行其政令’的根本法则，后者是处理具体问题的细则规定”。参见：郝铁川．周代国家政权研究［M］．合肥：黄山书社，1990：200-201.

② 分封制、宗法制和井田制的含义分别为：分封制：封国的大小、兵制，诸侯的等级，卿大夫的爵位，与中央的关系。宗法制：王位、诸侯君位、卿大夫之位，均由嫡长子世袭，庶子分封。同姓不婚，异姓联姻。井田制：依周制划经界分土地。参见：郝铁川．周代国家政权研究［M］．合肥：黄山书社，1990：202-205.

③ “道德仁义，非礼不成；教训正俗，非礼不备；分争辨讼，非礼不决；君臣、上下、父子、兄弟非礼不定；宦学事师，非礼不亲；班朝治军，莅官行法，非礼威严不行；祷祠祭祀，供给鬼神，非礼不诚不庄。是以君子恭敬撙节退让以明礼。”——礼记［M］．钱玄，等，注译．长沙：岳麓书社，2001：3.

④ “为推行对诸侯国的管理，周代制定了具有法制特征的礼制来贯彻这一套制度。如册命与分封、授职、命卿与在封国中委派国家官吏，设监与中央对地方的监察，定期朝觐与上计，贡士与人才选拔等。”——卜宪群．秦汉官僚制度［M］．北京：社会科学文献出版社，2002：25.

“宰”代周王收下诸侯进献的礼物；朝觐结束后，由王臣“大史”述命，对诸侯进行册封并赐礼。

礼仪作为周朝的具体法，实际上规定的是每个社会成员的社会日常生活方式。礼仪根据一个人的政治经济地位等条件，规定他在日常生活中的行为准则。

在“礼”的作用下，一切社会活动都有规可依，个体对号入座，秩序井然。有礼与无礼，知礼与不知礼，成为衡量文明与蛮夷的标准。礼到之处，方曰文明。

周朝礼制为周公所创，有“祖宗成法”外衣，后王不能改。祖宗成法或家法以伦理道德为主，周人的礼兼有道德和法律的双重作用，例如“孝”与“不孝”就面临道德与法律的双重审判，也是中国人“好与坏”和“对与错”两种思维判断形式的融合。①

如果从起源上看，礼的道德内容是本元，更为重要。因而在周以后的封建社会，历代都有“法典”，但在人们的意识中，传统文化包含的道德才是本元，法律只是道德的附庸，道德更容易推动人们进行情绪思维形势判断。“君叫臣死，臣不得不死”就是道德的三纲五常要求，也是典型的情绪思维形式与结果，而法律在这里已经没有了说话的余地。

周礼之所以在中国传统文化中如此重要，是因为构成中国传统文化主要内容的儒学对周礼采取了全盘接受、发扬光大的做法。

2. 周礼至春秋已经处于废弛状态，孔子穷其一生意欲复兴周礼

东周后期，周王朝仅具形式上的尊名。各地诸侯逐渐坐大，开始各行其是，中国进入了翻天覆地的社会变化与动荡的春秋时代。

春秋时期，整个社会已经处于一种动荡、分化、改组的混乱状态，周公为周朝奠定的“礼乐”典章制度、规则也被打破，甚至于被废弃。春秋乱世，“弑君三十六，亡国五十二，诸侯奔走不得保社稷者不可胜数”②。这就是日后孔子痛心疾首的“礼崩乐坏”现象。

---

① 例如“不孝”在夏商周三代都入罪。“《吕氏春秋》引《商书》说：‘刑三百，罪莫大于不孝’。不孝罪始于夏，商沿用，均作为最严重的犯罪予以惩处。”——胡留元，冯卓慧．夏商西周法制史［M］．北京：商务印书馆，2006：72．“孝”除了对父母敬事忠心以外，对个体来说，还有继承祖业、广大门楣的含义。一个人在家族、宗族中的地位越高，“不孝”中的不作为、不担责、有辱先业的意思也就越重。“在西周诸种道德规范中，‘孝’最为重要，也最受人重视。有时‘孝’与‘友’合在一起，合称‘孝友’。……在当时人看来，不孝、不友，乃是不可饶恕的罪过。”——刘泽华，主编．中国传统政治思维［M］．长春：吉林教育出版社，1991：37．

② （西汉）司马迁．史记全本（下）［M］．沈阳：万卷出版公司，2016：331．

“礼崩乐坏”导致社会失序，因此，如何使得社会恢复到有序的状态，便成为当时的思想家们所要考虑的问题，诸子纷纷提出了各自不同的观点和理论。①

孔子赋予礼以“仁”的内涵。

孔子认同周礼的价值，创立儒学，为周礼的核心内容“德”赋予了新的内涵——“仁”，继承并强调“尊尊”“亲亲”的不平等对于“有序”的作用。②

儒家学说的核心为“仁”，而“仁”的体现在于礼，礼对于人际关系起着整合的作用。③ 儒家教导人们不能只注重形式上的礼，只有以“仁”为基础，才能真正懂得礼。“人而不仁，如何礼？”④

在儒家看来，将“仁”作为人际交往的核心，以礼作为交往规范，可以从内到外约束人的行为，使人人都能守礼，进而化解人与人之间的紧张与冲突，形成融洽的人际关系。⑤ 儒家将礼作为整合人际关系的手段，并强调对于

---

① 有学者研究认为，儒、墨、道，它们之间的思想分歧也源于对礼乐的态度不同。孔子将“仁”作为礼乐的核心。墨子反对周礼繁缛的外在形式，化繁为简。老子也是追求“礼之本”，而非外在形式，庄子追求的是如何将内心的“礼意”恰如其分地表达出来。参见：余英时．论天人之际：中国古代思想起源试探［M］．北京：中华书局，2014：17. 汉朝司马谈、班固对春秋战国诸家进行划分，简述其特点。儒家：“列君臣父子之礼，序夫妇长幼之别。”“游文于六经之中，留意于仁义之际。”墨家：“茅屋采缘，是以贵俭；养三老五更，是以兼爱。”法家：“不别亲疏，不殊贵贱，一断于法”，“尊王卑臣，明分职不得相逾越”，“信赏必罚”，“专任刑罚而欲以致治”。道家：“无为，又曰无不为”，“其术以虚无为本，以因循为用”。参见：刘泽华，主编．中国传统政治思维［M］．长春：吉林教育出版社，1991：87.）

② “儒家是等级制度的论证者、倡导者，他们认为，社会生活中广泛存在的差别和对立，如君臣、上下、父子、夫妇、贵贱、贫富，等等，其真实性和神圣性是不容置疑的，天经地义的。”在对待具体事物的转化中，儒家的态度因事而异。“第一种是不可能转化的，如‘为上智与下愚不移’。第二种是不应该转化的，如君臣、上下、父子、夫妇。”这些状态，彼此应当分中求和、异中求同，各守其分、各得其所。如果一方试图逾越规矩、打破界限，就会引起对立，使关系破裂，破坏稳定秩序，这是最糟糕的结果。第三种是能够转化的，应该是由危而安，由乱而治。由统治者修为和掌控而来，居安思危。这就是“中庸之道”。参见：刘泽华，主编．中国传统政治思维［M］．长春：吉林教育出版社，1991：184.

③ 《礼记·哀公问》记载了孔子论礼的功能：哀公问于孔子曰：“大礼何如？君子之言礼何其尊也？”孔子曰：“丘也小人，不足以知礼。”君曰：“否。吾子言之也。”孔子曰：“丘闻之：民之所由生，礼为大。非礼无以节事天地之神也，非礼无以辨君臣、上下、长幼之位也，非礼无以别男女、父子、兄弟之亲、昏姻疏数之交也。君子以此之为尊敬然。然后以其所能教百姓，不废其会节。”——礼记［M］．钱玄，等，注译．长沙：岳麓书社，2001：658-659.

④ （春秋）孔丘．论语［M］．杨伯峻，杨逢彬，注译．长沙：岳麓书社，2000：18.

⑤ “孔子提出‘道之以政，齐之以刑，民免而无耻；道之以德，齐之以礼，有耻且格’，主张‘不教而杀谓之虐’，就是周公‘明德慎罚’思想的发展。而孔子的这一思想，又萌发了延续我国封建社会两千多年的立法思想‘德主刑辅’。”——胡留元，冯卓慧．夏商西周法制史［M］．北京：商务印书馆，2006：326.

礼的恰当使用，即“礼之用，和为贵”①。

孔子一生以“仁”作为“德”的延伸，与“尊尊”“亲亲”一起，作为礼的核心内涵，将礼视作整合人际关系、指导行为的标准，以“克己复礼”为追求目标。

儒家后学进一步发展了礼。②

孔子之后的孟子在仁、礼的基础上做了调节君臣、父子等诸种人际关系的理论阐述，构建出为人及人际活动中的仁、义、礼、智基本的伦理要求与行为准则，继而形成了以孔孟为代表的儒家传统人际关系的基本理论框架。③

孟子之后的荀子对礼更为推崇。荀子从性恶论出发，认为人与禽兽的区别在于“人道有辨”，也就是人有各种规则对行为活动加以指导与限制，“辨莫大于分，分莫大于礼”④，礼是“人道之极”。

孔孟以仁的内化要求，调节人的自我意识与人际活动。荀子以礼的外在作用，强调礼法规则对人际活动的约束作用。

儒家学说之所以能够从中国古代诸多思想中脱颖而出，得到官家的认可与推崇，是因为它一方面适应了中国传统社会的生产和生活方式需要，另一方面在周礼的基础上所提出的新的解说，有利于以礼为指导，来调整整个社会活动的有序运行。

3. 西汉初期，礼在官家支持下获得正统地位

在经历了战国纷争，秦国以法家“霸道”一统天下，⑤ 旋即又崩塌之后，至汉武帝时期，董仲舒将孔子的“克己复礼”从复古带入现实，他将君权神

---

① （春秋）孔丘．论语［M］．杨伯峻，杨逢彬，注译．长沙：岳麓书社，2000：5.

② “孔子不断寻求‘礼之本’而归宿于‘仁’，这是古代中国精神史上一件划时代的大事……‘仁’和‘礼’两端后来分别在孟子和荀子手上获得系统的发挥。”何谓“仁”？“仁”高居一切个人德行之首。子张问仁于孔子，子曰：“能行五者于天下为仁矣。”请问之，曰：“恭、宽、信、敏、惠。”（《论语·阳货》）“在孔子的儒学系统中，‘礼’是‘仁’的载体。”——余英时．论天人之际：中国古代思想起源试探［M］．北京：中华书局，2014：88-89+93.

③ “孔子以‘礼’为核心，主张君臣的权力应该以礼为界限。”“孟子认为君臣无常位是正常的，君主只有爱民、保民才能赢得民的归属。”荀子“主张礼法并用、王霸兼采来加强君权”。参见：张亲霞．先秦儒家王权思想的历史演变［M］．西安：陕西人民出版社，2007：序9.

④ 荀子．荀子［M］．安继民，注译．郑州：中州古籍出版社，2006：53.

⑤ 对于如何使得诸侯国从王权关系到社会生活都恢复到有序稳定的状态，法家开出的“药方”是权力的强制统治。与儒家开出的回归“周礼”的“药方”不同，法家提出“明君务力”，国家的权力要集中在君主一人手中。君主要做的最重要的事，就是要想尽一切办法增强自己的权力，“力多则人朝，力寡则朝于人”。为了强权与集权，可以“势、法、术”各种方法并用。法不是效法“周礼”，而是为了强权与集权的需要重新制定。一旦有了法，就需要“明法制，去私恩”，“令必行，禁必止”。

化，以“天人感应”的一套系统解说，对皇权的神授与神圣做了完整的解释。在确立皇权神圣不可侵犯的基础上，董仲舒以“洞察名号”为内容，阐述了中央集权下等级秩序的合理性。

董仲舒在响应汉武帝的对策中，以《春秋繁露》《天人三策》的系统解释，将天人感应、君权神授、三统五德、尊王攘夷大一统的思想进行了理论化再造，并提出“罢黜百家，独尊儒术”的主张，被汉武帝所采纳。[①]

董仲舒认为管理的起点在“正名”。在统治管理中，先要正名，名不正，则言不顺。

董仲舒有关“天”“皇”“人”之间关系的“天人感应”的儒学新解，对于皇权统治的合理性与至高无上的权威来源进行了“正名”。

“董仲舒所讲的儒术，已经不是严格意义上的先秦孔孟之儒，而是经过董仲舒改造过的董氏儒学，故而董仲舒有‘汉代孔子’之称。”[②]

皇权需要能够为其“正名”的统一解说，儒学需要占据“正名”解说的制高点。在这样的背景下，儒学应运而兴。在汉武帝强令之下，“罢黜百家，独尊儒术”，表彰六经，兴立太学，开设五经博士，开始强制推行儒学。

有学者研究认为，儒学得以享受独尊地位，正是迎合了皇权巩固的需要。法家以吏为师，秦时已露出“苛”“暴”面目，为百姓所唾弃。“封建社会重阶级名分，君权国家重一尊威权：老子主无名无为，不利于干涉；墨家创兼爱，重平等，尚贤任能，尤不便于专制。惟独孔学，严等差，贵秩序，与人民言服从，与君主言仁政，以宗法为维系社会之手段，而达巩固君权之目的，狡猾者遂窃取而利用之，以宰制天下。”[③] 苏渊雷先生的见解可谓一针见血。

汉朝在官方势力扶持之下，出现儒学独尊局面，国家将儒学视为经学，设太学对经学进行编撰传授，学生最多时有万人，地方设学官传授经学，学

① 就天人关系，汉武帝连续三次出题，董仲舒作“天人三策”对答：其一，“天者，万物之祖，万物非天不生”。其二，“受命之君，天意之所予也，故号为天子”。其三，“天人感应”，对“天子”行为，“天”会以“符瑞”“灾祸”予以表彰或警示。“天”将遣“天子”于人世，必有“神迹”显示，而这个“天子”，是“天”与人合生。如商的祖先是其母吞玄鸟卵而生，夏的祖先是其母履巨人足印而生，而刘邦，是其母梦与神交而生。人间的纲常伦理，都是取法于天，顺应而生。如君为阳，臣为阴；父为阳，子为阴；夫为阳，妻为阴。阳为正，阴为副。阴从阳，是顺应天道。

② 汪高鑫．董仲舒与汉代历史思想研究［M］．北京：商务印书馆，2012：252.

③ 苏渊雷．孔学判摄（见《新政治》第四卷第二期）［M］//王亚南．中国官僚政治研究．北京：中国社会科学出版社，1981：69.

生也有成百上千，儒学成为国家政治思想与文化的主要内容。①

在统治者介入以后，儒学实质上是有“私儒”与“官儒”之分。“私儒”是由士人私家研究传播的学说。“官儒”是由统治者统筹划定与提倡的经学。“私儒”与“官儒”都奉儒学为社会活动的思想来源，但是对于儒学具体内容的理解，“私儒”从文化视角，“官儒”从政治视角，可以各取所需。

在儒学独尊的状态下，由儒学承继并发展的人礼关系内涵得以延续及发展，在统治者认可与支持下，礼成为指导中国人社会及政治活动中关系处理的“总纲”。②

4. 魏晋至隋唐，思想多元对儒学独尊局面产生冲击

从汉末天下三分，中间经历魏晋、南北朝，到隋唐，中国经历了600多年的天下纷争、朝代更替。

在汉朝官方势力扶持之下的儒学独尊局面也受到了乱世纷争的影响，官方一直以来强势扶持的情况随着分裂及朝代频繁更迭一去不再，出现了势弱的状况。同时，国家纷争也意味着思想“一家”禁锢的局面被打破，新的玄学、佛教、道教学说出现，对儒学独尊产生了冲击。

魏晋时期是一个思想自由的时代，儒学虽然继续其影响，却无法排斥其他学说的流传。对于人的个体存在与精神自由探索的玄学应运而生，玄学秉承老庄个体自由精神，王弼、何晏、阮籍、嵇康等名家对生死、形神、人生境界等话题进行讨论解说，对于解除仁义礼法和纲常名教对人性的束缚性理解起到了引领作用。

东晋之后至南北朝，在西汉末年传入中国的佛教与土生土长的道教开始兴起，出现了慧远、葛洪这样的佛教名僧和道教大师。这个时候，天人之间的关系有了轮回、报应、转生、解脱等佛教新的解释，人生的自我教化中也

---

① “国家设太学以‘厉贤才’，其弟子从最初的50人，逐渐增加到西汉末年的万人以上。郡国也广置学官，一郡学徒多者可达数百、上千。” “孔子逐渐被尊为‘素王’，其学说成了汉政的南针。……皇帝诏书、公卿奏议无不引经据典。” “除法律之外，经术成了支配帝国政治的又一规范。” 吴宗国，主编．中国古代官僚政治制度研究［M］．北京：北京大学出版社，2004：55-56.

② 司马迁认为礼是先王遗留的圣物，这个先王可以包括三皇五帝直到商汤、周文王、周公。“礼由人起。人生有欲，欲而不得则不能无忿，忿而无度量则争，争则乱。先王恶其乱，故制礼义以养人之欲，给人之求，使欲不穷于物，物不屈于欲，二者相待而长，是礼之所起也。故礼者养也。稻粱五味，所以养口也；椒兰芬覉，所以养鼻也；钟鼓管弦，所以养耳也；刻镂文章，所以养目也；疏房床第几席，所以养体也：故礼者养也。”——许嘉璐，主编．二十四史全译，史记第一册［M］．上海：汉语大词典出版社，2004：399.

有了养生、修炼等道教提倡的新的途径。

唐朝一统天下，国力强盛。唐朝雄睥天下的胸怀与气度，容纳了儒释道等各家学说的发展。

唐朝的包容开放，使得儒释道各显张扬。韩愈在释道兴起、儒学式微之时，力挺儒学，韩愈等名家发起的复兴儒学的古文运动，使得儒家的影响得以恢复。①

佛教经过传播，在唐朝已经实现了中国化，禅宗趋于成熟。慧能的“自性清净”“本性是佛”，解释了人佛关系。围绕人神之间关系的解说，在以前的天人关系之外，又打开了新的领域。

5. 宋明理学兴起，礼上升到了至高无上的“天理”地位

宋明理学是在前代思想争论与融合之际，对儒学的承继与发展。宋明理学家以先秦儒家思想为基础，着力发掘及诠释“四书”内涵，同时，大力拓展诸如理欲、义利、公私、王霸、知行等新的内涵。

北宋的程颢与程颐着力于儒学内涵及外延的扩展，对于义利、公私、王霸、天理、人欲等内容做了新的解说，认为把孟子以后中断的儒学道统真正继承起来了，成为宋明理学的奠基者。②

理学追求道与天理。“道”是指儒家的精神传统，也就是圣人之道。这个“道”，也叫作天理，求道，就是求天理。

南宋朱熹集儒学之大成，将儒学内容与“天”之间建立了紧密的联系。

---

① “韩愈所理解的‘道’不仅是一种精神价值，它包含着一整套原则。”“其中包括仁义代表的道德原则，《诗》《书》《易》《春秋》代表的经典体系，礼乐刑政代表的政治制度，以及儒家所确认的分工结构（士农工贾）、伦理秩序（君臣、父子、夫妇）、社会仪俗（服、居、食）乃至宗教性礼仪（郊庙）。这实际是韩愈所了解的整个儒家文化——社会秩序，用以区别于佛教，并向佛教徒施加压力。”唐代统治者在开国之初鼓励佛教发展，认为佛教以慈悲为主，教人积善而不致以丧乱。因此，佛教得到了空前发展。韩愈排挤佛教，认为佛教是一种异族文化，“口不言先王之法言，身不服先王之法服，不知君臣之义、父子之情”。参见：陈来．宋明理学（第二版）[M]. 上海：华东师范大学出版社，2003：18-19，20.

② “他们以‘理’为最高哲学范畴，强调道德原则对个人和社会的意义，注重内心生活和精神修炼，形成了一个代表新的风气的学派。”“总而言之，二程哲学中的‘天理’既指自然的普遍法则，又指人类社会的当然原则，天理的这种意义本身就表现了天人合一。……从思想的本质上看，程颢的天理学说把人道提高到天道的意义上来论证其普遍性和必然性，把人类社会的某些原则规范（主要是道德）夸大为具有本体意义的宇宙法则，是一种唯心主义。而从另一个角度看，由于肯定宇宙普遍规律的统一性，在理论思维上是有一定意义的。”先秦儒学的仁，强调博施济众的人道主义和克己复礼的道德修养。程颢认为，这不是仁的最高境界，“仁在根本上是一种最高的精神境界，这种境界就是‘与万物为一体’‘浑然与万物同体’”。参见：陈来．宋明理学（第二版）[M]. 上海：华东师范大学出版社，2003：59-63-64.

朱熹认为宇宙之中最重要的是“理”或“天理”，万物要“以理为本”。那么，“天理”的内容是什么呢？就是儒家所说的以“仁”“礼”为核心的伦理与纲常。凡是超越传统礼教规定的人欲，都与“天理”对立，故“天理人欲，不容并立”。① 在朱熹的诠释下，儒家学说内容已经上升到了“天理”的最高地位。

在人事与天理之间，以天理为重。要“存天理，灭人欲”。② 朱熹认为人只有通过“格物”功夫及读书穷理，才能达到圣贤境界。为此，朱熹重注《四书》，将其视为知识分子必学内容与经典。经学重获国家认可与支持，四书成为科举考试指定内容，在一代代的科举士子成为朝堂之仕后，儒家学说当然就成了国家统治的意识形态。

明清的理学家如王夫之、戴震虽然对“人欲”与“天理”的关系进行了新的论证，但儒家学说的“天理”位置一直至高无上，官方更将其视为政治活动规则与社会生活规范的根本出处，极力对其加以褒扬。

崇祯具备魅力型领导风格形成的条件，也对自己的魅力型风格有充分的感知，并且希望能借此获得一言九鼎、群臣膜拜的精神领袖地位。

但是，在大明朝，崇祯还有一个绕不过去的，比他地位更高的“精神领袖”，就是在社会意识形态中居于主导地位的程朱理学所宣扬的“天理”。

对于自小就以程朱理学为学习内容，并据此参加科考，进入仕途的官员们来说，对“天理”的追求就是他们大多数人的精神信仰。而且皇家为了维护其统治的需要，也对程朱理学大加赞赏，视其为文化正统，因而更加增加了“天理”在朝政中的话语影响力。

基于情绪的感染效应，个体在对社会事件的认识过程中，包含着集体情绪所传出的引导作用，这种集体情绪信息会以自觉或不自觉的意识参与到个体的情绪推理过程中。“社会评价的过程究竟是如何运作的？一个有影响力的说法认为，个体在参与社会评价的过程中，对感知到的情绪的含义会转化为

---

① 通过“居敬穷理”的修养，达到“革尽人欲，复明天理”，恢复人原有的纯善的本性。——金炳华，等，编．哲学大辞典［M］．上海：上海辞书出版社，2001：2030.

② 理学“虽不反对人们的基本生活要求，但却往往把‘人欲’与‘天理’对立起来”，“人心私欲，故危殆。道心天理，故精微，灭私欲则天理明矣”。主张严辨义利、理欲之分。讲利有二害：“欲利于己，必损于人”；“忘义理，致冤仇”。主张“以仁为利”“以义为利”。提倡“存天理、灭人欲”。为传统名教纲常辩护，认为寡妇再嫁是大逆不道，“饿死事极小，失节事极大”。——金炳华，等，编．哲学大辞典［M］．上海：上海辞书出版社，2001：166.

其推断内容的一部分。”①

在崇祯执政初期，东林党人在崇祯新政中重新得势，即意味着崇尚“清流”风气再起，各种层出不穷的以“天理”为标准对用人与朝政活动进行衡量与抨击的现象，实际上成为以后崇祯欲图中兴大明的噩梦。

大明朝的官员以追求“天理”为时尚，为此不惜与皇帝发生争执，甚至冒着被杀头的危险也要进谏，以换得青史留名。大臣经常据理与崇祯进行争论，类似黄道周召对事件所产生的效应，当然会影响崇祯的领导魅力，这让崇祯深感不满，但是也无力从根本上予以改变。

在繁复的“清议”与党争面前，崇祯难免也会受到集体情绪的影响。崇祯后期，在内阁人选更换不断引发争议之后，崇祯最后不得不选择妥协，接受了重新任用周延儒为内阁首辅、重用东林党人的方案。“但重新得势的东林党人在应付国家大难的时候，却同他们的对立面没有什么两样。同样是不思进取，同样是消极推诿，同样是不知所措。”②

在崇祯统治的最后一年，随着形势的恶化，崇祯心里考虑最多的一个可行的方案是迁都南京。明朝最初定都南京，明成祖迁都北京后，南京一直作为陪都保留了下来，并且在名义上保留了完整的政府部门机构设置及一些人员配置，只是有名无权。

崇祯如果选择迁都南京，以江南的半壁江山，日后也不是没有重新复国的机会，至少是不会看着大明江山全部葬送，这在当时，从明朝执政者的决策视角看，不失为一个理性的选择。

崇祯将迁都计划也与心腹之臣做过秘密商议，执行起来也具有可行性。但是，迁都南京就意味着要放弃半壁江山，崇祯提出，就要承担误国昏君的指责，大臣提出，就要承担卖国汉奸的骂名。

因此，在大厦将倾的时刻，大明王国呈现出奇特的状态，皇帝指望大臣主动提出迁都方案，大臣宁愿等着铁蹄入城也绝不松口，大家就这样守着正统相望，直至最后共同成为亡国之君与亡国之臣。③

---

① Brian Parkinson. Intragroup Emotion Convergence: Beyond Contagion and Social Appraisal [J]. Personality and Social Psychology Review, 2020, 24 (2): 125.

② 苗棣. 大明亡国史：崇祯皇帝传 [M]. 沈阳：辽宁人民出版社，2016：307.

③ 1644 年 3 月 18 日，李自成军队围攻北京城，并派已经投降的太监杜勋进城向崇祯皇帝传话，可以“割地讲和”。崇祯再三向内阁首辅魏藻德询问意见，魏藻德始终一言不发，崇祯最终拒绝了谈判。——樊树志. 晚明史 1573—1644 年下 [M]. 上海：复旦大学出版社，2003：1128.

在形势变化、世事更新的过程中，“天理”正统与“清议”作为变得不堪一击。中国传统文化所形成的先有“好坏”，后有“对错”的情绪思维形式，不仅是明朝走向灭亡的内在原因，也是明朝的承继者清朝无法避免走向衰亡的根本原因。

汉代以后，儒学虽然一度受到“多元”学说的冲击，但是基本能保持其独尊地位，宋明以后，这种独尊地位在官家支持下更是被冠以“天理”之名而无可撼动。儒学独尊地位固化了“仁德”“尊尊”“亲亲”作为礼的核心内涵的地位，社会活动对于“仁德”“尊尊”“亲亲”的认同，就意味着对于礼的认同。[①]

礼就类似于中国传统文化的遗传载体“DNA”，“仁德”“尊尊”“亲亲”就是其中最为重要的“基因”编码内容。

由此可见，在中国传统文化的道德本元影响下，中国人是先有“好与坏”的情绪思维判断形式，然后在此基础上才有“对与错”的逻辑思维判断形式，而逻辑思维的判断标准又深受情绪思维的影响。

礼的内容，从其起始，就将“好与坏”和“对与错”糅合在了一起。这也是我们今天对传统文化难以取舍，或者明知其内容“不对”，也难以拒绝其影响的根本原因。

在社会活动中，当你试图以否定“尊尊”与“亲亲”内涵来否定礼的时候，有人会用“仁德”内涵来否定你的“否定”；当你试图肯定“仁德”内涵以肯定礼的时候，有人会用“尊尊”与“亲亲”内涵来否定你的“肯定”。

“仁德”“尊尊”“亲亲”在礼的构成中融为一体，如果不加区分地试图以一个要素代替对礼的看法，往往就会使个体处于情绪思维状态，其他要素就会悄悄地溜进来，对个体的判断施加影响。

领导者对自身、他人以及人际关系的理解与管理，都必须基于人的本性构成，传统文化对人的本性及关系行为的影响，也就是领导者提升情绪思维辨析能力过程中有待深入挖掘的命题。

---

① 有学者研究认为，“礼”在西方语言中找不到一个恰当的对应词——etiquette，ceremony，rites and regulations，“这说明‘礼’确实是中国传统文化有别于西方文化的特质，所以可以说中国传统文化的特征或表征就是‘礼’”。“礼”是中国传统文化的核心，中国自古被称为“礼仪之邦”。汉代学者何休在《春秋公羊传解诂》中称：“中国者，礼义之国也。”“礼”，现在只是理解为在日常生活中约束行为、有文明导向的习俗规范。在古代，“‘礼’不仅包含了我国古代社会生活各个领域的制度和规范，而且还包容了与这些制度和规范相适应的系统的思想观念”。参见：丁鼎．礼：中国传统文化的核心[M] //浙江大学古籍研究所，编．礼学与中国传统文化：庆祝沈文倬先生九十华诞国际学术研讨会论文集．北京：中华书局，2006：1.

二、自省兼爱与情绪思维中言行活动的两面性

“仁德”强调的是“自省兼爱”，从周公至孔子，其内涵构成经历了初创与完善，将“好”和“对”融汇其中，成为礼的核心内涵。

周朝在进入春秋时期后，开始出现“礼崩乐坏”现象。

春秋前期，周王室向东迁都到洛邑后，封地缩小，实力下降，统治权威开始趋弱。齐国管仲、郑国子产在邦国内实行变革，加强国君权力，吸揽人才，破除臣官权力世袭的藩篱，开始对外兼并称霸。

“周郑交质”“周王中箭”“齐楚窥鼎”等事件，[①] 表明西周时期制定并施行的上下等级秩序已经被打破，周王室制定的“礼制”已经失去了“道德”（好与坏）与“法制”（对与错）的判断权威与作用。诸侯国开始各行其是。

春秋中期，诸侯国内部的权力之争也开始失序。郑国内部因为权力之争，发生五族叛乱；齐国新旧贵族为了掌权，相互用兵争斗了上百年。[②]

春秋时期的“礼崩乐坏”，使得社会与以前相比陷入了混乱无序的状态。因此，在周王室已经式微、无法行使强大王权恢复原状的现实情况下，如何以一种新的“方法”内容，使得诸侯国从王权关系到社会生活都恢复到有序稳定的状态，是有识之士开始思考的问题，并依照自己的见解开出了不同的“药方”。

1. 孔子推崇“复礼”的目的，是使社会恢复到等级秩序状态

儒家学说就是诸多重建社会有序“药方”之一。而孔子、孟子、荀子在同一个“药方”中的“配方”又有一些区别。

孔子生于鲁国。[③] 鲁国是周初制定“周礼”的摄政大臣周公的封地，周

---

① 春秋时期，周王室因为势弱，在与一些强大的诸侯国交往中开始力不从心，在一系列事件中对诸侯国控制力逐渐下降。如“周王中箭”事件，其内容是周桓王与郑国的郑庄公交恶之后，郑庄公不去朝见，周桓王便联系了几个诸侯国去讨伐郑国，但是被郑国打败，周桓王自己也肩上中箭，使得周天子的威信更趋下降。

② “春秋时期，在缘自本国政变的五十七次弑、逐君事件中，公子弑、逐君二十三次，卿大夫二十九次。五十七次弑逐君事件中，弑君占四十二次，弑君者是公子和卿大夫各十九次；逐君十五次，其中公子逐者四次，卿大夫十次。”——郝铁川．周代国家政权研究［M］．合肥：黄山书社，1990：55.

③ 孔子，名丘，字仲尼（公元前551—前479）。

公因为摄政走不开，派自己的儿子伯禽到鲁国执政，周公对鲁国治国方针的要求就是“尊尊而亲亲”，就是尊卑等级秩序与血缘宗室关系并用。

伯禽谨从父教，因此，周礼在鲁国推行得最为全面，鲁国成为礼制畅行的模范邦国。

在孔子出生之前的一百多年内，最具有礼制传统的鲁国却陷入了纲常混乱、礼制崩溃的境地。

伯禽立国后，掌握鲁国大权的宗族一直限定在第一任国君伯禽之后的“亲亲”范围内。到鲁庄公即位，三个庶出的兄弟为大夫。

在鲁庄公时期，鲁庄公之弟庆父不仅与兄嫂私通，而且在鲁庄公死后，① 为了夺权弑杀两君，使得纲常混乱，民怨沸腾，以至于有“庆父不死，鲁难未已”之说。

孔子在鲁国受教育，基于所见所闻，自然对周礼印象深刻，更有可能是心仪有加。② 同时，孔子对纲常混乱所带来的危害也是痛心疾首。

因此，当孔子在考虑恢复君权与社会秩序的时候，重新使用周礼是一个比较易于实行，又有西周已有成效可鉴的现成的“药方”。③

“复礼”由此成为孔子君权思想的核心内容。使社会恢复到西周，甚至周以前的圣王时期的等级分明、秩序井然状态，就是孔子毕生追求的恢复有道之世的政治理想。

孔子认为要用礼制来规范君权，一方面通过礼制使得君权具有等级权威，施行有效；另一方面通过礼制又可以防止君权胡乱作为，规范君主行为。

“复礼”的关键当然在于君主，只有君主认识到这件事的意义并予以执行，“复礼”这件事情才能做下去。

---

① 鲁庄公死于公元前662年。

② 孔子明确表明自己对周礼的态度：“周监于二代，郁郁乎文哉。吾从周。”——（春秋）孔丘．论语［M］．杨伯峻，杨逢彬，注译．长沙：岳麓书社，2000：22.

③ 有学者研究认为，孔子所传授的儒家六经，无不渗透着浓重的“礼”学内容。正如清代学者皮锡瑞所说：“六经之文，皆有礼在其中。六经之义，亦以礼为重。”礼是调整一切社会关系的根本准则，“道仁德义，非礼不成……”（《礼记·曲礼》）。礼也是天地间事物的关系和秩序的规范准则，“礼者，天地之序也”（《礼记·乐记》）。“历史上，汉儒所总结概括的‘三纲五常’，魏晋玄学所探讨的‘名教’，以及宋明理学中‘形上化’的天理，其实都是‘礼’这一范畴或‘礼’范畴的主体内涵在不同历史时期的不同表现形态，或者说是不同历史时期的儒家学者对‘礼’的主体内涵的不同认识和不同的称呼。”参见：丁鼎．礼：中国传统文化的核心［M］//浙江大学古籍研究所，编．礼学与中国传统文化：庆祝沈文倬先生九十华诞国际学术研讨会论文集．北京：中华书局，2006：5.

对于君主的认识转变来说，有两个有效途径：一是强制力量压迫；二是自我认识提高。

在周王室已经式微的情况下，强制途径已经不可能，那就只有帮助君主提高自我认识。因此，孔子学成之后的整个人生，就是在“劝说”别人“复礼”的工作中度过。由此也可见到，孔子所创立的儒学，从一开始就不是一种单纯的学术理念，而是带有强烈的入仕情怀，希望能在政治变革中发挥作用。

孔子“劝说”君主，从鲁国国君开始。

孔子30多岁的时候在学识上已经有了名气，鲁昭公问政于孔子，对孔子有好感，让孔子任小吏，但鲁国后来发生内乱，鲁昭公被迫逃亡齐国，孔子随后也到了齐国。

孔子被引荐，受齐国国君召见，开始对“外国”君主进行“复礼”的“劝说”。

在此之后，孔子开始周游列国，到卫国、宋国、郑国等14国开展“劝说”，在艰苦的条件下坚持不懈，一直到68岁，才停止了这项工作。

在“劝说”君主的同时，孔子也一直在“劝说”自己的学生，期望学生学成后出仕，实现自己的理想。

孔子对君主的“劝说”，当然要说“复礼”的好处。

“秩序”是“复礼”的现实目标，君君、臣臣、父父、子子，就是每个人要按照自己的身份找到自己所处的社会位置，以尊卑等级为基础，大家遵守礼制规则，只能说自己该说的话，做自己该做的事，任何时候，都不能乱了规则，乱了秩序。

“复礼”所讲的等级秩序，是权力运行的需要，尤其是各级臣子官吏需循规而行，这当然对君权的稳固统治有利，按照一般的想法，理应被君主们接受。

但是，在当时的情境下，各国君主对于用礼制的等级秩序来维护君权的“药方”，在认识上是不同的，因为西周的权力等级秩序的建立是有前提条件的，就是以血缘宗室世袭为基础，离开了这个条件，权力等级的重新排序就是“犯上作乱”，就是逾规。而春秋时期，一些君主就是通过“犯上作乱”才获得权力的。

孔子是血缘伦理规则的拥护者，“孝”“忠”是其中的主要内容，一个人有了血缘基础上的“孝”，就不会不“忠”，“其为人也孝弟，而好犯上者，鲜亦；不好犯上，而好作乱者，未之有也”①。因此，可以设想，孔子所“劝说”的权力等级秩序的“礼制”内容，在各国君主面前大致可能产生几种效果：

其一，是比较认同用“礼制”来规范权力等级秩序的方案。

孔子在齐国、卫国这些邦国，受到了较好的礼遇，甚至君主动了起用孔子为官施政的念头。

这些君主对孔子能够给予礼遇，主要的原因可能就是他们本身就是宗法世袭出身，对于在宗法世袭基础上的权力等级秩序有认同感。

其二，是认为用“礼制”来规范权力等级秩序的方案过于理想化，不符合现实。

春秋时期，各诸侯国已经陷入战乱之中，一国之稳定并不完全取决于自身，还得要看周边的形势。

在这种情况下，寄希望用“礼制”的“劝说”来调节各种关系，实现权力统治稳定，是带有“空想”成分的方案，不具备现实可行性。因此，孔子在这些邦国，就会受到“说客”式的待遇，“劝说”完了之后，一杯清茶送客。

其三，是根本不认同用“礼制”来规范权力等级秩序的方案。

春秋时期的一些君主，要么自身就是破除宗法世袭规则，凭借自身实力掌权成为君主的人；要么就是雄睨天下，积聚力量，随时准备打破规则争当霸主的人。

这类君主，最痛恨的就是礼制的束缚，因为按照礼制的要求，他们的行为都是逾规，他们的君权稳定首先就会受到合法性的质疑。因此这类君主，不仅是反对孔子的方案，可能连杀了孔子之心都有。孔子在一些国家遇到危险，显然就有这方面的原因。

2. 孔子倡导“克己”的核心内涵，是为“复礼”奠定认知基础

对于各国君主们在“复礼”的“劝说”面前有不同的态度，尤其是有反对的意见，以孔子的智慧，应该是事前可以推测到的，因此，孔子在提出“复礼”的内容的同时，也提出了一个能够帮助“复礼”被君主们接受的前

---

① （春秋）孔丘．论语［M］．杨伯峻，杨逢彬，注译．长沙：岳麓书社，2000：22.

提，就是“克己”。

在提出“复礼”认识的基础上，孔子确立了以“仁”为核心的“克己”道德修养观。①

“仁”就是要“爱人”，为君者要“爱下”，为人者要“孝悌”。②

按照孔子的设想，人人都有爱，理想的“各享其乐的有序世界”就有了坚实的基础，对于君主来说，对臣下、百姓以德（爱）为政，就会得到人心，巩固其统治。“其身正，不令而行；其身不正，虽令不从。”③ 在这个基础上，再配以“礼制”强化，君权的统治与等级秩序就稳如磐石了，也就进入了理想世界。

对于君主来说，“克己复礼”也就是个人行为的“内圣外王”。而这些是可以通过尊古，找到尧、舜、禹、汤、文王、周公这些典范为证的。④

以自我反省、兼爱他人的“克己”为基础，以礼所倡导的尊卑等级、血缘宗法秩序为内容，以“礼制”方法为实现手段，孔子为君主统治、各享其乐的理想社会实现构建了一个完整的逻辑推理链条。

那么，关于这个理想社会的“劝说”内容为什么不被君主们接受呢？

因为孔子的方案看起来是一个完整的逻辑推理链条，其中却是包含了很多情绪思维判断倾向，难以得到君主们的认同。

如果说孔子的“复礼”，是因为包含了西周的宗法血缘世袭因素，使得等级秩序恢复内容有了“瑕疵”，从而遭到一些君主的反对，与“复礼”内容相比，以仁爱为核心内容的“克己”，因为其所具有的普世价值，尤其是倡导人人在生活中都要有礼有爱，有利于社会统治，应该容易得到君主们的认同

① “据杨伯峻统计，在论语的11705个字里共出现‘仁’字109个。由于孔子一向推崇仁，这样从某种意义上讲，儒学有仁学之称。”——赵凯．同人心，贵人和：中国传统人际关系心理学思想研究［M］．济南：山东教育出版社，2012：13.

② 孔子认为“仁”是礼的基本精神和实质，“仁”是礼的先决条件，有了“仁”，人们就会自觉地遵循礼。“孔子提出：‘人而不仁，如礼何？人而不仁，如乐何?，（《论语·八佾》）”——张亲霞．先秦儒家王权思想的历史演变［M］．西安：陕西人民出版社，2007：66.

③ （春秋）孔丘．论语［M］．杨伯峻，杨逢彬，注译．长沙：岳麓书社，2000：22.

④ 一般认为，舜之所以受到众人推举而继承尧位，就是在其品行上有突出的“孝”的行为。《尚书·尧典》记载舜的父亲愚顽，继母凶狠，义母弟弟傲慢逞强，舜几次受其陷害而几乎丧命，但仍以自己的孝行感动全家和睦相处。尧叫舜推行伦常、孝道和礼教，舜把父义、母慈、兄友、弟恭和子孝的五常推行得很好。舜又能使百官行为有序，得到邦君的敬重。尧观察之后，决定让位于舜。舜年老之后，决定让位于治水有功的禹。舜禹都是在谦让后才正式继位。夏桀实行暴政，而成汤实行仁政，成汤要求张网捕鸟兽者网开三面，得到天下人好评，“汤德至矣，及禽兽”。一些邦开始依附成汤。

才对。

人无完人，即使是智慧如“圣人”的孔子也难例外。孔子对于自己所倡导的“仁爱”有当局者迷的执着，而忽略了对于君主来说，“仁爱”并不是一个简单的理念问题，而是一个利益割舍问题。

孔子所说的仁爱，是一个普世概念的仁爱，就是人无论等级贵贱，都应该对别人仁爱，这其中也当然包括了君主这样的统治者。

对权力拥有者来说，要对他人仁爱，就不是简单的说话和蔼、行为谦让了，而是涉及利益割舍的问题。比如说，要对臣子仁，就要能忍受其犯错所造成的损害；要对百姓仁，就要减其赋税以减少其负担。对于君主来说，仁是一个好的名声，但要做到仁，就要进行利益割舍。

从国家的长治久安来看，对百姓进行利益割舍，是一个“对”的决定；而从君主的现实利益来看，对百姓进行利益割舍，就是一个“坏”的决定。

孔子所处的春秋时期，正是一个战乱纷起、弱肉强食的时期。在这样一个动荡的年代，君主们无不用尽各种方法将资源集于自己掌控之下，以求争霸或自保，眼前的权力巩固与争夺最为重要，你让他为了一个好的名声而进行利益割舍，或者说你告诉他现在割利日后可能会有返利，他岂能动心？

君主也存在对个人利益与国家利益的差别取舍，个人利益是眼前的，国家利益是长远的，从君主个人的情绪思维偏向看，往往会是个人利益的“好与坏”的判断战胜国家利益的“对与错”的判断。

由此可以看到，当孔子对君主们进行“复礼”的“劝说”的时候，劝说结果是将君主分成了同意、冷淡、反对三个类别，君主们对“复礼”的内容存在不同的看法。

等孔子再进行“克己”的“劝说”后，连原来持同意意见的君主可能也转变了态度，变为冷淡或反对。所以，在现实中，孔子只能是处处碰壁。司马迁对此感叹，“孔子明王道，干七十余君，莫能用”①。

“仁者人也”“仁者爱人”，是孟子进一步给予的解释。“仁”是人应该持有的本性，也是行为活动中首先要考虑的内容。即使是君主也要如此，君主对民众应该按照天道要求施行仁德、扬善抑恶，暴行虐政的君主会受到天降的灾祸警告，遭受天谴。

---

① （西汉）司马迁．史记全本（上）［M］．沈阳：万卷出版公司，2016：100．与孔子周游列国“劝说”失败一样，屈原是“劝说”自己的君主失败，屈原希望楚怀王能够自觉，做一个明君贤主，在“劝说”无效后，干脆投河自尽，“杀身以成仁”。

孟子在孔子的论述基础上进一步发展，提出要重视普通人的人性需求，[①] 仁爱内容有了新的价值取向，就是“民贵君轻”。“民为贵，社稷次之，君为轻。”[②] 孟子认为如果君主暴虐于民，民则可以诛伐暴君。当然，这就更难为“官儒”所接受了，只能成为日后“私儒”孜孜追求的理想。

3. “克己”修行存在言行分离的两面性

中国集权专制社会始于战国，止于20世纪初清廷被推翻，经历了两千多年的发展历程。在这期间，虽然历代王朝都各有兴衰，但是这些王朝却都具有一个共同的特质，即掌有绝对的权力。集权专制使得统治者形成了特权意识，同时，普通民众将政治看作纯属政治家的行为与事物，有意无意地将自己排斥于政治系统之外，完全听命于专制权力的控制与制约，如此一来，久而久之，专制权力主体也便会很自然地将自身看成特殊人物，可以为所欲为而不受限制。

在传统文化中，“仁”既是“好”的，也是“对”的。“仁”以普世价值获得了社会的合理性认同，构成了个体的情绪心境内容，也推动着个体以相应的情绪思维形式选择实现“仁”的途径。但是，对于“仁”的追求在现实中却具有极大的不确定性，原因在于孔子所强调的“仁”是通过“自省”，也就是自我修行方式得以体现的。

“天”造人，授权其子下到人间统治人类，是为“天子”。“天子”的所作所为，是“天功人其代之”，即“替天行道”。

天道的对应物是“仁、孝”，顺应天意，为君者要“仁”，为人者要“孝”。“仁”与“不仁”之间没有严格的界限，“孝”与“不孝”之间却可借礼仪来确认。

“仁”是泛指的对他人的“爱心”，“孝”却是专指的下对上的“忠心”。因此，君王“不仁”的时候你不好判定，而你作为“下”的时候，对“上”“不忠”就是“不孝”。

崇祯似乎是中国历史上少有的具有自律和自省意识的帝王。

崇祯有崇高的理想追求，为了成为史上留名的中兴皇帝，崇祯以尧舜自勉，严于律己，好学不辍，生活俭朴，不恋女色。崇祯在生活与工作中的自

---

① 孟子在“仁”的基础上，“提出‘仁义礼智’四端是人生而具有的本性，并且认为每个人都有这种本性。”——张亲霞．先秦儒家王权思想的历史演变［M］．西安：陕西人民出版社，2007：177.

② （战国）孟轲．孟子［M］．杨伯峻，杨逢彬，注译．长沙：岳麓书社，2000：250.

我要求之高，在中国历史上的帝王中较为罕见，这一点得到研究者的一致承认。①

崇祯严于律己的事情非常多，任何一件事情说出来，不仅是一般帝王之身难以企及，就是以“存天理，灭人欲”为人生最高境界的士子大夫也难以比拟。

崇祯有一次去看望祖父万历皇帝的昭妃，也是自己的庶祖母刘太妃，在闲聊中，因为两夜赶着批阅文书，太过困乏，竟然在闲谈中坐在椅子上就睡着了，让老太太疼惜的泪水长流。

崇祯不仅在生活工作中严于律己，还注重反省自己的学识修养。自当上皇帝之后，崇祯就坚持参加“日讲”活动，就是由内阁和翰林学士为他讲解“四书”“五经”等经史著作。这是一项需要长期坚持的学习活动，在崇祯之前的皇帝们很少有人能坚持参加，而崇祯却能坚持不懈、寒暑不辍。

“仁”是一种内在自我修行，外在没有强制性的礼予以监督和制衡。对于皇帝和官员来说，对治下的百姓是否“仁”，都是出于自愿。另外，对于“仁”的内涵，皇帝和官员们还可以做另外的解释。因此，在集权专制政体中，掌权者可以在一个方面“仁”，在另一个方面“不仁”。“仁”即意味着要进行自我约束，降低权威，甚至牺牲自我利益以及整个统治阶级的利益；“不仁”则可以顺意而行，简单明了，保持权威。

崇祯作为一个领导者，已经将自律和自省做到了至高的境界，其目的就是要效法尧舜先贤，在巩固皇权的同时，将为“仁”于天下视为自己的执政目标。

但是，“仁”不仅仅是一个抽象的概念，在执政过程中，会体现为具体的利益。当现实中的各种利益取舍发生冲突的时候，领导者仅仅通过对自己的“克己”修行是无法解决现实矛盾的。

崇祯执政以后，在解决内乱、为政以“仁”的领导活动中，因为财政缺

---

① “崇祯在有明一代，算得上是一个励精图治、有所作为的皇帝。”——樊树志．崇祯皇帝传［M］．西安：陕西师范大学出版社，2009：1．“崇祯勤于政事，不好声色。自明中期以后，皇帝怠政之风盛行，令天下臣民忧心。崇祯则一反过去诸帝的怠政之风，‘日理平台’，像开国皇帝朱元璋那样‘忧勤不怠’。崇祯平时生活比较节俭，去除奢侈，在与朝臣议政时，连袖口破损的衣服也穿。”——晁中辰．崇祯帝“君非甚暗”透析［J］．文史哲，2001（5）：97-98．

钱，直接就面临着个人利益、团体利益与天下利益取舍的考量，这其中最现实的问题就是如何在国家运转中节流开源。

最有效的节流途径就是对庞大的皇室子嗣财政供养进行大规模的削减，同时大幅度减少各种皇室典礼巨额开支。这个选择显然是“对”的，但是对于皇室成员的利益维护来说，也显然是“坏”的。

两种思维方式竞争的结果，是情绪思维占了上风。

崇祯可以在自我反省中要求自己“克己”，却下不了决心要求庞大的皇室团体成员从“仁”出发，自律“克己”，减少开支。

既然节流无法实施，崇祯就只能从百姓这个“天下利益”中抽取更多的税负，“三饷”加派虽然与“仁”相违背，但是崇祯做起来显然比对皇室节流更加心安理得。

礼是人与人之间、君与臣之间处事的规则，是行为活动中不可或缺的有序因素。在现实社会中儒家的礼具有非常明显的宗法等级性，如“天尊地卑，君臣定矣；卑高以陈，贵贱位矣”等,[①] 人与人之间有等级区别。一切活动要由以此制定的礼来指导。

由此可见，“仁德”所提倡的人际关系中的仁爱平等缺乏“统治规则”的维护，礼所倡导的人际关系中的“尊卑差别”则有严格的“统治规则”维护。[②]

1644 年初，在清朝与李自成大军内外夹击，大明政权摇摇欲坠，朝廷急需要财力应对危机的时刻，崇祯终于决定另辟一条筹钱的路子，就是要皇亲国戚、文武大臣们进行捐款。

在经历了树立榜样、讨价还价、强行摊派等各种方法之后，皇亲国戚和京官们总共捐出了 20 多万两饷银，对于战事需求可谓是杯水车薪，无济于事。而在这之后不久，李自成大军进城后通过拷掠追银，在这群人身上搜出了巨额的财富。

崇祯无论在个人生活和工作上如何自律，也弥补不了统治阶级与天下利益之间取舍的巨大差额，崇祯的“仁”，也无法以减少统治阶级利益来惠及天

---

① 礼记［M］. 钱玄，等，注译. 长沙：岳麓书社，2001：504.

② 民主制衡体制中对掌权者是否“仁”，不是停留在口头说教中，而是以“礼”（规则）予以强制要求。这个强制的规则很简单，就两条：掌权者有任期；在任期满了之后能否继续执政，由管理对象的选票决定。如果掌权者在位期间被管理对象视为“不仁”，就只能走人。

下苍生方式进行。因此，当崇祯将“克己”修行只是放在自我视角的时候，对于其领导者角色所期望达成的为“仁”于天下的目标是没有实质性帮助的。

孔孟与统治者对于“克己复礼”有自己理解的侧重点，这也是日后“私儒”与“官儒”对于儒学内容在取舍上各有不同的原因。

由于以“仁德”为核心内容的“克己”，具有符合人性需求的普世价值，因而能够得到抽象意义上的认同。儒学由此在人性本质行为取向的解释上，获得了能够为大多数人所认同的理由。这也是“私儒”研究的价值取向，以及后世肯定儒学积极意义的主要内容。

在“家天下”已经稳固的情况下，统治者以“复礼”来要求人们接受已有的统治秩序，以“克己”来要求人们消除“动乱”的念头。“克己复礼”主要是用来要求他人的，至于统治者自己，既可以将“克己”做实，也可以虚唱其名。这就是“官儒”的价值取向。①

“仁德”的主要内容是“自省兼爱”，对自己不断反省，对他人充满爱心。儒家强调通过“内圣”，也就是“自省兼爱”的自我修养，而达到“外王”，也就是“治国平天下”的境界。

以“私儒”的视角，“士不可以不弘毅”。“自省兼爱”为中国人，特别是士人的情绪心境升华提供了想象空间，使得中国人情绪思维中包含着理想情怀的驱动作用。②

士人处于士人身份的时候，可以做到“自省兼爱”的言行一致，以“修身齐家治国平天下”为理想情怀。

以“官儒”的视角，“自省兼爱”的修行缺乏外部硬性约束，虽然口头上要认可，但是在现实政治中可以修，也可以不修。士人处于官僚身份的时候，往往就会以“官儒”的视角看待“自省兼爱”，以维持统治为由放弃言

---

① 孔子思想体系的核心是什么？是儒学研究的重要问题。有学者对研究者的观点进行了归纳，认为学界有三大派：第一派认为是“礼”，以陈独秀等为代表，主要是反孔，数千年来的“吃人礼教”充满罪恶；第二派认为是“仁”，以牟宗三等为代表，主要是尊孔，用“仁”的进步性掩盖“礼”的落后性；第三派认为是“仁礼双元统一结构”，以王世明等为代表，是折中调和。参见：丁鼎．礼：中国传统文化的核心［M］//浙江大学古籍研究所，编．礼学与中国传统文化：庆祝沈文倬先生九十华诞国际学术研讨会论文集．北京：中华书局，2006：4.

② “士不可以不弘毅，任重而道远。仁以为己任，不亦重乎？死而后已，不亦远乎?”——（春秋）孔丘．论语［M］．杨伯峻，杨逢彬，注译．长沙：岳麓书社，2000：22.

行一致的选择。①

当士人处于官僚身份的时候，在现实统治中，法家的“霸道”“权谋”更具有效果，所以统治者往往选择口头上讲“自省兼爱”，行动中讲“霸道权谋”的“儒表法里”的统治方式。②

一旦牵涉自我利益，不仅皇帝与官员对“仁”的理解可以发生变化，即使是以“天下苍生”为关注内容的士人，对“仁”的理解也会出现情绪思维偏向。

掌权者处于礼制的高端，对于别人是否仁爱，没有硬性约束，可以任性为之。人性选择的结果，是几千年的集权专制统治者中，有“仁”者少，“不仁”者多；要求别人“自省兼爱”的多，要求自己“自省兼爱”的少。③

“私儒”和“官儒”内容与思维的差异，导致了掌权者对于“自省兼爱”的认识有言与行的分离。而掌权者的行为最具有影响力，又会影响到包括士人在内的一般人对于“自省兼爱”言与行可以分离的领会，即言的时候要以“自省兼爱”为判断标准，但是，在面对具体现实利益的时候，又可以否定“自省兼爱”，做出与之背离的判断选择。

从统治者开始并影响到士人，在社会上逐渐形成了“自省兼爱”可以言行分离的现实：既有言行一致，也有言行分离；可以现在言行一致，明天言

① 李泽厚将孔子本人的思想与董仲舒的孔子、朱熹的孔子、康有为的孔子分开来分析，从孔子本人的“礼”“仁”来看，“孔子维护周礼，是保守、落后以至反动的，但他反对残酷的剥削压制，要求保持、恢复并突出地强调相对温和的远古氏族统治体制，又具有民主性和人民性”。“‘仁学’思想在外在方面突出了原始氏族体制中所具有的民主性和人道主义”，而历代君主所雕塑的孔子是“君主专制主义、禁欲主义、等级主义的孔子，是封建上层建筑和意识形态的人格化的总符号，它当然是资产阶级民主革命的对象”。参见：李泽厚．中国古代思想史论［M］．北京：人民出版社，1986：13-16.

② 有学者研究认为，儒家关于民的思想都是从君的角度考虑的，只不过是维护王权统治的手段。儒家思想中的民“并不是目的，一般地说，它只是一种手段，君主是民的主人，君主是目的”。参见：刘泽华．中国的王权主义［M］．上海：上海人民出版社，2000：209. 对于儒家君权思想的实质，有观点认为，“儒家大一统君主主义同一切君主主义理论一样，都通向人治主义，而不是法治主义……儒家并没有找到克服君主滥用权力和由尊君而带来的权力腐败的正确途径，其大一统的君主主义与法家的绝对君主专制之间，说到底也不过是五十步与百步之差，没有质的区别”。参见：俞荣根．儒家法思想通论［M］．南宁：广西人民出版社，1992：146. “汉武帝把儒学视为正统学术，后人因袭，除了儒学自身价值之外，主要是看中儒学的虚伪与诡辩两个特点。正是这两个特点，可以为历代统治者所用，而且屡试不爽。”——王文元．权力潜规则：中国历史中的权力斗争［M］．北京：中国市场出版社，2004：168.

③ 从掌权者开始，对于“自省兼爱”的认识就形成了两套标准，主导其有关“自省兼爱”言与行的思维判断，言的时候以“私儒”的内容慷慨宣扬，以其“对”的内容获得受众的心理认同，并要求受众践行；行的时候以“官儒”的内容作为行为准则，以其“好”的内容说服自己可以另行其是，获得于己有利的结果。

行分离。长期的社会实践过程，造成中国人的“自省兼爱”意识在思维活动中的言行一致与言行分离的两面性，而情绪思维所拥有的利己的主观体验判断倾向，很容易助推人们在实践中对于言行分离的选择，所以人际关系规则中大量不合理内容的畅行无阻也就是顺理成章的事情了。

三、尊卑有序与情绪思维中人格独立意识的分裂

在中国，“礼”萌芽于殷商之前，周礼则是“礼”之完备，其强调的是“礼”的形式与内容的并重，在“礼”中严格规定了等级、辈分、职位等不同身份的人的尊卑地位以及相应的行为方式，即“尊卑有序”，个体的一切行为选择以“礼”为准则，守“礼”即为有序，违“礼”则为无序。在有序与无序之间，对于尊卑的认定及认同至关重要。

在礼的指导下，人们明白了人是有贵贱、尊卑之分，长幼、亲疏之别的。处在不同等级、不同位置的人，应该按照相应的言行视听要求行事，才是正常的人，才能使得整个社会有序；否则，就是违背了礼的要求，就会导致整个社会无序，就应该受到惩罚。

伴随着“尊卑有序”的自我认同，是对自我人格独立意识的否定。

人格是一个人在对己、对人、对事的认识过程中所形成的独特而稳定的思维方式、行为风格和品行素质。在人际交往中，一个人的人格具有相对独立及稳定性，使得他能够以较为稳定的思维方式去处理与他人的关系。①

“尊卑有序”的实质，是使得个体在人格意识养成中构建了对于人与人之间不平等的基本认同，并由此认同个人身份地位的相对性和人格的“主宰”与“依附”状态的相对性：在“我”处于“尊”的位置时，必须保持“主宰”的人格意识；在“我”处于“卑”的位置时，必须保持“依附”的人格意识。这种人格认知以情绪心境的方式在个体的自我意识中产生影响，促使个体在不同位置情境中进行“主宰”与“依附”的人格状态转化，造成人格独立意识的分裂。

卢梭认为，人类存在两种不平等，一种是生理上的不平等，是基于年龄、健康、体力等不同而产生的，另一种是人们通过认知趋同而自设的，体现为

---

① 在自我意识构成中的人格意识，一般会以情绪心境的方式，在个体的情绪思维活动过程中起着本能驱动的作用。

精神上或政治上的不平等，比如以人格的先天不平等的认同为表现形式，使得某些人生来就享有各种可以使别人臣服于他的特权。①

在某些社会阶段，人一生下来，就有了某种身份属性界定，伴随着身份属性的，是这个人在今后的社会活动中的活动规则要求，即你能做什么，不能做什么。这些身份属性界定，有明文规定，也有文化传统延续的习惯认同。②

人的身份属性界定，对于个体的自我反省意识起着本能的引导作用，并引导着其情绪生成、行为选择及人际关系调整。

在封建专制社会，传统文化培养下的中国人，除了皇帝以外，其他人都难以建立独立的人格，“我即是我”“我要做一个独立我”或“我的人格状态可以一以贯之”的“对”的判断，在现实社会中很难保持。大多数人在认同“尊卑有序”的同时，也就构建了人格可以进行“主宰”与“依附”状态转化的意识，虽然认识到人格独立是“对”的，但在情绪思维中从于己“好”的判断出发，会将人格独立意识以分裂的方式进行变化运行。

中国人在精神上接受人格的不平等，并可以在“主宰”与“依附”的分裂状态中进行转化，主要是在农业社会情境、宗法血缘传统、集权专制情境等社会活动方式影响下逐渐形成的，并最终在对“礼”的认同中得以确定。

1. 农业社会情境与个体主宰依附意识的形成

中国人在意识深处对于“尊卑有序”的合理性认同，与中国传统农业社会中人的生存方式与对人情资源的依赖有密切关联。

（1）农业社会形成对血缘关系重要性的认同。

自古以来，中国就是一个以农业生产为主要生活内容和基本生存手段的社会。农业社会赖以生存的最重要的资源就是土地与劳动力，土地与劳动力结合的产出，决定了人的生存与发展，因而在农业社会，土地对人来说至关重要。

土地的特点是固定，不具备空间流动性。因此，人只能附着于土地，造成

---

① “我认为在人类中有两种不平等：一种，我把它叫作自然的或生理上的不平等，因为它是基于自然，由年龄、健康、体力以及智慧或心灵的性质的不同而产生的；另一种可以称为精神上的或政治上的不平等，因为它是起因于一种协议，由于人们的同意而设定的，或者至少是它的存在为大家所认可的。第二种不平等包括某一些人由于损害别人而得以享受的各种特权，譬如：比别人更富足、更光荣、更有权势，或者甚至叫别人服从他们。”——卢梭．论人类社会不平等的起源和基础［M］．李常山，译．北京：商务印书馆，1962：81.

② 如宗法制度下的贵族血缘承继，中国改革开放之前的家庭出身划分，现在的农业户口与城市户口界定，就是由法律或规章给予明文确定的。如行业工种、收入高低、宗教差异等，就是在长期的文化影响下所形成的习惯认同。

了农业社会中人的活动相对定点化，以及定点与定点之间流动的缓慢性特征。

在农业社会，人离不开土地，而土地的劳作单靠个人的力量成果有限，因而家庭对于个人与劳作来说就至关重要，同时，在生活中，农业社会的生存链条是比较脆弱的，尤其是在遇灾遭害时，个体随时可能面临生存危机，这时，群体的力量就能够帮助个体渡过难关。[①] 因此，在农业社会中，人对于土地的依赖，又会转变为对于家庭、群体和人情资源的依赖。

家庭以血缘作为关系形成的纽带，这使得每个人的心中都深深地根植了血缘与亲情的观念。[②] 血浓于水、手足情深的亲情观，使中国人把家庭或类似家庭的关系看成最安全、最容易接受的人际关系，家庭及家族意识观念也就很自然地成为人际关系的主要心理取向。[③]

（2）血缘关系带动人情资源利用，促生“靠”的依附意识。

以家庭为单位的劳作方式，是中国传统农业社会的主要生产方式。在小农经济背景下，家庭和个体具有生死存亡的依存关系。家庭成员之间可以利用人情资源的帮助来获得生存与发展的机会。

家庭成员之间虽然讲究互相帮助，但是在生产劳作之中，家长往往起着主要作用。家长对整个家庭成员负有抚养的义务，也就相应获得了指挥地位；家庭成员在获得被抚养待遇的同时，也附带了服从的条件。

在家长制下，家长的权威地位，成员的仆从地位逐渐形成，“在家靠父母”的意识开始变成常识，一切都变得自然而然，天经地义。

人情关系在家庭这个基本单位中孕育培养，然后向外逐渐扩散建构。

以血缘关系为根基所扩展的人情关系，将“在家靠父母”意识也予以了扩展，“出门靠朋友”也被视为常识。[④]

---

① “原始社会氏族的财富是共有的，体现在考古发现的材料中，是居住遗址和墓葬的集体性和平等性。如仰韶文化的聚落和公共墓地，其情形就是这样，已为众所周知。”——李学勤．中国古代文明十讲［M］．上海：复旦大学出版社，2003：49.

② “古代社会，特别是中国古代，由血缘关系而结成的族组织是一切事物的基本，官职也是通过此组织继承并发挥其职能的。”——［日］伊藤道治．中国古代王朝的形成：以出土资料为主的殷周史研究［M］．江蓝生，译．北京：中华书局出版社，2002：123.

③ 学者研究认为，中国古代在进入了国家社会以后相当长的时间内，国家还没有彻底与血缘组织分离，依旧保留着“血缘关系的外壳”，“在商周的国家社会里，地缘关系却并未完全取代血缘关系，虽说当时地缘的因素也在滋长，可是社会的基层组织主要是以血缘为基础，家族与宗族依旧是真正的政治经济实体，在政治上发挥着很大的作用”。参见：王震中．中国古代国家的起源与王权的形成［M］．北京：中国社会科学出版社，2013：12.

④ 中国人的人情资源可分为先天与后天两大类，先天资源包括血缘、地缘、辈分、家世等，后天资源包括联姻、身份、金钱、地位、权力、名望、关系、信息、品质等。

人情关系与人情资源利用培养了中国人可以“靠”别人生存与发展的意识。依照这样的生存逻辑，在传统社会中便逐渐形成了极为鲜明的以家庭、家族、宗族、邦国为主体的依附格局，在这个格局里的等级结构中，越往上走，重要性越强，越往下走，重要性越弱，个体在整个大格局里尽显渺小，只能依附在格局中才能获得生存与发展的机会。

（3）“靠”与“被靠”推动人格独立意识的分裂。

在“靠”与“被靠”之间的转换，实质上体现的是个体人格独立意识在“依附”与“主宰”之间的分裂。在人情资源利用中，个体作为“请托人”的时候，要从情绪思维上认可自己的“依附”状态的感觉；个体作为“受托人”的时候，可以在情绪思维上获得“主宰”状态的感觉。

李鸿章从政以后真正得到的磨炼是加入了曾国藩幕府之后，而加入曾幕是有条件的，其隐含的基本要求是入幕者必须放弃人格独立的意识。

在第一次进入曾幕的时候，李鸿章因为有初生牛犊之气，无法忍受曾国藩的“家长”作风，寻求意识独立，最后与曾国藩一拍两散，离开了曾幕。在第二次入曾幕之后，李鸿章构建了依附的自我意识，自愿接受曾国藩的“家长”权威，才在曾国藩的扶持之下获得了成功发展的机会。

1858 年 7 月，太平军在安徽大破清军，李鸿章所在的团练队伍战败溃散，多年的努力毁于一旦。李鸿章在生死无定、前途渺茫的情形下，于 1859 年 1 月投入了曾国藩的幕府之中。

曾国藩在幕府中对李鸿章如家长管束子女般对待。李鸿章入幕时已是 36 岁，也有较高的官品，但是曾国藩要求其从饮食起居到工作节奏都必须无条件地服从自己的习惯要求，比如，曾国藩习惯早起查营，李鸿章是晚睡晚起，曾国藩查完营后与幕僚一起吃早饭，派人通知李鸿章，要等他到了以后才开饭，弄得李鸿章叫苦不迭。

1860 年曾国藩任两江总督，将大本营设在安徽祁门，李鸿章认为祁门地形如锅底，没有进退余地，是所谓的兵家“绝地”，必须换地扎营。李鸿章多次进言，曾国藩不为所动，最后两人发生争执，李鸿章遭到严厉斥责。在此之后，两人又因为曾国藩要处理一个下属李元度发生争执，李鸿章一气之下，离开曾幕另谋出路。

个体人格独立意识在“靠”与“被靠”之间的自由裂变，就是在情绪思维中将“依附”与“主宰”状态变化视为常态，在这种思维意识主导下，中国人才能形成对于家长制、人情通道、圈内圈外等人情关系规则的心理认同。[①]

李鸿章独自漂泊之后，才发现在官场中没有依托靠山的艰难之处，不得已，只得放弃独立意识，向曾国藩低头，而曾国藩正是要挫一挫李鸿章的锐气，在其接受“家长”的权威之后，才重新将其召回幕下，精心训导培养。李鸿章自此视人格的“尊”与“卑”在不同情境下的更换为常识，在官场中扶摇直上。

2. 血缘宗法传统与尊卑等级意识的发展

血缘与权力承继之间的联系在中国有悠久的历史，司马迁在《五帝本纪》中叙述了五帝之间以禅让方式承继权力的过程，即部落首领在品行、才能得到认可的下属中选择并转让首领位置。

与此同时，《五帝本纪》也清楚地记载了黄帝、颛顼、帝喾、唐尧、虞舜之间的血缘关系，如颛顼是黄帝的二儿子昌意之子高阳，帝喾是黄帝的大儿子玄嚣之孙高辛。

所以，五帝时期权力承继方式是有前提条件的，就是在宗室亲戚这个血缘范围内以禅让方式承继。到了大禹，开始将首领位置转让给自己的儿子，并形成了血缘宗法世袭制。

宗法制是调整家族关系的制度，它源于氏族社会末期的家长制，在家族中依血缘关系分大宗和小宗，强调前者对后者的支配以及后者对前者的服从。[②]

将宗法制从家族植移到族群，在族群中也就建立了指挥与服从的等级差别规则。宗法制将血缘关系与等级差别规则予以对应，就是血缘关系越近，

---

① 现代中国社会发展已经显示，一旦人情资源对于个体生存发展的重要性趋于下降，人情关系对于个体的重要性也会同步下降，直观的感受就是现代城市中的人情逐渐疏淡。

② 文献中关系宗法制最详细的叙述，是《礼记》中的《大传》：“别子为祖，继别为宗。继祢者为小宗。”无论国君有几个儿子，嫡长子继承君位，其他的儿子就是别子，为了与君统相区别，另立宗，别子是这一宗的“祖”，他的儿子里，长子继承下来的家系就是大宗，非长子继承下来的家系就是小宗。立太子有应当遵循的原则，“立嫡以长不以贤，立子以贵不以长”，“周公定制”或“传统习惯”，当时是被人们普遍接受的。（参见：赵伯雄．周代国家形态研究［M］．长沙：湖南教育出版社，1990：80-319.）宗有大宗、小宗之分，最早的始祖的直接继承人，叫宗子。宗子的权力：第一，掌握宗族祭祀权。第二，掌握全族共有财产权。第三，宗子是宗族内的法官。第四，宗子在宗族内的至高地位他人不得僭越。（参见：胡留元，冯卓慧．夏商西周法制史［M］．北京：商务印书馆，2006：494-495.）

在族群中的级别就越高。①

周邦建国后，周朝的国家管理，是君统与宗统、政权与族权的统一，周王由原来的周邦的大族长转变为众邦的王，将原来周邦的宗法规则转变为周朝的政治规则。宗法讲究血缘亲疏有别，政治上将血缘关系分封出去做各地的邦君，维护王室政权；宗法讲究尊卑等级，政治上实行君臣尊卑关系；宗法讲究尽孝义务，政治上邦国要向周王朝觐纳贡。②

将宗法制植移到国家，就是所谓家国同构，即“天下国家本同一理”，这为中国封建统治提供了基本的方法。统治者在血缘上的承继，保持了尊贵地位的延续，也同时获得了对于权力的自然承继。“亲亲”与“尊尊”是一个相对应的关系，也是“礼”所确定的基本内容，并由此筑造了中国传统“等级特权”的社会基础。

血缘出身所包含的尊卑等级关系，在本质上反映的是人与人之间所存在的不平等状态，中国人对于血缘出身所包含的控制与服从的不平等内涵的接受，来自中国古代对天人关系的看法及其在人与人之间的引申。

（1）远古时期在天人关系中形成对“神”的敬畏。

“神”是人们对于主宰自然变化力量的创造性解释。③

对于“神”的解释，产生了巫术与神话。巫术在解释之外还带有操作性，古代人可以用巫术求雨，也可以用巫术治病，在大型涉猎、战争活动中也可以求助于巫卦的预测。神话以比拟与想象的方法，对人力所不能及的事物予以解释，如“盘古开天”“女娲造人”等。巫术与神话进一步传播了“神”

① “在社会领域，渊源于父权制家族的父子、兄弟、夫妇、男女等自然辈分和性别的差异成为划分古代中国国家社会分工和尊卑等级的样板。中国古代文明这种演进模式的延续性特质，使得氏族社会中基于年龄、血统、性别等自然差别在夏商周三代国家产生后被广泛地运用到专制政治中，从而在早期中国政治中烙下浓重的氏族社会自然不平等的特征。”——谢乃和．古代社会与政治：周代的政体及其变迁［M］．哈尔滨：黑龙江人民出版社，2011：3.

② 在西周文献中，“家”与“邦”经常连言，“君子万年，保其家邦”。本来，邦体现的是地缘关系，家则是血缘关系，但二者又是统一的，即邦实际上是由家组成的，就是家所占据的地盘。“这种邦与家的统一性决定了西周国家的特色：家族的统治与政治的统治搅在了一起，邦的内部结构其实也就是家族的结构，大族长也就是邦君。”“周人所建立的国家，就是由许许多多这样的邦组成的。国家的这种形态上的特点，就给了宗法制以发挥作用的广阔余地。”——赵伯雄．周代国家形态研究［M］．长沙：湖南教育出版社，1990：78-79. 在众邦内部，也同样是宗法规则与政治规则融合使用。家国同构，家的原则可以适用于国，国的原则也可以适用于家。国君就是“大家”的家长。

③ “神”的概念的出现，又形成了人对于“神”的敬畏与依附关系的心理认同。成书于春秋战国时期的《春秋左传》和《礼记》，都记载了上古社会人们对于能够主宰日月星辰、风雨雷电变化的“诸神”的敬畏与崇拜。八卦象征的事物，对应的就是对人类活动影响最大的自然现象：天、地、水、火、雷、山、风、泽。

与人的不平等关系。①

尧舜时期的国家统治形式是松散的联盟，联盟首长的产生还有推荐、考察的程序，也就是说，候选对象即使有血缘关系，也要能在德、绩两个方面都能服人，才能承继王位。当然，有了德、绩这个基础，也就拥有了一定的威权，坐上王位之后，也就比较容易服人。②

夏代以后，中国开始了以血缘宗法选择权力传承对象的国家统治形式。一方面是王的权力更大；另一方面是老子传儿子，儿子没有威权基础。因此，家传天下的合法性以及承继者的威权从何而来，一定是当时坐在王位上的人比较头痛的问题。③

在上古时代人们所敬畏与崇拜的"神"，开始进入了王者的视野，新的解释慢慢演变呈现。

(2) 商、周时期在天人关系中形成对"王"及其血缘的敬畏。

商朝建立了主宰神"上帝"与人的联系解说，商王自认为是"上帝"的子嗣，为"自尊"及"家天下"找到了"合理性"解说。④

在商朝，殷人的"上帝"，是可能包含血缘关系的创造。⑤

---

① "在远古人'原逻辑'的思维和思想意识中，那些强有力的部落酋长或邦国的邦君，在其活着的时候就可能被视为具有神力或神性，成为半人半神者，其死后变为部族或邦国之神。"在古代传说中，从轩辕战炎帝、蚩尤开始，邦君都是亲自统军作战，而且不断有"神力"出现，"古史传说也反映了神权、军权和族权是邦国君权的三大支柱"。参见：王震中．中国古代国家的起源与王权的形成［M］．北京：中国社会科学出版社，2013：291.

② "一般是前任共主在担任了一段时间这个职务后，便要让另一酋邦的首领来继承自己的职位。继承者来自各邦贵族的推举，得现任共主的认可，并得经过一段时间担任某项公职的考验，方能就任为新的共主。这就是人们所说的'禅让制'。舜继承尧、禹继承舜担任联盟的共主，都是通过这样的禅让实现的。"——沈长云，张渭莲．中国古代国家起源与形成研究［M］．北京：人民出版社，2009：245.

③ "禅让制"到禹的时候终止，禹将共主之位传给自己的儿子启。在这之后，共主开始成为"国君"，"禅让制"被"家天下"所替代，有学者认为这是我国由原始公社制的"大同"社会向"小康"即阶级社会过渡的主要标志。"'家天下'是我国古代王朝一以贯之的一项最根本的国家制度。所谓'家天下'就是整个国家奉一家族为最高统治者，该统治家族以'天下'即整个国家为自己的一家之私，将这种统治权力当作家族的私有财产世代传袭下去。"夏开启王位世袭后，遇到了来自各方面势力的反对。举兵征伐不断，其中比较有名的就是"后羿"率领有穷氏发起的战争，曾一度取夏而代之。"总计夏前期自启开始的这场捍卫夏后氏世袭王权即夏的'家天下'的斗争，一共经历了四代五王，近百年时间。"——沈长云，张渭莲．中国古代国家起源与形成研究［M］．北京：人民出版社，2009：247-250.

④ 商汤伐夏桀，"有夏多罪，天命殛之"（《尚书·汤誓》），以商朝取代夏朝，并且一并承继了部落联盟体基础上的君主制。

⑤ "把《山海经》《国语》《左传》《商颂》等文献记录中的神话传说与卜辞中的一些记载联系起来看，殷人确实把'帝'或'上帝'看作是自己的祖先神。"——李中华，主编．中国人学思想史［M］．北京：北京出版社，2005：15.

《史记》中有关“玄鸟生商”的记载，体现商人祖先与“神”的不凡关系，认为“神”就是“上帝”，是殷王的祖先，殷王能代表“上帝”对民众赏善罚恶，行使权力。①

殷人的主宰神的称号除了“上帝”或“帝”之外，还有其他的叫法，比如“天”。② 由于王者与“上帝”的特殊关系，人与神之间的交流，特别是与“上帝”的交流，开始有了王者这个垄断者。

商朝的王，将自己视为“上帝”的子嗣，商汤伐夏有“天命”作为依据。③ 商汤的承继者不仅借助于“上帝”之力获得了威权，也取得了统治的合法性，同时，由于以上关系，王者也相信他的统治地位会受到“上帝”的保护。

在“天意”的背后，是用暴力对敢于违背“天意”的人进行惩罚。④

由于商朝最后一个王——纣王暴虐无道，天下人心思离，周人挑头开始反殷。

当形势危殆，手下大臣祖伊向纣王进谏时，纣王的态度是不用担心，我的命是由天保护的。⑤

---

① “殷契，母曰简狄，有娀氏之女，为帝喾次妃。三人行浴，见玄鸟堕其卵，简狄取吞之，因孕生契。契长而佐禹治水有功。帝舜乃命契曰：‘百姓不亲，五品不训，汝为司徒而敬敷五教，五教在宽。’封于商，赐姓子氏。契兴于唐、虞、大禹之际，功业着于百姓，百姓以平。”——许嘉璐，主编．二十四史全译，史记第一册［M］．上海：汉语大词典出版社，2004：23.

② 在殷人的宗教观念中，最具权威的是天神上帝。卜辞说“帝其命风”“帝命雨”“是帝为天神”，“帝命”即后来周人所说的天命。帝可“降旱”“降祸”，给人以惩罚；也可“降若”“受佑”，予人以福祉。参见：杜勇．中国早期国家的形成与国家结构［M］．北京：中国社会科学出版社，2013：125.

③ 《尚书·汤誓》是汤率领众邦讨伐夏桀作战前的誓师词，汤首先说明不是我在违背礼制，而是夏桀倒行逆施，已经触犯了天意，是“天命殛之”。汤接着说明虽然有些人对放弃生产去作战有意见，但我没有其他选择，因为“上帝”要求我们伐夏的话不能不听。在这里，“天”“上帝”是同一个概念，代表着天地间至高无上、人类必须予以服从的“神”。“王曰：格尔众庶，悉听朕言，非台小子，敢行称乱！有夏多罪，天命殛之。今尔有众，汝曰：‘我后不恤我众，舍我穑事而割正夏?’予惟闻汝众言，夏氏有罪，予畏上帝，不敢不正。”——尚书［M］．慕平，译注．北京：中华书局，2009：82.

④ 《尚书·盘庚》记录了商王盘庚为了迁都，对“众”和“民”发布的迁都命令内容。在这里，盘庚警告民众必须服从迁都命令，否则就会受到“上帝”的惩罚，同时，民众必须服从我的命令，行道义之事，如果有人敢于猖狂放肆、作奸犯科，我就会使他们受到割鼻刑、处死的惩罚。“呜呼！今予告汝：不易！永敬大恤，无胥绝远！汝分猷念以相从，各设中于乃心。乃有不吉不迪，颠越不恭，暂遇奸宄，我乃劓殄灭之，无遗育，无俾易种于兹新邑。”——尚书［M］．慕平，译注．北京：中华书局，2009：92.

⑤ 王曰：“呜呼！我生不有命在天?”——尚书［M］．慕平，译注．北京：中华书局，2009：113.

商王是“上帝”的子嗣，自然也就拥有了让别人臣服的资格。①

商王的统治力量有两个来源，一个是天命，另一个是武力。天命赋予商王统治的合法性与威严，武力保证商王统治的强制性。这种统治力量组合后来为周朝所效仿，也是集权政权巩固统治的基础。

周朝逐渐统一了主宰神的称号“天”。

周人对商朝的“神”予以继承，在周朝初期的青铜铭文中，主宰神的称号仍有多个，最后才将“天”视为主宰神。②

周人敬“天”，周王受天之命，治理“天下”。③

（3）周朝的宗法制奠定了人格从血缘出身起始就不平等的制度认同。

宗法制度，昭示出人先天就有差别，“上下有等、尊卑有序、贵贱有别”。

夏朝建立起了宗君合一的宗法制国家，其后的西周又将这种宗法制以“周礼”的形式完整地体现出来，将规范化的家庭及家族制度推广至整个社会的政治和伦理领域，形成了“尊尊”“亲亲”的家族关系秩序的政治化。④

以嫡长子继承制为代表的宗法制在“周礼”中的确定，表示血缘、尊卑、

---

① 商的国家结构，由内服与外服组成，内服是指商王的本土国，外服是指接受商王统治的众邦，也是相当于藩属国，内外服都接受商王统治。商族作为一个部落，或一个邦，所直接统治的疆域并不算大。“文献或称‘七十里’，或言‘百里’，不过蕞而小邦。”参见：杜勇．中国早期国家的形成与国家结构［M］．北京：中国社会科学出版社，2013：96．商王与诸侯邦国之间有明确的上下级统治与服从关系，方国诸侯对商王国所尽的主要义务包括：“a．方国诸侯随军出征的义务”；“b．方国诸侯的纳税义务”，从甲骨文看，商代方国诸侯的供物品类繁多，除刍、羌、仆、臣、女、妾等“人身”外，大体可分为两类，一类是地方珍稀品，另一类是生活必需品；“c．方国诸侯的效忠与服从义务”，如会盟、朝觐、守边、叶王事（协理商王办事）。参见：杜勇．中国早期国家的形成与国家结构［M］．北京：中国社会科学出版社，2013：115-123．

② “在周代青铜铭文中，上帝、黄上帝、黄天上帝、黄天王、天等名称最初是混用的，以后‘天’的叫法越来越多，周人便把苍天视为至上神了。”——牟钟鉴，张践．中国宗教通史（上册）［M］．北京：社会科学文献出版社，2003：114．

③ “商人的最高统治者称‘王’而不称‘天子’，西周初年，周人的最高统治者亦称王而不称天子。”“只是从康王开始，‘王’与‘天子’并称。”——郝铁川．周代国家政权研究［M］．合肥：黄山书社，1990：36．“在周人那里，‘天下’就是全部，这天下由周邦与万邦组成，他们自己并没有‘周朝’或‘周王国’这一类的概念”，“周邦与万邦同时并存，构成了当时的‘天下’。这就是我们所说的西周天下的政治格局。”——赵伯雄．周代国家形态研究［M］．长沙：湖南教育出版社，1990：18．

④ “西周的君主（不管是王还是邦君）自父家长演化而来，而且自西周至春秋，各级君主都还兼有宗族长的身份，这一事实是比较清楚的。因此，在周人的观念之中，普遍承认君臣关系来源于父子关系。所谓‘有父子然后有君臣’（《易序·卦》），所谓‘父子有亲，而后君臣有正’（《礼记·昏义》）。同时，在道德评价上，父子关系和君臣关系也被认为同属于一个层次，适用于同一的尺度。”“‘事君以敬，事父以孝。’晋公子重耳所说，‘君父之命不校’。‘不校’就是‘不抗’。‘违命不孝’是父子之间的原则，‘君命不二’是君臣之间的原则。”——赵伯雄．周代国家形态研究［M］．长沙：湖南教育出版社，1990：283-284．

承继之间的对应关系获得了法定认可。① 从周王开始，王族、诸侯、卿大夫、士人等之间就有了尊卑等级区别，以及世袭的承继身份。②

周朝不仅统治阶层，就连百姓内部也有了贵贱之分。周朝京畿之内的地方曰乡，京畿之外的地方曰遂。乡的居民是“国民”，属于自由阶层，乡民可以入伍参战；遂的居民是“野民”，属于奴隶阶层，需要服劳役。③

西周的坍塌，始于周宣王之时。周宣王个人统治的过错，是造成了与各诸侯国的一系列冲突，而究其原因，又可看到宗法的影响。

周宣王与鲁国的冲突，就是周宣王违反宗法要求，出兵鲁国，在鲁国废长立少，引起许多诸侯对王室的不满。此后，周宣王又与有姻亲关系的姜氏诸侯爆发冲突，但王师战败，直接导致了西周的势力开始走向衰败。

宗法是以宗亲、姻亲关系如何处理为基础而引申发展的内容，实质是以血缘关系为纽带，形成尊卑、等级、继承、管理、行为约束等一系列要求，是基于道德伦理形式，对全体人员提出的要求，用于调节、规范人与人之间的关系及社会活动。

在政治统治中，宗法制视血缘、出身为尊卑的主要依据。

周人灭商以后，周王在宗室、姻亲、功臣中进行“分封”，有血缘关系的宗室被视为最可靠，以宗室为主的成员被分封为诸侯，在京畿之外“封土建国”，建立了封建制。

在宗法制下，每个人从出生起，就被打上了人格不平等的烙印。春秋时期，战乱兼并冲击了原有的制度规则，贵族没落，促使他们与下层融合，贫民文化教育的发展及贫民文化阶层的出现，打破了贵族垄断教育的历史，新兴的“士人阶层”开始出现。

士人阶层出现后，向管理阶层进取，做卿大夫的“家臣”，帮助卿大夫管

---

① “根据王国维的说法，嫡长子继承制是宗法制的基础，因此，宗法制也应产生于西周。所谓宗法制，是周人创造的将宗族结构中的血缘统属关系与政权结构中的尊卑上下关系相结合的一种制度，是通过这种血缘亲属关系使周天子世袭拥有对天下同姓贵族的至高无上的权力，同时也使得各级贵族的等级关系法定化的制度。由于嫡长子只有一个，这就从宗族血缘关系上保障了嫡长子家族的政治地位世代不受僭越，并由此构成了周天子及其同姓诸侯、卿大夫、士之间法定不移的等级名分关系。”——沈长云，张渭莲．中国古代国家起源与形成研究［M］．北京：人民出版社，2009：309.

② 《王制》是《礼记》中的一篇，据学者考证成于汉人之手。《王制》对于天子与诸侯的土地规模是这样安排的：“天子之田方千里。公侯田方百里，伯七十里，子男五十里，不能五十里者，不合于天子，附于诸侯曰附庸。”——参见赵伯雄．周代国家形态研究［M］．长沙：湖南教育出版社，1990：34.

③ 黄崇岳，总主编．中国历朝行政管理［M］．北京：中国人民大学出版社，1998：45.

理采邑等事务。对于“家臣”来说，伺奉一个贵族两代人，“家臣”必须以“主”视之，伺奉一个贵族三代人以上，“家臣”必须以“君”视之。对于“家臣”及其后代来说，伺奉贵族家庭时间的长短，关系到自身性命的奉献义务，即“事君以死，事主以勤”[①]。

“家臣”对家主在经济上有强烈依赖，家主的供给是其生活的主要来源，“家臣”的地位接近仆人，对豢养之恩要以死相报。

由此可见，“士人阶层”一出场就失去了人格的独立性。

宗法血缘关系内涵作为一种认知内容构成，会对人的情绪偏向产生影响，对于领导者来说，如果缺乏这方面的自我反省，就会对其用人选择产生重要影响。

刘邦出身市井之家，自知自己没有家族资源依靠，所以对人才重之用之，并且能够容人之缺点，用人之优点，在处于困境要求韩信发兵救援时，面对韩信提出封王在先的胁迫要求，也能够隐忍接受，以完成击败项羽的大业为重。

项羽出身世家大族，在从小就形成了贵族的优越感的同时，也滋生了贵族血统传继的宗亲意识，在人际交往与处理中，更多的是信任宗亲故旧，缺少对普通人的感受与理解。

在反秦的过程中，项羽身边也集聚了一批非宗亲的人才，如韩信、彭越、黥布、陈平、钟离昧、范增等，但这些人因为得不到信任和重用等原因最终均离项羽而去。

项羽身边所重用的人大多是其宗亲，如项伯为楚左尹，项佗为魏相，项声、项庄、项冠、项悍皆为将军。项羽如此用人，使得非宗亲人才感受到相互之间的隔阂而难以融入团体之中，正如陈平在项羽阵营中所获得的感受：“项王不信人，其所任爱，非诸项，即妻之昆弟，虽有奇士不能用。”[②]

项羽自视甚高，同时又偏爱宗亲，对人才难免轻而视之，导致手下人才感觉没有出路，纷纷寻找别的发展机会，像张良、韩信、陈平都曾在楚营效力，但最终都离开项羽，为刘邦所用。黥布本是项羽手下的一员悍将，攻城

---

① “春秋各诸侯国内的臣有两种，一种叫作‘公臣’，一种叫作‘家臣’，这在文献上有明确的记载。”《晋语八》：“三世事家，君之；再世以下，主之。”——赵伯雄．周代国家形态研究［M］．长沙：湖南教育出版社，1990：244-248.

② 司马迁．史记·陈丞相世家［M］．上海：汉语大词典出版社，2004：835.

略地立功无数，但是在熟悉项羽的为人后，黥布也对项羽产生了疏离之心，最终为刘邦所说服，叛楚归汉，为刘邦增添了重要的支持力量。

刘邦在与项羽争战过程中，由于战争需要，分封了韩信等异姓王。在刘邦势力发展之后，刘邦改变了“以功封王”的原则，开始采用“亲亲封王”的新标准。

在坐上皇位之后，刘邦心力的主要用处是如何剿灭异姓王，在剿灭异姓王之后，刘邦更发出“有异姓为王者，天下共击之”的誓言。由此可见，在拥有地位之后，一向不喜欢礼制的刘邦也摆脱不了宗法血缘的影响。

在古代中国，宗法制不仅作为制度，而且作为价值理念，以文化认同的形式，对人际关系行为形成从理念源头的制约。即使无所不能的皇权，在宗法制面前，有时也得低头。

汉初，太子刘盈“为人仁弱”，继位后，如何驾驭王侯以及功臣将相，是刘邦十分忧心的事情。

刘邦当年早立太子，是根据礼制要求，明立去疑。现在涉及身后江山稳定以及“家天下”传承大事，刘邦反复思虑后，有意更换储君，重立赵王如意。

但刘邦之意，不仅为吕后所坚决反对，也为大多数大臣所反对，大臣们所依据的也是礼制。刘邦经过了长时间的尝试，最后仍被迫放弃。

汉朝，由于儒学兴起及太学发展，儒生群体不断扩张，开始形成另一个社会特殊阶层——“士林”（知识群体），并在此基础上形成了世族。东汉以后，随着一些大家族累世经年出仕致富，“族姓”“门第”观念开始与日俱增。

魏晋时期设九品中正制，皇室在各州郡设中正，由朝官兼职，定期对人物进行评议，将其人品才德分为九品，以作为官员任职的条件。但是，在官员选拔过程中，出身是先决条件，“上品无寒门，下品无世族”。

隋唐时期的开科取士虽然打破了以血缘身世定仕途的森严的等级规定，为社会发展注入了活力，但是“尊尊”“亲亲”所代表的人格不平等内容一直被中国历朝历代认同。

建立在“尊尊”“亲亲”基础上的宗法制国家，本质上建立了人格不平等关系现实，表面上又流淌着血脉亲情，体现着伦常关系，因而被重视伦常关系的儒学所肯定，并在“官儒”的支持下进一步得到了强化，促成了中国人对于人格尊卑先天存在的心理认同。

3. 一家之言与人格不平等意识的固化

自秦汉以后，集权专制通过思想垄断，将“天”“皇”“人”的关系解释予以固化，以“私儒”与“官儒”殊途同归的教育、传播方式，在人们的自我意识中固化了对于人格不平等的自我认同。①

（1）老庄的天人观坚守人格独立意识。

春秋时期，商与西周时期王者对于“天”的垄断性解释开始被打破，人的思想呈现多元化，百花齐放。

《左传》记载，郑国天象观测家裨灶经过观察天象，预测郑国将发生大火，要求郑国执政大臣子产将国宝拿出来举行祭祀仪式，以避火灾，被子产拒绝。一些大臣与子产为此发生争执，子产回答：“天道远，人道迩，非所及也，何以知之？”②

在百姓眼中，“天”也不总是万能的，尤其是心诚的祭祀没有回应，君王暴虐得不到制止的时候，“天”的不作为也会引起人们的愤懑。③

随着思想多元对天人之间主宰依附关系的削弱，依附于此的君臣关系、君民关系也开始受到冲击。《左传》记载，春秋中期，卫国人曾赶走其国君，晋侯认为卫国人太过分，大臣师旷却另有看法：“夫君，神之主也，民之望也。若困民之主，匮神乏祀，百姓绝望，社稷无主，将安用之？弗去何为？”④

孔子将天意化解为人道的解释。孔子主张的中心可以归为“仁”“礼”，对于“仁”“礼”的坚守，是符合天意的要求，人对于天还是依附关系。

老子不认同以前的“天”与“人”的主宰依附关系。认为“天法道，道法自然”，“域中有四大”，即“道大、天大、地大、人亦大。域中有四大，而人居其一焉”⑤。人有了与天、地同等重要的地位，也就意味着个体在人格上是独立的。

---

① 中国是一个具有封建、集权、专制传统的国家，几千年的集权专制统治，不仅表现为权力上的专制，也同时造就了精神上的专制。传统社会所形成的人格独立意识的分裂，由主宰依附关系所形成的人格不平等现象，在集权专制情境中通过“一家之言”的严格言论控制方式，使个体形成自我意识中人格不平等意识的固化。

② 刘子威，顾艳．《左传》如是读［M］．长沙：湖南大学出版社，2016：341.

③ “荡荡上帝，下民之辟。疾威上帝，其命多辟。天生烝民，其命匪谌。靡不有初，鲜克有终。”——孔丘，编．诗经插图典藏本［M］．沈阳：万卷出版公司，2016：211.

④ 杜预．春秋左传集解（第3册）［M］．上海：上海人民出版社，1997：915-916.

⑤ 陈鼓应．老子注释与评价［M］．北京：中华书局，1984：452.

庄子强调“齐物”与“逍遥”。“齐物”即不同的事物与对立的事物，都有其同一性；“物无贵贱”，“万物一体”。“道”在“天”之先，“天”并不是至高无上的权威。“逍遥”即个体应该追求的是生命与精神的自由独立。

（2）秦汉一统中国，思想多元变为一家之言。

秦统一中国，结束了春秋战国各诸侯国割据战乱的状态，建立了中国第一个中央集权的统一大帝国。秦统一六国，李斯即看到了统一思想的重要性，秦始皇以“焚书坑儒”方式，禁止百家之言传播，继而禁造谤、禁巷议，欲对多元文化思想格局进行钳制，但秦历经二世前后不到14年，未等深入推行即亡。

西汉初期，社会历经战乱急需修养，统治者吸取秦朝对天下严刑峻法反而促人反心四起的教训，接受了以道家为主、法家为辅的黄老之学所倡导的与民宽松、礼法并用、无为而治的思想，减少税赋徭役，推行“与民休息”政策。在天人关系上，基本顺延了先秦的多元解释格局，对儒道进行了初步的融合。

到汉武帝时期，国家内外两大问题急需解决，即对外的用兵匈奴解决边患问题和对内的削藩解决诸侯王坐大问题，这两大问题都是汉朝自建朝以来一直危及皇权稳固的重大隐患，也是极难解决的问题。

汉初因为国力较弱，对匈奴不得不采取和亲顺应政策。如果对匈奴用兵，需要集全国之力，号令有效；对诸侯王削藩，必然会遭到诸侯王反对，弄不好便催生内乱。汉景帝时期做过尝试，但旋即引发“七国之乱”，不得不斩主张削藩的晁错，向诸侯王认错以平息事态。

汉武帝审慎细思，找到了解决问题的途径：要解决难题，前提条件是必须更高程度地集权，要建立皇帝权力独尊、一言九鼎、至高无上的神圣地位。而要集权，又必须在意识形态上统一思想。

汉武帝欲实行个人专制，自然要对域内多元思想予以排斥，并寻求某种“一家之言”来替代“多家之言”。这个“一家之言”必须具备三个方面的基本功能：一是能够巩固皇权至上的崇高地位。二是能够指导朝堂之上等级森严、乡野之间尊卑有序的规则的构建。三是能够为民众所接受，易于推行。

（3）“天人感应”对个体人格的尊卑等级做了“合理性”的“正名”解释。

汉武帝以对策的形式明儒学，招揽天下“方正贤良文学之士”，一方面树立榜样，另一方面寻找理论设计师。在这期间，汉武帝树立了两个标志性人物：一个是公孙弘，一个是董仲舒。

公孙弘出身布衣，精通《春秋》，以六十岁年龄参加对策，被征为博士。十年后再次对策，位居第一。公孙弘因对策而受到汉武帝重视，屡受封赏，最后位至三公，受封为平津侯，为天下士子树立了一个学而优则仕的典范。

董仲舒自幼攻读儒学，在汉景帝时就被立为博士，对儒学与皇权的结合有独到见解。董仲舒提出“罢黜百家，独尊儒术”的主张，被汉武帝采纳，成为了理论设计师。

董仲舒认为管理的起点在“正名”。正名就是统一思想，维护思想学说的“唯一性”，摒除其他异端杂说的影响。①

儒术独尊之后，由“天人关系”“天皇关系”“皇民关系”所解释的人格的主宰依附状态以及人与人之间的尊卑状态，在“一家之言”的“正名”之下逐渐为社会所接受，以后为历朝历代执政者所认可，从精神上固化了中国人对于人格不平等的自觉认同。

从农业社会家庭中的人际关系、族群中的宗法关系，到从天人关系中引申出来的“天”“皇”“人”之间的关系，中国人在人际活动中形成了对人格上的主宰依附关系的心理认同，并成为主导相应的情绪思维判断的认知来源。

主宰依附关系延伸到家庭，家长与家庭成员的关系就是其表现形式。家长作为家庭成员生存的主要依靠，自然地拥有了这种主宰地位。再延伸到族群，表现形式就是族长与族员之间的本质关系。

主宰依附关系延伸到身份，血缘承继与嫡庶之分就是其表现形式。高贵血统的人先天就拥有相对于低等血统人来说的尊贵身份，并且这种先天的尊卑之分是可以通过血缘承继传递给后代的。

主宰依附关系延伸到国家，君与臣民的关系就是其表现形式。君作为天的人间代表（天子），顺理成章地拥有主宰一切的地位，臣作为君的代表，也拥有对民的主宰权。这种浓厚的自上而下的主宰依附心理，为中国几千年的

---

① 在儒家获得独尊地位之后，先秦至汉初的“多家之言”受到禁锢，从庙堂之上到市井之间在“一个框架内的说话内容”得以确立。封建制下，周天子以礼制作为调控天下民众认识思维的指导内容，但更多停留在道义教化层面，各诸侯国有自己的文化习俗，民众深受其影响。集权专制之下，统治者可以用强制措施决定文化思想传播的内容与方式，如“焚书坑儒”“独尊儒术”“官办太学”等，都对民众思维认识产生了定向控制作用。

君主专制的稳定起到了基石作用。①

在家庭与国家内部，通过“礼制”将这些主宰依附关系固定下来。在现实的政治与社会生活中，再通过利害关系的对应，将主宰依附关系在个体意识中予以强化。②

家庭内部的“礼制”与利害对应相对比较松散，依附者可以随着经济独立地位的上升放松依附意识。国家内部的“礼制”与利害对应稳定且严厉，依附者必须随时视情境在主宰或依附之间转换思维意识。

明朝官员朝参、相见之礼有《礼仪定式》三十七条规定。大学士董伦在《礼仪定式·前序》中说：“斯礼也，达乎公侯、驸马、大夫、士，使之皆有持循遵守，大小有伦，尊卑有序，秩然不相紊乱。”

明朝官员之间朝参有礼，相见有礼，开会公聚序坐有礼。

官员之间相遇，品级相差较大，低职者需要回避，品级相近，则行拜礼。“二品见一品；二品居右，行两拜礼；一品居左，答礼。”③

明朝曾发生“座次差错”案。弘治十八年，南京刑部侍郎张抚（正三品）、大理寺卿魏富（正三品）、寺丞汪宗器（五品）进行案件会审，魏中坐，汪居左，张居右。随后，三人因“座次差错”受到参劾、罚俸。④

由此可见，在中国古代，已经持有“优势地位”的人，如君主、宗室成员、卿大夫，为了维护自己的已有地位，尽可能限制处于劣势地位的群体产生改变

---

① 天下要稳定，生活要有序，就必须有规则。孔子一生都对春秋时期的“礼崩乐坏”现象痛心疾首，希望社会能回到礼制状态。纲常就是规则，其核心为君为臣纲、父为子纲、夫为妻纲，核心规则简单明了，就是要承认并服从君权、父权、夫权的权威地位，将国家与家庭的规则要求予以融合，可以互相引用，满足上至朝廷、下至百姓的有序活动、生活需要。

② 在孔子生活的年代里，“天有十日，人有十等。下所以事上，上所以共神也。故王臣公，公臣大夫，大夫臣士，士臣皂，皂臣舆，舆臣隶，隶臣僚，僚臣仆，仆臣台”（《左传·昭公七年》）。“等级差异的存在天经地义、毋容置疑，犹如日月天象的存在一样自然而然。礼制正是适应于等级制的社会基础而产生，目的在于维持原有的贵族统治秩序。”——张小苹．从《论语》解读孔子理学思想［M］//浙江大学古籍研究所，编．礼学与中国传统文化：庆祝沈文倬先生九十华诞国际学术研讨会论文集．北京：中华书局，2006：300.

③ 赵克生．明代国家礼制与社会生活［M］．北京：中华书局，2012：82-83.

④ 探究起来，三人的座次排序犯了两个错误：首先是犯了品级排序错误，汪是五品官员，在左中右三个座位中，中间为大，然后是左上右下，汪现在坐到了左边，是明显犯错。其次是犯了衙门次第不同错误，张与魏同为正三品，但所属衙门“次第不同”，也就是明朝按照重要程度对同级行政部门进行的排序。刑部作为六部之一，排在大理寺之前，因此，同为正三品官员，即使大理寺官员是主持会议者，也只能坐在左边，要将中间座位让给刑部官员。所以按照礼制，这个会议的坐次应该是张坐中间，魏坐左边，汪坐右边。

自己状况的想法及途径，会以多种方式来对自己的“优势地位”予以固化。

一种方式是将血缘上的“优势地位”予以天命化，从念头上打消人们改变自己地位的想象力。“天”创造了人，又派出与“天”有血缘关系的后代，或者从人群中选出能力高强的人，来管理、统治人的群体，所以基于血缘承继的优势地位是一种“天意”，人不可违背。

另一种方式是将“尊卑天意”转变为一系列有关人与人之间行为、关系约束要求的道德解释，从规则上约束人们的行为选择。夏商周三代有关这些内容的解释，到周代已经相当完备，终于变成了对人们行为有约束力的“周礼”。周礼不仅是一种意识要求，而且是以国家强制力予以保全的“法”，相当于用人与国家“契约”的方式要求人们认可“优势地位”不平等内涵。这种做法为以后历代所继承。

还有一种方式是以武力征服任何不守“规则”的人，以损害性结果压制人们潜在的想法。

“尊尊”“亲亲”的主要内容是“尊卑有序”，对上必须恭敬自卑，对下必须威严自尊。“尊卑有序”的实质是承认人格上的不平等，虽然难以得到广泛的合理性认同，但是在礼中却有详尽的具体规则对其施行提出指导要求，并配以惩罚措施以儆效尤，因而个体在现实中必须谨记遵行。

明朝官廷宴会有大宴、中宴、常宴、小宴之分，由明代宴礼对各种宴会的举行做了详尽的规定。在宴会中要严明等级行为，凸显皇帝的至上权威。

首先是规定宴会的规模，“天子”祭天仪式后的庆成宴是最重要的大宴，可以多达二千五百桌，上万人同时吃饭。①

其次是规定宴会座次排位，明朝有《明会典》，根据宗法关系、爵位官职等级等，对宴席座次排位进行规定。②

在殿内侍坐的是四品以上官员，文东武西，殿外序坐的是五品以下官员，

---

① “郊祀庆成宴是最重要的大宴。天子作为‘天’在人间的代表，通过祭天仪式，与上天进行对话，从而获得上天的启示与眷顾，代‘天’主宰人间世界”，“郊祀庆成大宴，所需的上中下宴桌多达二千五百桌，千秋节及节令宴需要一千二百桌，而这一切都由光禄寺负责供用”。参见：赵克生. 明代国家礼制与社会生活［M］. 北京：中华书局，2012：30-53.

② “宴礼通过排座次的方式把人等级化、秩序化。它在突出皇帝、皇太子、皇后等核心人物的同时，把成百上千参加宴会的中外臣民安排在合适的座位上，避免在宴会场上出现争座次的现象。”“其位次公、侯、驸马、伯、文职四品以上，及学士、武职都指挥使以上，升殿东西侍坐。”——赵克生. 明代国家礼制与社会生活［M］. 北京：中华书局，2012：49-50.

也是文东武西。

每次宴会前，相关政府部门要做两件事：画宴会座次图，在礼部出具与宴人员名单职务后，画好座次图，呈皇帝御览后，挂于长安门示众；在宴席上贴注职名，官员先在等候处整齐班序，然后列队而行，到宴席处按名入座。

在宴会之中，还有专门负责纠察的纠仪御史等官员分布四处，“共同记下宴会中争执座次、酒器坠地等属于‘失仪’范围的官员姓名，听候参处”①。

最后是规定饮酒进食的要求，在开席前，群臣先要下跪，感谢皇帝赐宴；在行第一爵酒时，群臣再次下跪，待皇帝饮酒完毕才能起身复位；宴会结束时，群臣要再一次行跪拜礼。在宴席中，“行酒和进食皆要待皇帝举饮，群臣方能以次举饮，待皇帝举箸，群臣方能以此举箸”②。

朱熹曾说，“盖君臣之分，以严为主；朝廷之礼，以敬为主。然一于严敬，则情或不通，而无以尽其忠告之益。故先王因其饮食聚会，而制为燕飨之礼，以通上下之情”③。皇帝赐宴，对臣官来说是一种殊荣，礼仪森严，就是重复强化群臣对皇权尊严的记忆。

在人格不平等的一家之言影响下，“尊卑有序”为中国人情绪思维面向现实提供了“好与坏”的判断依据，使得中国人在面对人际地位变化时随时要调整情绪思维以做出正确的反应，造成中国人的情绪思维中人格可以多变的分裂意识，也由此推动了人情关系规则、上下关系规则、人礼关系规则内容的发展与实践。

在深受传统文化影响的中国社会，即使思想意识形态已经对“尊尊”“亲亲”等内容进行了否定，但是上下关系规则等内容还是会以习惯方式被许多人自觉或不自觉地接受，领导者如果对此没有清晰的认识，也会潜移默化地受其影响，最后身受其害。

四、专制情境与情绪思维中的变化人格

在集权专制情境中，权力大小所代表的人格尊卑的不同，推动人格的不

① 赵克生．明代国家礼制与社会生活［M］．北京：中华书局，2012：49.

② 赵克生．明代国家礼制与社会生活［M］．北京：中华书局，2012：54.

③ 赵克生．明代国家礼制与社会生活［M］．北京：中华书局，2012：55.

平等可以进一步演化为“变化人格”。

中国传统的君权统治，其权力承继形成于夏朝以血缘为基础的宗法制，因此在上下关系构成中，一开始就强调血缘宗法与身份的尊卑有别，“周礼”及儒家学说对于“礼”的设定，也以“尊尊”“亲亲”为重。①

周朝在层层分封下形成利益等级授予，② 并在此基础上形成了天子、诸侯、卿大夫、士等级臣属关系，一级管理一级，“王臣公，公臣大夫，大夫臣士，士臣皂”。③ 在以后的皇权巩固与统治中，官场中一切均以皇权为中心点来构建尊卑关系。④

1. 权力尊卑与变化人格

君权自产生以来，就有至高无上的地位。在君、臣、民三者之间“形成一种鲜明的‘君尊、臣卑、民贱’三层次等级观。认为在社会政治生活中，君臣民各有职守，不得稍许逾越”⑤。集权专制统治下，权力的大小，也就意味着掌权者身份的“尊卑”高低，导致官场中的上下关系也是一种主宰依附关系。⑥ 因此，上下关系中人的不平等，不仅是职位等级上的不平等，还包含着人格意义上的不平等，也即是人格上有尊卑差别。

汉代儒学独尊以后，对士人的人格独立性影响最大。

战国时期，社会动荡，各国竞争。士人开始逐渐摆脱“家臣”地位，作

---

① “周人奉行宗法制，同姓不婚，异姓联姻。君主任命官吏，主要限于宗亲贵戚和姻亲贵族。”而宗亲更为重要。“世袭君主和世袭规则通过宗亲和姻亲血缘纽带而组成一个统治网络。”——郝铁川．周代国家政权研究［M］．合肥：黄山书社，1990：181.

② “周制是等级分封制，宗法血缘的亲疏决定着权力的分配。”——卜宪群．秦汉官僚制度［M］．北京：社会科学文献出版社，2002：57.

③ 谢乃和．古代社会与政治：周代的政体及其变迁［M］．哈尔滨：黑龙江人民出版社，2011：32.

④ 个体职位越高，离皇权越近，其政治关系形态的“亲亲”程度就越强，“尊尊”程度也就越大；个体职位越低，离皇权越远，其政治关系形态的“疏远”程度就越强，“尊尊”程度也就越小。

⑤ 刘泽华，主编．中国传统政治思维［M］．长春：吉林教育出版社，1991：229. 君主不仅掌握大权，而且要大权独占，杜绝一切“有贰”的现象。“君主擅生杀，处威势，操令行禁止之柄，以御其群臣”，百官则“处卑贱，奉主令，守本任，治分职”。参见：刘泽华，主编．中国传统政治思维［M］．长春：吉林教育出版社，1991：230.

⑥ 以身体而论，君好比是心，主掌一切；臣好比是体，听命操作。心要贤，体要忠。“董仲舒通过论述君臣关系，对君的‘本’‘始’地位做了肯定。董仲舒认为，君臣之间是一种授命与受命的关系，臣以君为始，受命于君、一统于君。”——汪高鑫．董仲舒与汉代历史思想研究［M］．北京：商务印书馆，2012：239.

为一个有识阶层，成为各国及权势者争取的对象，士人处于活跃、自由的状态。①

汉代儒学成为国家统治的意识形态并且以此选拔人才之后，士人的思想、精神、身份地位都由此发生了深刻变化。

首先，士人在思想内容上失去了选择自由，士人要想功成名就，就必须加入到儒学队伍中来，以儒学作为唯一的学习内容。士人的学习已经由广泛摄取，变为对儒学的权威崇拜。其次，士人在精神追求上失去了理想再造，儒学变为经学成为正统，经学已经界定了理想目标。士人的工作不过是对经学进行诠释注解，最高的境界也不过是以经学治世。除此之外，个人的精神理想再造就是离经叛道。最后，士人在唯一的集权秩序下入仕做官，是其可遇不可求的唯一通道。舍此官门，别无他选。在集权专制下，一入官门无人格，士人必须按照尊卑等级的礼制要求行事，别说人格独立，就是说错了两句话，都有可能人头落地。

在汉朝，拥有社会特权地位者，除了传统的皇室宗族、外戚外，官僚世族、士族是新的加入者。对于一般人来说，通过入仕，继而晋为士族成为社会上层，是最有可能的途径，因此，入仕做官就成为改变一个人命运，甚至家族命运的最重要的途径。儒生的政治取向与做官紧密地结合起来。②

汉朝选官加入了察举制度。一郡数十万、百万人中，察举谁，几乎只取决于举主的个人意志，③ 在察举制下，被举者与推举人因太多的利害关系而变

---

① 首先，士人在思想上可以保持自由，百家争鸣，选择自由，信可以倡导，不信可以批判。其次，士人的追求有个性有理想，士人虽然以依附权势作为立身养家的方式，但是在精神上往往有更高的追求，就是以自己的一家之理，说服所依权贵，转化为实践操作，使理想变为现实。或者是独善其身，以道自持，以道自任。最后，士人身份可以保持相对独立，士人投靠权贵，但不是完全依附权贵，合则留，不合则去，可以保持相对独立的人格。（参见张涛．经学与汉代社会［M］．石家庄：河北人民出版社，2001：317.）

② 后世发现的汉代士大夫的墓室或祠堂壁画上，常有张弓射猴、射雀的图画，这是因为“猴”通“侯”，“雀”通“爵”，“此图所画，取其射爵、射侯以达富贵之以……形象生动地反映了汉代士人至死都在谋求更高官爵、更大权势的心态”。一些士人在思想、精神、人格皆失的情况下，为了争得有限的入仕机会，不禁学经而背经，“一些士人志节日微，曲学阿世，媚俗苟听，卖论求官，手段卑劣”。一旦为官，手握权力之后，转而就讲究地位，颐指气使，党同伐异，甚至为害一方。与此同时，也有士人恪守经学教导，“追求品格的高尚和道德的完善”。“在汉代以道自任、以道德自律的士人中，有相当多的耿介谏士，他们不避利害，直言谏争。”——张涛．经学与汉代社会［M］．石家庄：河北人民出版社，2001：313-316.

③ “史载东汉察举，郡守往往先取‘年少能报恩者’，并经常出现权势请托的情况。”——吴宗国，主编．中国古代官僚政治制度研究［M］．北京：北京大学出版社，2004：82.

为人身依附关系，儒生在关系规则下，不得不注重门生故吏关系，降低自己人格的独立性。

唐朝科举考试无殿试，应试者能否被录取完全取决于主考官，因此，进士皆以主考官为恩人。

宋太祖在乡试、省试二级考试的基础上，增加殿试，变为三级。殿试由皇帝亲自主持，对录取的进士进行唱名仪式。录取的进士变为“天子门生”，自然对依附关系是感恩不尽。

在中国传统社会中，官场中人员的人格不平等不是始终不变的，而是受上下关系的影响。在上下关系中，一个人处于上的位置时，他的人格就可以高贵一些；一个人处于下的位置时，他的人格就可以低贱一些。因此，官场中的人员是以一种变化的人格意识在调整个体情绪思维活动的开展，以实现利己的“好”的结果。

上下关系的职位差别所包含的人格尊卑差别内涵，以及尊卑内涵可以随着上下职位的变化而进行颠倒，使得官场中的人员要随时调整人格意识当中的尊卑意识，也就是“主奴”意识，通过人格的及时变化来适应官场情境的需要。在这个过程中，情绪思维主宰了思维判断：有关人格独立的“对”的判断已经无关紧要，而通过人格转化来获得利己的“好”的结果至关重要。

官场中的变化人格，为每个人提供了适应官场情境、处理各种人际关系的自觉意识。由于中国传统社会有家国同构的传统，所以官场中形成的变化人格，又可以通过官场活动扩展到整个社会活动中。

在群体活动中实现和谐、有序目标，就要求个体选择克己、自律、节制、忍耐的行为方式，变化人格正是适应了这些需要，特别是个体处于“下”的位置时，就要从心理上形成对于“忍”“让”，包括“为奴”的合理性认同，在情绪思维上不断依据情境进行变化调整。

在中国传统文化中，一个人的人格既具有“与生俱来”的不平等自我认同，也有在人际交往中随着上下关系变化而调整人格尊卑状态的自我认同，这就是变化人格。

变化人格意识指导着中国人在人际活动中，努力通过人格变化调整来适应关系状态的需要。

(1) 每个人都要有当“奴”的心态。

在传统社会中，除了至高无上的皇权以外，每个人“与生俱来”在人格上就低人一等，所以个体在某种关系中被视为“奴”，有其存在的天然合理性。当作为“奴”被视为有合理的内涵时，个体在处于“奴”的位置，准备做“奴”的时候，其人格调整变化就具有了内部认同的心理基础。

（2）每个人都会在人格的“主、奴”转化中寻求人性平衡。

人性的本质会推动个体寻求个性的自主释放，所以每个人在人际关系中都会对上下关系的变化保持敏感性，在“上”的位置时，保持“主”的人格，实现人格追求自由的自我释放；在“下”的位置时，保持“奴”的人格，实现人格满足现实需要的自我调整。当个体在某种关系状态中做“奴”的时间久了以后，总会在其他关系中寻求做“主”的感觉，取得心理损害的补偿。

（3）人格变化调整被视为有利于实现“和”的关系状态。

中国人人际关系的调整，无论是日常生活中的人情关系、政治生活中的上下关系，还是社会活动中的人礼关系，其最终目标是达到一个“和”的状态。中庸本意所宣讲的情绪发泄的“中和”，在实际社会生活中已经被理解为人与人之间行为的“中和”，也就是有序的状态。

吴三桂降清，为清廷剿灭李自成及明朝抵抗力量，建立大清皇朝立下汗马功劳，屡受清朝赏封，最后贵为平西亲王。

吴三桂一开始是大明的“奴”，在与清朝联合的起初，还没有将人格变化调整过来。

吴三桂降清之初，对大明还有一些怀念之情，“对南京福王政权，他甚至表示‘不忍一矢相加遗’”①。

随着清朝势力已成，吴三桂只得调整自我意识，从大明的“奴”转化为大清的“奴”，对大明残余势力进行残酷镇压，追杀“桂王”于缅甸。

但是吴三桂作为大清“奴”的人格变化调整还不彻底。当康熙试图削藩，触及吴三桂切身利益的时候，在以往诈降的经历等情绪心境作用下，吴三桂“独立”意识再起，举起反清大旗，最终因时机已失，兵败身亡。

细观吴三桂的归降、反叛，再归降、反叛的经历，逻辑思维与情绪思维的交织影响在其决策判断过程中清晰可见。在归降清朝之后，由于没有在心理上最终形成对于“忍”“让”“为奴”的合理性认同，最终导致吴三桂在专

---

① 白寿彝，总主编，周远廉，孙文良，主编．中国通史18第十卷中古时代清时期下册［M］．上海：上海人民出版社，2015：976.

制社会的人格变化调整过程中走向失败，被专制社会所抛弃。

从人情关系规则、上下关系规则、人礼关系规则之间的相互作用来看，人情关系规则一般要服从于上下关系规则，上下关系规则一般要服从于人礼关系规则，人礼关系规则以其与传统文化衔接最为紧密的特点，在人际关系规则中统领全局。

2. 媚上蔑下与正负人格

“尊卑有序”结束了中国人的人格独立意识，迫使每个人在“主宰”与“依附”的分裂状态中进行人格意识转化。而在中国传统的集权专制社会情境里，在权力地位的作用下，又会使中国人的人格分裂走向正负两个极端。

人格独立意识不仅可以在“尊”“卑”之间的转化趋于消失，而且在集权专制作用下，人格必须随着情境的需要，随时走向“主”“奴”的正负两个极端，出现“主”与“奴”两种极端人格可以出现在一个人身上的正负人格现象。集权专制是中国传统社会总的情境，身处皇权至上情境之中的个体，自皇帝以下人格处于分裂是一种总体状态，因此，每个人都要寻找人格的“主宰”与“依附”的归属。在各种复杂的人际关系中，中国人的人格归属总体上随着权力地位的高低而进行变化，可以走向正负两个极端，并以此承受人格心态的磨炼，经受情绪思维的影响。

在集权专制的政治情境中，受变化人格与变化心态影响最大的，莫过于身处职场中的各级官员。

权力来源于天，周朝以“九鼎”象征天意。秦始皇在其玉玺上刻了八个字，“受命于天，既寿永昌”，以作为皇权神圣不可侵犯的象征。在职场中，以任何方式触犯了皇权威严，都是触犯了天意，都可能是死罪。

在传统社会除皇权之外，其他人没有独立的人格，有的只是变化人格，一个人的变化人格发展，再辅以变化心态的磨炼，就可以历练出正负人格。

正负人格，就是人的人格状态可以随着尊卑地位变化随时走向主与奴两个极端。当一个人处于权威位置或地位，面对在其等级之下的管理对象时，他会保持一个正常的、积极向上的人格，并且可以将自我人格意识放大到最大的范围，这个正向人格可以赋予他绝对自信，以“我说了算”的主人姿态蔑视其管理对象。而当同一个人处于被管理位置或地位，面对等级在其之上的掌权者或权威者时，他可以迅速将自己调整到非正常人格状态，即将自己奴婢化，将自我人格意识缩小到可无的范围，这个负向人格可以赋予他绝对自卑，以“我听您的”的奴婢姿态仰视其上级。

正负人格可以由情绪思维在个人体验主导下自由调节。衡量一个人是否有正负人格，一个简单的测量方法，就是看自己能否在对下的唯我独尊与对上的卑恭顺应之间从容转换。

李鸿章曾说自己“少年科第，壮年戎马，中年封疆，晚年洋务，一路扶摇”，引以为豪，但甲午战争却使他从权力顶峰上滚落下来。

集权专制体制，最容易锻炼或强制一个人从正常人格走向正负人格。

在封建的官场里，官员要随时做好尊卑等级倒置的心理准备，在下级面前，你是“尊”，转眼到了上级面前，你就要迅速做好“卑”的姿态。这不仅是职位的上下尊卑的等级反应，而是发自内心情绪思维认可的一种本能反应。

1895年从日本马关签约回来后，李鸿章面见光绪，光绪予以严词指责，李鸿章只能引咎唯唯，不敢做丝毫辩解。此后在割让台湾的条约上签字的时候，李鸿章在谴责与压力面前终于想借病推托，但光绪就是要让其难堪到底，不准请假，李鸿章最终不得不让自己的儿子签字，让其也背上了“卖国贼”的骂名。

此时的李鸿章不仅为光绪所憎，也失去了慈禧的信任，被免去直隶总督、北洋大臣实权，奉旨入阁办事。所谓入阁办事，就是仅仅保留文华殿大学士头衔，给李鸿章留一个脸面。

正负人格的跳跃变化，带给人的是人格分裂的感受。在正负人格之中，情绪心境的调整适应，是个体首当其冲需要解决的思维意识内容。

官职再高，在统治者面前还是一个“奴才”，李鸿章饱尝“羞辱”、备受打击。但是，已经是古稀之龄的李鸿章，在“拼命做官”的情绪思维引导下，迅速完成了人格调整，不仅丝毫没有退意，反而“韬光养晦”，等待东山再起的时机。

媚上蔑下的正负人格是一种非正常的人格，每个人在对上媚从过程中，都会因为丧失自尊事情的发生，对这种人格关系深恶痛绝，但是，一旦同一个人经历自下而上的位置转换后，又会因为获得别人的媚从而沾沾自喜，得到额外的心理补偿，因而将自己的对上媚从视为对下蔑视应该付出的代价。

1900年，当李鸿章获得清廷任命为直隶总督与全权代表，与占领了北京的八国联军谈判的时候，不顾几近八十的高龄，欣然接权，终于又找回了人格当中的“权威”与“尊严”。在历经了几近一年的谈判，签下中国赔银四亿五千万两的《辛丑条约》不久，李鸿章患病吐血，撒手人寰。

正负人格对于每一个处于历练过程中的人来说，都会导致心灵的创伤，不是每个人都愿意趋而从之。但是，在集权专制体制中，每个人对此又都是身不由己。在传统社会中，如果一个官员在政治活动中无法完成正负人格的从容转换，比如在公开场合给上级提意见，或者批评体制弊端，那么政治情境对这个官员普遍的评价则是“不成熟”，这个官员随后的仕途发展与利益获得也就可想而知。

在传统社会中，一个人如果对正负人格现象没有深入的理解，就很难摆脱正负人格的影响，甚至在相关的“成功者”影响之下，将其视为是一种适应环境的“能力”，并作为一种情绪心境内容，对正负人格现象予以认同并效仿，推动个体的情绪思维可以走向极端性的抑制或宣泄，背离正常控制状态。

在领导活动中，正负人格所带来的就是参与者对家长权力的绝对认同与匍匐接受，其负面影响不言而喻。那么，在韦伯所倡导的现代科层组织中，是否就能避免其影响呢?

以中国传统文化贯穿上下的影响力，如果不对源自人格本原的正负分裂现象予以深刻认识，这种正负人格分裂作用于个体的情绪思维之后，领导者在现代科层组织中很容易养成家长科层式领导方式。

从科层制的内涵构成看，人的工作关系是一种契约关系，在契约之外，订立契约的主体是一种平等的关系。也就是说，在领导活动中，上下级之间在工作中是一种指挥与服从的不平等关系，但是，这种不平等仅限于工作状态也就是契约之中，在工作之外，上下级之间是一种平等的关系，这也就是韦伯所强调的在工作中必须保持理性原则的内涵体现。

在认同家长式领导方式的领导者的眼中，科层组织中的上下级关系虽然在形式上是一种契约关系，但是在本质上还是一种依附关系，而且从中国传统文化贯穿的内涵来看，这种依附关系还是一种尊卑关系，上下级之间在人格上几乎是主与仆的差别。[①]

在上下级人格关系上，家长制所持有的人格非平等独立意识与科层制所持有的人格平等独立意识是对立的，在科层组织中，后者理应成为领导者的主导意识。但是，在中国传统文化强大的影响力下，如果领导者在自我意识中认可家长制的内涵，那么前者就不仅可以在科层组织中找到生存空间，而且可以在领导活动中对领导者的思维判断产生重要影响，并反过来作用于下级的自我认识，使得领导者与领导对象之间不仅产生“上下差别”的认知，还会延伸出“主仆差别”存在的合理性。

科层制所强调的理性工作关系对于领导者的自我意识认同具有非常重要的引导作用，并会作用于领导者的人际关系管理方式的变化及领导效果的实现。[②]

3. 利益得失与变化心态

在封建社会里，官员的位置同时具有上下级两面性，对上时面对制度要求的谨小慎微，历练的是“上下规则”心态，就是得按尊卑有序等规则办事；对下时面对制度要求的变通处理，或者按照上级的“招呼”办事，历练的是“人情规则”心态，就是可以以人情通道规则代替制度要求；对工作时面对“座号”循规蹈矩，历练的是“人礼规则”心态，就是必须按照“对号入座”要求办事。[③]

---

① 在科层组织中，当领导者获得了行使专制威权机会的时候，家长式领导方式就会在相应的领导活动中与科层式领导方式并存甚至取代它，这个时候，由传统文化潜移默化所带来的尊卑意识也会自然地在领导者和领导对象之间逐渐形成，并由彼此之间的自我认同意识的加强形成递进的影响态势。上下级之间的不平等关系不仅存在于工作状态，也自然地存在于非工作状态，而非工作状态中的上下级之间尊卑关系的相互认同意识，又会带进工作状态之中，进一步加强领导者从人格上自我认同的“主人般”的威权地位，以及领导对象从人格上自我认同的“仆人般”的卑下地位。这样，在现代科层组织中出现人格平等关系和人格不平等关系并存，甚至在某些领域由后者取代前者的现象也就不奇怪了。

② 一方面，如果领导者自身认可上下级之间是一种理性工作关系，就会有意识地将自己工作权威的行使限定在工作职责范围之内，在工作职责之外，承认下级在人格上的独立性，对下级保持一定的尊重，同时，也会对下级在工作职责之外的“非尊重”的言行保持一定的忍耐。另一方面，如果下级自身认可上下级之间是一种理性工作关系，也会在工作服从状态之外，从自我意识的本源持有自身人格独立的意识，除在领导面前表达尊重之外，排除多余的卑下的言行。下级的这种人格独立意识下的言行举措，又会反过来给领导者发出感受信号，加强领导者相关的自我意识的培养。

③ 在集权专制的官场活动中，当个体处于上级位置时，下行的制度与要求对于他来说可有可无，如果有需要，他可以改变下级正在执行的制度，以“打招呼”“批条子”等方式，让事情按照另一种方式运行。当个体处于下级位置时，上行的制度与要求对于他来说就是“天条”，只要违背触犯，就会随时可能面临上级的处罚。

一个官员要长期处于多种心态历练之中而不会乱了方寸，就必须要有其判断标准。在现实生活中，直接、简单的标准就是与己有关的“好”的“利益”，对于官员来说，这个“利益”放大了可以是官员所属的集团的集体利益，放小了就是官员的个体利益。

中国传统文化所决定的人际关系形态及其处事规则一旦确定，这些人际关系规则就具有引导与强制作用，对于个人来说，是否按照这些人际关系规则要求去做，不仅影响到其在群体中与他人正常关系的发展，而且背后还有着不能忽略的利益诱惑。

趋利避害是每个具体的社会人非常自然的一种判断选择，官员在“上下规则”心态、“人情规则”心态、“人礼规则”心态的变化选择中是各见其利的，因此，官员可以通过各种人际关系及关系规则的融合运行，为自己构建趋利避害的关系网，也就是人情资源网，“关系”或者“关系网”在这里已经变成了各种人际关系及其关系规则的融合表达方式，形成了一些较为普遍的成熟做法。

（1）在关系构建中趋利避害。

关系可以带来各种便利及特殊利益收益，因而在日常生活工作中，对于各种关系的处理变得十分重要。官员公事公办的公文，往往没有私下里写的“条子”或打的“招呼”管用，所以个体要以变化的心态、灵活的方式去处理不同关系所提出的要求，尤其是要满足重要关系的要求，以获得更多的利益回报。

个体对于关系的发展要具有远见、未雨绸缪，通过各种可能途径打好关系发展的“基础”，为未来的利益回报提前做好准备。

（2）在关系培养中精心扶持。

关系有圈内与圈外之分，所以官员一旦有了条件，就要对官场中的人员进行划分，构建支持自己领导活动开展的圈内人，并对其给予重点培养与扶持。

在传统文化中，门生故吏是十分重要的熟人资源，也是未来官场中于己有利的潜在资源，所以官员在官职选拔任用中，也要做心态的灵活调整，不能死守制度，对门生故吏要额外关照，对重点对象要精心扶持。

（3）在利益分配中关照互换。

官员手中掌握公共资源分配使用权力，同时也拥有更多的人情资源，这些资源的使用，既可以秉公处理，也可以向自己的血缘亲戚关系及熟人关系进行倾斜。如果没有健全的监督体系，还可以通过各种关系的交换行为，利用权力及资源为自己或血缘亲戚牟取私利。

在私利取向的影响下，官员在公共资源分配中就会进行选择性的关照，在人情资源使用中以“受托”与“请托”的方式进行交替互换，开展寻租活动。

中国传统社会中的职场与社会是家国同构、相互影响的，职场中存在的各种陋习自然也会感染社会，在几千年的耳染目睹中，大家可以心照不宣地接受“说”与“做”有所不同的原则。①

心态就是心理存在状态，心态的持续性会影响到心境，在情绪思维中将心态的存在与变化视为正常现象。在传统社会中，被视为“成功”的官员，就是可以以“利益”为权衡标准，在“上下规则”心态、“人情规则”心态与“人礼规则”心态之间历经磨炼，最后能够游刃有余地驰骋在官场之中者。

对于李鸿章在历史上功过是非的评价，尤其是一般人将其视为祸害国家的卖国贼，梁启超曾为之鸣不平：“合肥之负谤于中国甚矣！”②

梁启超认为，国人对割地赔款的怨恨积贮已久，最后集李鸿章一人予以发泄，李鸿章此时已经成为一个借以泄愤的符号，换了别人去做李鸿章所做的事情，其结局也是同样如此。“若夫吾人积愤于国耻，痛恨于和议，而以怨毒集于李之一身，其事固非无因，然苟易地以思，当夫乙未二三月庚子八九月之交，使以论者处李鸿章之地位，则其所措置，果能有以优胜于李乎?”③

梁启超认为李鸿章签卖国条约，是代人受过，所以冤。

梁启超说的没错，李鸿章确实是代人签字，但是，李鸿章背负“卖国贼”的骂名却是不冤，这是因为其中有李鸿章自找的成分。

梁启超没有细想，李鸿章在签订两个背负骂名的卖国条约《马关条约》与《辛丑条约》时，本来是有机会跳出火坑，让别人去顶替的。

---

① 在利益的驱动下，中国传统社会在人际关系建构及人际关系规则运用方面出现许多“特殊关系”现象，人们在痛恨各种“特殊关系”获得不合理的特殊利益时，对关系深恶痛绝，但是，一旦自己获得了某种“特殊关系”，马上又会为能够获得特殊利益而沾沾自喜。因为有关系，是一种有能力的象征，自己能获得“特殊关系”的关照，即意味着也成了有能力的人，而能够运用关系规则为别人提供人情资源帮助，更是“能力通天”。因此，中国人并没有认真地去考虑如何根除各种“特殊关系”，而是将精力花在如何构建“特殊关系”上。

② 梁启超．李鸿章［M］．何卓恩，评注．武汉：湖北人民出版社，2004：1. 梁启超认为一般人对于李鸿章的评价多为情绪之言，少有理性公正之论。“故誉满天下，未必不为乡愿；谤满天下，未必不为伟人。”“吾敬李鸿章之才，吾惜李鸿章之识，吾悲李鸿章之遇。”——梁启超．李鸿章［M］．何卓恩，评注．武汉：湖北人民出版社，2004：5.

③ 梁启超．李鸿章［M］．何卓恩，评注．武汉：湖北人民出版社，2004：6.

1895年3月2日，光绪皇帝授予李鸿章“商让土地之权”。3月19日，李鸿章以清国全权代表身份到达马关与日本全权代表伊藤博文开始谈判，从谈判一开始，日方就在割让台湾、辽东半岛的条件上丝毫不让步。

李鸿章来之前就知道要割地赔款，原以为凭自己的外交能力，能尽量少割少赔。与日方谈判以后，李鸿章才知道日本对于割地赔款的胃口是如此之大，而且没有协商余地，深感事情严重。“李鸿章深知擅自允许日本的侵略要求，必将给自己带来杀身之祸。因此，他对谈判中涉及的重大问题，无不随时电奏，候旨遵行。”①

这个时候李鸿章应该清楚地知道了签这样的条约所要承担的后果。在已经无法逃脱的时候，历史给李鸿章提供了一个跳出火坑的机会。

3月24日，李鸿章在从谈判会场返回住地的时候，遭到日本浪人小山丰太郎的枪击，左颊中弹，登时晕倒。经送医院医生检查，子弹嵌入颊骨，取出有一定的危险，只能不取子弹，先缝合伤口。

李鸿章此时已经72岁，如此高龄遭受枪击致伤，所受身心伤害可想而知。

以李鸿章的精明，如果不想承受割地赔款“卖国贼”的骂名，完全可以借此向朝廷“请假”，要求别人来代替谈判，自己脱身。

1901年，在《辛丑条约》谈判过程中，李鸿章已经脱离了政治权力中心，完全也可以以年迈体衰、难以承受为理由，远离谈判签约的是非之地。

但是李鸿章两次在机会面前都没有丝毫退却之意，还是一心往火坑里跳，其原因何在？

究其根本原因，是李鸿章要“拼命做官”，在任何时候都不愿意放弃官场职位，这就是李鸿章已经形成的根深蒂固的做官“心态”，而正是这种心态影响了其情绪思维判断。

李鸿章之所以要“拼命做官”，就是因为李鸿章深知，在中国封建社会里，官场与官场之外，官场内部的等级，都是刻画好了尊卑秩序的。只要是官，就能获得别人的“尊”，利用关系圈得利，而且官越大，获得“尊”的程度也越强，获得的利也会越多。

对于李鸿章这样没有任何宗法血缘身份承继的士大夫来说，要想在尊卑有序的社会里保持“尊”的地位并以此获利，就只能“拼命做官”，而且任何时候都不能轻言“放弃”。“拼命做官”已经寄生在李鸿章的意识深处，以

① 苑书义．李鸿章传［M］．北京：人民出版社，2016：313．

情绪思维的“好与坏”方式左右着他的判断取舍，而将“对与错”的判断予以忽略或有意放弃。

以李鸿章的思维形式，在做官与不担负骂名的选择中，他毫不犹豫地选择做官。所以，李鸿章背负“卖国贼”的骂名确实不冤。

关系背后反映的是利益得失，按照人际关系规则做，就有可能获得利益收益，不按照人际关系规则做，则会遭受利益的损害。因此，个体与人际关系规则之间形成了利害关系，推动人际关系规则运行的本质的驱动力量是利益的得失。①

中国传统文化中儒家所倡导的“自省兼爱”及其所包含的中庸和谐、推己及人等内容，以其道德感召力，一直以来被视为个人修身养性的重要内容，实质上也是领导者情绪思维能力提升的构成内容。但是，“尊卑有序”“血缘伦理”所造成的个体人格独立意识分裂，以及由集权专制所推动的正负人格变异，又使得领导者的“自省兼爱”在实践中发生变异，出现言与行背道而驰的现象，对领导者情绪思维能力发展最终形成阻碍。

从情绪思维的自我意识养成来看，中国传统文化提供了自知、学习、反省的有效途径，以及“知人者智，自知者明”“见贤思齐”“一日三省吾身”等合理内容。这些内容虽然为个人自我意识养成提供了明途，但是，人格独立意识的分裂、正负人格变化，使这些修行都必须为“主”让步。如果领导者处于卑下地位，以“奴”自居的人格难以真正从天下众生的价值中去构建自我意识内容；如果领导者处于主宰地位，首先关注的是尊卑有序规则有无受到破坏，而不是自身对下行为有无不当之处。

从情绪思维的自我控制来看，中国传统文化提出了“情绪发作要中和”以及“君子慎独”的要求，《中庸》提出的“自律”内容，也是领导者情绪思维能力提升的构成内容。但是，以“尊尊”“亲亲”为基础所形成的上下关系规则运行，导致主宰者自我控制是“软性”要求，依附者自我控制是“硬性”要求。如果领导者处于家长主宰情境之中，情绪自我控制就是一个具有伸缩弹性的空间，会直接强化领导者对下的“主人”心境，逐渐养成独断

① 每个官员都是在集体利益与个体利益并行的环境中工作。民众眼中“好的”官员，大多是以集体利益为权衡标准在两种利益与诸多人际规则之间进行平衡；民众眼中“坏的”官员，大多是以个体利益为权衡标准在两种利益与诸多人际规则之间进行平衡。而“坏的”官员历练至极深，就是将个体利益与人际规则利用之间的关系磨炼到了“精致利己主义”境界，将个体利益在组织团体之中的最大化算到精细如发。

型领导风格，助长个人极端情绪的宣泄。

从情绪思维的解读他人来看，中国传统文化提出了“己所不欲，勿施于人”的经典哲理，至今仍然是领导者情绪思维能力提升的必修内容。但是，集权专制政治情境会堵塞领导者获取信息与感受他人的渠道，“以我为中心”的认知习惯会助长以个体情绪思维代替他人或群体情绪思维，使得领导者从同理心养成过程中就被误导。

从情绪思维与人际关系的活动关系来看，家长制规则、人情通道规则、圈内圈外规则、大一统规则、尊卑有序规则、理先欲后规则、对号入座规则等虽然有利于巩固领导者的个人权威与利益，但是不利于组织长期稳定的发展和组织整体利益的实现，领导者一旦在思维意识中接受，并在领导活动中予以运行，必然会对整个管理层及组织文化产生带动效应。[①] 组织中各个层级的大小“领导”如果都上行下效，组织的正常制度秩序必然受到极大破坏，组织整体利益也会受到损害。同时，这些人际关系规则有些在根本上是对个体权利的压制与对个体创新能力的摧残，在现代社会明显违反人性发展的基本需求，因此，领导者如果对这些人际关系规则予以接纳，必然会导致人心背离，与现代组织的发展目标背道而驰。

家国为先规则、身体力行规则等在维护集体利益、提升个人修养等方面有其合理性内容，但是对过度倡导个人奉献、将谦让中庸变为束缚个性张扬等内容仍需要进行反思甄别，现代社会发展的根本动力在于个体创新创造潜能的尽力发挥，现代社会发展的根本目标在于满足个体的需求，这是领导者在人际关系管理中的总体调控方向。

礼制起到法的作用，但又没有法的形式。法的规则严密细致，必须公之于众，在执法过程中，必须按照细则执行。礼制既可以细则化，也可以原则化，既可以公布，也可以不公布。在执法过程中，既可以按照细则执行，也可以按照原则执行。在按照原则执行的时候，执行者有相当大的自由裁量权，

---

① 人际关系规则是人在群体活动中彼此适应调节后，相互达成的稳定个体与他人关系的基本行为要求。在人的思维机能中，人际关系规则是一种后天形成的“软件”，是个体在群体环境成长过程中，在家庭、社会等持续的外在压力下所接受的带有行为约束性质的判断准则。人际关系规则一旦被个体所接受并作为既存“软件”存储于大脑之中，就会对人的思维产生影响，当然也会对所接受的内外刺激信号的属性认知产生影响，并继而影响情绪生成的类型。

也就是有了明显的操作空间。①

在现代社会，传统礼学所构成的内容逐渐走向解体，正如梁启超在《中国近三百年学术史》所总结的，“礼学的价值到底怎么样呢？几千年很琐碎、很繁重的名物（宫室、衣物、饮食之类）、制度（井田、封建、学校、军制、赋役之类）、礼节（冠婚丧祭之类），劳精费神去研究它实在太不值了。”梁启超提倡，“换个方向，不把它当作经学，而把它当作史学……用新史家的眼光去整理他”。②

梁启超在这里所讲的“礼学”，是指制度上的“礼制”“礼仪”。但是，在中国古代，礼是一个整合了制度、伦理、关系、价值观等多个层面的意识形态与文化体系内容。从统治的意识形态层面看，“礼制”是属于落后、束缚社会进步的旧框架，可以将其解体；从文化的层面看，由礼所界定的伦理、关系、价值观等方面的内容，不是能够轻易解体的，而是在几千年惯性的作用下，渗透到社会生活的方方面面，以它的文明作用（如睦邻）或落后作用（如尊卑），对我们发挥着作用。

领导者所处的情境中，中国传统文化影响越大，人际关系规则的影响也就越大，领导者在管理中受人际关系规则的牵绊也就越多。有的时候，领导者虽然在组织范畴内以健全管理规则消化了人际关系规则的影响，但是，一旦领导者踏入组织之外，就会发现身不由己地陷入了传统文化圈子之中，不讲人际关系规则，有的时候就会碰得头破血流。

中国传统的人际关系规则对人际活动的影响已经无孔不入，但是，比人际关系规则更加“厉害”的是传统文化。传统文化从自我修养、人格意识、心理状态等人性构成的最核心层面对个体的情绪思维施加影响，通过礼作为遗传载体“DNA”，以“仁德”“尊尊”“亲亲”作为其中的“基因”编码内容，代代相传。

夏朝有了以“天意”转化为君主及人臣的“德”的要求，君有君德要

① 宗法制以礼制而不是法制行事，是将法的裁量权掌握在宗法贵族手里。晋国“铸刑鼎”（左传昭公二十九年），也就是要公布成文法，遭到孔子极力反对：“今弃是度也，而为刑鼎，民在鼎矣，何以尊贵？贵何业之守？贵贱无序，何以为国？”认为是对礼制的破坏。“礼制奉行的是‘议事以制’，以达到‘刑不可知，威不可测’的目的，而成文法的公布就打破了宗法贵族‘临事制刑，不预设法’的局面，所以孔子反对‘铸刑鼎’。”参见：张亲霞．先秦儒家王权思想的历史演变［M］．西安：陕西人民出版社，2007：55.

② 浙江大学古籍研究所，编．礼学与中国传统文化：庆祝沈文倬先生九十华诞国际学术研讨会论文集［M］．北京：中华书局，2006：15.

求，臣有臣德要求。商朝治国重视“神意”，决策中龟卜、卦象之意有重要作用，行政中祭祀是重要内容，并予以制度化。周朝周公制定礼制，将“德”与“尊尊”“亲亲”作为其构成原则，从朝廷、社会到家庭的各种人际关系规则要求已经基本成形。

礼是中国传统文化的遗传信息载体“DNA”，“仁德”“尊尊”“亲亲”是其中的“基因”编码内容。周公的创造是将礼转化成了人的外在要求，而孔子的贡献则是将礼变成了人的内在需求。孔子将仁性需求、道德修养、血缘伦理、等级秩序与礼制规范结合起来，使得人对礼的追求不仅成为一种外在要求，而且变成了内在的自我能动。

仁德的内涵解释具有普世价值，是每个人修身不可或缺的内容，仁德修养有利于巩固血缘伦理，对血缘伦理的认同又有利于构建等级秩序，它们是家庭、社会等群体活动中必需的构成要素，是一个人在修身、齐家成功的基础上，再向前参与治国的方法选择，而礼制是对前述内容的总的概括，是平天下，实现理想社会的支撑框架。由此可见，在中国传统文化中，仁性需求、道德修养、血缘伦理、等级秩序与礼制规范五个要素之间有完整的链条进行对应，构成了相对完整的知识体系，以文化基因形式进行遗传，形成了中国人先有“好坏”、后有“对错”、偏重于情绪思维的判断形式，并在后人的完善中回应了对于“天”“人”关系的探究，将其上升到了哲学的高度。[①]

汉代以前，儒家只是诸子百家中的一家，以文化思想的形式存在于世。汉武帝独尊儒术之后，儒家内容由文化思想转化为国家统治的意识形态，儒家所倡导的仁性需求、道德修养、血缘伦理、等级秩序、礼制规范统统上升到了具有强制性指导标准的层面，对人的思维意识与社会活动施加了无法逾越的影响。在以后两千多年的历史中，儒家地位虽然在各个朝代有起有伏，但其总的意识形态独尊地位没有改变。这是中国古代两千多年整体社会结构处于“稳定”和“少变”的最重要的决定因素，当然，这也造成了在中国进行变革极为困难。

情绪思维文化反思能力指的是，在人的思维意识活动中，个体能够在对传统文化本质内涵认识的基础上，探索总结传统文化指导人际活动开展的基

① 儒家教义，人人都觉得是为自己好，都觉得应该接受。当然，如果你看到儒家教义的核心是建立在“等级秩序”与“等级权利”之上，你自然也就明白了，不同的“等级”，在这个“等级秩序”中获得的好处也根本不同。纲常的对应物是“等级秩序”与“等级权利”，那些想明白了这个道理的君王，自然会独尊儒家，作为最高“等级”去享受“天”给他带来的“最大的好处”。

因要素，并以溯源方式反思其对个体及群体情绪思维的作用及影响，在思维能力构建中去弊存利，重构符合先进文明发展需要的现代文化基因。

在中国社会情境中，领导者要想真正构建健全的情绪思维内涵，提升情绪思维能力，就要从传统文化这个源头入手，真正破除其“基因”中的不合理内容，改变其遗传指令的内涵，通过改变思维意识中的“驱动力”，选择与现代社会、现代组织相适应的意识内涵作为自己的情绪心境内容，以引导自己的意识判断符合世界进步的潮流趋势。

思维形式与领导力关系的研究，因为情绪的介入，既变得丰富多彩，也相应添加了认识理解的难度。

当前对于情绪的研究越来越深入，研究者已经发现了情绪对于思维的影响也可以在某种程度上起着主导作用，虽然到目前为止可能还难以区分出情绪思维形式与抽象思维形式和形象思维形式之间交汇融合的工作机理，但是在大脑的功能上已经体现出情绪思维独立的运作机理。

情绪思维形式的发现，使我们意识到人们在思考与解决问题的时候，大脑的不同思维形式通常是以交汇融合的方式共同主导思维活动过程，而且一种思维形式又常常居于主导地位，由此可见思维活动的复杂性。

思维活动的复杂性，使得我们要重视情绪思维对于个体的影响。这其中领导者因为其决策与用人的任务承担，需要更加重视领会情绪思维与领导力关系的内容，在认知构成的基础上，有意识地反作用于情绪思维，推动领导能力的提升。